"十二五"职业教育国家规划教材

经全国职业教育教材审定委员会审定

高等职业技术教育汽车类专业规划教材

汽车电子控制技术
（第2版）

张蕾 主编 ／ 董恩国 关志伟 副主编

清华大学出版社

北 京

内容简介

本书以现代汽车电子控制技术的理论基础为重点，系统介绍了电控发动机、电控柴油机、电控液力自动变速器、车轮防滑转电控系统（ABS、TRC）、电控悬架系统、电控转向系统、电控安全系统、舒适性电子控制系统、通信控制系统等汽车电子控制技术的理论知识，各系统的组成、分类、工作原理、故障诊断与检修等内容。

本书可以作为汽车设计与制造专业、车辆工程专业、汽车运用专业、汽车服务工程专业和交通运输等相关专业的教材，同时适用于汽车行业及相关行业的工程技术人员、汽车检测人员及广大汽车驾驶员的参考读物。

本书封面贴有清华大学出版社防伪标签，无标签者不得销售。
版权所有，侵权必究。举报：010-62782989，beiqinquan@tup.tsinghua.edu.cn。

图书在版编目（CIP）数据

汽车电子控制技术/张蕾主编．--2版．--北京：清华大学出版社，2014（2024.10重印）
高等职业技术教育汽车类专业规划教材
ISBN 978-7-302-35498-7

Ⅰ.①汽… Ⅱ.①张… Ⅲ.①汽车－电子控制－高等学校－教材 Ⅳ.①U463.6

中国版本图书馆CIP数据核字（2014）第032465号

责任编辑：刘翰鹏
封面设计：傅瑞学
责任校对：刘　静
责任印制：曹婉颖

出版发行：清华大学出版社
网　　址：https://www.tup.com.cn，https://www.wqxuetang.com
地　　址：北京清华大学学研大厦A座　　　　　　　邮　编：100084
社 总 机：010-83470000　　　　　　　　　　　　邮　购：010-62786544
投稿与读者服务：010-62776969，c-service@tup.tsinghua.edu.cn
质量反馈：010-62772015，zhiliang@tup.tsinghua.edu.cn
课件下载：https://www.tup.com.cn，010-62795764

印　装　者：北京鑫海金澳胶印有限公司
经　　销：全国新华书店
开　　本：185mm×260mm　　　印　张：21.75　　　字　数：524千字
版　　次：2009年6月第1版　2014年12月第2版　　印　次：2024年10月第10次印刷
定　　价：59.00元

产品编号：058362-03

前言

FOREWORD

随着汽车电子工业的迅速发展,现代汽车的电子控制系统发生了巨大的变革,为汽车动力性、经济性、安全性、舒适性的提高起到了重要的作用。汽车制造业、汽车组装行业、汽车检测行业、汽车维修行业等许多相关行业都需要大量熟练掌握汽车电子控制技术的人才,因此各大专院校、职业院校都积极开设了"汽车电子控制技术"的课程,以满足汽车行业飞速发展的需要。

为了帮助汽车相关专业的学生以及汽车使用与维修人员全面系统地掌握现代汽车电子控制技术的理论基础、基本结构、工作原理等方面的内容,适应汽车新技术发展的需要,编者根据多年的教学实践、科学研究,并参阅了大量的文献、资料,编写了《汽车电子控制技术》这本书,力求全面、整体、系统地介绍有关汽车电子控制技术的基本原理、基本组成和工作过程以及部件的结构。

本次编写的《汽车电子控制技术》教材,从教学与实践实用角度出发,采取案例式架构,重点突出汽车电子控制技术的实用性、操作性。编者在教材编写过程中共选用了10个任务工单,这些项目大部分来源于汽车维修企业的现场实践或维修作业内容,授课时结合项目内容和设备,充分利用实例教学,尽量创造企业生产实际的氛围。

本书共包括10个学习情境。学习情境1为电控发动机零部件故障检修;学习情境2为电控发动机综合故障检修;学习情境3为电子控制柴油机故障检修;学习情境4为自动变速器故障检修;学习情境5为车轮防滑转系统故障检修;学习情境6为电子控制悬架系统故障检修;学习情境7为电控转向系统故障检修;学习情境8为电控安全系统故障检修;学习情境9为舒适性电子控制系统故障检修;学习情境10为仪表及通信控制系统故障检修。文中标题有*标志的学习单元为拓展阅读内容。

本书由天津职业技术师范大学张蕾担任主编。其中学习情境1、2、3由天津职业技术师范大学董恩国编写,学习情境4、5、6、7、8由张蕾编写,学习情境9、10由天津职业技术师范大学关志伟编写。

由于编者水平所限,书中存在一些不足之处,诚望读者批评和指正。

编 者
2014.8

目录

学习情境 1　电控发动机零部件故障检修 ……………………………………………… 1
　学习单元 1.1　电控发动机认知 ………………………………………………………… 1
　　1.1.1　电控发动机的组成及工作原理 ………………………………………………… 2
　　*1.1.2　发动机电子控制技术的基本内容 ……………………………………………… 4
　学习单元 1.2　传感器的检修 …………………………………………………………… 6
　　1.2.1　传感器的工作原理 ……………………………………………………………… 7
　　*1.2.2　其他传感器 …………………………………………………………………… 20
　　1.2.3　传感器的检修 …………………………………………………………………… 23
　学习单元 1.3　执行器的检修 …………………………………………………………… 27
　　1.3.1　执行器的工作原理 ……………………………………………………………… 28
　　*1.3.2　永磁转子步进电机式 ISCV …………………………………………………… 34
　　1.3.3　执行器的检修 …………………………………………………………………… 36
　学习单元 1.4　ECU 的检修 ……………………………………………………………… 39
　　1.4.1　电子控制器的结构 ……………………………………………………………… 39
　　*1.4.2　ECU 的工作原理 ……………………………………………………………… 41

学习情境 2　电控发动机综合故障检修 ……………………………………………… 43
　学习单元 2.1　电子控制喷射系统的检修 ……………………………………………… 43
　　2.1.1　燃油泵控制电路 ………………………………………………………………… 44
　　2.1.2　喷油器的控制 …………………………………………………………………… 45
　　2.1.3　喷油正时的控制 ………………………………………………………………… 46
　　2.1.4　喷油量的控制 …………………………………………………………………… 48
　　*2.1.5　电子控制燃油喷射系统的分类 ………………………………………………… 50
　　2.1.6　电控燃油喷射系统故障诊断 …………………………………………………… 51
　学习单元 2.2　电控点火系统的检修 …………………………………………………… 54
　　2.2.1　电控点火系统的组成 …………………………………………………………… 56
　　2.2.2　电控点火系统的控制 …………………………………………………………… 58
　　*2.2.3　电控点火系统的需求 …………………………………………………………… 62
　　2.2.4　电控点火系统故障诊断 ………………………………………………………… 63

学习单元2.3　辅助控制系统的检修 …………………………………………… 66
      2.3.1　排放控制系统 ………………………………………………………… 67
      2.3.2　进气与增压系统 ……………………………………………………… 71
      2.3.3　电控发动机ECU的功能 ……………………………………………… 74
      2.3.4　电子节气门系统 ……………………………………………………… 77
     *2.3.5　稀薄燃烧控制 ………………………………………………………… 79

学习情境3　电子控制柴油机故障检修 …………………………………………… 85
   学习单元3.1　柴油机电控系统认知 ……………………………………………… 85
      3.1.1　柴油机电控系统的组成及功能 ……………………………………… 86
      3.1.2　柴油机电控系统的工作原理 ………………………………………… 87
   学习单元3.2　电子控制柴油机喷射系统的检修 ………………………………… 89
      3.2.1　电子控制式喷油泵 …………………………………………………… 90
      3.2.2　电子控制泵喷嘴系统 ………………………………………………… 93
      3.2.3　共轨式电控喷射系统 ………………………………………………… 96
      3.2.4　柴油机电控系统的检修 ……………………………………………… 100

学习情境4　自动变速器故障检修 ………………………………………………… 104
   学习单元4.1　自动变速器认知 …………………………………………………… 104
      4.1.1　自动变速器概述 ……………………………………………………… 105
     *4.1.2　自动变速器型号的含义 ……………………………………………… 106
      4.1.3　自动变速器的挡位 …………………………………………………… 106
   学习单元4.2　液力变矩器的检修 ………………………………………………… 108
      4.2.1　液力变矩器的结构与工作原理 ……………………………………… 109
      4.2.2　液力变矩器的锁止机构 ……………………………………………… 112
     *4.2.3　液力偶合器的结构与工作原理 ……………………………………… 114
      4.2.4　液力变矩器的检修 …………………………………………………… 115
   学习单元4.3　齿轮变速机构的检修 ……………………………………………… 117
      4.3.1　行星齿轮变速机构 …………………………………………………… 118
     *4.3.2　平行轴式齿轮变速机构 ……………………………………………… 121
      4.3.3　行星齿轮的检修 ……………………………………………………… 121
   学习单元4.4　换挡执行机构的检修 ……………………………………………… 123
      4.4.1　多片离合器 …………………………………………………………… 124
      4.4.2　制动器 ………………………………………………………………… 126
      4.4.3　单向离合器 …………………………………………………………… 129
      4.4.4　离合器的检修 ………………………………………………………… 130
      4.4.5　制动器的检修 ………………………………………………………… 131
      4.4.6　单向离合器的检修 …………………………………………………… 132
   学习单元4.5　组合式行星齿轮系统的检修 ……………………………………… 134

    4.5.1 辛普森式行星齿轮系统 ………………………………………………………… 135
    4.5.2 拉维娜式行星齿轮系统 ………………………………………………………… 138
   *4.5.3 丰田 A341E 自动变速器动力传递路线分析 ………………………………… 141
  学习单元 4.6 液压控制系统的检修 …………………………………………………………… 144
    4.6.1 液压控制系统概述 ……………………………………………………………… 145
    4.6.2 动力源 …………………………………………………………………………… 147
    4.6.3 控制机构的结构和工作原理 …………………………………………………… 148
    4.6.4 自动变速器的试验 ……………………………………………………………… 153
  学习单元 4.7 电子控制系统的检修 …………………………………………………………… 157
    4.7.1 电子控制系统的组成 …………………………………………………………… 159
   *4.7.2 ECU 的控制功能 ………………………………………………………………… 164
    4.7.3 电子控制系统的检修 …………………………………………………………… 167

学习情境 5 车轮防滑转系统故障检修 …………………………………………………………… 170
  学习单元 5.1 电控防抱死制动系统(ABS)的检修 …………………………………………… 170
    5.1.1 ABS 的理论基础 ………………………………………………………………… 171
    5.1.2 ABS 的分类 ……………………………………………………………………… 173
    5.1.3 ABS 的结构与工作原理 ………………………………………………………… 174
   *5.1.4 电子制动力分配系统 …………………………………………………………… 184
    5.1.5 ABS 的检修 ……………………………………………………………………… 185
  学习单元 5.2 牵引力控制系统(ASR/TRC)的检修 ………………………………………… 189
    5.2.1 ASR 系统的理论基础 …………………………………………………………… 190
    5.2.2 ASR 系统的结构与工作原理 …………………………………………………… 191
   *5.2.3 VSC 系统 ………………………………………………………………………… 195
    5.2.4 ASR 系统的使用与检修 ………………………………………………………… 197

学习情境 6 电子控制悬架系统故障检修 ………………………………………………………… 201
  学习单元 6.1 电子控制悬架系统的检修 ……………………………………………………… 201
    6.1.1 电子控制悬架系统的功能与分类 ……………………………………………… 202
    6.1.2 电子控制悬架部件结构 ………………………………………………………… 203
   *6.1.3 典型的电子控制空气式主动悬架系统 ………………………………………… 211
    6.1.4 电子控制悬架系统的检修 ……………………………………………………… 214

学习情境 7 电控转向系统故障检修 ……………………………………………………………… 219
  学习单元 7.1 液压式电控动力转向系统(EPHS)的检修 …………………………………… 219
    7.1.1 液压式电子控制动力转向系统组成 …………………………………………… 220
    7.1.2 EPHS 系统检修与故障诊断 …………………………………………………… 224
  学习单元 7.2 电动式电控动力转向系统(EPS)的检修 ……………………………………… 225
    7.2.1 电动式电控动力转向系统的结构与工作原理 ………………………………… 226

     *7.2.2 典型电动助力转向系统 ………………………………………………… 229
      7.2.3 EPS故障自诊断 ………………………………………………………… 230

学习情境 8 电控安全系统故障检修 …………………………………………………… 234
学习单元 8.1 安全气囊系统认知 ……………………………………………………… 234
    8.1.1 安全气囊系统的类型 …………………………………………………… 235
    8.1.2 安全气囊系统的组成 …………………………………………………… 237
    8.1.3 安全气囊系统的故障诊断 ……………………………………………… 242
学习单元 8.2 电控安全带的检修 ……………………………………………………… 246
    8.2.1 安全带的组成 …………………………………………………………… 247
    8.2.2 安全带的控制过程 ……………………………………………………… 248
   *8.2.3 预紧式安全带 …………………………………………………………… 249
    8.2.4 座椅安全带的检修 ……………………………………………………… 252
学习单元 8.3 防盗报警系统的检修 …………………………………………………… 254
    8.3.1 电子防盗系统的分类 …………………………………………………… 255
    8.3.2 汽车防盗系统的基本组成 ……………………………………………… 256
    8.3.3 防盗系统的检修与故障诊断 …………………………………………… 260

学习情境 9 舒适性电子控制系统故障检修 …………………………………………… 264
学习单元 9.1 巡航控制系统的检修 …………………………………………………… 264
    9.1.1 汽车巡航控制系统(CCS)概述 ………………………………………… 265
    9.1.2 巡航控制系统(CCS)的组成及工作原理 ……………………………… 265
   *9.1.3 自适应巡航控制系统 …………………………………………………… 270
    9.1.4 汽车巡航控制系统的正确使用 ………………………………………… 271
    9.1.5 汽车巡航控制系统故障诊断与检修 …………………………………… 272
学习单元 9.2 中控门锁的检修 ………………………………………………………… 275
    9.2.1 中央控制门锁系统的组成及功能 ……………………………………… 276
    9.2.2 中央门锁控制系统的工作过程 ………………………………………… 278
    9.2.3 中央门锁控制系统检修 ………………………………………………… 279

学习情境 10 仪表及通信控制系统故障检修 …………………………………………… 283
学习单元 10.1 仪表系统的检修 ……………………………………………………… 283
    10.1.1 电子仪表概述 ………………………………………………………… 284
   *10.1.2 综合信息显示系统 …………………………………………………… 291
    10.1.3 汽车电子仪表显示系统故障诊断检修方法 ………………………… 293
学习单元 10.2 汽车导航系统的检修 ………………………………………………… 295
    10.2.1 汽车导航系统概述 …………………………………………………… 296
    10.2.2 汽车电子导航系统的工作原理 ……………………………………… 298
    10.2.3 导航系统的检修 ……………………………………………………… 303

学习单元10.3　车载局域网的检修 …………………………………………… 305
　　　10.3.1　CAN总线的概述 ……………………………………………………… 306
　　　10.3.2　车载局域网的分类与标准………………………………………………… 307
　　　10.3.3　车载局域网及其通信协议的特点………………………………………… 309
　　　10.3.4　汽车数据总线的故障诊断………………………………………………… 314

附录 ………………………………………………………………………………………… 317

参考文献 …………………………………………………………………………………… 337

学习情境1

电控发动机零部件故障检修

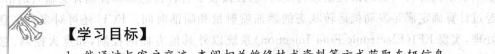

学习单元1.1　电控发动机认知

【学习目标】

1. 能通过与客户交流、查阅相关维修技术资料等方式获取车辆信息。
2. 掌握电控发动机的组成及各部分功能。
3. 掌握电控发动机上传感器、执行器、ECU的作用。
4. 能在电控发动机机体上找出相应的传感器、执行器。

故障现象：一辆3.0升稳达Windstar轿车，里程19 000km。客户反映，行车减速时发动机失速，发动机转速达2 000r/min。

故障诊断：经试车验证，该车减速时节气门全闭，转速可达2 000r/min。发动机警告灯不亮，也没有历史故障记录。检查怠速控制电磁阀ISC、节气门位置传感器TPS、发动机冷却液温度传感器ECT、发动机负荷LOAD。在减速时节气门全闭的情况下，怠速控制电磁阀ISC达到50%以上，节气门位置传感器TPS电压值为1.5V，发动机转速PRM为2 000r/min，其余正常。初步判断故障原因主要是经过TPS的空气略大，故障出现在IAC。经检查此故障为ISC阀卡滞，在减速时不能关小怠速旁通道引起的。若更换ISC阀，可排除故障。

根据上述案例,请思考下列问题。

(1) 电控发动机电子控制系统由哪些部分组成?

(2) ISC、TPS、ECT 有什么功能?

1.1.1 电控发动机的组成及工作原理

1. 发动机电子控制系统组成

发动机电子控制系统的基本组成包括信号输入装置、电子控制单元(ECU)和执行元件三大部分,如图 1-1 所示。

图 1-1 电子控制系统的基本组成

电子控制系统中的信号输入装置是各种传感器。传感器安装在发动机的各个部位。检测发动机工况的传感器有水温传感器、进气温度传感器、曲轴位置传感器、节气门位置传感器、车速传感器、氧传感器、爆震传感器等。

电子控制器又称电控单元(ECU),是发动机控制系统的核心部件。ECU 的存储器中存放了发动机各种工况的最佳喷油持续时间,在接收了各种传感器和控制开关输入的信号后,经过计算确定满足发动机运转状态的燃油喷射量和喷油时间。ECU 还可对多种信息进行处理,实现 EFI(Electronic Fuel Injection)系统以外其他方面的控制,如点火控制、怠速控制、废气再循环控制、车轮防抱死控制等。

执行元件是控制系统的执行机构,在接收 ECU 输出的各种控制指令后完成具体的控制动作,从而使发动机处于最佳的工作状态,如喷油脉宽控制、点火提前角控制等。

2. 电子控制系统的主要功能

发动机电子控制系统的主要功能是控制燃油喷射式发动机的空燃比和点火时刻。除此之外,还有控制发动机启动、怠速转速、极限转速、排气再循环、闭缸工作、二次空气喷射、进气增压、爆震、发电机输出电压、电动燃油泵系统和自诊断等辅助功能。

(1) 传感器

传感器是一种信号转换装置,其功用是检测发动机运行状态的各种电量参数、物理量和化学量等,并将这些参量转换成计算机能够识别的电量信号输入电控单元(ECU)。发动机电子控制系统常用的传感器与开关信号有以下几种。

① 空气流量传感器 AFS(Air Flow Sensor)或进气歧管绝对压力传感器 MAPS(Manifold Absolute Pressure Sensor)。其功用是检测进入发动机的进气量信号,空气流量传感器可以直接检测进气量信号,歧管压力传感器只能间接检测进气量信号。

② 曲轴位置传感器 CPS(Crankshaft Position Sensor)和凸轮轴位置传感器 CIS (Cylinder Identification Sensor)。曲轴位置传感器的功用是检测发动机曲轴转角和转速信号,凸轮轴位置传感器的功用是检测活塞上止点位置信号,故又称为汽缸识别传感器。在相当多的汽车上,曲轴位置传感器与凸轮轴位置传感器是制作成一体的,统称为曲轴位置传感器。

③ 节气门位置传感器 TPS(Throttle Position Sensor)。其功用是检测节气门的开度和加、减速信号,如节气门全开、全闭和部分开启等。通过 ECU 对节气门开度信号进行处理,即可得到加、减速信号。

④ 爆震传感器 DS(Detonation Sensor)。其功用是检测发动机有无爆震信号。

⑤ 冷却液温度(水温)传感器 CTS(Coolant Temperature Sensor)。其功用是检测发动机冷却水温信号,简称水温传感器。

⑥ 进气温度传感器 IATS(Intake Air Temperature Sensor)。其功用是检测供给发动机的空气温度信号。

⑦ 氧传感器(Oxygen Sensor)。其功用是通过检测废气中氧离子的含量检测空燃比信号。

⑧ 车速传感器 VSS(Vehicle Speed Sensor)。其功用是检测汽车行驶速度信号。

⑨ 空挡安全开关信号 NSW(Neutral Start Switch)。其功用是检测自动变速器的挡位选择开关是否处于空挡位置。

⑩ 点火开关信号(Ignition Switch)。当点火开关接通"ON(点火)"或"ST(启动)"挡位时,向电控单元 ECU 输入相应的信号。

⑪ 空调 A/C(Air Conditioning)选择与请求信号。当空调接通时,向电控单元提供信号。

⑫ 蓄电池电压信号(U_{BAT})。向电控单元提供电压信号。

(2) 电控单元(ECU)

电子控制器又称电控单元(ECU),是发动机控制系统的核心部件,其功用是根据各种传感器和控制开关输入的信号,对喷油量、喷油时刻和点火时刻等进行实时控制。发动机工作时,节气门位置传感器(TPS)检测节气门开度,空气流量传感器(AFS)检测进入汽缸的空气量,曲轴位置传感器(CPS)检测发动机的转速,这 3 个信号作为确定汽油喷射量的主要信息输入电控单元,由 ECU 计算基本喷油量。与此同时,ECU 还根据水温传感器、进气温度传感器和氧传感器等输入信息计算辅助喷油量,对基本喷油量进行必要的修正,最终确定实际喷油量。当实际喷油量确定后,ECU 再根据曲轴位置传感器输入的曲轴转速与转角信号、凸轮轴位置传感器输入的第一缸活塞上止点位置信号,确定最佳喷油时刻和最佳点火时刻,并向各执行器发出指令信号,控制喷油器、点火线圈等动作。

(3) 执行器

执行器是控制系统的执行机构,其功用是接收电控单元(ECU)的控制指令,完成具体的控制动作。发动机电子控制系统常用的执行器有以下几种。

① 电动燃油泵。其功用是供给燃油喷射系统规定压力的燃油。

② 电磁喷油器。根据 ECU 的喷油脉冲信号,精确计量燃油喷射量。

③ 冷启动喷油器及热限时开关。根据 ECU 的喷油脉冲信号和发动机冷却液温度信号,控制发动机启动时的喷油量和喷油持续时间。

④ 急速控制阀 ISC 或 ISCV(Idle Speed Control Valve)。其功用是控制发动机的急速转速。控制内容包括两个方面,一方面是在发动机正常急速运转时稳定急速转速,防止发动机熄火和降低燃油消耗;另一方面是在发动机急速运转状态下,当发动机负载增加(如接通空调、动力转向器或液力变矩器等)时,自动提高急速转速(即快急速),防止发动机熄火。

⑤ 活性炭罐及其电磁阀。根据电控单元的控制指令信号,回收发动机内部的燃油蒸汽。

*1.1.2　发动机电子控制技术的基本内容

汽车发动机电子控制系统的英文名称是 Engine Electronic Control System,简称为 EECS 或 EEC 系统。该控制系统主要由电子控制单元(ECU)、传感器和执行器等组成。它在发动机上的应用主要表现在电控燃油喷射系统、电控点火系统和其他辅助控制系统。

1. 电控燃油喷射系统

电子喷油装置可以自动地保证发动机始终工作在最佳状态,使其在输出一定功率的条件下最大限度地节油和净化空气。

在电控燃油喷射系统(EFI)中,喷油量控制是最基本的也是最重要的控制内容,电子控制单元(ECU)主要根据进气量确定基本的喷油量,再根据其他传感器(如冷却液温度传感器、节气门位置传感器等)信号对喷油量进行修正,使发动机在各种运行工况下均能获得最佳浓度的混合气,从而提高发动机的动力性、经济性和排放性。除喷油量控制外,电控燃油喷射系统还包括喷油正时控制、断油控制和燃油泵控制。

2. 电控点火系统

电控点火系统(ESA)可以根据传感器送来的发动机各种参数进行运算和判断,然后对点火时刻进行调节,从而节约燃料,减少空气污染。

电控点火系统最基本的功能是对点火提前角进行控制。该系统根据各相关传感器信号,判断发动机的运行工况和运行条件,选择最理想的点火提前角点燃混合气,从而改善发动机的燃烧过程,实现提高发动机动力性、经济性和降低排放污染的目的。此外,电控点火系统还具有通电时间控制和爆燃控制功能。

3. 其他辅助控制系统

(1) 怠速控制系统

怠速控制(ISC)系统是发动机辅助控制系统,其功能是在发动机怠速工况下,根据发动机冷却液温度、空调压缩机是否工作、变速器是否挂入挡位等信息,通过怠速控制阀对发动机的进气量进行控制,使发动机随时以最佳怠速转速运转。

(2) 排放控制系统

排放控制系统的功能主要是对发动机排放控制装置实行电子控制。排放控制项目主要包括废气再循环(EGR)控制、活性炭罐电磁阀控制、氧传感器和空燃比闭环控制、二次空气喷射控制等。

(3) 进气控制系统

进气控制系统的功能是根据发动机转速和负荷的变化,对发动机的进气进行控制,以提高发动机的充气效率,改善发动机的动力性能。

(4) 增压控制系统

增压控制系统的功能是对发动机进气增压装置的工作进行控制。在装有废气涡轮增压装置的汽车上,ECU 根据检测到的进气管压力,对增压装置进行控制,从而控制增压装置对进气增压的强度。

（5）失效保护系统

失效保护系统的功能主要是当传感器或传感器线路发生故障时，控制系统自动按 ECU 中预先设定的参考信号值工作，以便发动机能继续运转。例如，进气温度传感器电路有故障时，失效保护系统将自动按设定的标准进气温度信号（20℃）控制发动机工作。

（6）应急备用系统

应急备用系统的功能是当控制系统 ECU 发生故障时，自动启用备用系统（备用集成电路），按设定的信号控制发动机转入强制运转状态，以防车辆停驶在路途中。应急备用系统只能维持发动机运转的基本功能，不能保证发动机性能。

除上述控制系统外，应用于发动机的电控系统还有冷却风扇控制、配气正时控制、发电机控制等功能。

（7）自诊断与报警系统

在发动机控制系统中，电子控制单元（ECU）都设有自诊断系统，对控制系统各部分的工作情况进行监测。当 ECU 检测到来自传感器或输送给执行元件的故障信号时，立即点亮仪表盘上的"CHECK ENGINE"灯（称为故障指示灯），以提示驾驶员发动机有故障；同时，系统将故障信息以故障码形式存储在存储器中，以便帮助维修人员确定故障类型和范围。对车辆进行维修时，维修人员可以通过特定的操作程序（或借助专用设备）调取故障码。故障排除后，需要通过特定的操作程序清除故障码，以免与新的故障信息混杂。

【自我测试】

1. 填空题

（1）汽车发动机电子控制系统的英文名称是_____，简称为 EECS 或 EEC 系统。

（2）电子控制系统在发动机上的应用主要表现在_____、_____和其他辅助控制系统。

（3）在电控燃油喷射（EFI）系统中，_____控制是最基本的也是最重要的控制内容。

（4）电控点火系统（ESA）最基本的功能是_____。

（5）除喷油量控制外，电控燃油喷射系统还包括_____、_____和燃油泵控制。

（6）电控点火系统具有点火提前角控制、_____和_____功能。

（7）排放控制项目主要包括_____、活性炭罐电磁阀控制、氧传感器和空燃比闭环控制、_____等。

（8）进气控制系统的功能是根据发动机_____和_____的变化，对发动机的进气进行控制。

（9）在装有废气涡轮增压装置的汽车上，ECU 根据检测到的_____，对增压装置进行控制。

（10）发动机应急备用系统功能是当_____发生故障时，自动启用备用系统，按设定的信号控制发动机转入_____状态，以防车辆停驶在路途中。

（11）发动机电子控制系统的主要组成可分为信号输入装置、_____和_____三大部分。

（12）检测发动机工况的传感器有_____、进气温度传感器、_____、节气门位置传感器、车速传感器、_____、爆震传感器等。

（13）传感器的功用是检测发动机运行状态的各种_____、_____和化学量等，并将这些参量转换成计算机能够识别的电量信号输入电控单元（ECU）。

(14) 电控单元(ECU)的功用是根据各种传感器和控制开关输入的信号、_____、喷油时刻和_____等进行实时控制。

(15) 怠速控制阀的功用是控制发动机的_____,使发动机随时以最佳怠速转速运转。

2. 简答题

(1) 简述电控燃油喷射系统的功用。

(2) 简述电控点火系统的功用。

(3) 汽车发动机电子控制系统有哪些执行器?各有什么作用?

(4) 发动机电控单元(ECU)的功用。

3. 论述题

(1) 汽车发动机电子控制系统的辅助控制系统有哪些?各有什么作用?

(2) 汽车发动机电子控制系统由哪些传感器组成?各有什么作用?

4. 思考题

(1) 发动机电子控制技术的应用对汽车的动力性、燃油经济性有哪些影响?

(2) 你还知道哪些先进的汽车发动机电子控制技术?它们有什么作用?

学习单元 1.2 传感器的检修

【学习目标】

1. 能通过与客户交流、查阅相关维修技术资料等方式获取车辆信息。
2. 掌握电控发动机传感器的种类及各自的作用。
3. 掌握电控发动机传感器的工作原理。
4. 能根据故障现象制订正确的维修计划。
5. 能正确选择诊断仪器对电控发动机传感器的故障进行诊断。
6. 能正确记录、分析各种检测结果并作出故障判断。
7. 能根据环保要求,正确处理对环境和人体有害的废料和损坏的零部件。

故障现象:一辆奥迪 A6 轿车,冷车启动困难,热车时怠速、加速工况均正常。读取故障码,无故障码显示。

故障排除:经检查发现,该车各缸高压火花较弱,但冷车供油压力正常(各缸都在 0.11MPa 以上)。更换了点火线圈、高压线、火花塞后,冷车依然难以启动。拆下并清洗喷油器,观察其喷雾,锥角正常,雾化情况良好。装车后试验,仍旧难以启动。继续检查冷启动系统:冷却液温度传感器阻值随温度的变化值与标准数据相同,点火开关有启动信号传送给ECU。在无法测得喷油脉冲宽度的情况下,向汽缸内喷入少量汽油,冷车启动正常。因此故障原因应该是冷车启动时的喷油量少,导致冷车启动困难。

从右侧仪表板下拆下ECU,检查各端子时发现,冷却液温度传感器插头与制动液液面报警开关插头位置对调了(这两个插头与插座的颜色相近),而此时制动液液面报警开关的阻值在560Ω,相当于冷却液温度传感器80℃值时的阻值。通过冷却液温度传感器线路传送给ECU的是80℃值时热车状态信号,因而ECU发出错误指令,输出80℃值时的喷油脉冲,导致喷油时间变短,冷车的喷油量减少,混合气过稀,造成冷车难启动。把两个插头对调插牢,故障排除。

根据上述案例,请思考下列问题。
(1) 在电控发动机中,冷却液温度传感器有什么作用?
(2) 在电控发动机中,还有哪些传感器?它们又有什么功能呢?

1.2.1 传感器的工作原理

1. 空气流量传感器

根据检测进气量的不同方式,空气流量传感器分为"D"型(即压力型)和"L"型(即空气流量型)两种类型。"D"型利用压力传感器检测进气歧管内的绝对压力计算吸入汽缸的空气量。"L"型利用流量传感器直接测量吸入进气管的空气流量,又可分为体积流量型和质量流量型。

按照结构型式,空气流量传感器可以分为以下4种:翼片式空气流量传感器,为体积流量型,20世纪70年代较为流行;卡门涡旋式空气流量传感器,为体积流量型,多用于三菱和丰田汽车;热丝式空气流量传感器,为质量流量型,20世纪80年代初开发研制,现今广泛应用;热膜式空气流量传感器,为质量流量型,大多应用于美国通用和日本五十铃公司的汽车上。

热丝式与热膜式空气流量传感器是一种借鉴日常生活中使用的电吹风机的工作原理而开发研制的检测吸入空气质量的传感器。热丝式和热膜式空气流量传感器的发热元件分别是铂金属丝和铂金属膜,铂金属发热元件的响应速度很快,能在几毫秒内反映出空气流量的变化,因此测量精度不受进气气流脉动的影响;此外还具有进气阻力小、无磨损部件等优点。目前大多数中高档轿车都采用这种传感器。

(1) 热丝式与热膜式空气流量传感器的结构特点

热丝式空气流量传感器的结构如图1-2所示,传感器壳体两端设置有与进气道相连接的圆形连接接头,空气入口设有防止传感器受到机械损伤的防护网。

传感器内部安装有一个取样管,取样管中设有一根直径很小的铂金属丝作为发热元件,并制作成"Π"形张紧在取样管内。传感器工作时,铂金属丝将被控制电路提供的电流加热到高于进气温度120℃,因此称之为热丝。在热丝附近的气流上游设有温度补偿电阻,该电阻相当于一只进气温度传感器,其电阻值随进气温度的变化而变化。这样温度补偿电阻的温度起到一个参照标准的作用,使进气温度的变化不至于影响发热元件测量的进气量。

热膜式空气流量传感器是对热丝式空气流量传感器的改进,其发热元件采用平圆形铂金膜电阻器,故称为热膜电阻。热膜式空气流量传感器的结构如图1-3所示。

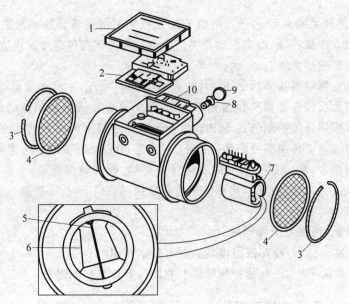

图 1-2 热丝式空气流量传感器的结构

1—密封盖；2—印刷电路板；3—卡环；4—防护网；5—温度补偿电阻（冷丝）；
6—铂金属丝（热丝）；7—取样管；8—CO调整螺钉；9—防护塞；10—接线插座

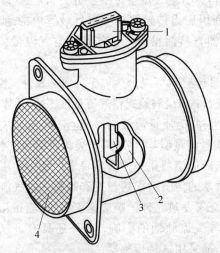

图 1-3 热膜式空气流量传感器的结构

1—接线插座；2—护套；3—铂金属膜；4—防护网

在传感器内部的进气通道上设有一个矩形护套（相当于取样管），热膜电阻保存在护套中。为了防止污物沉积到热膜电阻上影响测量精度，在护套的空气入口一侧设有空气过滤层，用以过滤空气中的污物。为了防止进气温度变化使测量精度受到影响，在热膜电阻附近的气流上游设有铂金属膜式温度补偿电阻。

与热丝式空气流量传感器相比，热膜电阻的阻值较大，消耗电流较小，使用寿命较长。但是，由于其发热元件表面制作有一层绝缘保护薄膜，存在辐射热传导作用，因此响应特性稍差。

(2) 热丝式与热膜式空气流量传感器测量原理

在热丝式与热膜式空气流量传感器中,采用恒温差电路实现流量的检测,如图1-4所示。发热元件电阻 R_H 和温度补偿电阻 R_T 分别连接在惠斯顿电桥电路的两个臂上。当发热元件的温度高于进气温度时,电桥电压才能达到平衡,并由具有电流放大作用的控制电路控制加热电流(50～120mA),使发热元件温度 T_H 与温度补偿电阻温度 T_T 之差保持恒定(120℃)。

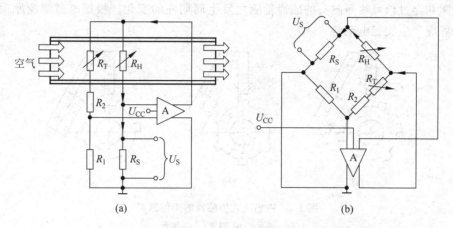

图1-4 热丝式和热膜式空气流量传感器电路原理
(a)电路连接;(b)电桥电路
R_T—温度补偿电阻;R_H—发热元件电阻;R_S—信号取样电阻;R_1、R_2—精密电阻;
U_{CC}—电源电压;U_S—信号电压;A—控制电路

当空气气流流经发热元件使其受到冷却时,发热元件温度降低,阻值减小,电桥电压失去平衡,控制电路将增大供给发热元件的电流,使其温度保持高于温度补偿电阻温度120℃。电流增量的大小取决于发热元件受到冷却的程度,即取决于流过传感器的空气量。当电桥电流增大时,取样电阻上的电压就会升高,从而将空气流量的变化转换为电压信号的变化。信号电压输入ECU后,ECU便可以根据信号电压的高低计算出空气流量的大小。

此外,由于热丝式流量计是基于热丝表面与空气的热传导原理,热丝表面上任何污染都会影响传感器的测量精度,因此控制电路中设计有自洁功能。每当发动机熄火后,ECU将控制自洁电路的接通,将热丝加热到1 000℃并持续1s,将沾附在热丝上的尘埃烧掉。另一种防止热丝沾污的方法是提高热丝的保持温度,一般将保持温度设定在200℃以上,以便烧掉沾附的污物。热膜式传感器铂金属膜的面积比热丝的表面积大得多,且覆盖有一层绝缘保护膜,因此不会因沾污物而影响测量精度。

2. 曲轴与凸轮轴位置传感器

曲轴位置传感器的功用是采集曲轴转动角度和发动机转速信号,确定点火时刻和喷油时刻。凸轮轴位置传感器的功用是采集配气凸轮轴的位置信号,并识别1缸压缩上止点信号,从而进行喷油时刻、点火提前角和喷油正时控制。此外,凸轮轴位置信号还用于发动机启动时识别第一次点火时刻。

曲轴与凸轮轴位置传感器分为磁感应式、霍尔式和光电式3种类型。其安装位置各有不同,有的安装于曲轴前端,有的安装于凸轮轴前端或分电器内及飞轮上。

(1) 磁感应式曲轴与凸轮轴位置传感器

磁感应式传感器主要由永久磁铁、叶轮(信号转子)、电磁线圈等组成。信号转子固定在分电器轴上,线圈固定在分电器外壳上。永久磁铁的磁力线通过叶轮、托架等构成磁路。

其工作原理如图1-5所示。当信号转子旋转时,磁路中的气隙将周期性地发生变化,磁路的磁阻和穿过信号线圈磁头的磁通量随之发生周期性的变化。根据电磁感应原理,传感线圈会感应产生交变电动势。

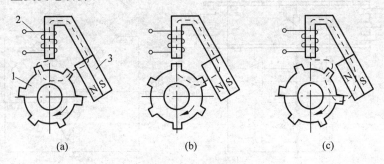

图1-5 磁感应式传感器的工作原理
(a) 接近;(b) 对正;(c) 离开
1—信号转子;2—电磁线圈;3—永久磁铁

由此可见,信号转子每转过一个凸齿,传感线圈就会产生一个周期的交变电动势,即电动势出现一次最大值和一次最小值,传感线圈也相应地输出一个交变电压信号。

磁感应式传感器的突出优点是不需要外加电源,永久磁铁将机械能变换为电能,其磁能不会损失。当发动机转速变化时,转子凸齿转动的速度将发生变化,铁芯中的磁通变化率也将随之发生变化。转速越高,磁通变化率就越大,传感线圈中的感应电动势也就越高。转速不同时,磁通和感应电动势的变化情况如图1-6所示。

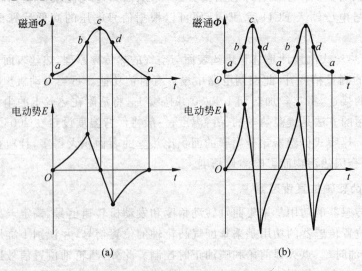

图1-6 传感线圈中磁通和感应电动势
(a) 低速时;(b) 高速时

由于转子凸齿与磁头间的气隙直接影响磁路的磁阻和传感线圈输出电压的高低,因此在使用过程中,转子凸齿与磁头间的气隙不能随意变动。气隙如有变化,必须按规定进行调整,气隙一般在 0.2~0.4mm 范围内。

(2) 霍尔式曲轴与凸轮轴位置传感器

霍尔式曲轴与凸轮轴位置传感器是根据霍尔效应制成的传感器。霍尔效应(Hall Effect)是美国约翰·霍普金斯大学物理学家霍尔博士于 1879 年首先发现的。把一个通有电流 I 的长方体形铂导体垂直于磁力线放入磁感应强度为 B 的磁场中时,如图 1-7 所示。在铂导体的两个横向侧面上就会产生一个垂直于电流方向和磁场方向的电压 U_H。当取消磁场时,电压立即消失。该电压称为霍尔电压,U_H 与通过铂导体的电流 I、磁感应强度 B 成正比。

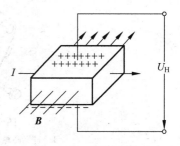

图 1-7 霍尔效应原理图

① 传感器的基本结构。

霍尔式传感器的基本结构如图 1-8 所示,主要由触发叶轮、霍尔集成电路、导磁钢片(磁轭)与永久磁铁等组成。

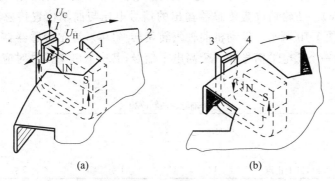

图 1-8 霍尔式传感器的基本结构
(a) 叶片离开气隙,磁场饱和;(b) 叶片离开气隙,磁场被旁路
1—永久磁铁;2—触发叶轮;3—磁轭;4—霍尔集成电路

触发叶轮安装在转子轴上,叶轮上制有叶片(叶片数与发动机汽缸数相等)。当触发叶轮随转子轴一同转动时,叶片便在霍尔集成电路与永久磁铁之间转动。霍尔集成电路由霍尔元件、放大电路、稳压电路、温度补偿电路、信号变换电路和输出电路等组成。

捷达 AT、GTX,桑塔纳 2000GSi 型轿车采用的霍尔式凸轮轴位置传感器安装在发动机进气凸轮轴的一端,结构如图 1-9 所示,主要由霍尔信号发生器和信号转子组成。

信号转子又称为触发叶轮,安装在进气凸轮轴上,用定位螺栓和座圈定位固定。信号转子的隔板又称为叶片,在隔板上制有一个窗口,窗口对应产生的信号为低电平信号,隔板对应产生的信号为高电平信号。

霍尔式信号发生器主要由霍尔集成电路、永久磁铁和导磁钢片等组成。霍尔元件由硅半导体材料制成,与永久磁铁之间留有 0.2~0.4mm 的气隙。当信号转子随进气凸轮轴一同转动时,隔板和窗口便从霍尔集成电路与永久磁铁之间的气隙中转过。

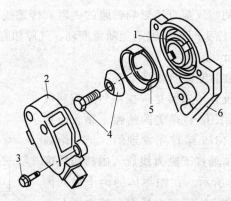

图1-9 霍尔式凸轮轴位置传感器结构

1—进气凸轮轴；2—凸轮轴位置传感器；3—传感器固定螺钉；
4—定位螺栓和座圈；5—信号转子；6—发动机盖

② 霍尔式传感器的工作原理。

当隔板(叶片)进入气隙(即在气隙内)时,霍尔元件不产生电压,传感器输出高电平(5V)信号；当隔板(叶片)离开气隙(即窗口进入气隙)时,霍尔元件产生电压,传感器输出低电平信号(0.1V)。凸轮轴位置传感器输出的信号电压与曲轴位置传感器输出的信号电压之间的关系如图1-10所示。发动机曲轴每转两转(720°),霍尔传感器信号转子就转一圈(360°),对应产生一个低电平信号和一个高电平信号,其中低电平信号对应于1缸压缩上止点前一定角度。

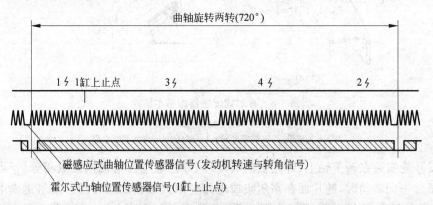

图1-10 曲轴与凸轮轴位置传感器输出波形的对应关系

发动机工作时,磁感应式曲轴位置传感器CPS和霍尔式凸轮轴位置传感器CIS产生的信号电压不断输入控制单元ECU。当ECU同时接收到曲轴位置传感器大齿缺对应的低电平信号(15°)和凸轮轴位置传感器窗口对应的低电平信号时,便可识别出此时为1缸活塞处于压缩行程,4缸活塞处于排气行程,并根据曲轴位置传感器小齿缺对应输出的信号控制点火提前角。控制单元识别出1缸压缩上止点位置后,就可以进行顺序喷油控制和各缸点火时刻控制。如果发动机产生了爆震,控制单元还能根据爆震传感器输入的信号确定是哪一缸产生了爆震,从而减小点火提前角,以便消除爆震。

3. 节气门位置传感器

ECU 根据节气门位置信号判别发动机的工况,如怠速工况、部分负荷工况、大负荷工况等,并根据发动机不同工况控制喷油时间。

节气门位置传感器按总体结构分为触点开关式、可变电阻式、触点与可变电阻组合式 3 种。按输出信号的类型分为线型输出型和开关输出型两类。

丰田轿车采用的组合式节气门位置传感器,结构与原理电路如图 1-11 所示,该传感器主要由可变电阻及其滑动触点、节气门轴、怠速触点壳体组成。可变电阻为镀膜电阻,制作在传感器底板上,可变电阻的滑臂随节气门轴一同转动,滑臂与输出端子 VTA 连接。

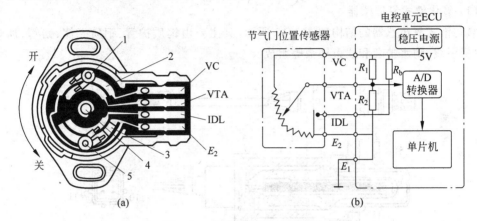

图 1-11 组合式 TPS 结构原理
(a)内部结构;(b)原理电路
1—可变电阻滑动触点;2—电源电压;3—绝缘部件;4—节气门轴;5—怠速触点

组合式 TPS 输出特性如图 1-12 所示。当节气门关闭或开度小于 1.2°时,怠速触点闭合其输出端"IDL"输出低电平(0V),如图 1-12(a)所示;当节气门开度大于 1.2°时,怠速触点断开,输出端"IDL"输出高电平(5V)。

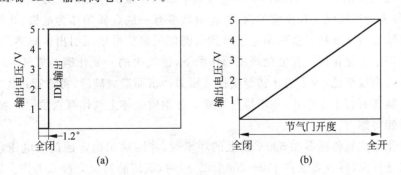

图 1-12 组合式 TPS 输出特性
(a)怠速触点输出信号;(b)滑动触点输出信号

当节气门开度变化时,可变电阻的滑臂便随节气门轴转动,使滑臂上的触点在镀膜电阻上滑动,传感器的输出端子"VTA"与"E_2"之间的信号电压随之发生变化。如图 1-12(b)所示,节气门开度越大,输出电压越高。传感器输出的线性信号经过 A/D 转换器转换成数字信号后再输入 ECU。

4. 氧传感器

氧传感器是排气用传感器(Exhaust Gas Oxygen Sensor),其功用是通过监测排气中氧离子的含量获得混合气的空燃比信号,并将该信号转变为电信号输入 ECU。ECU 根据氧传感器信号,对喷油时间进行修正,实现空燃比反馈控制(闭环控制),使发动机得到最佳浓度的混合气,从而有效降低有害气体排放量和节约燃油。

汽车发动机燃油喷射系统采用的传感器分为氧化锆(ZrO_2)式和氧化钛(TiO_2)式两种类型,氧化锆式又分为加热型与非加热型氧传感器两种,氧化钛式一般为加热型传感器。由于氧化钛式氧传感器价格便宜,且不易受到硅离子的腐蚀,因此使用越来越广泛。

(1) 氧化锆式氧传感器

氧化锆式氧传感器的结构如图 1-13 所示,其主要由钢质护管、钢质壳体、锆管、加热元件、电极引线、防水护套和线束插头等组成。

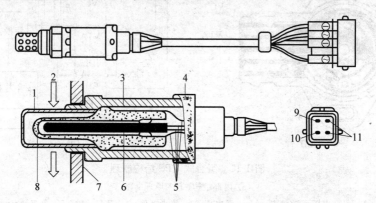

图 1-13 氧化锆式氧传感器结构

1—钢质护管;2—排气;3—壳体;4—防水护套;5—电极引线;6—加热元件;7—排气管;8—锆管;
9—加热元件电源端子;10—加热元件搭铁端子;11—信号输出端子

锆管是在二氧化锆(ZrO_2)固体电解质粉末中添加少量的添加剂压力成形的,锆管内表面通大气,外表面通排气。在锆管的内、外表面涂覆有一层金属铂作为电极,并用金属线与传感器信号输出端子连接。金属铂除了起到电极作用将信号电压引出传感器之外,另一个更重要的作用是催化作用。在催化剂铂的作用下,排气中的一氧化碳与氧气反应生成二氧化碳。锆管的强度很低,为了防止锆管受排气压力冲击而造成破碎,将锆管封装在钢质护管内。护管上制作有若干个小孔,便于排气流通。在钢质壳体上制作有六角螺边和螺纹,以便于安装和拆卸传感器。

由于氧化锆式氧传感器在 300℃ 以上的环境时,才能输出稳定的信号电压,因此,加热的目的是保证低温(排气温度在 150~200℃ 以下)时,氧传感器就能投入工作。加热器采用陶瓷加热元件制成,设在锆管内侧,由汽车电源通入电流进行加热。

国产轿车大部分采用非加热型氧传感器,其线束插头只有一个或两个接线端子;中、高档轿车大部分采用加热型氧传感器,其线束插头有 3 个或 4 个接线端子。

氧化锆式氧传感器工作原理如图 1-14 所示。因为锆管内侧与氧离子浓度高的大气相通,外侧与氧离子浓度低的排气相通,且锆管外侧的氧离子随可燃混合气浓度变化而变化。当氧离子在锆管中扩散时,锆管内外表面之间的电位差随混合气浓度变化而变化,即锆管相当于一个氧浓差电池,传感器的信号源相当于一个可变电源。

当供给发动机的可燃混合气较浓时,排气中氧离子含量较少,一氧化碳(CO)浓度较大。在锆管外表面催化剂铂的作用下,氧离子几乎全部都与CO发生氧化反应生成CO_2气体,使外表面上氧离子浓度为0。由于锆管内表面与大气相通,氧离子浓度很大,因此锆管内、外表面之间的氧离子浓度差较大,两个铂电极之间的电位差较高,约为0.9V。

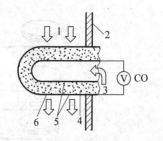

图1-14 氧化锆式氧传感器工作原理
1—排气;2—排气管;3—大气;4—二氧化锆电解质;5—铂电极;6—陶瓷保护层

当供给发动机的可燃混合气较稀时,排气中氧离子含量较多,CO浓度较小,即使CO全都与氧离子产生化学反应,锆管外表面上还是有多余的氧离子存在,因此,锆管内、外表面之间氧离子的浓度差较小,两个铂电极之间的电位差较低,约为0.1V。

当空燃比A/F接近理论空燃比14.7时,排气中的氧离子和CO含量都很少。在催化剂铂的作用下,氧离子与CO的化学反应从缺氧状态(CO过剩、氧离子浓度为0)急剧变化为富氧状态(CO为0、氧离子过剩)。由于氧离子浓度差急剧变化,因此铂电极之间的电位差急剧变化,使传感器输出电压从0.9V急剧变化到0.1V。

(2)氧化钛式氧传感器

氧化钛(TiO_2)属于N型半导体材料,阻值大小取决于材料温度以及周围环境中氧离子的浓度,因此可以用来检测排气中的氧离子浓度。氧化钛式氧传感器的外形与氧化锆式氧传感器相似,结构如图1-15所示,主要由二氧化锆传感元件、钢质壳体、加热元件和电极引线等组成。钢质壳体上制有螺纹,便于传感器安装。与氧化锆式氧传感器不同的是,氧化钛式氧传感器不需要与大气压进行比较,因此传感元件的密封与防水十分方便,用玻璃或滑石粉等密封即可达到使用要求。此外,在电极引线与护套之间设置一个橡胶密封衬垫,可以防止水汽浸入传感器内部而腐蚀电极。

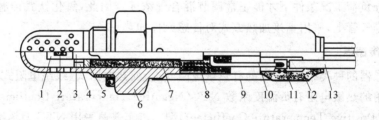

图1-15 氧化钛式氧传感器结构
1—加热元件;2—二氧化钛元件;3—基片;4—垫圈;5—密封圈;6—壳体;7—滑石粉填料;8—密封釉;
9—护套;10—电极引线;11—连接焊点;12—密封衬垫;13—传感器引线

目前使用较多的氧化钛传感元件有芯片式和厚膜式两种,如图1-16所示。芯片式将铂金属线埋入二氧化钛芯片中,金属铂兼作催化剂用。厚膜式采用半导体封装工艺中的氧化铝层压板工艺制成,从而使成本降低、可靠性提高。加热元件用钨丝或陶瓷材料制成,加热的目的是使传感元件二氧化钛温度保持恒定,从而使传感器的输出特性不受温度影响。因为二氧化钛是一种多孔性的陶瓷材料,利用热传导对氧化钛芯片或厚膜可以直接进行加热,所以加热效率高,达到激活温度(600℃)需要的时间短。

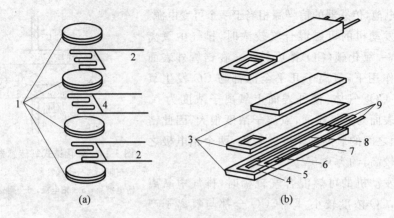

图 1-16 氧化钛式氧传感器元件结构
(a) 芯片式;(b) 厚膜式
1—二氧化钛芯片;2—铂金属线电极;3—氧化铝基片;4—加热元件;5—二氧化钛厚膜;6—分压电阻;
7—电阻引线;8—二氧化钛电极引线;9—引线端子

① 氧化钛式氧传感器工作原理

由于二氧化钛半导体材料的电阻具有随氧离子浓度的变化而变化的特性,因此氧化钛式氧传感器的信号源相当于一个可变电阻。

当发动机混合气稀(过量空气系数大于1)时,排气中氧离子含量较多,传感元件周围的氧离子浓度较大,二氧化钛呈现低阻状态。当发动机的可燃混合气浓(过量空气系数小于1)时,由于燃烧不完全,排气中会剩余一定的氧气,传感元件周围的氧离子很少,在催化剂铂的催化作用下,剩余氧离子与排气中的一氧化碳(CO)产生化学反应,生成二氧化碳(CO_2),将排气中的氧离子进一步消耗掉,二氧化钛呈现高阻状态,从而大大提高传感器的灵敏度。

② 氧化钛式氧传感器工作条件

氧化钛式氧传感器必须满足发动机温度高于60℃,氧传感器自身温度高于600℃,以及发动机在部分负荷工况条件下才能正常调节混合气浓度。因此,氧化钛式传感器也安装在温度较高的排气管上,采用直接加热方式对传感元件加热。

5. 温度传感器

温度传感器的种类很多,常用的有热敏电阻式、金属热电阻式、线绕电阻式、半导体晶体管式等。常用的热敏电阻有负温度系数 NTC(Negative Temperature Coefficient)型和正温度系数 PTC(Positive Temperature Coefficient)型。汽车普遍采用 NTC 型热敏电阻式温度传感器,如冷却液温度传感器、进气温度传感器、排气温度传感器、燃油温度传感器等。

热敏电阻式温度传感器的结构如图 1-17 所示,其主要由热敏电阻、金属引线、接线插座和壳体等组成。热敏电阻式温度传感器的主要部件是热敏电阻,外形制作成珍珠形、圆盘形(药片形)、垫圈形、芯片形、厚膜形等,放置在传感器的金属壳内。在热敏电阻的两个端面各引出一个电极并连接到传感器插座上。

冷却液温度传感器 CTS(Coolant Temperature Sensor)通常称为水温传感器,安装在发动机冷却液出水管上,其功用是检测发动机冷却液的温度,并将温度信号变换为电信号传送给 ECU。ECU 根据发动机的温度信号修正喷油时间和点火时间,从而使发动机工况处于最佳状态。

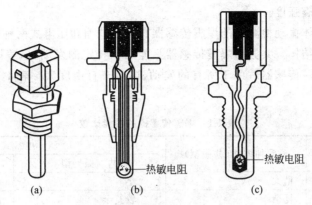

图 1-17 热敏电阻式温度传感器的结构型式
(a) 外形；(b) 两端子式；(c) 单端子式

进气温度传感器 IATS(Intake Air Temperature Sensor)安装在进气管路中，其功用是检测进气温度，并将温度信号变换为电信号传送给 ECU。进气温度信号是各种控制功能的修正信号。如果进气温度传感器信号中断，会导致热启动困难、废气排放量增大。

温度传感器的工作电路如图 1-18 所示。传感器的两个电极用导线与 ECU 插座连接。ECU 内部串联一只分压电阻，ECU 向热敏电阻和分压电阻组成的分压电路提供一个稳定的电压（一般为 5V），传感器输入 ECU 的电压等于热敏电阻上的分压值。

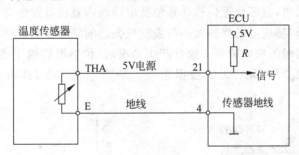

图 1-18 温度传感器的工作电路

当被测对象的温度升高时，传感器阻值减小，热敏电阻上的分压值降低；反之，当被测对象的温度降低时，传感器阻值增大，热敏电阻上的分压值升高。ECU 根据接收到的信号电压值，便可计算出对应的温度值，从而进行实时控制。

在传感器的壳体上制作有螺纹，以便安装与拆卸。接线插座分为单端子式和两端子式两种，中、高档轿车燃油喷射系统一般采用两端子式温度传感器，低档轿车燃油喷射系统以及汽车仪表一般采用单端子式温度传感器。如果传感器插座上只有一个接线端子，则壳体为传感器的一个电极。目前电控系统使用的温度传感器插座大多数都有两个接线端子，分别与 ECU 插座上的相应端子连接，以便可靠传递信号。

6. 爆震传感器

发动机爆震程度的检测方法通常有 3 种：汽缸压力法、发动机机体振动法及燃烧噪声法。其中汽缸压力法精度最高，但传感器本身存在着耐久性差和安装困难等问题。燃烧噪声法采用非接触式检测法，耐久性好，但精度和灵敏度偏低。目前，最常见的是利用发动机机体振动法判断爆震强度。

采用发动机机体振动检测法的爆震传感器有磁致伸缩和压电式两种类型。压电式又分共振型和非共振型结构。共振型爆震传感器只能用于特定的发动机,美国汽车采用这种传感器。非共振型爆震传感器适用于所有的发动机,装车自由度大。表1-1为爆震传感器的性能比较。

表 1-1　爆震传感器的性能比较

特性 \ 型号	磁致伸缩式(共振型)	压 电 式	
		共 振 型	非 共 振 型
外形	稍大	小	小
结构	复杂	较复杂	简单
机电变换效率	小	大	大
阻抗	小	大	大
爆燃信号判别	传感器输出信号可识别	—	回路中需有滤波器
调整	需要调整共振点	—	不要
适应性	随发动机而变更		可适用各种发动机
采用车厂	通用、日产公司	克莱斯勒、丰田公司	三菱、雷诺

(1) 磁致伸缩式爆震传感器

磁致伸缩式爆震传感器的结构如图1-19所示,它主要由铁芯、永久磁铁及感应线圈等组成。当发动机振动时,磁芯受振偏移动致使感应线圈内磁通量发生变化,感应线圈由此产生感应电动势。此外,感应电动势的大小与发动机振动的频率有关,当传感器的固有振动频率与发动机发生爆震时的振动频率一致且产生谐振时,传感器将输出最大电压信号。爆震电压输出特性如图1-20所示,ECU根据谐振点输出电压信号,即可判断发动机的爆震强度。

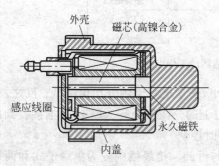

图 1-19　磁致伸缩式爆震传感器结构

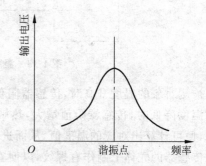

图 1-20　磁致伸缩式爆震传感器的信号

(2) 非共振型压电式爆震传感器

非共振型压电式爆震传感器根据加速度信号判断发动机的爆震强度。其结构如图1-21所示,主要由同极性相向对接的两个压电元件及一根螺钉固定于壳体上的配重构成。发动机工作时,配重首先将加速度转换成作用于压电元件上的压力信号,而两个压力元件再将压力信号转换成电压信号,由两元件的中央输出。

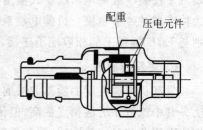

图 1-21　非共振型压电式爆震传感器

当发动机振动时,安装在发动机缸体上的爆震传感器内部配重因受振动影响而产生加速度,因此,在压电元件上就会受到加速时惯性力的作用,而产生电压信号。

非共振型压电式爆震传感器输出特性如图 1-22 所示,其特点是输出平缓。即使在爆震发生时的频率及其附近,传感器的输出电压信号也不会很大。因此,必须对输出电压信号进行滤波,通过滤波处理后便可判别是否有爆震产生及其强度。

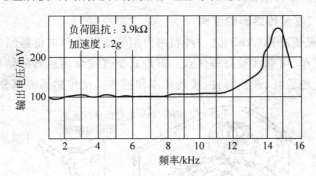

图 1-22 爆震传感器输出特性

(3) 共振型压电式爆震传感器

共振型压电式爆震传感器的特点是:爆震时利用发动机振动频率与传感器本身固有频率一致的特点,通过产生共振来检测爆震强度。相比而言,该传感器在爆震时的输出电压比非共振(无爆震)时的输出电压高得多,因此无须使用滤波器,即可判别有无爆震产生。

图 1-23 为共振型压电式爆震传感器的结构。压电元件紧密地贴合在振荡片上,振荡片则固定在传感器的基座上。振荡片随发动机振动而振荡,且波及压电元件,使其变形而产生电压信号。当发动机爆震时的振动频率与振荡片的固有频率相符合时,振荡片产生共振,此时压电元件将产生最大的电压信号,如图 1-24 所示。

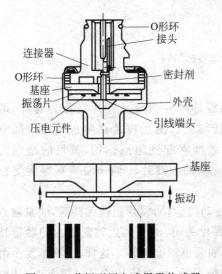

图 1-23 共振型压电式爆震传感器

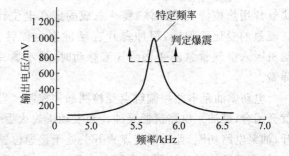

图 1-24 输出电压和频率的关系

振动型爆震传感器输出信号一般是随发动机振动频率变化而变化的电压脉冲信号,并且信号的频率与发动机振动频率一致,其电压幅值与振动频率有关。对于共振型而言,发动机爆震(共振)时,输出电压最大;而对非共振型而言,发动机产生爆震时,传感器输出电压并无明显增大,爆震是否发生必须借助滤波器检出的传感器输出信号来判别爆震强度。

*1.2.2 其他传感器

1. 翼片式空气流量传感器

(1) 翼片式空气流量传感器的结构

翼片式空气流量传感器(AFS)是一种利用力矩平衡原理和电位器原理而研制的机械式传感器,具有结构简单、可靠性较高等优点。翼片式空气流量传感器的结构如图1-25所示,其主要由检测部件、电位计、调整部件、接线插座和进气温度传感器五部分组成。

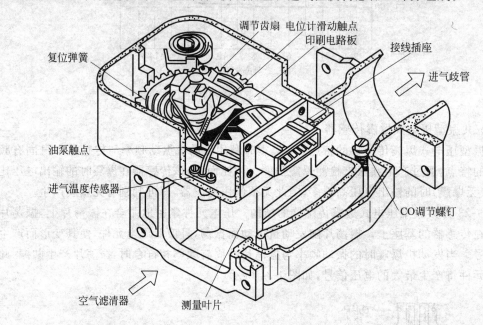

图1-25 翼片式空气流量传感器的结构

① 检测部件的结构。

检测部件的结构如图1-26所示,由测量叶片和缓冲叶片组成。叶片又称为翼片,两块翼片用热模浇铸成一体,翼片总成固定在电位计转轴上。测量翼片在主进气道内随空气流量的变化而偏转,缓冲翼片在缓冲室内偏转。缓冲室起到阻尼作用,其目的是当发动机吸入空气量急剧变化或气流脉动时,减小翼片的脉动。翼片转轴一端装有螺旋复位弹簧。

电动燃油泵电路控制触点受检测部件控制。当发动机运转,翼片稍微偏转后,油泵触点就会闭合,燃油泵电路接通泵油。当发动机熄火后,翼片关闭,油泵触点被配重上的触臂顶开,油泵电路切断,此时即使点火开关处于接通位置,油泵也不会运转。这样,在汽车发生翻车、撞车等事故导致油管破裂而点火开关又未断开的情况下,可以防止油泵继续泵油,从而防止燃油外溢而发生火灾。

② 电位计与调整部件的结构。

电位计安装在传感器壳体上部,内部装有配重、滑臂、调整齿扇、复位弹簧和印刷电路板

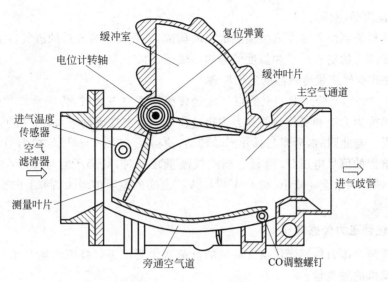

图 1-26　检测部件的结构

等,如图 1-27 所示。电位计内设有调整齿扇和螺旋复位弹簧,一端固定在转轴上,另一端固定在调整齿扇上,其上有刻度标记,并用卡簧定位。改变齿扇的定位位置,可以调整复位弹簧的预紧力,从而调整传感器的输出特性。翼片转轴上端固装有配重和滑臂,随翼片一起转动,同时滑臂也在镀膜电阻上滑动。配重起到平衡作用,使滑臂平稳偏摆。主空气通道下方设有旁通气道,旁通气道上设有改变旁通进气量的 CO 调整螺钉,用来调节发动机怠速时 CO 的排放量。

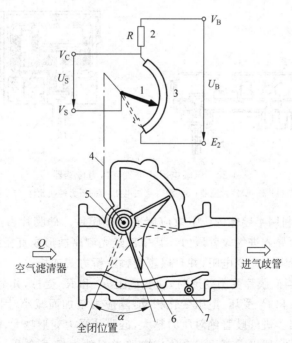

图 1-27　翼片式 AFS 的工作原理

1—滑臂；2—限流电阻；3—镀膜电阻；4—转轴；5—复位弹簧；6—翼片；7—调整螺钉

③ 进气温度传感器。

进气温度传感器由负温度系数型热敏电阻构成,安装在主进气道的进气口上,电阻两端分别与接线插座上的搭铁端子和温度信号输出端子连接。

(2) 翼片式空气流量传感器的工作原理

如图1-27所示,当吸入发动机的空气流经传感器主空气道时,传感器翼片受到空气气流压力产生的推力力矩和复位弹簧弹力力矩的作用。当空气流量增大时,气流压力大,翼片偏转角度α大。与此同时,滑臂与翼片同轴转动,使得端子"V_C"与"V_S"之间的电阻值减小,两端子之间输出的信号电压U_S降低。当空气流量减小时,气流压力对翼片产生的推力力矩减小,翼片偏转的角度α减小,端子"V_C"与"V_S"之间的电阻值增大,两端子之间输出的信号电压V_S升高。

2. 进气歧管压力传感器

进气歧管绝对压力传感器依据发动机的负荷变化测出进气歧管内绝对压力的相应值,进而测算发动机的进气量。

进气歧管压力传感器就其信号产生的原理可分为半导体压敏电阻式、电容式、膜盒传动的可变电感式等。其中半导体压敏电阻式和电容式进气歧管压力传感器在发动机电子控制系统中的应用较为广泛。

(1) 半导体压敏电阻式

这种进气歧管压力传感器利用半导体的压阻效应测量进气歧管绝对压力,其结构如图1-28所示。它由压力转换元件和混合集成电路等构成。

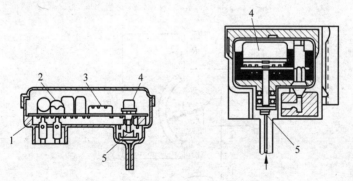

图1-28 压敏电阻式进气管压力传感器
1—外壳塑料;2—EMI过滤器;3—混合集成电路;4—压力转换元件;5—滤清器

压力转换元件是利用半导体的压阻效应制成的硅膜片。硅膜片为约$3mm^2$的正方形,一面是真空室,另一面导入进气歧管压力。其中部经光刻腐蚀形成直径约2mm、厚约$50\mu m$的薄膜,薄膜周围安置4个应变电阻,并且以惠斯顿电桥方式连接。

由图1-29可知,当硅膜片受力变形时,应变电阻R_2和R_4受拉,其电阻值随应力增加而增加;而应变电阻R_1和R_3受压,电阻变化相反,随应力增加而减小,因此导致惠斯顿电桥失去平衡,有信号输出。进气歧管绝对压力越大,硅膜片受力变形越大,输出信号越大。

由于输出信号较弱,所以需要用混合集成电路进行放大后再输出。该电路采用了差动电桥放大方式,可明显提高传感器灵敏度。由于此类传感器具有尺寸小、精度高、成本低、响应性好、通用性强和测量范围广等优点,是目前进气压力传感器中最先进的一种。

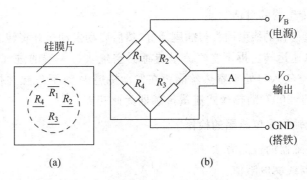

图 1-29　压敏电阻式压力传感器的工作原理
(a)硅膜片；(b)示意图

（2）电容式

电容式进气歧管压力传感器主要利用传感器的电容效应测量进气歧管绝对压力。其结构原理如图 1-30 所示，主要由氧化铝膜片及厚膜电极等构成。

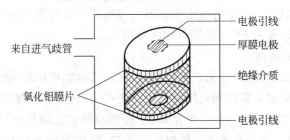

图 1-30　电容式压力传感器的结构

压力转换元件由可产生电容效应的厚膜电极构成，电极被附在氧化铝膜片上。当发动机进气歧管绝对压力变化时，可使氧化铝膜片产生变形，导致传感器电极的电容产生相应变化，引起与其相关的振荡电路的振荡频率发生相应变化。ECU 则根据传感器输出信号的频率感知进气歧管的绝对压力。其信号频率和进气歧管绝对压力值成正比，该频率在 80～120Hz 变化。

1.2.3　传感器的检修

1. 空气流量传感器的检修

（1）检查传感器的电源电压

检测电源电压时，拔下传感器线束插头。接通点火开关，用万用表直流电压挡检测传感器插座上电源端子与搭铁端子之间的电压。接通点火开关，检测线束插头上电源端子与发动机缸体之间的电压，规定值应不低于 11.5V。如果电压为零，说明燃油泵继电器触点未闭合或电源线路断路，需要检修燃油泵继电器或电源电路。

（2）检查传感器的信号电压

检查信号电压时，拔下传感器线束插头，将蓄电池正负极分别与传感器插座上的电源端子和搭铁端子连接，用万用表直流电压挡测量信号输出端的电压；当向传感器空气入口吹气时，信号电压应随之升高。

(3) 就车检查传感器的自洁功能

先将空气流量传感器的线束插头与插座插好,然后启动发动机并将转速升高到 2 500r/min 以上,再使发动机怠速运转。拆下空气流量传感器空气入口一端的进气管,断开点火开关,与此同时从传感器空气入口处观察热丝能否在发动机熄火 5s 后红热并持续 1s 时间。热膜式以及保持温度高于 200℃的热丝式流量传感器无此功能。

2. 曲轴与凸轮轴位置传感器的检修

1) 磁感应式传感器的检测方法

(1) 检测传感器线圈电阻值。

拔下传感器线束插头,用万用表电阻挡检测各端子间的电阻值,应当符合规定。阻值不符则更换传感器总成。

(2) 检测传感器磁路气隙。

用非导磁厚薄规测量信号转子与传感线圈磁头之间的气隙,气隙应为 0.2~0.4mm,气隙不符则需更换传感器总成。

在发动机运行过程中,当磁感应式传感器出现故障导致信号中断时,发动机将立刻熄火而无法运转,此时电控单元 ECU 能够存储故障码。

2) 霍尔传感器的检测

当霍尔传感器出现故障而导致信号中断时,发动机会继续运转,也能再次启动。与此同时,由于控制单元不能判别即将到达压缩上止点的是哪一缸,因此爆震调节将停止。

当霍尔传感器信号中断时,控制单元 ECU 能够检测到故障信息,可以读取传感器故障的有关信息。如果故障代码显示霍尔传感器有故障,可用万用表检测传感器电源电压和导线电阻进行判断与排除。

(1) 检测霍尔传感器电源电压的方法如下。

① 断开点火开关,拔下霍尔传感器插座线束插头,将万用表的正、负表笔分别连接插头电源和搭铁端子。

② 接通点火开关,测得电压标准值应高于 4.5V,如果电压为零,说明线束断路、短路或控制单元 ECU 有故障。

③ 断开点火开关,继续检查导线是否短路或断路。

(2) 检测线束导线有无断路和短路故障的方法如下。

① 在断开点开关的情况下,拔下控制单元线束插头。

② 检查断路故障。如阻值过大或为无穷大,说明线束与端子接触不良或导线断路,应予以修理或更换线束。

③ 检查短路故障。使用万用表,一支表笔连接传感器插头端子,另一支表笔分别连接传感器插头端子,测得电阻值应为无穷大。如果阻值不是无穷大,说明线束导线短路,应予以更换。

3. 节气门位置传感器的检修

(1) 电压检测

检修触点开关式 TPS 时,可用万用表测量传感器信号输出端子的输出电压和触点接触电阻进行判断。检测输出电压时,将传感器正常连接,接通点火开关,输出电压应为高电平或低电平,且当节气门轴转动时,输出电压应当交替变化(由低电平"0"变为高电平"1"或由高电平"1"变为低电平"0")。检测触点状态时,拔下传感器线束插头。测量触点接触电阻应小于0.5Ω,如果阻值过大,说明触点烧蚀而接触不良,应予以修磨或更换传感器。

(2) 电阻检测

当用万用表检测线束电阻时,断开点火开关,拔下控制器ECU线束插头和传感器线束插头,检测两插头上各端子之间导线电阻是否符合规定。如果阻值过大或为无穷大,说明线束与端子接触不良或断路,应予以修理。

4. 氧传感器的检修

检修氧传感器主要是检查加热元件和信号电压变化频率是否正常。检测氧传感器信号电压变化的频率时,高、低电平之间变化应不低于8~10次/10s。

检修氧传感器时,可用万用表就车检测传感器的加热电源电压和信号输出电压。如果电压值不符合规定,说明传感器失效,应予以更换。

检测线束电阻时,断开点火开关,拔下控制器线束插头和传感器线束插头,检测两插头各端子之间导线电阻是否符合规定。如果阻值过大或为无穷大,说明线束与端子接触不良或断路,应予以修理。

5. 温度传感器的检修

虽然各类型汽车采用的温度传感器的阻值各不相同,但是其检修方法基本相同。

(1) 电源电压与信号电压的检测

检修冷却液温度传感器时,可用高阻抗数字式万用表就车检测传感器的电源电压和信号电压。检测电源电压时,拔下冷却液温度传感器插头,接通点火开关,检测传感器线束插头上两端子间的电源电压应为5V左右。检测信号电压时,插上传感器插头,接通点火开关,当发动机工作时,温度传感器的检测结果应当符合规定。温度高时电压低,温度低时电压高。如果电压偏差过大,应当更换传感器。

(2) 热敏电阻的检测

检测温度传感器阻值时,断开点火开关,拔下温度传感器插头,拆下温度传感器,将传感器和温度表放入烧杯或加热容器中。在不同温度下,用万用表电阻挡检测传感器插座上两端子间的电阻值,然后再与标准阻值进行比较。如果阻值偏差过大、过小或为无穷大,说明传感器失效,应予以更换。

6. 爆震传感器的检修

当爆震传感器发生故障时,发动机ECU能够检测到有关信息,并使发动机进入故障应急状态下运行。通过诊断插座可以读取故障的有关信息。

检修爆震传感器时,可用万用表检测传感器电阻,检测结果应当符合规定。检测时,断开点火开关,拔下传感器线束插头。

【任务工单】

见附录中的任务工单1-1。

【自我测试】

1. 填空题

（1）根据检测进气量的方式，空气流量传感器_____型利用压力传感器检测进气歧管内的绝对压力，计算吸入_____的空气量。"L"型利用流量传感器直接测量吸入_____的空气流量。

（2）热丝式和热膜式空气流量传感器的发热元件分别是_____和_____。

（3）热丝式空气流量传感器工作时，铂金属丝将被控制电路提供的电流加热到高于进气温度_____，因此称为热丝。

（4）曲轴位置传感器的功用是采集曲轴转动角度和发动机转速信号，确定_____和_____。

（5）凸轮轴位置传感器的功用是采集配气凸轮轴的位置信号，并识别_____缸压缩上止点信号，从而进行喷油时刻、点火提前角和喷油正时控制。此外，凸轮轴位置信号还用于发动机启动时识别第_____点火时刻。

（6）曲轴与凸轮轴位置传感器分为磁感应式、_____和光电式3种类型。其安装位置各有不同，有的安装于_____前端，有的安装于_____前端或分电器内及飞轮上。

（7）磁感应式传感器主要由_____、叶轮（信号转子）、电磁线圈等组成。信号转子固定在分_____轴上，线圈固定在分电器外壳上。

（8）ECU根据节气门位置信号判别发动机的工况，如_____工况、部分负荷工况、_____工况等，并根据发动机不同工况控制喷油时间。

（9）氧传感器的功用是通过监测排气中_____离子的含量获得混合气的空燃比信号，并将该信号转变为电信号输入ECU。

（10）ECU根据_____信号，对喷油时间进行修正，实现空燃比反馈控制（闭环控制），使发动机得到最佳浓度的混合气。

（11）汽车发动机燃油喷射系统采用的传感器分为_____式和氧化钛式两种类型，氧化锆式又分为加热型与非加热型氧传感器两种，氧化钛式一般为_____型传感器。

（12）当供给发动机的可燃混合气较浓时，排气中氧离子含量较少，一氧化碳（CO）浓度较大，锆管内、外表面之间的氧离子浓度差较大，两个铂电极之间的电位差较高，约为_____V。

（13）当供给发动机的可燃混合气较稀时，排气中氧离子含量较多，CO浓度较小，锆管内、外表面之间氧离子的浓度差较小，两个铂电极之间的电位差较低，约为_____V。

（14）ECU根据冷却液温度传感器修正_____和_____，从而使发动机工况处于最佳状态。

2. 简答题

（1）简述电磁式、霍尔式曲轴位置传感器的组成及工作原理。

（2）简述爆震传感器的分类及其工作原理。

（3）简述氧化锆、氧化钛式氧传感器的工作原理。

（4）简述温度传感器的组成及工作原理。

3. 论述题

（1）简述热丝式空气流量传感器的组成及工作原理。

(2) 简述组合式节气门位置传感器的组成及工作原理。

4. 故障检修

(1) 如何检修热丝式空气流量传感器？

(2) 如何检修电磁式曲轴位置传感器？

(3) 如何检修节气门位置传感器？

5. 思考题

缺少哪些传感器信号,电控发动机将不能启动？为什么？

学习单元 1.3　执行器的检修

【学习目标】

1. 能通过与客户交流、查阅相关维修技术资料等方式获取车辆信息。
2. 掌握电控发动机执行器的种类及各自的作用。
3. 掌握电控发动机执行器的工作原理。
4. 能根据故障现象制订正确的维修计划。
5. 能正确选择诊断仪器对电控发动机执行器的故障进行诊断。
6. 能正确记录、分析各种检测结果并做出故障判断。
7. 能根据环保要求,正确处理对环境和人体有害的废料和损坏的零部件。

故障现象：某车冷车能够启动,但行驶无力,甚至行驶途中熄火。熄火后再次启动,行驶仍无力。

故障排除：用自诊断系统查询故障码,仪表盘上发动机故障灯无故障码输出,表明电控系统各传感器、电控单元部件无故障。结合该车能够冷启动,且能行驶的现状,暂不检查电路部分,先检查供油部分。该故障现象为有负荷工况下燃油供给不足,混合气过稀。燃油供给不足的原因有：油箱缺油、管路渗漏、部件堵塞和压力低。经检查,前3项原因不存在,需查实最后一项原因。将燃油滤清器接头拆下,串入燃油压力表,启动发动机,怠速时燃油压力为 180kPa(正常值为 270kPa)。为进一步校验燃油压力。拔下燃油压力调节器上的真空软管,堵住管口,启动发动机,怠速燃油压力为 220kPa(标准值为 320~330kPa),这表明燃油压力低。根据这个结果,拆检电动燃油泵,发现其内单向阀已损坏。更换燃油泵,试车,故障排除。燃油泵内部损坏,自诊断系统不会显示故障码,所以应认真检查。

根据上述案例,请思考下列问题。

(1) 电控发动机中的电动燃油泵有什么作用?

(2) 你还知道哪些电控发动机的执行器?它们各有什么功用?

1.3.1 执行器的工作原理

1. 电动燃油泵

燃油喷射系统均采用电动燃油泵,其功用是为喷油器提供油压高于进气歧管压力250～300kPa的燃油。因为燃油是由油箱内泵出,经压缩或动量转换将油压提高后,再经输油管送到喷油器,所以油泵的最高输出油压为450～600kPa,其供油量比发动机最大耗油量大很多,多余的油将从回油管返回油箱。

电动燃油泵按油泵结构可分为滚柱式、叶片式、齿轮式、涡轮式和侧槽式 5 种,目前常用滚柱式和叶片式两种油泵。现今,大多数汽车的燃油泵都安装在燃油箱内,不易发生气阻和漏油现象。

(1) 滚柱式电动燃油泵的结构特点

滚柱泵主要由泵转子、泵体和滚柱组成,结构如图 1-31 所示。电动机的电枢轴较长,泵转子偏心地压装在电枢轴上,随电动机一同转动。泵转子周围制作有齿缺,滚柱安放在齿缺与泵体之间的空腔内。泵体用螺钉固定在一起,安放在泵壳内,泵体侧面制作有进油口和出油口。泵转子与泵体的径向和轴向都制作有很小的间隙,以便泵转子能够灵活转动。

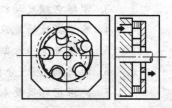

图 1-31 滚柱式电动燃油泵的结构与原理

滚柱式电动燃油泵利用容积变化输送燃油。当电枢旋转时,泵转子随之一同旋转,泵转子齿缺内的滚柱在离心力的作用下,紧压在泵体内表面上并随泵转子旋转而产生滑转,在两个相邻滚柱以及泵转子和泵体之间便形成一个密封的腔室。由于泵转子偏心安装在电枢轴上,因此当泵转子旋转时,密封腔室的容积就会发生变化(图 1-31 中左侧腔室的容积增大,右侧腔室的容积减小)。

在密封腔室容积增大一侧的泵体侧面设有进油口,在容积减小一侧的泵体侧面设有出油口。这样,在泵转子旋转过程中,泵体进油口处腔室的容积不断增大,形成低油腔,将燃油吸入泵体,而泵体出油口腔室的容积不断减小,形成高压油腔,从而将燃油压出泵体流向电动机,使电动机冷却。当电枢周围泵壳内的燃油增多,油压高于燃油泵出油口单向阀弹簧的压力时,燃油便从出油口经输油管输送到喷油器。

(2) 叶片式电动燃油泵的结构

滚柱式电动燃油泵泵油压力脉动大、运转噪声大、使用寿命短。目前,电控发动机燃油喷射系统趋向于采用平板叶片式电动燃油泵,简称叶片泵,其结构与滚柱式电动燃油泵相似,如图 1-32 所示。叶片泵与滚柱泵不同的是其转子是一块圆形平板,在平板的圆周上制有小槽,叶片上的小槽与泵体之间的空间为泵油腔室。

当燃油泵电动机运转时,电机轴带动油泵转子一同旋转。由于转子转速较高,因此在叶片小槽与泵体进油口之间就会产生真空。当叶片小槽转到进油门时,在真空吸力的作用下,燃油被吸入泵体内。当叶片小槽转到油泵出油口时,在离心力和燃油压力的共同作

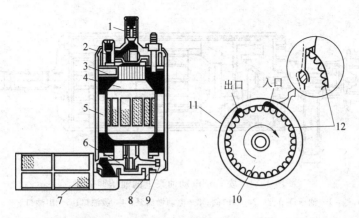

图 1-32 叶片式电动燃油泵的结构与原理
1—单向阀；2—溢流阀；3—电刷；4—电枢；5—磁极；6、10—叶轮；
7—滤网；8—泵盖；9—泵壳；11—壳体；12—叶片

用下,燃油便从出油口压出并流向电动机。叶片泵泵出燃油越多,电机壳体内的燃油压力就越高。

当油压超过油泵单向阀弹簧的压力时,单向阀阀门打开,燃油便从单向阀经输油管输送到燃油分配管和喷油器。

2. 油压调节器

(1) 油压调节器的功用与结构

油压调节器安装在燃油分配管的一端,其功用有两个：一是调节供油系统的燃油压力,使系统油压与进气歧管压力之差保持恒定(设定值一般为 300kPa)；二是缓冲燃油泵供油时产生的压力脉动和喷油器断续喷油引起的压力波动。

油压调节器的结构如图 1-33 所示,其主要由弹簧、阀体、阀门和铝合金壳体组成。阀体固定在金属膜片上,阀体与阀门之间安装有一个球阀。球阀用弹片托起,球阀与阀体之间设有一个弹力较小的弹簧,使球阀与阀门保持接触。在铝合金壳体上,设有油管接头和真空管接头,进油口接头与燃油分配管连接,回油口接头连接油管并与油箱相通,真空管接头与节气门至进气歧管之间的真空管连接。

油压调节器一般安装在油管上,位于油箱和压力调节器之间,现在一般安装在供油总管或电动燃油泵上。图 1-34 为安装在电动油泵出口端的油压调节器。

(2) 油压调节器的原理与特性

供油系统的燃油从油压调节器进油口进入调节器油腔,燃油压力作用到与阀体相连的膜片上。当燃油压力升高使油压作用到膜片上的压力超过调节器弹簧的弹力时,油压推动膜片向上拱曲,调节器阀

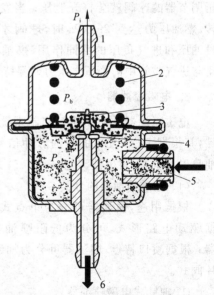

图 1-33 油压调节器的结构
1—进气管真空接头；2—弹簧；3—阀体；
4—阀门；5—进油口；6—回油口

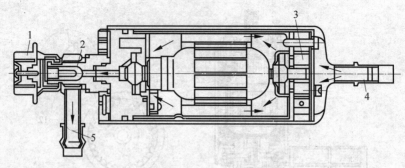

图 1-34 安装于电动油泵上的油压调节器
1—油压调节器；2—单向阀；3—电动燃油泵；4—吸油口；5—出油口

门打开，部分燃油从回油口经回油管流回油箱，使燃油压力降低。当燃油压力降低到调节器控制的系统油压时，球阀关闭，系统燃油保持一定压力值不变。

在油压调节器上接有一个真空管，该真空管将发动机进气歧管的真空度引入油压调节器的真空室。由于进气歧管的压力始终低于大气压力，因此当进气歧管的压力调节气门开度变化而变化时，进气压力将对调节器膜片产生一个吸力，从而改变供油系统的燃油压力。

当发动机怠速运转时，进气歧管的压力 P_i 约为 -50 kPa，燃油压力 P_o 为

$$P_o = P_b + P_i = 300 + (-50) = 250 \text{kPa}$$

当发动机全负荷运转时，进气歧管的压力 P_i 约为 -5 kPa，燃油压力 P_o 为

$$P_o = P_b + P_i = 300 + (-50) = 295 \text{kPa}$$

由此可见，由于进气歧管负压的作用，当发动机怠速运转，燃油压力达到 250kPa 时，油压调节器的球阀就会打开泄压；当发动机全负荷运转，燃油压力达到 295kPa 时，球阀才打开泄压。通过油压和进气负压的共同作用，燃油分配管中的油压与进气歧管中的气压之压力差保持 300kPa 不变。

3. 电磁喷油器

电磁喷油器是燃油喷射控制系统的一个关键部件，其根据 ECU 发出的喷油脉冲信号，精确计量燃油喷射量，同时将燃油雾化。

（1）电磁喷油器的分类

根据用途，喷油器可分为单点式和多点式；根据驱动电路形式，可分为低阻喷油器和高阻喷油器；根据喷口特点，喷油器可分为轴针式、球阀式和片阀式。

① 轴针式电磁喷油器。

轴针式电磁喷油器的基本结构如图 1-35 所示，其主要由喷油器外壳、喷油嘴、针阀、弹簧、衔铁及电磁线圈等组成。密封圈 1 防止燃油泄漏，密封圈 7 防

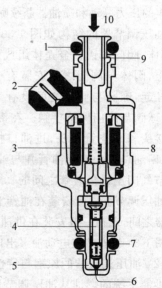

图 1-35 轴针式电磁喷油器
1、7—"O"形密封圈；2—线束插座；3—复位弹簧；4—针阀阀体；5—阀座；6—轴针；8—电磁线圈；9—燃油滤网；10—进油口

止漏气,滤网用于过滤燃油中的杂质。电磁线圈无电流时,喷油器内的针阀被螺旋弹簧压在喷油器出口处的密封锥形阀座上。当 ECU 发出喷油脉冲信号时,喷油器的电磁线圈电路被触发接通,电磁线圈产生电磁吸力,吸动衔铁带动针阀离开阀座上移约 0.1mm,压力油从针阀与阀座之间精密环形缝隙中喷出。为使燃油能被充分雾化,轴针的前端被加工成针状。当喷油信号结束后,喷油器电磁线圈电流被切断,电磁力迅速消失,在喷油器螺旋弹簧的作用下针阀迅速回位,阀门关闭,喷油器停止喷油。

② 球阀式电磁喷油器。

球阀式喷油器的结构与轴针式基本相同,主要区别在于阀体结构不同,如图 1-36 所示。球阀式喷油器的阀体由球阀、导杆和弹簧座组成,其导杆为空心结构。轴针式喷油器的阀体采用针阀,为了保证阀体轴向移动时不发生偏移和阀门密封良好,必须具有较长的导杆,并制成实心结构,因此质量较大;球阀式喷油器的球阀具有自动定心作用,无需较长导杆,因此质量较小,且具有较好的密封性能。

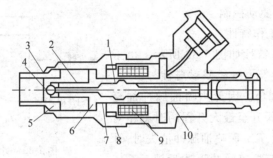

图 1-36 球阀式电磁喷油器

1—弹簧;2—阀杆;3—阀座;4—喷孔;5—护套;6—挡块;7—衔铁;8—喷油器体;9—电磁线圈;10—盖

③ 片阀式电磁喷油器。

片阀式喷油器的结构与轴针式基本相同,如图 1-37 所示。片阀式喷油器的特点是阀体由质量较轻的片阀、导杆和带孔阀座组成,因此不仅具有较大的动态流量,而且具有较强的抗堵塞能力。

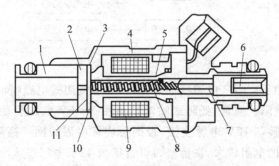

图 1-37 片阀式电磁喷油器

1—喷嘴套;2—阀座;3—垫圈;4—壳体;5—铁芯;6—滤网;7—滑套;8—复位弹簧;
9—电磁线圈;10—限位圈;11—片阀

片阀式电磁喷油器的工作情况如图 1-38 所示。当电磁线圈无电流通过时,片阀被螺旋弹簧压力和液体压力紧压在阀座上。当 ECU 发出喷油脉冲信号时,喷油器的电磁线圈产生电磁场,在衔铁磁场力的作用下,片阀克服弹簧压力和液体压力的作用上移脱离阀座密封环,压力油从密封环中计量孔喷出。待喷油信号结束后,喷油器电磁线圈的电流被切断,电磁力迅速消失,在螺旋弹簧和液体压力的作用下,片阀迅速回位,阀门关闭,喷油器停止喷油。

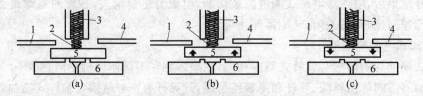

图 1-38 片阀式电磁喷油器的工作情况
(a)片阀静止在阀片座上;(b)片阀抬离阀座直到抵住挡圈;(c)片阀离开挡圈落座
1—挡圈;2—弹簧;3—衔铁;4—挡圈;5—片阀;6—阀座

(2) 电磁喷油器的驱动控制

① 电磁喷油器的工作特性。

喷油器针阀的工作特性如图 1-39 所示。由于喷油器针阀的机械惯性及电磁线圈磁滞性等影响,阀的运动将产生滞后现象。因此当喷油脉冲加至喷油器电磁线圈后,针阀升至最大升程的时刻相对于驱动脉冲上边沿滞后 T_o;而喷油脉冲消失时,针阀完全落座关闭相对于驱动脉冲下边沿滞后 T_c。

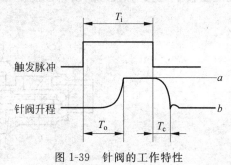

图 1-39 针阀的工作特性

阀门开启的滞后时间 T_o 较阀门关闭的滞后时间 T_c 长,T_o 与 T_c 的差值称为无效喷射时间。

② 电磁喷油器的驱动电路。

电磁喷油器的结构不同,则驱动方式也不同,分为 3 种形式,如图 1-40 所示。

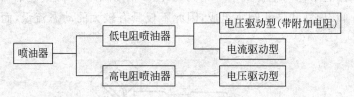

图 1-40 喷油器的驱动方式

电压驱动型既可用于高阻式电磁喷油器,又可用于低阻式电磁喷油器,但此时需要在喷油器电路中串入附加电阻。通常,低阻式喷油器可用 5~6V 电压驱动,其电磁线圈的电阻较小,在检修时不能直接与 12V 电源连接,否则会烧坏电磁线圈。高阻式喷油器则用 12V 电压驱动,其电磁线圈的电阻较大,在检修时可直接与 12V 电源连接。

电流驱动型只适用于低阻式电磁喷油器。所谓低阻式喷油器是指电磁线圈的电阻为 $0.6~3\Omega$ 的喷油器,而高阻式喷油器是指电磁线圈的电阻为 $12~17\Omega$ 的喷油器。

4. 急速控制阀

急速控制阀 ISCV 安装在发动机节气门体上,分为步进电机式、脉冲电磁阀式和真空阀式 3 种。目前燃油喷射系统大多采用步进电机式或脉冲电磁阀式。

永磁磁极步进电机式怠速控制阀又称旋转滑阀式怠速控制阀,结构如图 1-41 所示,其主要由旁通空气阀和永磁式步进电机组成。

旁通空气阀固定在步进电机的电枢轨上,在步进电机驱动下,可在限定的 90°转角范围内转动,以改变旁通空气道开启面积的大小来增减旁通进气量。

步进电机与 ECU 的连接情况如图 1-42 所示。线圈 L_1 与 ECU 内部的三极管 T_1 连接,脉冲控制信号经过反向器加到 T_1 的基极;线圈 L_2 与 ECU 内部的三极管 T_2 连接,脉冲控制信号直接加到 T_2 的基极,因此,当脉冲信号的高电平到来时,三极管 T_1 截止、T_2 导通,线圈 L_1 断电、L_2 通电,步进电机将顺时针转动;反之,当脉冲信号的低电平到来时,三极管 T_1 导通、T_2 截止,线圈 L_1 通电、L_2 断电,步进电机将逆时针转动。线圈 L_1 称为逆转线圈,当其接通电流时,电枢带动滑阀沿逆时针方向旋转,旁通空气道开启面积减小;线圈 L_2 称为顺转线圈,当其接通电流时,电枢带动滑阀沿顺时针方向旋转,旁通空气道开启面积增大。

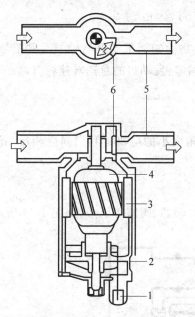

图 1-41 永磁磁极步进电机式怠速控制阀的结构
1—线束插头;2—壳体;3—永磁磁铁;
4—电枢;5—旁通空气道;6—旋转滑阀

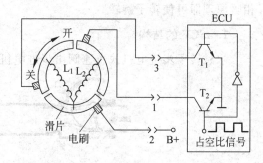

图 1-42 永磁磁极式步进电机的工作电路

因为这种怠速控制阀的转角范围限定在 90°以内,所以步进电机的步进角必须很小才能满足旁通进气量控制精度的要求,因此采用控制占空比的方法控制步进电机顺转或逆转。占空比是指在一个信号周期内,高电平时间所占的比率,如图 1-43 所示。

当占空比等于 50% 时,如图 1-43(a) 所示,线圈 L_1 的平均通电时间相等,产生的电磁力矩相互抵消,电枢轴与滑阀将保持在某一位置不动。

当占空比小于 50% 时,如图 1-43(b) 所示,线圈 L_1 的平均通电时间增长,L_2 的平均通电时间缩短,线圈 L_1 产生的电磁力矩将克服 L_2 产生的电磁力矩而带动电枢轴与滑阀沿逆时针方向转动,使旁通空气道开启面积减小,旁通进气量减少,发动机的怠速转速将降低。

当占空比大于 50% 时,如图 1-43(c) 所示,线圈 L_1 的平均通电时间缩短,L_2 的平均通电

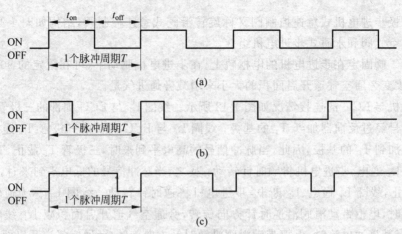

图 1-43 占空比示意图

(a) 占空比等于 50%；(b) 占空比小于 50%；(c) 占空比大于 50%

时间增长,线圈 L_2 产生的电磁力矩将克服 L_1 产生的电磁力矩而带动电枢轴与滑阀沿顺时针方向转动,使旁通空气道开启面积增大,旁通进气量增多,发动机的怠速转速将升高。

*1.3.2 永磁转子步进电机式 ISCV

步进电机是一种由脉冲信号控制其转向方向和转角大小的电机。利用同性相斥、异性相吸原理即可使转子旋转。

1. ISCV 的结构

永磁转子步进电机式怠速阀由步进电机、螺旋机构、阀芯、阀座等组成,如图 1-44 所示。

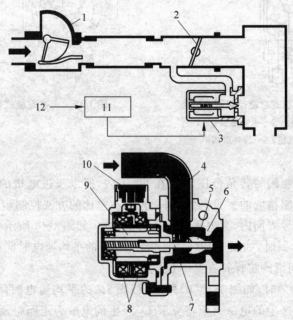

图 1-44 永磁转子步进电机式怠速阀结构

1—空气流量传感器；2—节气门；3—怠速控制阀；4—旁通空气道；5—阀芯；6—阀座；
7—螺杆；8—定子绕组；9—永磁转子；10—线束插头；11—电子控制器；12—传感器信号

永磁转子式步进电机由永磁转子、定子绕组等组成,其功用是产生驱动力矩。螺旋机构由螺杆(又称为丝杠)和螺母组成,其作用是将步进电机的旋转运动变换为往复运动。螺母与步进电机的转子制成一体,螺杆的一端制有螺纹,另一端固定有阀芯,螺杆与阀体之间为滑动花键连接,只能沿轴向做直线移动,不能做旋转运动。当步进电机的转子转动时,螺母将带动螺杆做轴向移动。转子转动一圈,螺杆移动一个螺距。因为阀芯与螺杆固定连接,所以螺杆将带动阀芯开大或关小阀门。ECU通过控制步进电机的转动方向和角度控制螺杆的移动方向和移动距离,从而达到控制怠速阀开度、调整怠速转速的目的。

2. 步进电机的步进原理

永磁转子式步进电机的转子是一个具有 N 极和 S 极的永久磁铁,定子有两个独立的绕组,如图 1-45(a)所示。当从 B_1 到 B 向绕组输入一个电脉冲信号时,绕组产生一个磁场。在磁力同性相斥、异性相吸的原理作用下,使转子 S 极在右、N 极在左。

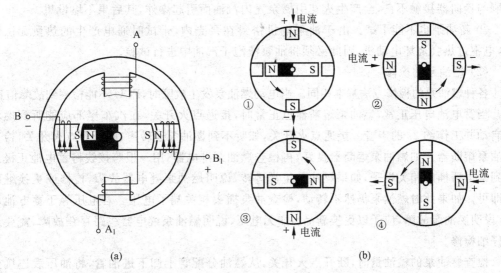

图 1-45 永磁转子式步进电机的步进原理
(a) 原理图;(b) 步进情况

当从 B_1 到 B 输入的脉冲信号消失后,再从 A 到 A_1 向绕组输入另一个脉冲信号时,绕组产生一个磁场,如图 1-45(b)中的①所示。在同性排斥、异性相吸原理作用下,转子就会沿逆时针方向转动 90°,如图 1-45(b)中的②所示。

当从 A 到 A_1 输入的脉冲信号消失后,再从 B 到 B_1 向绕组输入另一个脉冲信号,转子会沿逆时针方向再转动 90°,如图 1-45(b)中的③所示。

当从 B 到 B_1 输入的脉冲信号消失后,再从 A_1 到 A 向绕组输入另一个脉冲信号,转子又会沿逆时针方向转动 90°,如图 1-45(b)中的④所示。

如果依次按 B_1-B、A-A_1、B-B_1、A_1-A 的顺序向绕组输入 4 个脉冲信号,电机就会沿逆时针方向转动一圈。同理,如果依次按 B_1-B、A_1-A、B-B_1、A-A_1 的顺序向绕组输入 4 个脉冲信号,电机就会沿顺时针方向转动一圈。

3. 步进电机的步进角

每输入一个脉冲信号使电机转动的角度称为步进电机的步进角。增加转子磁极和定子绕组的数量,可以减小步进角。常用步进电机的步进角有 30°、15°、11.25°、7.5°、3.75°、2.5°、1.8°等。

奥迪 Audi200 轿车用永磁转子式步进电机设有两个线圈,转子每转一圈需要步进 24 步,每步进一步约 4ms,步进角为 15°,该步进电机的工作范围为 0~128 步(大约转动 5.3 圈)。步进角越小,转角的控制精度就越高,所需的定子绕组的数量和控制脉冲的绕组数量越多。步进电机的转速取决于控制脉冲的频率,频率越高,转速越快。

1.3.3 执行器的检修

1. 电动燃油泵的检修

(1) 使用注意事项

① 旧油泵不能干试。当油泵拆下后,由于泵壳内剩余有汽油,因此在通电试验时,一旦电刷与换向器接触不良,会产生火花引燃泵壳内汽油而引起爆炸,其后果不堪设想。

② 新油泵也不能干试。由于油泵电机密封在泵壳内,干试时通电产生的热量无法散发,电枢过热会烧坏电动机,因此必须将油泵浸泡于汽油中进行试验。

(2) 燃油泵的检修

各种燃油泵的检修方法基本相同。当电动燃油泵发生故障时,ECU 不能检测到故障信息。

当蓄电池电压正常,燃油泵熔断器也正常时,接通点火开关,在汽车尾部应能听到燃油泵启动并工作约 2s 的声音。接通点火开关,如听不到燃油泵运转声,则断开点火开关,检查燃油泵熔断器。如燃油泵熔断器良好,再检查燃油泵继电器,用一根跨接线将蓄电池正极连接到继电器插座相关端子,如果燃油泵正常运转,说明燃油泵继电器故障,检修或更换继电器即可。如果此时燃油泵仍然不转动,检查油泵插头相关端子电压。若电压等于蓄电池电压,说明燃油泵故障,应予以更换新品;如无电压,说明燃油泵继电器线路存在故障,需要逐步仔细检修。

检查燃油泵的输油量时,断开点火开关,从燃油分配管上卸下进油管,将油压表连接到进油管的一端,油压表的出油管伸入量瓶,接通油泵电路 30s。

当蓄电池电压为 10~12V、油压力为 300kPa 时,泵油量应为 490~670mL。系统油压越高,泵油量越大;油泵电源电压越高,油泵转速越高,泵油量也就越大。如果油压过高,应更换油压调节器;如果油压过低,则应检查油管是否弯折、油路或汽油滤清器是否堵塞。

2. 油压调节器的检修

油压调节器的检修包括供油系统的油压检查和供油系统密封性能和保压能力的检查。

为了保证发动机在各种工况下,供油系统都能供给足够的燃油,在不同工作条件下,供油系统实际供给的燃油压力不是固定值。当电源电压正常,将油压表连接到燃油分配管进油口处,启动发动机并怠速运行时,油压表压力额定值应为 250~270kPa;当突然加大节气门开度时,油压表压力应迅速增大到(300±20)kPa;当拔下油压调节器上的真空管时,油压表压力必须升高到 320kPa。如果油压不符合上述规定,说明供油系统故障,应予以检修或更换有关部件。导致油压过高的原因是油压调节器损坏,应予以更换新品。导致油压过低的原因是油管接头或油管漏油、燃油滤清器堵塞、蓄电池电压过低或油压调节器损坏。

当电源电压正常,启动发动机并怠速运行,使油压表压力达到上述额定值后,断开点火开关,10min 后,油压表压力必须高于 200kPa。如压力低于 200kPa,则再次启动发动机并怠速运转使压力达到额定值后,断开点火开关,并夹住回油管,同时观察油压表压力。10min 后,如表压力高于 200kPa,说明油压调节器失效,应予以更换。如表压力低于 200kPa,说明输油管、喷油器有泄漏或燃油泵单向阀故障或喷油器进油口"O"形密封圈失效,需逐步检修。拔下喷油器检查其漏油情况时,在油压正常情况下,每分钟滴油应不超过 2 滴。

3. 喷油器的检修

当喷油器发生堵塞、滴漏等故障时,ECU 检测不到,可以通过检测其电阻和电压进行判断。

(1)电磁喷油器电阻的检测

用万用表检测喷油器电磁线圈的阻值。检测时,拔下每个喷油器上的两端子线束插头,检测喷油器插座上两端子之间的电磁线圈标准阻值,其应当符合规定。如阻值为无穷大,说明电磁线圈断路,应予以更换喷油器。

(2)电磁喷油器电压的检测

喷油器电源电压可用数字式或指针式万用表检测。检测时,分别拔下各喷油器上的两端子插头,接通点火开关,发动机不启动,检测插头上两个端子与发动机缸体的电压,高电平应为 12V 以上(喷油器电压为电源电压),低电平为零。如电压均为零,说明电源电路不通,应当检修燃油泵继电器和燃油喷射熔断器。

(3)检测电磁喷油器的控制脉冲

检测喷油器喷油脉冲电压时,分别拔下喷油器线束插头,并在该插头的两个端子之间串接两只发光二极管(两只二极管并联,且一只的正极接另一只的负极)和一只 $510\Omega/0.25W$ 电阻(电阻与二极管串联)组成的调码器。启动发动机时,发光二极管应当闪烁。如二极管不闪烁或不发光,说明喷油器电源线路、燃油泵继电器或 ECU 故障,必须更换 ECU。

4. 永磁磁极步进电机式怠速控制阀的检修

永磁磁极步进电机式怠速控制阀的检修如下。

(1)车上检查

当发动机熄火时,怠速控制阀发出"咔嗒"的响声,使阀门开度退到最大位置。如听不到复位时的"咔嗒"响声,应对怠速控制阀进行检查。

(2)检测电枢绕组电阻

断开点火开关,拔下怠速控制阀连接器插头,用万用表检测插座上电枢绕组电阻值是否符合规定。如阻值不符合规定,应予以更换新品。

(3)检查步进电机的工作情况

从节气门体上拆下怠速控制阀,用导线将端子 2 连接蓄电池正极,然后依次将端子 1、3 与蓄电池负极连接,如图 1-42 所示。阀芯应当顺时针或逆时针转动。如阀芯不能转动,说明步进电机失效,应予以更换新品。

当发动机工作时,如怠速转速忽高忽低,说明电刷与换向器接触不良;如怠速转速偏低,说明顺转线圈 L_2 断路或其连接的换向片与电刷接触不良;如怠速转速偏高,说明逆转线圈 L_1 断路或其连接的换向片与电刷接触不良。

【任务工单】

见附录中的任务工单1-2。

【自我测试】

1. 填空题

（1）电动燃油泵的功用是为喷油器提供油压高于进气歧管压力_____kPa的燃油。

（2）燃油泵的最高输出油压需要_____kPa，其供油量比发动机最大耗油量大很多，多余的油将从回油管返回油箱。

（3）电动燃油泵按油泵结构可分为_____式、_____式、齿轮式、涡轮式和侧槽式5种。

（4）油压调节器安装在_____的一端。

（5）油压调节器的功用：调节供油系统的燃油压力，使系统油压与_____之差保持恒定（设定值一般为_____kPa）；缓冲燃油泵供油时产生的压力脉动和喷油器断续喷油引起的压力波动。

（6）油压调节器一般安装在_____上，位于油箱和压力调节器之间，现在则一般安装在供油总管或_____上。

（7）根据喷油器的用途，可将其分为_____式喷油器和_____式喷油器；根据喷油器的驱动电路形式，可将其分为低阻喷油器和高阻喷油器。

（8）电磁喷油器根据ECU发出的_____信号，精确计量燃油喷射量，同时将燃油雾化。

（9）电流驱动型只适用于_____式电磁喷油器。所谓低阻式喷油器是指电磁线圈的电阻为_____Ω的喷油器，而高阻式喷油器是指电路线圈的电阻为_____Ω的喷油器。

（10）永磁磁极步进电机式怠速控制阀，主要由_____和_____组成。

2. 简答题

（1）汽车发动机电子控制系统有哪些类型的执行器？它们各有什么作用？

（2）片阀式喷油器的组成及工作原理是什么？

（3）简述叶片式电动燃油泵的组成及工作原理。

（4）简述燃油压力调节器的组成及工作原理。

（5）简述永磁转子式步进电机的工作原理。

3. 故障检修

（1）如何检修永磁转子式步进电机？

（2）如何检修燃油压力调节器？

4. 思考题

若是电动燃油泵出现故障，电控发动机还能工作吗？为什么？

学习单元 1.4　ECU 的检修

【学习目标】
1. 能通过与客户交流、查阅相关维修技术资料等方式获取车辆信息。
2. 能正确认识 ECU 的结构。
3. 能正确认识 ECU 的工作原理。
4. 掌握 ECU 的组成及各部分功能。

故障现象：一辆北京现代索纳塔 2.0L 轿车，已行驶近 20 000km，使用中有时启动困难。当不能启动时所有电源呈现断电现象，只有尾灯有电。但是蓄电池的主熔丝及点火开关的点火熔丝未发现异常。

故障排除：用解码器检查，无故障码。根据故障现象判定为间歇性故障，故障的主要原因是电源电路接触不良。检查发动机控制模块的电源线(从蓄电池到 ECU 的连线)，结果表明是 ECU 线束插头接触不良，并且由于行车中的振动，导致插头脱位接触不良，引起间歇性的启动不良及断电故障。

根据上述案例，请思考下列问题。
(1) 电控发动机 ECU 有什么作用？
(2) 电控发动机 ECU 损坏，发动机还能运行吗？

1.4.1　电子控制器的结构

电子控制器 ECU(Electronic Control Unit)又称电子控制组件或电子控制单元，是以单片机为核心组成的电子控制装置，具有很强的数学运算和逻辑判断功能。

汽车电子控制器 ECU 主要由输入回路、单片微型计算机(单片机)和输出回路三部分组成，如图 1-46(a) 所示。输入回路和输出回路一般都与单片机一起制作在一个金属盒内，固定在车内不易受到碰撞的部位，如仪表台下面或座椅下面等。某轿车电子控制器 ECU 的外形如图 1-46(b) 所示。

1. 输入回路

输入回路的功用是将传感器输入的各种信号变换成微机能够接收的数字信号。输入回路由 A/D 转换器和数字输入缓冲器两部分组成。

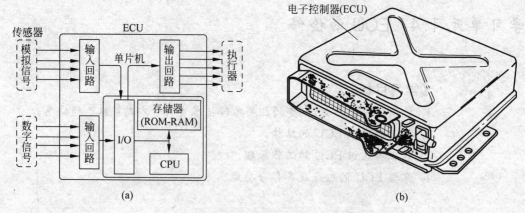

图 1-46 汽车电子控制器的结构组成
(a) ECU 组成框图；(b) ECU 外形图

(1) A/D 转换器

A/D 是模拟（Analog）/数字（Digital）的简写。A/D 转换器的功用是将模拟信号转换为数字信号，或将数字信号转换为模拟信号，如图 1-47（a）所示。

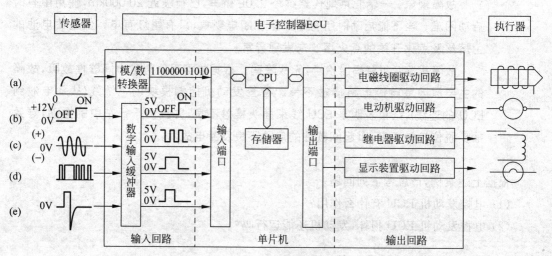

图 1-47 ECU 内部结构框图

信号电压（或电流）随时间变化而连续变化的信号称为模拟信号。在汽车电控系统中，如翼片式、热丝式、热膜式空气流量传感器信号、爆震传感器信号、进气温度和冷却液温度信号等连续变化的信号，均为模拟信号。由于单片机不能识别这些信号，因此需要经过 A/D 转换器将连续变化的模拟量转换成数字量之后，才能输入 ECU。

信号电压（或电流）随时间变化而不是连续变化的信号称为数字信号。在汽车电控系统中，霍尔式传感器（发动机转速、活塞上止点位置、汽车速度）信号、磁感应式传感器（发动机转速、活塞上止点位置、汽车速度）信号、氧传感器（空燃比）信号等均为脉冲信号或数字信号（高电平或低电平），通过输入回路处理后，可以直接传输到单片机进行运算处理。

(2) 缓冲器

虽然有些传感器输出为数字信号，但是在输入 ECU 之前必须进行波形整形及滤波处理之后单片机才能接收。数字输入缓冲器的功用是对部分单片机不能接收的数字信号进行预处理,以便单片机能够接收这些数字信号。例如,点火开关、空挡启动开关等输出的开关信号为电源电压(12~14V)信号,如图 1-47(b)所示,而单片机电源信号为 5V 信号,因此需要缓冲器的限幅电路将其转换成 5V 信号。磁感应式传感器输出信号为正弦信号,如图 1-47(c)所示,单片机不能直接处理,必须经过缓冲器的波形变换电路转换成数字信号之后才能送入单片机;触点开关式传感器或继电器输出的数字信号含有干扰信号,如图 1-47(d)所示。此外,汽车上的控制开关较多,在电气系统工作过程中,当控制开关接通或断开,电器负载电流变化、电压变化或磁场变化时,都可能产生高频干扰信号,如图 1-47(e)所示,这些干扰信号必须经缓冲器的滤波电路将干扰除去之后单片机才能接收。

2. 单片机

单片机是将中央处理器 CPU(Central Processing Unit)、存储器 M(Memory)、定时器/计数器、输入/输出(I/O)、接口电路等主要计算机部件集成在一块集成电路芯片上的微型计算机。目前,汽车电控系统采用的单片机均为数字式单片机。

中央处理器(CPU)是整个控制系统的核心,主要由可进行逻辑运算的计算器、暂时存储数据的寄存器和控制器组成。其作用是根据传感器输出的发动机运行工况中各种参数信号的变化进行运算处理,并找出最优控制目标,对执行器进行适时控制。

存储器具有保存和存取数据的功能。存储器又分为随机存储器(RAM)和只读存储器(ROM)。ROM 在计算机工作时只能进行读操作,写入数据只能是在脱机的情况下事先进行的。ROM 中的内容不会因为断电而消失,可永久保存已写入的信息。RAM 可随时存取计算机工作中的各种信息,如发动机运行时的故障码、空燃比学习修正值及怠速修正值等。当电源断电时存入 RAM 中的数据将会丢失。

3. 输出回路

输出回路是单片机与执行器之间的中继站,其功用是根据微机发出的指令,控制执行器动作。微机对采样信号进行分析、比较、运算后,由预订的程序形成控制指令并通过输出端子输出。由于微机只能输出微弱的电信号(如喷油信号、点火信号等),电压一般为 5V,不能直接驱动执行元件,因此必须通过输出回路对控制指令进行功率放大、译码或 D/A 转换,变成可以驱动各种执行元件的强电信号。当执行器(如 EFI 旁通电磁阀、ECT 锁止继动阀、ECT 蓄压器背压调节阀等)需要线性电流驱动时,单片机将通过控制占空比控制输出回路导通与截止,使流过执行器电磁线圈的平均电流逐渐增大或逐渐减小。因为占空比频率较高,所以流过执行器电磁线圈的平均电流不会脉动变化。

*1.4.2 ECU 的工作原理

发动机启动时,电子控制器 ECU 进入工作状态,某些运行程序或操作指令从存储器 ROM 中调入中央处理单元 CPU。这些程序可以控制燃油喷射、点火时刻、怠速转速等。在 CPU 的控制下,每个指令按照预先编制的程序有条不紊地进行循环。

在程序运行过程中,所需要的发动机工况信息由各种传感器提供。当曲轴位置传感器 CPS 检测的发动机转速和转角信号(脉冲信号)、进气歧管压力传感器 MAP 检测的负荷信号(模拟信号)和冷却液温度传感器 CTS 检测的温度信号(模拟信号)等输入 ECU 后,首先进入输入回路进行信号处理。如果是数字信号,就根据 CPU 的安排经缓冲器和 I/O 接口电路直接进入 CPU;如果是模拟信号,则首先经过模/数(A/D)转换器转换成数字信号,以让数字式单片机处理,然后才能经 I/O 接口电路输入 CPU。大多数信息暂时存储在 RAM 中,根据指令再从 RAM 传送到 CPU。

下一步是将预先存储在 ROM 中的最佳试验数据引入 CPU,将传感器输入的信息与其进行比较。CPU 将来自传感器的各种信息依次取样,与最佳试验数据进行逻辑运算,通过比较作出判定结果并发出指令信号,经 I/O 接口电路输出回路控制执行器动作。如果是喷油器驱动信号,就控制喷油开始时刻、喷油持续时间,完成控制喷油功能;如果是点火器驱动信号,就控制点火导通角和点火时刻,完成控制点火功能;如果执行器需要线性电流量驱动,单片机就通过控制占空比来控制输出回路导通与截止,使流过执行器电磁线圈的平均电流线性增大或减小。

发动机工作时,单片机运行速度相当快,如点火正时控制,每秒钟可以修正上百次,因此控制精度很高,点火时刻十分准确。

【自我测试】

1. 填空题

(1) 汽车电子控制器 ECU 主要由_____、_____和输出回路三部分组成。

(2) ECU 输入回路和输出回路一般都与单片机一起制作在一个金属盒内,固定在车内不易受到碰撞的部位,如_____下面或_____下面等。

(3) A/D 转换器的功用是将_____信号转换为数字信号,或将_____信号转换为模拟信号。

(4) 信号电压(或电流)随_____变化而连续变化的信号称为模拟信号。

(5) 在汽车电控系统中,模拟信号如翼片式、热丝式、热膜式空气流量传感器信号、_____传感器信号、_____温度和_____温度信号。

(6) 信号电压(或电流)随_____变化而不是连续变化的信号称为数字信号。

(7) 在汽车电控系统中,脉冲信号或数字信号包括_____信号、_____传感器信号、氧传感器(空燃比)信号等。

(8) 数字输入缓冲器的功用是对部分_____不能接收的数字信号进行预处理。例如,点火开关、空挡启动开关等输出的开关信号为电源电压(_____V)信号,而单片机电源信号为_____V 信号,因此需要缓冲器的限幅电路将其转换成 5V 信号。

2. 简答题

简述发动机 ECU 的组成。

3. 论述题

论述发动机 ECU 的工作原理。

学习情境2

电控发动机综合故障检修

学习单元2.1　电子控制喷射系统的检修

【学习目标】

1. 能通过与客户交流、查阅相关维修技术资料等方式获取车辆信息。
2. 掌握电子喷射系统的组成及工作原理。
3. 能根据故障现象制订正确的维修计划。
4. 能正确选择诊断设备对电子喷射系统的故障进行诊断。
5. 能正确记录、分析各种检测结果并做出故障判断。
6. 能根据环保要求，正确处理对环境和人体有害的废料和损坏的零部件。

【理论知识】

电子控制喷射系统包括3个子系统：进气系统、燃油供给系统和电子控制系统。进气系统包括空气滤清器、节气门、空气流量计、进气室、怠速控制阀以及进气控制阀。燃油供给系统由汽油箱、输油泵、汽油滤清器、压力调节器、脉动衰减器、喷油器以及输油管、回油管等组成。燃油供给系统和进气系统的作用是根据节气门位置（发动机负荷）和发动机转速，由ECU确定喷油量和进气量，以满足燃烧做功要求，并且根据发动机的不同工况，决定最佳的喷油正时和喷油时长。

故障现象：一辆奥迪 A6 轿车，该车高、低压点火线都正常，就是不喷油，进气歧管喷入一些汽油，发动机可以启动。

故障排除：询问车主，该车曾碰撞过，修过后也曾出现过类似现象。经查电动燃油泵熔丝断了，更换熔丝，故障依旧。估计燃油泵电路有故障。把点火开关置于 ON 位置，检查燃油泵继电器，不工作，熔丝没有烧断。测量继电器 85 号端子电压，为 12V，但端子 85 对端子 86 无电压，显然端子 86 与 ECU 端子 A7 之间的接线接触不良或断路，或 ECU 损坏。经检查发现 ECU 接线端子生锈，清除锈蚀后，燃油泵继电器工作，但发动机还是不能启动。对燃油泵的电源(绿/黄或绿线)进行测量，无电压，怀疑电源线断路或接触不良。清理后舱防尘板，检查该线束，用手一拉，发现距搭铁固定接头 27cm 处铜线断了。修复后再测量，燃油泵电源已正常，发动机可以启动，加速和怠速正常。

根据上述案例，请思考下列问题。
(1) 电动燃油泵的作用。
(2) 电子燃油喷射系统的组成及功用。

2.1.1 燃油泵控制电路

燃油泵控制电路包括燃油泵开关控制和燃油泵转速控制。

1. 燃油泵开关控制

图 2-1 所示为某 EFI 系统的燃油泵开关控制。其控制过程是：启动时，点火开关的启动挡接通断路继电器 L_2 线圈的电路，断路继电器开关闭合，接通燃油泵励磁线圈的电路，燃油泵开始泵油。启动结束后，点火开关弹回到点火挡，线圈 L_2 断电。此时，ECU 监测转速传感器的信号，若有转速信号，则 ECU 通过内部电路将线圈 L_1 的电路接地，从而构成闭合回路，使断路继电器开关继续闭合，而使燃油泵继续运转，保持发动机的正常工作。

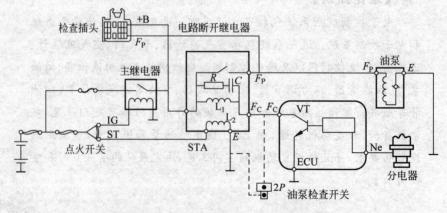

图 2-1 燃油泵控制电路(其他 EFI 系统)

从图 2-1 可以看出,油泵控制电路中有一个检查连接器插座,该插座是检查油泵工作情况时使用的。用跨接线连接插座内的 +B 和 F_P 端子,当点火开关位于接通(ON)时,燃油泵就能工作。

2. 燃油泵转速控制

发动机在低速或中小负荷下工作时,需要供油量相对较小,此时油泵低速运转,可以减少油泵的磨损、噪声以及不必要的电能消耗;发动机在高转速或大负荷下工作时,需要供油量较大,此时油泵高速运转,以增加油泵的泵油量。一般燃油泵转速控制是通过燃油泵控制继电器实现低速和高速两级调速。在中、小负荷工况时,燃油泵低速运转;高速大负荷工况时则高速运转,目的是降低燃油泵的工作强度,减少磨损。

发动机 ECU 直接控制式的油泵转速控制方式如图 2-2 所示。随着发动机功率的增大,燃油泵的泵油量也增大,因而油泵消耗的电功率和油泵噪声都比较大。为了尽可能减少电能的消耗和噪声污染,一般由发动机 ECU 直接控制油泵的工作电压(驱动电压)。

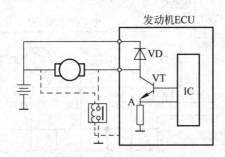

图 2-2　油泵转速控制电路(发动机 ECU 直接控制式)

发动机工作时,ECU 根据燃油消耗量、需要的回油量和供油装置的温度等,通过内部的控制回路控制油泵的工作电压。在这种控制方式中,有的电路还装有油泵继电器,如图 2-2 中虚线所示。装有油泵继电器的油泵工作情况,如表 2-1 所示。

表 2-1　油泵工作情况

点火开关位置	发动机情况	油泵继电器	油泵情况
接通(ON)	未转	断开	工作 5s
	启动	接通 30s	工作
	运转	断开	工作
	熄火后	断开	1s 内停止工作

2.1.2　喷油器的控制

电控发动机所需燃油通过喷油器供给。ECU 对喷油器的控制,是通过控制喷油器的电磁线圈电路的通断实现的。通常 ECU 都是控制电磁线圈电路的接地端,如图 2-3 所示。

图 2-4 所示为桑塔纳 2000 系列轿车喷油器的控制电路。各种传感器的信号输入 ECU 后,ECU 根据数学计算和逻辑判断结果,发出脉冲信号指令控制喷油器喷油。当脉冲信号的高电平"1"加到驱动三极管 VT 基极时,VT 导通,喷油器线圈电流接通,产生电磁吸力将阀门吸开,喷油器开始喷油;当脉冲信号的低电平"0"加到驱动三极管 VT 基极时,VT 截

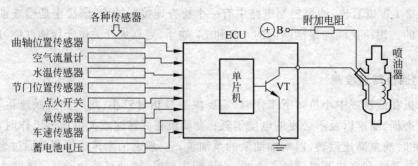

图 2-3 喷油器的驱动电路

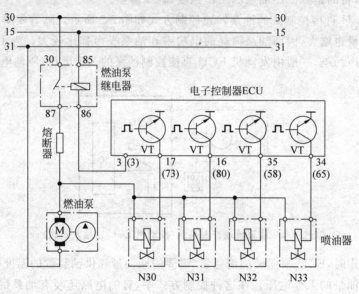

图 2-4 喷油器的控制电路

止,喷油器线圈电流切断,在复位弹簧弹力作用下阀门关闭,喷油器停止喷油。由于控制信号为脉冲信号,因此阀门不断地开闭使喷出燃油雾化良好。雾状燃油喷射在进气门附近,与吸入空气混合形成可燃混合气。当进气门打开时,再吸入汽缸燃烧做功。

喷油器的喷油量取决于针阀行程、喷口面积、喷射环境压力与燃油压力等因素。这些因素一旦确定,则喷油量就由针阀的开启时间,即电磁线圈的通电时间来决定。

2.1.3 喷油正时的控制

喷油正时就是喷油器何时开始喷油,分为同时喷射、分组喷射和顺序喷射的正时控制。

1. 同时喷射的控制

多点燃油同时喷射就是各缸喷油器同时喷油,其控制电路如图 2-5(a)所示,各缸喷油器并联在一起,电磁线圈电流由一只功率管 VT 驱动控制。

发动机工作时,ECU 根据曲轴位置传感器(CPS)和凸轮轴位置传感器(CIS)输入的基准信号发出喷油指令,控制功率管 VT 导通与截止,再由功率管控制喷油器电磁线圈电流接通与切断,使各缸喷油器同时喷油和停止喷油。曲轴每转一圈(360°)或两圈(720°),各缸喷油器同时喷油一次,喷油器控制信号波形如图 2-5(b)所示。由于各缸同时喷油,因此喷油正时与发动机进气—压缩—膨胀—排气工作的循环无关。

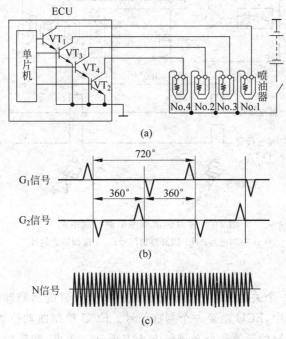

图 2-5　多点燃油同时喷射控制电路
(a) 控制电路；(b) 控制信号波形；(c) 转速信号

各缸喷油器同时喷油的优点是控制电路和控制程序简单,且通用性较好；其缺点是各缸喷油时刻不可能最佳。因此,仅早期研制的燃油喷射系统采用,现代汽车已很少采用。

2. 分组喷射的控制

多点燃油分组喷射就是将喷油器喷油分组进行控制,一般将四缸发动机分成两组,六缸发动机分成 3 组,八缸发动机分成 4 组。四缸发动机分组喷射控制电路如图 2-6 所示。

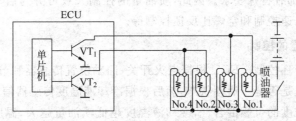

图 2-6　多点燃油分组喷射控制电路

发动机工作时,由 ECU 控制各缸喷油器轮流喷油。发动机每转一圈,只有一组喷油器喷油,每组喷油器喷油时连续喷射 1~2 次。

3. 顺序喷射的控制

多点燃油顺序喷油就是各缸喷油器按照一定的顺序喷油。由于各缸喷油器独立喷油,因此也叫独立喷射,控制电路如图 2-7(a)所示。

在顺序喷射系统中,发动机工作一个循环(曲轴转 720°),各缸按照一定的顺序器轮流

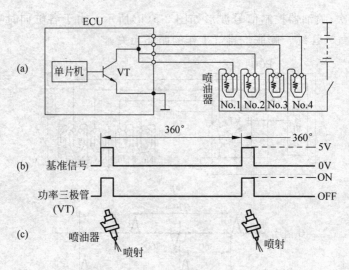

图 2-7 多点燃油顺序喷射控制电路
(a) 控制电路;(b) 汽缸判别信号;(c) 曲轴转速信号

喷油一次。

实现顺序喷射的一个关键问题是需要知道是哪一个汽缸的活塞即将到达排气上止点。为此,在顺序喷射系统中,ECU 需要一个判缸信号。ECU 根据曲轴位置(转角)信号和判缸信号,确定是哪一个汽缸的活塞运行至排气上止点前某一角度,然后发出喷油控制指令,使喷油器开始喷油。

2.1.4 喷油量的控制

喷油量仅取决于喷油器阀门开启时间,脉冲宽度(占空比)越大,喷油持续时间越长,喷油量就越大;反之,喷油量越小。目前,发动机电控燃油喷射系统的喷油时间为 2~10ms。

发动机工况不同,对混合气浓度的要求也不相同,特别是冷启动、急速、急加减速等特殊工况,对混合气浓度都有特殊要求。因此,喷油量的控制大致可分为启动控制、基本喷油量控制、加减速控制、怠速控制和空燃比反馈控制等。

1. 启动时喷油量的控制

启动控制采用开环控制。ECU 根据点火开关、曲轴位置传感器和节气门位置传感器提供的信号判定发动机是否处于启动状态,然后根据冷却液温度传感器信号确定基本喷油量。为了保证具有足够浓度的可燃混合气,冷却液温度越低喷油量越大,温度越高喷油量越小,以使冷态发动机能够顺利启动。

2. 启动后喷油量的控制

发动机运转过程中,喷油器的总喷油量由基本喷油量、喷油修正量和喷油增量组成。

(1) 基本喷油量的控制

基本喷油量(基本喷油时间)是以标准大气状态(温度 293K(20℃),压力 101kPa)为基准进行计算的,由进气量传感器(空气流量传感器或歧管压力传感器)和曲轴位置传感器(发动机转速传感器)信号计算确定。

(2) 喷油修正量的控制

喷油修正量由与进气量有关的进气温度、大气压力、氧传感器等传感器信号和蓄电池电压信号计算确定。

① 进气温度的修正。

当温度升高时,空气密度将减小。因此,对于采用进气压力传感器和体积流量型传感器的喷射系统,在传感器信号相同的情况下,进入发动机的空气质量将随空气温度升高而减小。因此,当进气温度高于20℃时,ECU将适当减少喷油量;反之,适当增加喷油量。

② 大气压力的修正。

当大气压力降低时,空气密度减小,在发动机进气量体积相同的情况下,空气质量就会减小。因此,当大气压力低于101kPa时,ECU将减少喷油量;反之,将适当增加喷油量。

③ 空燃比(A/F)的修正。

为了提高发动机动力性、经济性和降低废气排放,在工况不同时,其空燃比也不相同。当在部分负荷工况下工作时,按理论空燃比或大于理论空燃比控制喷油量,用以提高经济性和降低有害气体的排放量。当在高速、大负荷或全负荷工况下运行时,为了获得良好的动力性,供给浓混合气。

④ 空燃比反馈控制修正。

空燃比(A/F)反馈控制系统根据氧传感器的输入信号判断可燃混合气的浓度,再发出控制指令对喷油量进行修正。当ECU接收到氧传感器的信号电压高于限制电平(0.5V)时,表明混合气偏浓,此时减少喷油量;反之,适当增加喷油量。

⑤ 电源电压的修正。

蓄电池电压的高低对喷油器开启滞后时间影响较大,因此需要对此修正。当蓄电池输入ECU的电压低于14V时,ECU将增大喷油脉冲的占空比,使喷油器的喷油时间增长;反之,使喷油时间缩短。

(3) 喷油增量的控制

① 启动后喷油增量的修正。

发动机冷车启动后,由于低温混合气雾化不良,燃油会在进气管上沉积而导致混合气变稀,发动机运转不稳甚至熄火,为此在启动后的短时间内,必须增加喷油量,使混合气加浓,保证发动机稳定运转而不致熄火。

② 冷却液温度的修正。

冷却液温度的修正是指暖机过程中冷却液温度的修正。在暖机过程中,发动机温度较低,燃油雾化较差,部分燃油凝结在进气管和汽缸壁上,会使混合气变稀。因此在暖机过程中,必须增加喷油量。其燃油增量的比例取决于冷却水温度传感器测定的发动机的温度,并随发动机温度升高而逐渐减小。

③ 加速时喷油增量的修正。

当汽车加速时,为了保证发动机能够输出足够的扭矩,改善加速性能,必须增大喷油量。汽车加速时,节气门开度突然增大,与此同时,空气流量突然增大。ECU接收到这些信号后,立即发出增大喷油量的控制指令,使混合气加浓。燃油增量比例大小与加浓时间取决于加速时发动机冷却液的温度。冷却液温度越低,燃油增量比例越大。

3. 断油控制

断油控制是电控单元 ECU 在某些特殊工况下,暂时中断燃油喷射,以满足发动机运行的特殊要求。断油控制包括发动机超速断油控制、减速断油控制和清除溢流控制等。

(1) 超速断油控制

发动机工作时,转速越高,曲柄连杆机构的离心力就越大。当离心力过大时,发动机就有"飞车"而损坏的危险,因此每台发动机转速都有一个极限值,一般为 6 000~7 000r/min。超速断油就是当发动机转速超过允许的极限转速时,ECU 控制喷油器中断燃油喷射。当发动机转速下降至低于极限转速 80~100r/min 时,ECU 将控制喷油器恢复喷油。

(2) 减速断油控制

当汽车在高速行驶中突然松开油门踏板减速时,发动机将在汽车惯性力的作用下高速旋转。由于节气门已经关闭,进入汽缸的空气很少,如果不停止喷油,混合气将会很浓而导致燃烧不完全,排气中的有害气体成分将急剧增加。因此,ECU 发出停止喷油指令,停止喷油。当发动机转速降低到燃油复供转速或怠速断开时,ECU 控制喷油器恢复供油。

(3) 清除溢流控制

清除溢流功能就是将发动机油门踏板踩到底,接通启动开关启动发动机时,ECU 自动控制喷油器中断喷油,以便排除汽缸内的燃油蒸汽,使火花塞干燥,从而能够跳火。

当驾驶员踩下油门而发动机又不能启动时,可以利用电控系统的清除溢流功能先将溢流清除,然后再进行启动。电控系统清除溢流的条件如下。

① 点火开关处于启动位置。
② 节气门全开。
③ 发动机转速低于 500r/min。

(4) 减扭矩断油控制

在装有电子控制自动变速器的汽车上,在变速器自动升挡时,向燃油喷射系统 ECU 发出减扭矩信号。燃油喷射 ECU 接收到这一信号后,将立即发出控制指令,暂时中断个别汽缸喷油,降低发动机转速,以便减轻换挡冲击。这种控制功能称为减扭矩断油控制。

*2.1.5 电子控制燃油喷射系统的分类

1. 按控制方式分类

按控制方式不同,发动机燃油喷射系统可分为机械控制式、机电结合式和电子控制式燃油喷射系统 3 种类型。

机械控制系统是指利用机械机构实现燃油连续喷射的系统。K-Jetronic 系统是德国博士公司 1967 年研制成功的燃油喷射系统。

机电结合式燃油喷射系统是指由机械机构与电子控制系统结合实现的燃油喷射系统,主要是指 1993 年以前奥迪和奔驰轿车装备的在 K-Jetronic 基础上改进而成的 KE-Jetronic 系统。

电子控制式燃油喷射系统 EFI(Electronic Fuel Injection)是指由电控单元 ECU 直接控制燃油喷射的系统。燃油由喷油器喷入节气门附近的进气歧管或直接喷入发动机汽缸内,ECU 通过控制喷油时间控制喷油量。

2. 按燃油喷射部位分类

按喷油器喷射燃油的部位,发动机燃油喷射系统可分为缸内喷射系统和进气管喷射系统。

(1) 缸内喷射系统

将供油系统的燃油通过喷油器直接喷射到汽缸内部的喷射称为缸内喷射。这种喷射系统将喷油器安装在汽缸盖上,并以较高的燃油压力(约 3~4MPa)将汽油直接喷入汽缸。缸内喷射的优越性在于能够实现稀薄混合气燃烧,有利于降低燃油消耗和控制排放,因此缸内喷射是发动机燃油喷射技术的发展方向。

(2) 进气管喷射系统

进气管喷射系统又称缸外喷射系统。将供油系统的燃油通过喷油器喷射到汽缸外面节气门或进气门附近进气管内的喷射称为进气管喷射。

① 单点燃油喷射系统(SPI 或 SPFI)。

单点燃油喷射系统是指在多缸发动机节气门的上方,安装一只或并列安装两只喷油器的燃油喷射系统。单点喷射系统又称为节流阀体喷射(Throttle Body Injection,TBI)系统。

② 多点燃油喷射系统(MPI 或 MPFI)。

进气管多点燃油喷射系统是指在发动机每一个汽缸进气门前方的进气歧管上均安装一只喷油器的燃油喷射系统。发动机工作时,燃油适时喷在节气门附近的进气歧管内,空气与燃油在节气门附近形成燃油混合气,能够保证各缸得到混合均匀的混合气。

3. 按喷油器喷油方式分类

按喷油方式不同,燃油喷射系统可分为连续喷射和间歇喷射两大类。

(1) 连续喷射系统

连续喷射系统是指在发动机运转期间,喷油器连续不断地喷射燃油的控制系统。连续喷射方式主要用于机械式或机电结合式燃油喷射系统。

(2) 间歇喷射系统

间歇喷射系统是指在发动机运转期间,喷油器间歇喷射燃油的控制系统。目前,大多数电控喷射系统都属于间歇喷射系统。根据喷射时序不同分为同时喷射、分组喷射和顺序喷射。

① 同时喷射:是指在发动机运转期间,由电子控制器 ECU 的同一个指令控制各缸所有的喷油器同时开启并同时关闭。

② 分组喷射:是将喷油器分组,由电子控制器 ECU 分别发出喷油指令控制各组喷油器喷射燃油,同一组喷油器同时喷油。大部分中低档轿车采用这种喷射方式。

③ 顺序喷射:是指在发动机运转期间,由电子控制器 ECU 控制喷油器按进气行程的顺序轮流喷射燃油。20 世纪 90 年代以后开发研制的燃油喷射系统基本上采用顺序喷射。

2.1.6 电控燃油喷射系统故障诊断

1. 电控燃油系统自诊断

(1) 自诊断系统的工作过程

电控燃油喷射系统正常工作时,其工作信号都在设定的范围内变化。当某一单元电路的信号出现异常值或送入电控单元的信号不能被识别时,电控单元就可以判定为发生故障。

① 传感器故障的自诊断过程。

燃油喷射系统中设有较多的传感器(空气流量、进气压力、节气门位置、曲轴位置、水温和进气温度、氧气传感器等),工作中各传感器的信号不断地输入电控单元。在电控单元内设置有传感器信号监测系统,用来判别输入的信号是否正常。每一种被监测的传感器都设定有正常的工作范围,当某一传感器的信号或信号电压超出正常范围值时,信号监测系统分析比较后,判断该传感器的故障或连接电路的问题,使驱动电路中的指示灯亮,并将该故障以代码的形式存储在存储器中。例如,设定的发动机冷却水的温度范围为$-30\sim120℃$,对应的冷却水温度传感器正常的信号电压变化范围是$0.3\sim4.7V$。如果电控单元检测出信号电压超出该范围,监测系统就判定为水温传感器(或其电路)有故障,自诊断系统故障指示灯亮,并使RAM存储器存储故障代码。此时,为防止冷却水温度异常,发动机失去控制,从另一个ROM存储器取出水温为$80℃$的代用值控制发动机工作。

当故障状态存在超过一定时间,故障代码就以稳定的形式存储。如果在一定时间里该故障状态不再出现,监控系统则视为偶然性故障。当发动机启动若干次后故障不再出现时,该偶发故障代码会自动消除。

② 电控单元故障的自诊断过程。

电子控制单元根据各种传感器送来的信号,确定满足发动机运转状态的燃油喷射量、点火正时和怠速转速等。

电控单元出现故障时,自诊断系统显示并记录其故障代码。其监测方法是:电控单元内设置监视回路,其监视计时器按时对单片机进行复位。当出现故障监视器不能复位时,电控单元启用其备用电路,防止该系统出现异常造成汽车不能运行。

③ 执行器故障的自诊断过程。

汽车上装有很多执行器,如电动燃油泵、喷油器、冷启动喷油及热限时开关、怠速空气调节器、点火线圈等执行器。电控单元发出指令后,执行器完成各项动作。

执行器工作中没有信号返回到电控系统,为了监测执行器的工作状态,一般都增设有监视回路及时将显示执行器的工作状态的信号反馈给电控系统。当没有反馈信号或信号不在正常范围内时,故障指示灯亮,并开始存储故障代码。

(2) 故障代码的清除

在排除电控燃油喷射系统的故障后,应清除存储器内电控单元中的故障代码以防止与以后记录的故障代码相混淆。故障代码在系统接电后保存到存储器中的,一般来说,只要系统断电30s后,故障代码即可清除(注意,彻底断电后,存储在内存的石英钟和音响的信息也会被清除)。

2. 供油部件的检查

(1) 检查油压调节器和燃油泵

将油压调节器回油管夹紧并驱动燃油泵,若油压高于343kPa,则说明燃油泵没有问题,油压调节器损坏;若油压低于343kPa,则需要检查燃油泵是否存在泄漏。如果燃油中混入硬质颗粒会造成油泵不正常磨损,不易建立油压。另外,水腐蚀油箱所产生的铁锈也会引起这类故障。此时,需要清洗燃油箱。

(2) 检查喷油器

燃油系统受到污染,可能造成喷油器堵塞使混合气过稀,导致怠速不稳定;也可能造成喷油器针阀阀座闭合不严而连续供油,导致发动机各种转速均不稳定。

诊断喷油器是否泄漏,可先取下各缸火花塞,看其点火端是否有油。如果不明显则拆下喷油器,在专用检测仪上试验是否泄漏,并可以观看其喷油量和雾化状。在供油系统中装一个压力表,增加系统中的压力。如果燃油压力迅速下降,则在没有外漏情况下,可能是油压调节器或喷油器泄漏。为了判断是哪一个泄漏,可夹紧回油管,再增加油压。如果压力能够保持,则说明油压调节器泄漏;如果压力再次下降,则说明喷油器闭合不严。为此要取下每个汽缸的火花塞,看点火端是否有燃油,以确定是哪个喷油器关闭不严。

诊断喷油器是否堵塞,可首先采用逐缸断油法查找其故障部位,然后按下述步骤进行检查:检查与喷油器相连的线路是否有故障;检查供油管路是否堵塞;检查喷孔是否堵塞,将12V电源电压连接到喷油器接线座一端,另一端反复与机体时断时接,用手感觉是否有轻微的振动感和"咔咔"的响声。

(3) 供油压力测试

① 静态压力检测。打开点火开关,但不启动发动机;观察燃油压力表的压力值是否在规定范围内;如果压力偏高,更换燃油压力调节器,如果偏低,检查燃油管、接头、油泵、滤清器、燃油压力调节器、喷油器是否有泄漏;关闭点火开关,拆下跨接线。

② 动态压力检测。启动发动机;从燃油压力调节器上拆下真空管,并将管口堵住;急速情况下测量燃油压力,查看其是否符合规定值;将真空管重新连接到燃油压力调节器上;在急速情况下测量燃油压力,查看其是否在允许的范围内;如果上述压力值不符合要求,检查真空管和燃油压力调节器。

③ 燃油系统保持压力的检测。将发动机熄火,5分钟后检查燃油压力值,查看其是否保持在规定范围内;如果燃油压力下降太快,则检查油泵、滤清器、燃油压力调节器、喷油器是否有泄漏;检查完油压后,拆下负极电缆,取下压力表,注意不要将燃油飞溅出来;用新的密封垫和油管接头螺栓将冷启动喷油器重新接好;接好冷启动喷油器电源连接器;安装好蓄电池负极电缆;检查油管连接情况。

【自我测试】

1. 填空题

(1) 电子控制喷射系统包括3个子系统:_____系统、_____系统和电子控制系统。

(2) 进气系统包括空气滤清器、节气门、_____、进气室、_____以及进气控制阀。

(3) 燃油供给系统由_____、输油泵、汽油滤清器、_____、脉动衰减器、_____以及输油管、回油管等组成。

(4) 燃油供给系统和进气系统的作用是根据_____和_____,由ECU确定喷油量和进气量,以满足燃烧做功要求。其根据发动机的不同工况,决定最佳的喷油正时和喷油时长。

(5) 一般燃油泵转速控制通过_____实现低速和高速两级调速。在中、小负荷工况时,燃油泵_____运转;高速大负荷工况时则_____运转。

(6) ECU对喷油器的控制,是通过控制喷油器的_____电路的通断实现的。通常ECU都是控制电磁线圈电路的_____端。

(7) 各种传感器的信号输入ECU后,ECU根据数学计算和逻辑判断结果,发出_____信号指令控制喷油器喷油。

(8) 喷油器的喷油量取决于_____行程、喷口面积、_____与燃油压力等因素。

(9) 喷油量由针阀的开启时间,即电磁线圈的_____时间来决定。

(10) 喷油正时就是喷油器何时开始喷油,分为_____喷射、_____喷射和顺序喷射的正时控制。

(11) 多点燃油同时喷射就是各缸喷油器同时喷油,各缸喷油器_____联在一起,电磁线圈电流由_____只功率管 VT 驱动控制。

(12) 发动机工作时,ECU 根据_____传感器和_____传感器输入的基准信号发出喷油指令,控制功率管 VT 导通与截止,再由功率管控制喷油器电磁线圈_____接通与切断,使各缸喷油器同时喷油和停止喷油。

(13) 喷油量仅取决于喷油器阀门开启时间,脉冲宽度越_____,喷油持续时间越_____,喷油量就越大;反之,喷油量越小。

(14) 发动机电控燃油喷射系统的喷油时间为_____ ms。

2. 简答题

(1) 简述电子控制汽油喷射系统的组成及各系统的作用。
(2) 简述电控发动机喷油器工作的控制方式。
(3) 简述电控发动机喷油正时有哪些控制方式。
(4) 简述电控发动机启动时的喷油量是如何控制的。
(5) 简述电控发动机启动后喷油量的控制方式。
(6) 简述电控发动机喷油增量的控制方法。
(7) 简述电控发动机的断油控制方法。

3. 论述题

(1) 论述电控发动机燃油喷射系统的分类方法。
(2) 论述电控发动机的喷油量是如何设定的。
(3) 论述电控燃油喷射自诊断系统的工作过程。
(4) 论述如何检查喷油器故障。

4. 思考题

缺少哪些传感器信号电控发动机将不能喷油?为什么?

学习单元2.2 电控点火系统的检修

【学习目标】

1. 能通过与客户交流、查阅相关维修技术资料等方式获取车辆信息。
2. 掌握电控点火系统的组成及工作原理。
3. 能根据故障现象制订正确的维修计划。
4. 能正确选择诊断设备对电控点火系统的故障进行诊断。
5. 能正确记录、分析各种检测结果并做出故障判断。
6. 能按照正确操作规范进行电控点火系统元件的更换。
7. 能根据环保要求,正确处理对环境和人体有害的废料和损坏的零部件。

【理论知识】

电控点火系统于1976年由美国克莱斯勒汽车公司首先研制成功,系统中使用模拟计算机根据各传感器信号对点火提前角进行控制。1977年美国通用汽车公司开始使用数字式电控点火系统。近年来,由于微电子技术的迅速发展,电控点火系统不断完善,已在各国汽车上得到广泛应用。

电子控制点火系统的分类如图2-8所示。

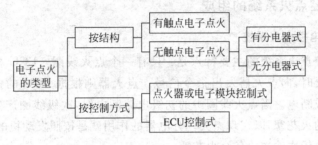

图2-8 电子控制点火系统的分类

电控点火系统按照结构分为有触点电控点火系统和无触点电控点火系统。其中无触点电控点火系统还包括有分电器式点火系统和无分电器式点火系统两大类。有分电器式电控点火系统又称为非直接点火系统,无分电器式电控点火系统又称直接点火系统,分为有高压线式和无高压线式。现代汽车基本都使用无触点电控点火系统,触点式点火装置目前已很少使用。电控点火系统按照控制方式分为点火器或电子模块控制方式和ECU控制方式。无论是哪一类电子点火系统,都是利用电子元件(晶体三极管)作为开关来接通或断开点火系统的初级电路,通过点火线圈产生高压电。

故障现象:一辆海南马自达轿车,发动机无法启动,有时启动后立刻熄火。

故障排除:发动机故障灯亮,启动时分缸线有很强的高压。短接诊断盒内TE_1和E_1端子,调取故障码为14(点火信号不良)。此车的点火线圈、点火模块及转速传感器均安装在分电器内,当启动发动机时,转速传感器产生信号并传给发动机ECU,ECU接收到此信号经处理后发送至点火模块,并触发点火信号(IGT),同时接通燃油泵继电器和喷油器。点火模块触发点火信号(IGT)的同时给发动机ECU反馈信号(IGF),表明点火模块已顺利点火。而当触发点火信号(IGT)触发4~5次后仍无反馈信号(IGF)至发动机ECU时,ECU认为点火信号不良,进而记录故障码14,并切断燃油泵继电器和喷油器的供油。根据故障现象和以上分析,断定故障点在反馈信号(IGF)上。检查点火模块和相关线路,发现反馈信号(IGF)线路断路。修复故障线路后试车,发动机顺利启动,运转正常。

根据上述案例,请思考下列问题。
(1) 点火模块有什么作用?
(2) 电控发动机是如何完成点火过程的?

2.2.1 电控点火系统的组成

1. 有分电器电控点火系统

有分电器电控点火系统的主要特点是:只有一个点火线圈。ECU 根据各传感器信号确定某缸需要点火时,向点火器发出指令信号。点火器则根据 ECU 的指令控制点火线圈内初级电路通电或断电。当点火线圈中的初级电路断电时,次级线圈产生的高压电经分电器输送给点火缸的火花塞,以实现点火。分电器的作用就是按照发动机的点火顺序,将点火线圈产生的高压电依次输送给各缸火花塞。

2. 无分电器电控点火系统

无分电器电控点火(DLI)系统又称直接点火系统或电子点火系统。其主要特点是:用电子控制装置取代了分电器,利用电子点火控制技术将点火线圈产生的高压电直接送给火花塞进行点火,点火线圈的数量比有分电器电控点火系统多。

根据点火线圈的数量和高压电分配方式的不同,无分电器电控点火系统又可分为独立点火方式、同时点火方式和二极管配电点火方式 3 种类型。

(1) 独立点火方式

无分电器独立点火方式电控点火系统如图 2-9 所示。其特点是每缸一个点火线圈,即点火线圈的数量与汽缸数相等。

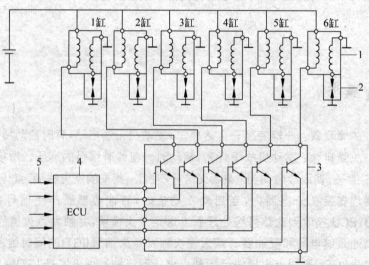

图 2-9 无分电器独立点火方式
1—点火线圈;2—火花塞;3—点火器;4—ECU;5—各种传感器

由于每缸都有各自独立的点火线圈,所以即使发动机的转速很高,点火线圈也有较长的通电时间(大的闭合角),可提供足够高的点火能量。与有分电器电控点火系统相比,在发动机转速和点火能量相同的情况下,单位时间内通过点火线圈初级电路的电流要小得多,点火线圈不易发热,且点火线圈的体积又小,一般直接将点火线圈压装在火花塞上。

(2) 同时点火方式

无分电器同时点火方式电控点火系统如图2-10所示。其特点是两个活塞同时到达上止点位置的汽缸(一个为压缩行程的上止点,另一个为排气行程的上止点),共用一个点火线圈,即点火线圈的数量等于汽缸数的一半。

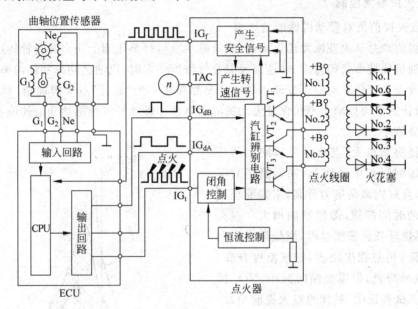

图2-10 无分电器同时点火方式

以六缸发动机为例,1、6缸,2、5缸及3、4缸的活塞分别同时到达上止点,称为同步缸,两同步缸共用一个点火线圈,两个缸的火花塞与共用的点火线圈中的次级线圈串联。当点火线圈初级电路断电时,一个汽缸接近压缩行程的上止点,火花塞跳火可点燃该缸的混合气,称为有效点火;而另一汽缸接近排气行程的上止点,火花塞跳火不起作用,称为无效点火。由于处于排气行程汽缸内的压力很低,加之废气中导电离子较多,其火花塞易被高压电击穿,消耗的能量非常少,所以不会对压缩行程汽缸点火产生影响。

与独立点火方式相比,采用同时点火方式的电控点火系统的结构和控制电路较简单,所以应用也比较多。但由于保留了点火线圈与火花塞之间的高压线,能量损失略大。此外,串联在高压回路的二极管,可以用来防止点火线圈初级电路导通的瞬间所产生的二次电压(1 000~2 000 V)加在火花塞上后发生误点火。

3. 二极管配电点火方式

二极管配电点火方式如图2-11所示,其特点是:4个汽缸共用一个点火线圈,点火线圈为内装

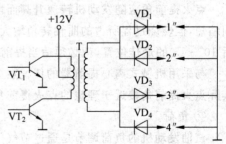

图2-11 二极管配电点火方式

双初级绕组、双输出次级绕组的特制点火线圈,利用 4 个二极管的单向导电性交替完成对 1、4 缸和 2、3 缸配电过程。

二极管配电点火方式的特性与同时点火方式相同,但对点火线圈要求较高,而且发动机的汽缸数必须是数字 4 的整倍数,所以在应用上受到一定的限制。

2.2.2 电控点火系统的控制

汽油机电控点火系统的控制主要包括点火提前角、通电时间及爆燃控制 3 项。

1. 点火提前角控制

(1) 点火提前角对发动机性能的影响

点火提前角是从火花塞发出电火花,到该缸活塞运行至压缩上止点时曲轴转过的角度。

当汽油机保持节气门开度、转速以及混合气浓度一定时,汽油机功率和耗油率将随点火提前角的改变而变化。对应于发动机每一工况都存在一个"最佳"点火提前角,对于现代汽车而言,最佳的点火提前角不仅保证发动机的动力性和燃油经济性都达到最佳值,还必须保证排放污染最小。

点火提前角过大(点火过早),则大部分混合气在压缩过程中燃烧,活塞所消耗的压缩功增加,且缸内最高压力升高,末端混合气自燃所需的时间缩短,爆燃倾向增大。点火过迟,则燃烧延长到膨胀过程,燃烧最高压力和温度下降,传热损失增多,排气温度升高,功率、热效率降低,但爆燃倾向减小,NO_x 排放量降低。试验证明,最佳的点火提前角,应使发动机汽缸内的最高压力出现在上止点后 $10°\sim15°$,如图 2-12 所示。适当的点火提前角,可使发动机每次循环所做的机械功最多(C 曲线下阴影部分)。

(2) 最佳点火提前角的确定

最佳点火提前角的数值必须视燃料性质、转速、负荷、混合气浓度等因素决定。

① 发动机转速。

点火提前角应随发动机转速升高而增大。因为随发动机转速的提高,燃烧过程所需时间缩短,但燃烧过程所占的曲轴转角增大。为保证发动机汽缸内的最高压力出现在上止点后 $10°\sim15°$ 的最佳位置,就必须适当提前点火。

与采用机械式离心提前器的传统点火系统相比,采用电控点火系统时,可以使发动机的实际点火提前角接近于理想的点火提前角。

② 负荷。

汽油发动机的负荷调节是通过节气门进行的。随负荷减小,进气管真空度增大,进气量减少,汽缸内的温度和压力均降低,燃烧速度变慢,燃烧过程所占的曲轴转角增大,应适当增

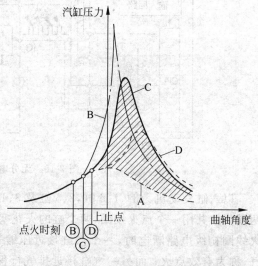

图 2-12 点火提前角对发动机性能的影响
A—不点火;B—点火过早;C—点火适当;D—点火过迟

大点火提前角。

与采用真空提前器的传统点火系统相比,采用电控点火系统时,可以使发动机的实际点火提前角接近于理想的点火提前角。

③ 燃料的性质。

汽油的辛烷值越高,抗爆性越好,点火提前角可适当增大,以提高发动机的性能。辛烷值较低的汽油,抗爆性差,点火提前角则应减小。

④ 其他因素。

最佳点火提前角除应根据发动机的转速、负荷和燃料性质确定之外,还应考虑发动机燃烧室形状、燃烧室内温度、空燃比、大气压力、冷却水温度等因素。

在传统点火系统中,当上述因素变化时,系统无法对点火提前角进行调整。

2. 控制点火提前角的基本方法

电控点火系统中,按 ECU 内首先存储记忆发动机在各种工况及运行条件下最理想的点火提前角,点火提前角控制可分为启动时点火提前角控制和启动后点火提前角控制。

(1) 启动时点火提前角的控制

发动机启动时,按 ECU 内存储的初始点火提前角(设定值)对点火提前角进行控制。启动时点火提前角的设定值随发动机而异,对一定的发动机而言,启动时的点火提前角是固定的,一般为 10°左右。

(2) 启动后点火提前角的控制

发动机正常运转时,实际点火提前角的控制方法可分为以下两种类型:丰田车系中,实际点火提前角等于初始点火提前角、基本点火提前角和修正点火提前角之和,即

实际的点火提前角＝初始点火提前角＋基本点火提前角＋修正点火提前角

日产车系中,实际点火提前角等于基本点火提前角与点火提前角修正系数之积,即

实际的点火提前角＝基本点火提前角×点火提前角修正系数

(3) 基本控制方法

① 基本点火提前角。

发动机启动后在除急速以外的工况下运转时,ECU 根据发动机的转速和负荷(单位转数的进气量或基本喷油量)确定基本点火提前角。

急速运转时,ECU 根据节气门位置传感器信号(IDL 信号)、发动机转速传感器信号(Ne 信号)和空调开关信号(A/C 信号)确定基本点火提前角。

② 修正点火提前角。

点火提前角的主要修正项目有水温修正、急速稳定修正和空燃比反馈修正。

水温修正:可分为暖机修正和过热修正。发动机工作时,随冷却液温度的提高,爆燃倾向逐渐增大。冷却液温度过高时,为了避免产生爆燃,必须修正点火提前角,如图 2-13 所示。发动机处于急速工况运行时,为了避免发动机长时间过热,应增大点火提前角,以提高燃烧速度,减小散热损失。正常运行工况,为了避免产生爆燃,则应减小点火提前角。过热修正控制信号主要有:冷却液温度传感器信号、节气门位置传感器信号等。

急速稳定修正:发动机在急速运转过程中,由于负荷等因素的变化会导致转速改变,ECU 必须根据实际转速与目标转速的差值修正点火提前角,以保持发动机在规定急速转速下稳定运转,如图 2-14 所示。急速稳定修正控制信号主要有发动机转速信号、节气门位置

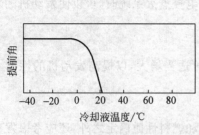 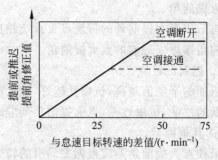

图 2-13 暖机修正曲线　　　　图 2-14 怠速稳定修正曲线

传感器信号、车速传感器信号、空调开关信号等。

空燃比反馈修正：由于空燃比反馈控制系统是根据氧传感器的反馈信号调整喷油量而达到最佳空燃比控制的，所以这种喷油量的变化必然带来发动机转速的变化。为了稳定发动机转速，点火提前角需要根据喷油量的变化进行修正。

3. 典型车系点火提前角控制方式

（1）基本点火提前角

基本点火提前角分为怠速的基本点火提前角和正常行驶的基本点火提前角。

怠速的基本点火提前角：是指节气门位置传感器的怠速触点闭合时的基本点火提前角，其值又根据空调系统是否工作而不同。一般空调系统工作时其基本点火提前角为 8°，空调系统不工作时其基本点火提前角为 4°。也就是说，在同样怠速运转时，若空调系统工作，实际点火提前角加大，以防止发动机运转不平稳。

正常行驶的基本点火提前角：是指节气门位置传感器怠速触点打开时的基本点火提前角，其值是 ECU 根据发动机的转速和负荷，从 ECU 的 ROM 中进行查表，选出的最佳点火提前角。

（2）修正点火提前角

原始设定点火提前角加上基本点火提前角之和，必须根据相关因素加以修正。修正点火提前角有暖机和稳定怠速两种点火提前特性。

暖机点火提前特性是指节气门位置传感器怠速触点闭合时，ECU 根据发动机冷却水温进行修正点火提前角。也就是说，当发动机冷却水温低时，必须增大点火提前角，以促使发动机尽快暖机。当冷却水温较高时，如超过 90℃，为避免发动机过热，其点火提前角必须适当减小。

稳定怠速点火提前特性是指为了使怠速稳定运转而控制修正点火提前角。例如，当动力转向等作用时，ECU 通过曲轴位置传感器检测到发动机转速下降，并根据其下降值修正点火提前角的大小，使发动机在怠速时稳定运转，可有效地防止发动机怠速熄火的现象。

点火提前角的修正值除上述外，其他车型点火控制系统点火提前角的修正还包括空燃比反馈修正。

装有氧传感器的电子控制汽油喷射系统，ECU 根据氧传感器的反馈信号对空燃比进行修正。随着喷油量的增加或减少，发动机的转速在一定范围内波动。为了提高发动机转速的稳定性，在反馈修正油量减少时，点火提前角应适当增加。

发动机实际点火提前角就是上述3项点火提前角之和。发动机每旋转一周，ECU就可以计算并输出一次点火提前角的调整数据，因此当传感器测出发动机的转速和负荷有变化时，ECU就使点火提前角做出相应的改变。但当ECU计算出的实际点火提前角超过最大或最小点火提前角的允许值时，则ECU以最大或最小点火提前角的允许值进行调整。

4．闭合角（通电时间）的控制

（1）通电时间对发动机工作的影响

按点火能量的储存方式，汽油机点火系统可分为电感储能式（电感放电式）和电容储能式（电容放电式）两大类。对于电感储能式电控点火系统，当点火线圈的初级电路被接通后，其初级电流是按指数规律增长的。初级电路被断开瞬间，初级电流所能达到的值（即断开电流）与初级电路接通的时间长短有关，只有通电时间达到一定值时，初级电流才可能达到饱和。由于断开电流影响次级电压最大值（成正比关系），次级电压的高低又直接影响点火系统工作的可靠性，所以在发动机工作时，必须保证点火线圈的初级电路有足够的通电时间。但如果通电时间过长，点火线圈又会发热并增大电能消耗。要兼顾上述两方面的要求，就必须对点火线圈初级电路的通电时间进行控制。

此外，当蓄电池的电压变化时，也将影响初级电流。如蓄电池电压下降时，在相同的通电时间里初级电流所达到的值将会减小。因此，还必须根据蓄电池电压对通电时间进行修正。

（2）通电时间的控制方法

在电控点火系统中，为了减小转速对次级电压的影响，提高点火能量，采用了初级线圈电阻很小的高能点火线圈，其初级电流最高可达30A以上。为了防止初级电流过大烧坏点火线圈，在部分电控点火系统的点火控制电路中增加了恒流控制电路，保证在任何转速下初级电流均为规定值（7A），既改善了点火性能，又能防止初级电流过大而烧坏点火线圈。

恒流控制的基本方法：在点火器功率晶体管的输出回路中增设一个电流检测电阻，用电流在该电阻上形成的电压降反馈控制晶体管的基极电流。只要这种反馈为负反馈，就可使晶体管的集电极电流稳定，从而实现恒流控制。

5．爆燃控制

点火提前角是影响爆燃的主要因素之一，推迟点火（即减小点火提前角）是消除爆燃的最有效措施。在电控点火系统中，ECU根据爆燃传感器信号，判定有无发生爆燃及爆燃的强度，并根据其判定结果对点火提前角进行反馈控制，使发动机处于爆燃的边缘工作，既能防止爆燃发生，又能有效地提高发动机的动力性和经济性。

爆燃传感器安装在汽缸体上，其功用是利用压电晶体的压电效应，把爆燃时传到汽缸体上的机械振动转换成电压信号输送给ECU。ECU将爆燃传感器信号进行滤波处理，并判断有无发生爆燃及爆燃的强度。有爆燃时，则逐渐减小点火提前角（推迟点火），直到爆燃消失为止。无爆燃时，则逐渐增大点火提前角（提前点火），当再次出现爆燃时，又开始逐渐减小点火提前角，爆燃控制过程就是对点火提前角进行反复调整的过程。

发动机负荷较小时，发生爆燃的倾向几乎为零，所以电控点火系统在此负荷范围内采用开环控制模式。而当发动机的负荷超过一定值时，电控点火系统自动转入闭环控制模式。发动机工作时，ECU根据节气门位置传感器信号判断发动机的负荷大小，从而决定点火系统是采用闭环控制还是开环控制。

*2.2.3 电控点火系统的需求

1. 点火系统的要求

(1) 能产生足以击穿火花塞间隙的电压

火花塞电极击穿而产生火花时所需要的电压称为击穿电压。点火系统产生的次级电压必须高于击穿电压,才能使火花塞跳火。击穿电压的大小受很多因素影响,其中主要有以下几种。

① 火花塞电极间隙和形状。火花塞电极的间隙越大,击穿电压就越高;电极的尖端棱角分明,所需的击穿电压低。

② 汽缸内混合气体的压力和温度。混合气体的压力越大,温度越低,击穿电压就越高。

③ 电极的温度。火花塞电极的温度越高,电极周围的气体密度越小,击穿电压就越低。

(2) 火花应具有足够的能量

发动机正常工作时,由于混合气压缩终了的温度接近其自燃温度,仅需要 $1\sim 5\mathrm{mJ}$ 的火花能量。但在混合气过浓或是过稀时,发动机启动、急速或节气门急剧打开时,则需要较高的火花能量,并且随着现代发动机对经济性和排气净化要求的提高,都迫切需要提高火花能量。因此,为了保证可靠点火,高能电子点火系统一般应具有 $80\sim 100\mathrm{mJ}$ 的火花能量,启动时应产生高于 $100\mathrm{mJ}$ 的火花能量。

(3) 点火时刻应适应发动机的工作情况

首先,点火系统应按发动机的工作顺序进行点火。其次,必须在最有利的时刻进行点火。

由于混合气在汽缸内燃烧占用一定的时间,所以混合气不应在压缩行程上止点处点火,而应适当提前,使活塞达到上止点时,混合气已得到充分燃烧,从而使发动机获得较大功率。点火时刻一般用点火提前角,即从发出电火花开始到活塞到达上止点为止的一段时间内曲轴转过的角度来表示。

如果点火过迟,当活塞到达上止点时才点火,则混合气的燃烧主要在活塞下行过程中完成,即燃烧过程在容积增大的情况下进行,使炽热的气体与汽缸壁接触面积增大,因而转变为有效功的热量相对减少,汽缸内最高燃烧压力降低,导致发动机过热,功率下降。

如果点火过早,由于混合气的燃烧完全在压缩过程进行,汽缸内的燃烧压力急剧升高,当活塞到达上止点之前即达到最大,使活塞受到反冲,发动机做负功,不仅使发动机的功率降低,并有可能引起爆燃和运转不平稳现象,加速运动部件和轴承的损坏。

2. 备用功能电路

备用功能电路亦称后备系统。它是当 ECU 内部控制程序出现故障时,ECU 自动把点火正时控制和汽油喷射控制在预订水平上,作为一种备用功能使汽车继续行驶。该电路系统只能维持基本功能,而不能保持正常行驶性能。

当 ECU 偶尔发生故障时,正常控制时的例行程序就不能正常运行,ECU 陷入异常工作状态。ECU 无法计算汽油基本喷射时间,或者停止输出点火信号(IGT)。因此,发动机将停机,汽车将不能行驶。为使汽车能继续行驶,有些汽车设有备用功能系统,以便将汽车缓慢地行驶到就近维修站或适当地方进行修复。

备用功能为一种专用备用电路,由集成电路组成。监视回路中装有监视计时器,在正常工作情况下,ECU 将定时进行清除。当出现异常情况时,则例行程序不能正常运行。如果这时计时器的定时清除工作不能进行,ECU 将显示溢出。当监测器发现 ECU 溢出时,即检测出异常情况。当监测器监测出 ECU 出现异常情况而满足启用备用功能系统条件时,发动机报警灯亮,警告驾驶员发动机已出现故障。此时,ECU 也自动转换成简易控制的备用功能控制。

2.2.4 电控点火系统故障诊断

1. 电控点火系统的一般故障诊断

汽车电控点火系统具有点火精确可靠、能量大及体积小等优点,但其电路、原理的差异较大,因此产生故障的部件和原因也不尽相同。一般诊断规律如下。

(1) 直接观察

仔细检查接线、插接件是否可靠,电线有无老化与破损现象,蓄电池的技术状况是否良好等。

(2) 点火信号发生器的检查

① 检查转子凸齿与定子铁芯或凸齿之间的气隙。

② 用万用表检测传感器线圈电阻,并与标准值比较。若为无穷大,则肯定是发生了断路;若较小,则可能是匝间短路(传感器的电阻参考值:丰田为 $140\sim180\Omega$,JFD667 为 $500\sim600\Omega$,CA1092 为 $600\sim800\Omega$)。

③ 检查传感器的输出信号电压,并且与规定值(一般为 $1\sim1.5V$)作比较,若偏低或为零,则一定存在故障。

(3) 点火控制器(开关放大器)的检查

① 测量开关放大器的输入电阻值并与标准值比较,当差值较大时应重点检查插接器、屏蔽线和各级晶体三极管。

② 检测开关放大器的工作情况。以丰田为例,可按下列方法进行。

a. 松开分电器上的线路插接件。

b. 接通点火开关,用一个 1.5V 的干电池,将它的正、负极分别接开关放大器的两输入线;再用万用表测量点火线圈"-"接线柱与搭铁之间的电压。两次测量的结果应分别为 $1\sim2V$ 和 12V,否则说明开关放大器有故障。注意,使用干电池测试的时间应尽可能短,每次不得超过 5s。

c. 对于霍尔效应式脉冲发生器,可用电压表检测控制器组件。将各测试点的电压读数与规定值比较,判断其故障;也可用万用表测量初级绕组两端的电压。闭合点火开关,电压表的读数应为 $5\sim6V$,并在几秒内迅速降到 0。如果电压不降,则说明电子控制器有故障。

(4) 点火线圈的检查

点火线圈的检查主要是用万用表测量初级绕组和次级绕组的电阻值,并根据其大小来判断是否有短路、断路现象,必要时应复检(点火线圈的电阻参考值:丰田为 $1.3\sim1.7\Omega$ 和 $10\sim16k\Omega$,CA1092 为 $0.7\sim0.8\Omega$ 和 $3\sim4k\Omega$,桑塔纳为 $0.52\sim0.76\Omega$ 和 $2.4\sim3.5k\Omega$)。

2. 电控点火系统的故障诊断

无分电器点火(直接点火)系统常见故障诊断如下。

(1) ECU 控制的点火系统,发动机不能启动故障诊断

控制的发动机启动时无着火(油路正常)症状或有着火反应但不能启动。

故障原因如下。

① 曲轴转角位置传感器无电压信号或信号太弱。

② 曲轴转角位置传感器、点火放大器、ECU 以及电路等的低压线路发生的故障,诸如接触不良、短路或漏电。

③ 点火线圈、火花塞、高压导线等存在故障或点火时序错乱。

④ 点火放大器发生故障;ECU 本身存在故障等。

检查诊断:首先检查点火顺序与点火正时,若正常后可按图 2-15 所示程序逐项检查,判断故障所在。

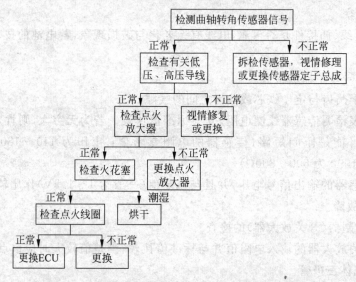

图 2-15 ECU 控制的点火系统发动机不能启动故障诊断

(2) ECU 控制点火系统的发动机动力下降、加速反应滞后故障的诊断

ECU 控制点火系统的发动机汽车动力不足,加速反应不灵敏。

故障原因如下。

① 曲轴转速传感器无信号或输入信号不正常。

② 节气门开关无信号或信号不正常。

③ 火花塞积炭多,电极间隙过小。

④ 有关低压线路连接不良或有松动。

⑤ 点火线圈老化或有损伤。

检查诊断:按上述原因进行逐项检查,使各导线接头连接可靠,调整火花塞间隙在规定值范围,按需要更换有关配件。

(3) 一缸缺火的故障诊断

经检查,发动机有一缸火花太弱,或火花时有时无,发动机运转有抖动现象。

故障原因如下。

① 火花塞电极间隙过小,或积炭严重。
② 某缸火花塞绝缘体裙部碎裂老化。
③ 高压导线绝缘层老化、有细裂纹而漏电。

检查诊断:检查调整火花塞电极间隙至标准值,清除积炭,更换绝缘裙部有碎裂的火花塞,分缸高压导线漏电必须更换。

【任务工单】

见附录中的任务工单2-1。

【自我测试】

1. 填空题

(1) 电控点火系统按照结构分为_____电控点火系统和无触点电控点火系统。

(2) 无触点电控点火系统包括_____式点火系统和无分电器式点火系统两大类。

(3) 电控点火系统按照控制方式分为_____或电子模块控制方式和_____控制方式。

(4) 无论是哪一类电子点火系统,都是利用电子元件(晶体三极管)作为开关来接通或断开点火系统的_____电路,通过点火线圈来产生高压电。

(5) 有分电器电控点火系统的主要特点:只有_____个点火线圈。ECU根据各传感器信号确定某缸点火时,向_____发出指令信号。

(6) 无分电器电控点火系统又称_____或电子点火系统。其主要特点是:用电子控制装置取代了_____,利用电子分火控制技术将点火线圈产生的高压电直接送给火花塞进行点火。

(7) 根据点火线圈的数量和高压电分配方式的不同,无分电器电控点火系统又可分为_____方式、_____方式和二极管配电点火方式3种类型。

(8) 无分电器独立点火方式的特点是每缸_____个点火线圈,即点火线圈的数量与汽缸数相等。

(9) 无分电器同时点火方式电控点火系统的特点是两个活塞同时到达上止点位置的汽缸(一个为压缩行程的上止点,另一个为_____行程的上止点),共用一个点火线圈,即点火线圈的数量等于汽缸数的_____。

(10) 最佳的点火提前角,应使发动机汽缸内的最高压力出现在上止点后_____。

(11) 最佳点火提前角的数值必须视燃料性质、_____、_____、混合气浓度等很多因素而定。

(12) 汽油发动机的负荷调节是通过_____进行的调节。随负荷_____,汽缸内的温度和压力均降低,燃烧速度变慢,燃烧过程所占的曲轴转角增大,应适当增大点火提前角。

(13) 启动时点火提前角的设定值随发动机而异,对一定的发动机而言,启动时的点火提前角是固定的,一般为_____左右。

(14) 蓄电池电压下降时,在相同的通电时间里初级电流所达到的值将会_____。

(15) 点火提前角是影响爆燃的主要因素之一,_____是消除爆燃的最有效措施。

(16) 发动机负荷_____时,发生爆燃的倾向几乎为零,所以电控点火系统在此负荷范围内采用_____控制模式。

2. 简答题

(1) 点火提前角对发动机性能有什么影响?
(2) 无分电器直接点火系统的工作原理是什么?
(3) 同时点火方式点火系统的工作原理是什么?
(4) 二极管配电点火方式点火系统的工作原理是什么?
(5) 启动时点火提前角是如何控制的?
(6) 启动后点火提前角是如何控制的?
(7) 点火线圈的通电时间对发动机工作的影响是什么?
(8) 发动机爆震控制系统的原理是什么?

3. 论述题

最佳点火提前角的确定方法。

4. 故障诊断

(1) 诊断电控发动机两缸缺火或运转不良的故障。
(2) 诊断由于 ECU 控制点火系统导致的发动机不能启动的故障。

5. 思考题

(1) 缺少哪些信号电控点火系统将不能点火?为什么?
(2) 若是点火线圈出现故障,电控发动机还能工作吗?为什么?

学习单元 2.3 辅助控制系统的检修

【学习目标】

1. 能通过与客户交流、查阅相关维修技术资料等方式获取车辆信息。
2. 了解电控发动机辅助控制系统的分类。
3. 掌握电控发动机各辅助控制系统的组成及工作原理。

情境描述

故障现象:美国福特公司林肯轿车,V8 电喷发动机,该车怠速时发动机工作不稳。

故障排除:该车装有废气再循环装置,即 EGR 系统。EGR 系统工作时,将一部分废气引入汽缸中,以此降低汽缸中的燃烧温度、达到降低 NO_x 的排放目的。正常情况下,在怠速时 EGR 阀处于关闭状态,并不能进行废气再循环。经检查,EGR 阀在怠速时关闭不严,致使怠速时仍有废气进入汽缸中,造成发动机怠速工作不稳。

根据上述案例,请思考下列问题。

(1) 废气再循环装置有什么作用?

(2) 你还知道哪些关于排放控制的装置?各有什么作用?

2.3.1 排放控制系统

随着汽车工业的发展,汽车的保有量不断增加,汽车排放污染对人类环境的危害已成为一种严重的社会公害。汽车的排放污染主要来源于发动机排出的废气(约占65%以上)、曲轴箱窜气(约占20%)和燃料供给系统中蒸发的燃油蒸汽(占10%~20%)。汽油机的主要排放污染物是一氧化碳(CO)、碳氢化合物(C_mH_n)和氮氧化物(NO_x)。

针对汽车污染源和各种污染物的产生机理,近年来,在现代汽车尤其是轿车上安装了多种排放控制系统,主要包括汽油蒸汽排放(EVAP)控制系统、废气再循环(EGR)系统、二次空气供给系统等。随着电控技术的发展,在高级轿车上,部分排放控制系统(如 EVAP 系统、EGR 系统、二次空气供给系统)也采用了 ECU 控制。

1. 汽油蒸汽排放控制

EVAP 控制系统是为了防止汽油箱内的汽油蒸气排入大气产生污染而设置的,在装有 EVAP 控制系统的汽车上,汽油箱盖上只有空气阀,而不设蒸气放出阀。

EVAP 控制系统如图 2-16 所示。活性炭罐与油箱之间设有排气管和单向阀,汽油箱内的汽油蒸气超过一定压力时,顶开单向阀经排气管进入活性炭罐,活性炭罐内的活性炭将燃油蒸气吸附在炭罐内。发动机工作时,活性炭罐内的汽油蒸气经定量排放孔、吸气管被吸入进气管。活性炭罐的上端设有真空控制阀,真空控制阀为一膜片阀,膜片上方为真空室,控制阀用来控制定量排放孔的开闭。真空控制阀与进气管之间的真空管路中设有受 ECU 控制的电磁阀,用以调节真空控制阀上方真空室的真空度,改变真空控制阀的开度,从而控制吸入进气管的汽油蒸气量。为防止活性炭罐内的燃油蒸气被吸入进气管后使混合气变浓,活性炭罐下方设有进气滤芯与大气相通,使部分空气与活性炭罐内的燃油蒸气一起被吸入进气管。

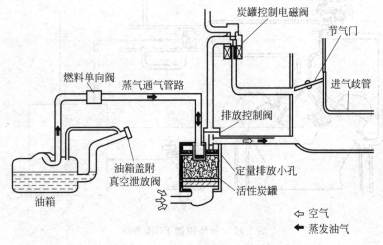

图 2-16 活性炭罐蒸发污染控制系统

油箱中的燃油蒸气通过单向阀进入炭罐上部,空气从炭罐下部进入清洗活性炭。发动机工作时,ECU根据发动机的转速、温度、空气流量等信号,通过控制活性炭罐电磁阀的动作控制排放控制阀上部的真空度,从而控制排放阀的开闭动作。当排放控制阀打开时,汽油蒸气通过阀中的定量排放小孔吸入进气歧管,然后进入汽缸烧掉。

2. 废气再循环控制

废气再循环(Exhaust Gas Recirculation, EGR),是指在发动机工作时将一部分废气引入进气管,并与新鲜空气混合后吸入汽缸内再次进行燃烧的过程。废气再循环是目前用于降低NO_x的一种有效方法,它是通过降低燃烧室的燃烧温度抑制NO_x的生成。通常,废气再循环程度用EGR率来表示,其定义为

$$EGR率 = \frac{EGR量}{进气量 + EGR量} \times 100\%$$

当EGR率达到15%时,NO_x的排放量即可减少60%。但EGR率增加过多时,会使发动机动力性能下降,C_mH_n含量上升。因此,利用ECU控制EGR率,既能有效降低NO_x排放,又可以保证发动机的动力性。

目前采用ECU控制的EGR系统主要有两种:开环控制EGR系统和闭环控制EGR系统。

(1) 开环控制EGR系统

开环控制EGR系统如图2-17所示,主要由EGR阀和EGR电磁阀等组成。EGR阀安装在废气再循环通道中,用以控制废气再循环量。EGR电磁阀安装在通向EGR阀的真空通道中,ECU根据发动机冷却液温度、节气门开度、转速和启动等信号控制电磁阀的通电或断电。EGR电磁阀断电时,控制EGR阀的真空通道接通,EGR阀开启,进行废气再循环;EGR电磁阀通电时,控制EGR阀的真空通道被切断,EGR阀关闭,停止废气再循环。

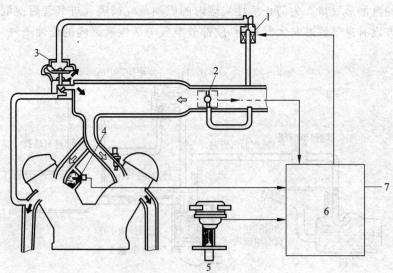

图2-17 开环控制EGR系统

1—EGR电磁阀;2—节气门;3—EGR阀;4—水温传感器;5—曲轴位置传感器;6—ECU;7—启动信号

(2) 闭环控制 EGR 系统

在闭环控制 EGR 系统中,检测实际的 EGR 率或 EGR 阀开度作为反馈控制信号,其控制精度更高。

用 EGR 阀开度作为反馈信号的闭环控制 EGR 系统如图 2-18 所示。与采用占空比控制型电磁阀的开环控制 EGR 系统相比,只是在 EGR 阀上增设了一个 EGR 阀开度传感器。闭环控制 EGR 系统工作时,ECU 可根据 EGR 阀开度传感器的反馈信号修正电磁阀的开度。

EGR 阀开度传感器为电位计式,其工作原理与电位计式节气门位置传感器类似。EGR 阀开度传感器与 ECU 之间有 3 条连接线路,分别为电源线、搭铁线和信号线。ECU 通过电源线给传感器提供 5V 的标准电压,传感器将 EGR 阀开启高度变化转换为电信号输送给 ECU。

用 EGR 率作为反馈信号的闭环控制 EGR 系统中,ECU 根据 EGR 率传感器信号对 EGR 电磁阀实行反馈控制,其控制原理如图 2-19 所示。EGR 率传感器安装在进气总管中的稳压箱上,新鲜空气经节气门进入稳压箱,参与再循环的废气经 EGR 电磁阀进入稳压箱。传感器检测稳压箱内气体中的氧浓度(氧浓度随 EGR 率的增加而降低),并转换成电信号输送给 ECU,ECU 根据此反馈信号修正 EGR 电磁阀的开度,使 EGR 率保持在最佳值。

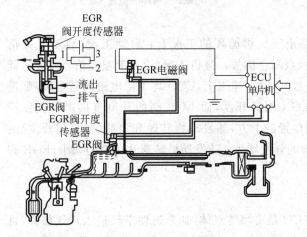

图 2-18 用 EGR 阀开度反馈控制 EGR 系统

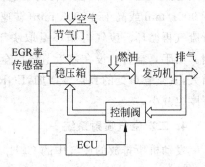

图 2-19 用 EGR 率反馈控制 EGR 系统

3. EGR 控制阀

(1) EGR 控制阀结构

如图 2-20 所示,EGR 控制阀通常装在进、排气管交叉的位置上,便于废气引入,膜片下方通大气,膜片上方为真空室。当节气门打开时,由于在发动机进气行程中,活塞下行形成了真空度,通过真空管传递到真空室。一般当真空度超过 10kPa 时,就能克服弹簧弹力,将膜片提起,打开与膜片杆联动的阀门,来自排气管的废气通过阀门与混合气一起进入燃烧室,进行废气再循环工作。当膜片上部失去真空度时,膜片在弹簧力作用下向下复位而使阀关闭,阻断废气再循环。真空室真空度的大小决定了废气再循环量。

(2) EGR 电磁阀

如图 2-21 所示,EGR 电磁阀有 3 个通气口。不通电时,弹簧将阀体向上压紧,通大气阀口被关闭。这时,进气歧管与EGR阀真空室相通,进行废气再循环工作;当EGR电磁阀线圈通电时,产生的电磁力使阀体下移,阀体下端将通进气歧管的真空通道关闭,而上端的通大气阀口打开,于是使EGR阀的真空室与大气相通,废气再循环工作停止。EGR电磁阀的通电时间通过下列转化程序最终决定废气再循环量的大小:EGR电磁阀的通电时间(长短)→进气歧管与EGR阀真空室相通时间(长短)→EGR阀真空度(大小)→EGR阀开度(大小)→废气再循环流量(多少)。

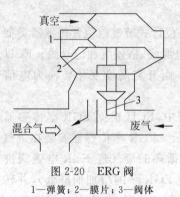 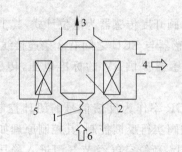

图 2-20　ERG 阀　　　　　　　　图 2-21　EGR 电磁阀
1—弹簧;2—膜片;3—阀体　　　　1—弹簧;2—阀体;3—通大气;4—去EGR阀;
　　　　　　　　　　　　　　　　5—电磁阀线圈;6—通进气歧管

发动机工作时,EGR电磁阀通电停止废气再循环的工况有:启动工况(启动开关信号)、怠速工况(节气门位置传感器怠速触点闭合信号),暖机工况(冷却液温度信号),转速低于900r/min或高于3 200r/min(转速信号)。除上述工况,ECU均不给电磁阀通电,即都进行废气再循环。废气再循环量取决于EGR阀的开度,而EGR阀的开度直接由真空度控制。由于真空管口设在靠近节气门全闭位置的上方,随发动机转速和负荷(节气门开度)的增大,真空管口处的真空度增加,EGR阀的开度增大;随发动机转速和负荷的减小,EGE阀开度也减小。

4. 二次空气喷射系统

发动机所排放的废气中的C_mH_n和CO是可燃性气体,如果迫使空气进入排气歧管,且废气够热,废气就会在排入大气之前重新燃烧,废气中的CO和C_mH_n也就转化成为无污染的CO_2和H_2O。二次空气供给系统的功能是:在一定工况下,将新鲜空气送入排气管,促使废气中的二氧化碳和碳氢化合物进一步氧化,从而降低一氧化碳和C_mH_n的排放量,同时加快三元催化转换器的升温。

电控二次空气供给系统如图2-22所示。二次空气控制阀由舌簧阀和膜片阀组成,来自空气滤清器的二次空气进入排气管的通道受膜片阀控制,膜片阀的开闭利用进气歧管的真空度驱动,其真空通道由ECU通过电磁阀控制。装在二次空气控制阀中的舌簧阀是一个单向阀,主要用来防止排气管中的废气倒流。

点火开关接通后,蓄电池即向二次空气电磁阀供电,ECU控制电磁阀搭铁回路。电磁阀不通电时,关闭通向膜片阀真空室的真空通道,膜片阀弹簧推动膜片下移,关闭二次空气供给通道,不允许向排气管内提供二次空气。ECU给电磁阀通电,电磁阀开启膜片阀真空室的真空通道,进气管真空度将膜片阀吸起,排气管内的脉动真空即可吸开舌笛阀,使二次

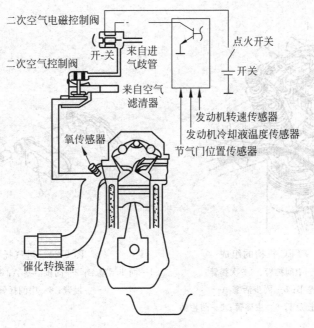

图 2-22 二次空气供给系统

空气进入排气管。有些发动机和二次空气供给系统,利用空气泵将新鲜空气强制送入排气管。

在下列情况下二次空气电磁阀断电:电控燃油喷射系统进入闭环控制、冷却液温度超过规定范围、发动机转速和负荷超过规定值、ECU 诊断出发动机有故障。

2.3.2 进气与增压系统

1. 可变气门正时系统(VTEC)

目前,汽车发动机一般都是根据性能的要求,通过试验确定某一常用转速下较合适的配气相位。在装配时,对正配气正时的标记,即可保证已确定的配气相位,并且在使用中是不能改变的。因此,发动机性能一般只在某一常用转速下最好,而在其他转速工作时,发动机的性能相对较差。为解决上述问题,在有些汽车发动机上采用了可变配气相位控制机构。

(1) 可变气门正时系统的组成

VTEC 机构的组成如图 2-23 所示。同一缸的两个进气门有主、次之分,即主进气门和次进气门。每个进气门通过单独的摇臂驱动,驱动主进气门的摇臂称为主摇臂,驱动次进气门的摇臂称为次摇臂,在主、次摇臂之间装有一个中间摇臂,中间摇臂不与任何气门直接接触,三个摇臂并列在一起组成进气摇臂总成。凸轮轴上相应有 3 个不同升程的凸轮分别驱动主摇臂、中间摇臂和次摇臂,凸轮轴上的凸轮也相应分为主凸轮、中间凸轮和次凸轮。中间凸轮的升程最大,次凸轮的升程最小。主凸轮的形状适合发动机低速时单气门工作的配气相位要求,中间凸轮的形状适合发动机高速时双进气门工作的配气相位要求。

进气摇臂总成如图 2-24 所示,在 3 个摇臂靠近气门的一端均设有油缸孔,油缸孔中装有靠液压控制的正时活塞、同步活塞、阻挡活塞及弹簧。正时活塞一端的油缸孔与发动机的润滑油道相通,ECU 通过电磁阀控制油道的通、断。

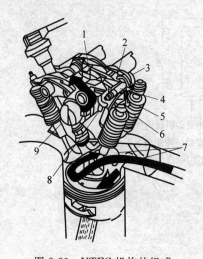 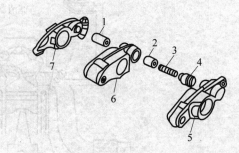

图 2-23　VTEC 机构的组成

1—正时板；2—中间摇臂；3—次摇臂；
4—同步活塞 B；5—同步活塞 A；
6—正时活塞；7—进气门；8—主摇臂；9—凸轮轴

图 2-24　进气摇臂总成

1—同步活塞 B；2—同步活塞 A；3—弹簧；4—正时活塞；
5—主摇臂；6—中间摇臂；7—次摇臂

VTEC 配气机构与普通配气机构在结构上的主要区别是：凸轮轴上的凸轮较多，且升程不等，进气摇臂总成的结构复杂。排气门的工作情况与普通配气机构相同。

(2) VTEC 机构的工作原理

可变配气相位控制系统的功能：根据发动机转速、负荷等变化控制 VTEC 机构工作，改变驱动同一汽缸两进气门工作的凸轮，以调整进气门的配气相位及升程，并实现单进气门工作和双进气门工作的切换。

发动机低速运转时，电磁阀不通电使油道关闭，机油压力不能作用在正时活塞上，在次摇臂油缸孔内的弹簧和阻挡活塞作用下，正时活塞和同步活塞 A 回到主摇臂油缸孔内，与中间摇臂等宽的同步活塞 B 停留在中间摇臂的油缸孔内，3 个摇臂彼此分离，如图 2-25 所示。

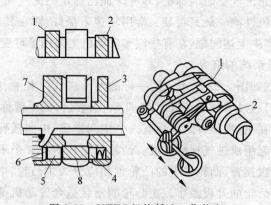

图 2-25　VTEC 机构低速工作状态

1—主凸轮；2—次凸轮；3—次摇臂；4—阻挡活塞；5—同步活塞 A；6—正时活塞；7—主摇臂；8—同步活塞 B

此时，主凸轮通过主摇臂驱动主进气门，中间凸轮驱动中间摇臂空摆（不起作用）；次凸轮的升程非常小，通过次摇臂驱动次进气门微量开闭，其目的是防止次进气门附近积聚燃油。配气机构处于单进、双排气门工作状态,单进气门由主凸轮驱动。

当发动机高速运转,且发动机转速、负荷、冷却液温度及车速达到设定值时,ECU 向 VTEC 电磁阀供电,使电磁阀开启,来自润滑油道的机油压力作用在正时活塞一侧,由正时活塞推动两同步活塞和阻挡活塞移动,两同步活塞分别将主摇臂与中间摇臂、次摇臂与中间摇臂插接成一体,成为一个同步工作的组合摇臂,如图 2-26 所示。此时,由于中间凸轮升程最大,组合摇臂受中间凸轮驱动,两个进气门同步工作,进气门配气相位和升程与发动机低速时相比,气门的升程、提前开启和滞后关闭角度均增大。

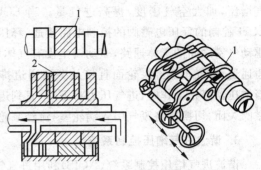

图 2-26　VTEC 机构高速工作状态
1—中间凸轮；2—中间摇臂

当发动机转速下降到设定值时,ECU 切断 VTEC 电磁阀电流,正时活塞一侧的油压降低,各摇臂油缸孔内的活塞在回位弹簧作用下回位,3 个摇臂又彼此分离而独立工作。

2. 废气涡轮增压系统

在发动机中应用最普遍、最有效的增压技术是废气涡轮增压系统。废气涡轮增压系统按增压结构形式不同,可以分为旁通阀式废气涡轮增压系统、带中冷器的废气涡轮增压系统和可调叶片式废气涡轮增压系统。

(1) 旁通阀式废气涡轮增压系统结构

该系统的结构如图 2-27 所示。在排气管中装有排气涡轮,利用发动机的排气能量驱动旋转。在进气管中装有压气机,涡轮与泵轮同轴。在排气管泵轮的排气旁通通道上设置有切换阀,可以打开或关闭排气的旁通通道,从而使废气不流经或流经泵轮。切换阀受驱动气室的气室弹簧和气体压力的控制,当有气体压力时,克服弹簧力,切换阀关闭排气的旁通通道。当没有气体压力时,弹簧力使切换阀打开排气的旁通通道。驱动气室的气体来自废气涡轮增压器的出口,在废气涡轮增压器的出口到驱动气室之间的气体通路上安装有释压电磁阀,可以接通或切断气体通路。释压电磁阀的开启或关闭受控于 ECU。

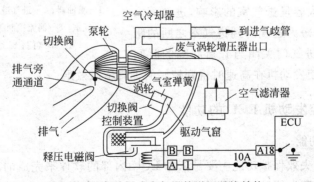

图 2-27　旁通阀式废气涡轮增压系统结构

(2) 工作原理

当 ECU 检测到的进气压力在 0.098MPa 以下时,受 ECU 控制的释压电磁阀搭铁回路断开,释压电磁阀关闭,接通从废气涡轮增压器出口到驱动气室之间的气体通路。气体进入驱动气室,进气压力克服弹簧的作用力推动切换阀立起,关闭排气的旁通通道。废气流经泵轮,驱动泵轮旋转。由于同轴,泵轮带动涡轮旋转,从而带动进气管内进入的新鲜空气,对进气增压,加大空气密度,提高进气量。当 ECU 检测到的进气压力高于 0.098MPa 时,受 ECU 控制的释压电磁阀的控制电路接通,释压电磁阀打开,切断从废气涡轮增压器出口到驱动气室之间的气体通路,驱动气室没有气体压力,在弹簧力的作用力切换阀打开排气的旁通通道,废气不流经泵轮而直接从旁通通道排出,泵轮和涡轮都不旋转,增压器停止工作。当增压器停止工作时,进气压力将下降,直到进气压力降到规定的压力时,ECU 又将释压电磁阀关闭,切换阀将废气引入涡轮室,流经泵轮,增压器重新开始工作。

3. 谐波进气增压控制系统

谐波进气增压控制系统(ACIS)利用进气气流惯性产生的压力波来提高充气效率。

当气体高速流向进气门时,如果进气门突然关闭,进气门附近的气体流动突然停止,由于惯性作用,进气管中的气体仍然继续流动,将使进气门附近的气体压缩,压力上升。气体的惯性过后,被压缩的气体开始膨胀,向与进气气流相反的方向流动,压力下降。膨胀气体波传到进气管口又被反射回来,形成压力波。

如果使这种进气压力脉动波与进气门的配气相位配合好,可使进气管内的空气产生谐振,利用谐振效果在进气门打开时会形成增压进气效果,有利于增加发动机的输出功率。

谐波进气增压系统的功能就是根据发动机转速的变化,改变进气管内压力波的传播距离,以提高充气效率,改善发动机性能。谐波进气增压系统工作原理如图 2-28 所示,在进气管中部增设了进气控制阀和大容量的进气室,当发动机转速较低时,同一汽缸的进气门关闭与开启间隔的时间较短,此时进气控制阀关闭,使进气管内压力波的传递距离为进气门到空气滤清器的距离,这一距离较长,压力波反射回到进气门附近所需的时间也较长;当发动机处于高速区域运转时,此时进气控制阀开启,由于大容量进气室的影响,进气管内压力波传递距离缩短为进气门到进气室之间的距离,与同一汽缸的进气门关闭与开启间隔的时间

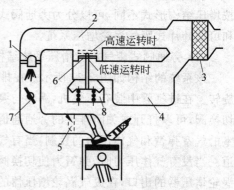

图 2-28 谐波进气增压系统的工作原理
1—喷油器;2—进气道;3—空气滤清器;
4—进气室;5—涡流控制气门;6—进气控制阀;
7—节气门;8—真空驱动器

较短相适应,从而使发动机在高速时得到较好的进气增压效果。

2.3.3 电控发动机 ECU 的功能

1. 失效保护功能

电控发动机的失效保护功能主要是依靠 ECU 内部的软件来完成的。当发动机出现故障时,ECU 即发出警告信号,使警告信号灯点亮,并将故障信息以故障代码的形式存入存储器中,同时其失效保护功能立即发挥作用,利用存储器内预先存储的数据控制系统继续工作或停机。故障运行和失效保护功能如表 2-2 所示。

表 2-2　故障运行和失效保护功能

项　目	状　况	故障运行和安全保险功能
控制器(ECU)	控制器内部电路有问题,不能运行正常的控制程序	点火时间和喷油时间固定在预设的值(启动、怠速和行驶3种工况)
曲轴位置传感器信号	传感器故障或线路断路,无G1、G2曲轴位置认定信号输入ECU	点火时间固定在基本点火提前角
水温传感器信号	传感器故障或线路短路、断路,无水温信号或信号超出正常范围	采用标准值控制运行,启动时设定为20℃,行驶时设定为80℃
电子点火器IGf信号	点火系统有故障导致不点火,ECU收不到IGf信号	ECU停止喷油器喷油
AAC阀	AAC阀失效,在节气门关闭时发动机转速高于目标转速(700r/min)	切断燃油供给,当发动机转速下降至目标转速时再恢复供油
节气门位置信号(线性)	节气门位置传感器接触不良或线路短路、断路,ECU检测到的信号只有节气门全开和全闭状态两种	采用标准值控制运行,如将节气门开度设定为0°和20°
爆震传感器信号	爆震传感器线路短路或断路,ECU收不到爆震传感器信号	将点火提前角减小5°(视发动机型号而定)
空气流量传感器信号	空气流量传感器故障或线路短路、断路,ECU不能计算基本喷油时间	点火时间和喷油时间固定在预设的值(启动、怠速和行驶3种工况)
进气歧管压力传感器信号	进气歧管压力传感器故障或线路短路、断路,ECU不能计算基本喷油时间	当T端子断开时,点火时间和喷油时间按预设的值;如果T端子接通,则采用标准值进行控制

(1) 水温传感器、进气温度传感器信号电路故障

当水温传感器或进气温度传感器的信号电路发生断路或短路故障时,ECU将检测到低于-50℃或高于139℃的温度信号(不同车型的温度范围不同),这将引起空燃比过小或过大(即混合气过浓或过稀),导致发动机失速或运转粗暴。此时,安全保障功能将自动采用正常运转值(标准值),通常按发动机冷却液温度为80℃、进气温度为20℃控制发动机工作,以防止混合气过浓或过稀。

(2) 点火确认信号故障

如果点火系统发生故障,导致不能点火,ECU在连续3~6次得不到点火反馈信号(IGF)后,将立即采取强制措施,使喷油器停止喷油。如喷油器继续喷油,大量未燃的混合气就会在吸入汽缸后又被直接排出,进入三元催化转化器,使其温度很快升高并超过允许温度。为了避免发生这种情况,ECU的失效保护功能会立即切断燃油供给,使发动机停止运转。

(3) 节气门位置传感器(线性)信号电路故障

当线性节气门位置传感器产生断路或短路故障时,ECU将检测到节气门处于全开或完全关闭状态的信号。此时,安全保障功能将采用正常运转值(标准值),通常按节气门开度为0°或25°的值控制发动机工作。

(4) 爆震传感器信号或爆震控制系统故障

若爆震传感器信号电路出现断路或短路故障,或ECU内部的爆震控制系统出现故障,无论是否产生爆震,点火提前角控制将无法由爆震控制系统控制执行,这将导致发动机损

坏。此时,安全保障功能将点火提前角固定在一个适当的值上。

(5) 曲轴位置传感器(G1 和 G2)信号电路故障

由于 G 信号用于识别汽缸和确定曲轴基准角,当出现断路或短路故障时,发动机无法控制,将造成发动机不能启动或失速。此时,失效功能将使 ECU 接通后备系统工作状态,如果仍能收到 G1 或 G2 信号,则曲轴基准角还能由保留的 G 信号判别。

(6) 空气流量计信号电路故障

如果空气流量计信号电路出现断路或短路故障,就不能检测进气量,也无法计算基本喷油时间,从而引起发动机失速或不能启动。失效功能将按由启动信号和怠速触点的接触情况确定的固定值(标准值)控制喷射时间和点火正时,保证发动机能够运转,但其性能有所下降。

(7) 进气歧管压力传感器信号电路故障

当进气歧管压力传感器信号电路出现断路或短路故障时,也不能计算基本喷油时间,将导致发动机不能启动或失速。此时,安全保障功能将进入备用状态或采用标准值(294kPa)控制,以保证发动机运转。

2. 自诊断系统

当控制系统出现故障时,ECU 将会点亮仪表板上的"CHECK"(检查发动机)灯,并将故障信息以故障代码的形式存储到 ECU 中,通过一定程序,能将故障码及有关信息资料调出,供检修使用。

(1) 故障信息的显示方式

ECU 故障自诊断系统检测到故障信号经判断为故障后,即将故障信息以故障码的形式存储到 ECU 存储器中,并通过一定的操作程序将故障码或故障资料按特定的方式显示出来。不同车型故障信息的显示方式也不同,主要有以下几种。

① 由 CHECK(检查发动机)灯闪烁故障码

当发动机工作正常无故障时,接通点火开关至"ON"位置,"CHECK"灯点亮。发动机启动后转速高于 500r/min 时此灯应熄灭。否则为有故障发生,用专用跨接线跨接诊断座或通过其他操作可将故障码以"CHECK"灯的一定闪烁方式显示出来。故障排除后,"CHECK"灯在发动机转速高于 500r/min 时熄灭。

② 用 LED(故障显示)灯跨接诊断座上故障诊断输出端子,或跨接专用检测仪器,如百分率表、闭角表、检测仪等直接读取故障码或故障信息资料。

③ 由主 ECU 壳体侧面显示灯显示故障码。

④ 由仪表盘上显示屏直接显示故障码、信息资料及数据。

(2) 自诊断系统的工作原理

电控系统工作时,ECU 不断收到各种传感器的输入信号,也不断向执行机构输出指令信号,自诊断系统就是根据这些信号判断有无故障的。

① 传感器故障自诊断原理。

传感器是向 ECU 输送信号的电控系统元件,不需要专门的线路,自诊断系统即可对各种传感器进行故障自诊断。若某传感器输入 ECU 的信号超出正常范围,或在一定时间内 ECU 收不到该传感器信号,或该传感器输入 ECU 的信号在一定时间内不发生变化,自诊断系统均判定为"故障信号"。若故障信号持续出现超过一定时间或多次出现,自诊断系统即判定有故障,并将此故障以故障码的形式输入ECU的存储器中,同时接通故障指示灯电路警告驾驶员。此外,自诊断系统还会根据故障性质,自动启动失效保护系统或应急备用系统等。

故障信号产生的原因除传感器自身的故障外,传感器电路接触不良、断路或短路也会导致故障信号的产生。自诊断系统只能根据传感器输入信号判定有无故障,但不能确定故障的具体部位,因此,在进行故障诊断时,除按调取的故障码含义对相应的传感器进行检查外,还应检查与传感器相关的线路。

② 执行元件故障自诊断原理。

电控系统的执行元件一般只接收ECU的指令信号,所以在没有反馈信号的开环控制系统中,自诊断系统只能根据ECU输出的指令信号判断,执行元件或其电路是否有故障,其自诊断原理与传感器类似。

带有反馈信号的闭环控制系统(如点火控制系统、爆震控制系统等)工作时,自诊断系统还可根据反馈信号判别故障。这类系统出现故障,可能会导致电控系统停止工作。例如,电控点火系统在正常工作时,ECU对点火进行控制,并在每次点火后根据点火器发回的反馈信号确认是否点火。如果点火器或其他元件出现故障,导致ECU连续3~5次接收不到反馈信号,自诊断系统便判定电控点火系统有故障。为避免燃油浪费和造成排放污染,强行停止电控燃油喷射系统继续喷油,致使发动机熄火。

③ 故障信息的清除。

故障排除后,故障信息仍存储在ECU中,不能随故障的排除而自动清除,必须通过操作程序。不同车型的清除方法也略有不同,一般的清除方法是将保险盒中"EFI"保险丝拔下数秒钟以上。

2.3.4 电子节气门系统

节气门的作用是控制进入发动机的空气流量。电子节气门是一种柔性控制系统,通过节气门体上的电机驱动节气门,取消了传统节气门与加速踏板之间的直接机械连接,在电控单元的控制下,可以实现节气门开度的快速精确控制。其优点是:可以根据驾驶员的愿望以及排放、油耗和安全需求确定节气门的最佳开度;可以设置各种功能改善驾驶的安全性和舒适性,如牵引力控制、巡航控制、怠速控制等,从而使发动机控制更加理想;解决了传统节气门难以根据汽车的不同工况相应地做出精确调整,特别是在冷启动、低负荷和怠速工况下导致的经济性下降、有害物质排放量增加等问题。

1. 电子节气门的典型结构

(1) 电子节气门的组成

早期的电子节气门功能较简单,一般是在机械控制的主节气门上串联一个电控的副节气门,实现某一种单一功能(如巡航控制)。现代电子节气门则是由一个节气门实现各种控制功能,其典型结构如图2-29所示。

电子节气门的节气门体由节气门、驱动电机、减速齿轮、回位弹簧、节气门开度传感器等组成。驱动电机通过两级齿轮减速带动节气门运动。现代电子节气门取消了传统节气门的怠速旁通阀,其怠速空气流量通过节气门的小开度进行控制。在怠速时节气门并不完全关

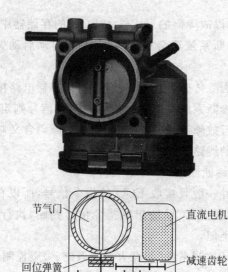

图 2-29 电子节气门结构

闭,而是由两只扭簧定位在某一个开度位置,并通过驱动电机的双向转动进行控制。节气门开度传感器是与节气门轴相连的滑片式线性电位器,用于实时采集节气门开度并转换为标准电压信号输出。

(2) 电子节气门控制系统的组成

电子节气门控制系统主要由以下几个部分构成。

① 加速踏板位置传感器。此类传感器将踏板移动量转换成带有不同输出特性的两类(踩踏量大小和变化速率)电子信号输入 ECU。

② 节气门位置传感器。两个节气门位置传感器将相互监测的节气门开度信号转换为电子信号输入 ECU,输出特性与加速踏板传感器的相同。

③ 节气门控制电机。节气门控制电机为步进电机或伺服直流电机,具有反应灵敏和能耗低的特点(早期多为步进电机,现在以直流电机为主)。ECU 通过对节气门控制电机的电流方向和强度进行占空比控制,经过两级齿轮减速调节节气门开度。

④ ECU 模块。它包括信息处理模块和驱动电路模块。

2. 工作原理

电子节气门系统由加速踏板位置传感器、节气门控制单元、模式开关、节气门体等组成,如图 2-30 所示。

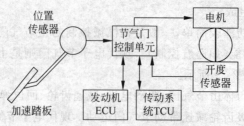

图 2-30 电子节气门系统

踏板位置传感器也是线性电位器,它将加速踏板的位置信号转换为电压信号输入电控单元。控制单元首先对输入的信号进行滤波,以消除环境噪声的影响,然后根据当前的工作模式、踏板移动量和变化率解析驾驶员意图,计算出对发动机扭矩的基本需求,得到相应的节气门转角的基本期望值。然后获取其他工况信息以及各种传感器信号,如发动机转速、挡位、节气门位置、空调能耗等,由此计算出整车所需的全部扭矩,通过对节气门转角期望值进行补偿,得到节气门的最佳开度,并把相应的电压信号发送到驱动电路模块,驱动控制电机使节气门达到最佳的开度位置。节气门位置传感器则把节气门的开度信号反馈给节气门控制单元,形成闭环的位置控制。

电机带动节气门克服回位弹簧力转动到相应的开度。电机通常采用永磁直流力矩电机,其特点是堵转力矩大,空载转速低,长期堵转时能产生足够大的转矩而不损坏电机。电机的输出力矩与回位弹簧力矩平衡时,节气门开度保持不变;占空比增大时,电机驱动力矩大于回位弹簧阻力矩,节气门开度增加;当占空比减小时,电机驱动力矩小于回位弹簧阻力矩,节气门开度减小。在减小节气门开度时,为了克服由于电机磁滞造成的节气门换向滞后现象,采用在驱动信号中加反向电压脉冲的办法保证响应快速、动作灵敏。

与节气门轴相连的开度传感器将节气门开度信号反馈给电控单元,构成闭环位置控制系统。节气门开度不仅由加速踏板控制,而且也要由其他控制系统控制,最终按照发动机的扭矩需求精确调节节气门开度,实现基于扭矩需求的发动机控制。

*2.3.5 稀薄燃烧控制

分层燃烧系统可分为进气管分层燃烧和缸内直喷分层燃烧。相比而言,前者是一种低成本的技术方案,已在电控汽油机上获得了应用。

1. 进气管分层燃烧的电子控制技术

(1) 进气管分层燃烧模式

① 涡流分层燃烧。

在涡流分层燃烧系统中,使进气涡流运动与喷油定时巧妙配合,实现混合气的轴向分层。这种系统的分层原理如图 2-31 所示。首先由进气形成强烈的涡流;当进气门开启接近最大升程时刻,喷油器将燃料喷入进气道,燃料在涡流作用下,沿汽缸轴向产生上浓下稀的分层,使火花塞附近保持易于点燃的浓的混合气,以此实现分层燃烧的目的。

② 滚流分层燃烧。

在进气过程中形成绕垂直于汽缸轴线方向旋转的有组织的空气旋流,称为滚流,又称为横向涡流。与前者相比,其特点是:平行于滚流轴向的速度分量很小;在进气行程形成的混合气分层,在压缩行程的大部分时间得到保持,如图 2-32 所示。滚流由于压缩后期被上行的活塞挤压,故在上止点附近破碎成许多微涡和较强的湍流,提高了混合气的燃烧速度,使发动机能够在很稀的混合气条件下,实现稳定燃烧。

(2) 进气管分层燃烧的电子控制

稀薄燃烧的发动机,其实只在部分工况范围内实行稀薄燃烧,而在启动、怠速、加速及全负荷工况都不能实行稀薄燃烧,因此具有稀薄燃烧的发动机集中控制系统必须根据工况进行实时控制。其中与稀薄燃烧相关的控制包括:进气涡流比、喷油正时、点火正时、过量空

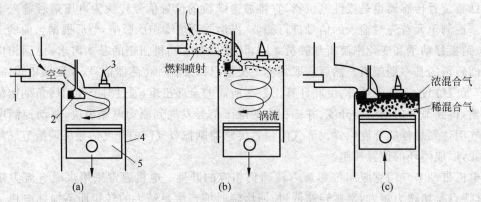

图 2-31 轴向分层燃烧系统的工作原理
(a)近气过程早期；(b)进气过程后期；(c)压缩过程
1—喷油器；2—导气屏进气门；3—火花塞；4—汽缸；5—活塞

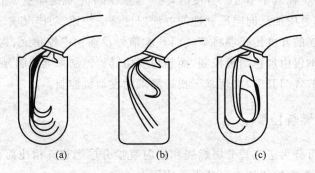

图 2-32 滚流与涡流的湍流强度对比
(a)标准气流；(b)强涡流；(c)强滚流

气等控制。

① 进气涡流比的控制。

AVL 公司生产的四气门稀薄燃烧系统控制原理如图 2-33 所示。该系统主要由进气道、中性进气道、涡流控制阀、双束喷油器组成。

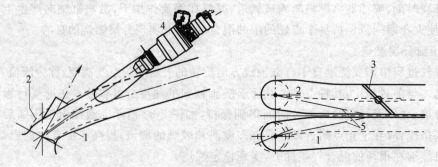

图 2-33 AVL 公司生产的四气门稀薄燃烧系统
1—切向进气道；2—中性进气道；3—涡流控制阀；4—双束喷油器；5—两支油束

切向进气道与中性进气道分别接通不同的进气门。其中，切向进气道可产生绕汽缸中心旋转的进气涡流，中性进气道因与汽缸中心线夹角较小，而产生向下气流。位于中性进气道内的涡流控制阀,用于控制两个进气道中的流量比。ECU 主要根据发动机的工况改变涡流控制阀的开度,进而控制缸内充气运动的涡流比。

② 喷油正时的控制。

喷油正时对稀薄燃烧的燃烧速率和燃烧稳定性有一定的影响。相对较迟的喷油,有利于燃烧稳定性的提高;喷油较早,则容易形成"负充气分层",导致燃烧延续,燃烧稳定性恶化。此外,考虑 NO_x 的高温富氧的生成条件,在稳定燃烧的稀薄极限前提下,应适当增加喷油正时,以此降低缸内燃烧温度。

③ 点火正时的控制。

混合气变稀,着火落后期与急燃期明显增加,因此点火正时应相应增加;但随着缸内空气扰流增加,点火正时应相应减小。此外,还应考虑喷油正时等因素对点火正时的影响。

④ λ 闭环控制。

带有稀薄燃烧的 λ 闭环控制系统也是通过氧传感器进行反馈控制的。相比而言,常规 λ 闭环控制系统是回归 λ＝1 的当量理论燃烧,主要是为了提高三元催化装置的净化效率;而稀薄燃烧的 λ 闭环控制系统采用的是片式宽带氧传感器,λ 的取值范围为 0.8～2.5。因此可以将闭环控制的目标设定在一个很宽的 λ 范围内的任意值。

⑤ 稀燃极限控制。

因混合气过稀会引起缺火,所以存在稀薄燃烧极限。混合气浓度接近极限值时,燃烧开始不稳定,平均指示压力的波动则明显增大。表现为同一工作循环内各汽缸之间的平均指示压力的波动增大,以及同一缸内不同循环之间平均指示压力的波动也会增大,因此采取以下策略进行修正:利用转速传感器,根据曲轴转角动态波动值检测各缸之间的功率差,并可对压力较低的汽缸进行缸对缸的燃油补偿;通过某汽缸内安装的燃烧压力传感器,检测特定曲轴转角位置的燃烧压力值,根据燃烧压力动态波动值,调整正、负喷油量,使整个发动机的混合气浓度保持在稀燃极限上。

2. 缸内直喷分层燃烧的电子控制

缸内喷注的关键技术在于产生与传统发动机不同的缸内气流运动状态,通过技术手段使喷射入汽缸的汽油与空气形成一种多层次的旋转涡流。因此,采用了立式吸气口、弯曲顶面活塞、高压旋转喷射器 3 种技术手段。

(1) 缸内直喷汽油机燃烧模式

① 分层稀燃模式。在中小负荷时,通过在压缩行程后期喷油和燃烧系统的合理配合实现分层燃烧,并采用质调节以避免节流阀的节流损失,达到与柴油机相当的燃油经济性。

② 均质稀燃模式。在大负荷和全负荷工况下,通过较早地把燃油在进气行程中喷入汽缸,以此保证在点火时刻形成预混燃烧的均质混合气,以保持汽油机的高升功率特性。

(2) 缸内直喷分层燃烧的电子控制

BOSCH 公司的汽油直接喷射系统 MED-7 如图 2-34 所示,主要控制内容如下。

① 缸内直喷分层燃烧的电子控制模式。

缸内直喷分层燃烧的电子控制模式应根据工况不同分别采用不同的控制模式,如表 2-3 所示。当工作在低速、低负荷工况时,发动机则应采用推迟点火、分层燃烧的控制模式;而工作在高速、大负荷工况时,发动机则应采用提早喷油、均质燃烧的控制模式。

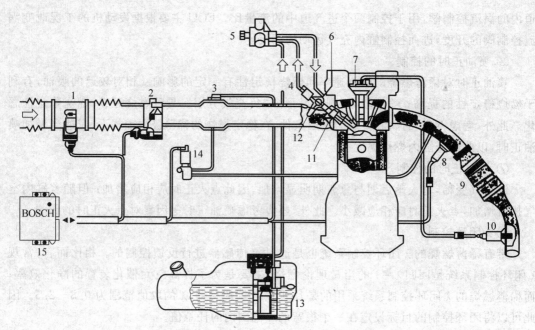

图 2-34 BOSCH 公司的汽油直接喷射系统 MED-7

1—空气质量传感器；2—节气门装置(电子油门)；3—进气歧管压力传感器；4—燃油压力控制器；5—高压油泵；
6—燃油蓄压器(共轨)；7—点火线圈；8—上游宽带氧传感器；9—NO_x 催化转化器；10—下游宽带氧传感器；
11—电磁高压涡流喷油器；12—燃油压力传感器；13—供油模块(包括低压油泵)；14—EGR 阀；15—ECU

表 2-3 缸内直喷分层燃烧按工况区分控制模式

工况	主要目标	空燃比	节气门	转矩调节	充量	喷油正时	喷油压力	燃油雾化	油束窗穿透
低	经济性	25~40	全开	质调节	分层	压缩行程的晚期	高	好	浅
高	动力性	14.7	节气	量调节	均质	吸气行程的早期	低	差	深

② 转矩的控制。

ECU 在任何工况下都要首先识别发动机对转矩的需求,然后再对不同工况采用不同的转矩调节方式。例如,发动机在启动、急速时,要求对转矩进行补偿;在汽车或发动机进行限速时,要求减少转矩。ECU 主要根据节气门的位置确定转矩调整模式,当工作在低工况区域时,发动机处在分层燃烧模式,电子节气门处于全开状态,电子控制装置只能通过质调节方式控制转矩;反之,发动机处在均质燃烧模式,电子控制装置只能通过调整节气门开度的量调节方式控制转矩。

③ 喷油正时的控制。

两种控制模式对油束和喷油正时有不同的要求。低工况时,采用分层燃烧,要求油束集中,雾化好。对燃烧的穿透深度有一定的要求,且喷油推迟到压缩行程后期,使火花塞附近能形成易于点燃的浓混合气;高工况时,采用均质燃烧,要求油束分散,并有适中的穿透深度,且喷油提前到吸气行程的前期,以此避免燃油沾湿活塞或汽缸壁面。

④ 喷油压力的控制。

喷油压力对油束的雾化及穿透深度有明显的影响。在油束涡流相同的情况下,提高喷油压力,能改善燃油雾化程度,使油束穿透深度减小,此类现象适合分层燃烧情况;反之,采用均质燃烧模式,应适当降低喷油压力,以满足混合气形成的要求。

【自我测试】

1. 填空题

(1) 汽车的排放污染主要来源于_____、_____和燃料供给系统中蒸发的燃油蒸汽。

(2) 汽油机的主要排放污染物是_____、碳氢化合物($C_m H_n$)和_____。

(3) 近年来,在现代汽车中安装了多种排放控制系统,主要包括_____、_____、二次空气供给系统等。

(4) EVAP控制系统是为了防止_____内的汽油蒸气排入大气产生污染而设置的,在装有EVAP控制系统的汽车上,汽油箱盖上只有_____,而不设蒸气放出阀。

(5) 废气再循环是指在发动机工作时将一部分废气引入_____,并与新鲜空气混合后吸入汽缸内再次进行燃烧的过程。废气再循环是目前用于降低_____的一种有效方法。

(6) 目前采用ECU控制的EGR系统主要有两种:_____控制EGR系统和闭环控制EGR系统。

(7) 开环控制EGR系统主要由_____和EGR电磁阀等组成。_____安装在废气再循环通道中,用以控制废气再循环量。

(8) 在_____环控制EGR系统中,检测实际的_____或EGR阀开度作为反馈控制信号。

(9) 与采用占空比控制型电磁阀的开环控制EGR系统相比,用_____作为反馈信号的闭环控制EGR系统只是在EGR阀上增设了一个_____。

(10) 二次空气供给系统的功能是:在一定工况下,将新鲜空气送入排气管,促使废气中的二氧化碳和碳氢化合物进一步氧化,从而降低_____和_____的排放量,同时加快三元催化转换器的升温。

(11) 可变配气相位控制系统的功能是:根据发动机转速、_____等变化控制VTEC机构工作,改变驱动同一汽缸两进气门工作的凸轮,以调整进气门的配气相位及_____,并实现单进气门工作和双进气门工作的切换。

(12) 谐波进气增压控制系统利用_____产生的压力波来提高充气效率。

(13) 谐波进气增压系统的功能就是根据_____的变化,改变_____压力波的传播距离,以提高充气效率,改善发动机性能。

(14) 当水温传感器或进气温度传感器的信号电路发生断路或短路故障时,ECU将按发动机冷却液温度为_____、进气温度为_____控制发动机工作,以防止混合气过浓或过稀。

(15) 如果点火系统发生故障,造成不能点火,ECU在连续_____次得不到_____后,将立即采取强制措施,使喷油器停止喷油。

(16) 由于G信号用于_____和确定曲轴基准角,当出现断路或短路故障时,失效功能将使ECU接通后备系统工作状态,如果仍能收到_____或_____信号,则曲轴基准角还能由保留的G信号判别。

2. 简答题

(1) 简述 VTEC 机构的组成及其工作原理。
(2) 简述谐波进气增压系统的工作原理。
(3) 简述 EGR 电磁阀的工作过程。
(4) 简述电子节气门控制系统的组成及其工作原理。

3. 论述题

(1) 论述自诊断系统的工作原理。
(2) 论述发动机有哪些失效保护功能。
(3) 论述电子节气门有哪些主要功能。

学习情境3

电子控制柴油机故障检修

学习单元3.1 柴油机电控系统认知

【学习目标】
1. 能通过与客户交流、查阅相关维修技术资料等方式获取车辆信息。
2. 掌握电控柴油机的组成及各部分功能。
3. 掌握电控柴油机上传感器、执行器、ECU的作用。
4. 能在电控柴油机上找出相应的传感器、执行器。

【理论知识】

柴油机功率大,燃油消耗率低,国外中、重型货车几乎全部用柴油机作动力,国内柴油车的比重也上升到了30%~60%。随着电子技术的发展,柴油发动机上使用电控技术也受到许多国家的重视。传统的机械控制式喷油泵对喷油量及喷油时刻(正时)的调节存在滞后现象,调节的范围和精度也受到限制,而柴油机电控系统则比较容易实现最优控制。

故障现象:一辆福特F550型V8电控柴油机在行驶中熄火,启动困难。检查过程中又能正常启动,几天后,再次熄火。

故障诊断:检查分析可能是燃油系统出现故障,导致发动机不能启动。将回油管拆下,打开点火开关,油泵工作,低压系统工作正常。接回油管,喷油器正常工作。故障应该出现在燃油系统高压部分。该车的故障码为:IPR(机油压力传感器)线路故障和ICP(燃油压力传感器)压力异常。IPR 的功能是控制机油流量,推动燃油泵给燃油加压。ICP 用于检测燃油压力,并向 ECU 提供信息。经检查,IPR 插头松动造成发动机不能启动。由于插头松动造成供电及控制回路电阻过大,致使IPR 性能下降,此时发动机虽能启动,但易熄火。当电路完全断开时,IPR 不工作,发动机不能启动。

根据上述案例,请思考下列问题。
(1)柴油机与汽油机的电子控制系统有哪些区别?
(2)柴油机的电控燃油喷射系统是如何工作的?

3.1.1 柴油机电控系统的组成及功能

按控制方式分类,柴油机电控喷射系统可以分为位置控制和时间控制两大类型。

位置控制式系统是早期发展与应用的系统,为第一代电控柴油机喷油系统,它是在原BOSCH 柱塞式喷油泵、分配式喷油泵及泵—喷油器的基础上改造而成的。

时间控制式系统是 20 世纪 90 年代后开发的电控喷射系统,属第二代电控柴油机喷油系统,其工作原理是高速电磁阀直接控制高压燃油的导通。一般情况下,在电磁阀关闭点,喷油开始;在电磁阀打开点,喷油终止。因此,喷油量取决于电磁阀关闭的持续时间。

柴油机电控系统通常由三部分组成:传感器及其他信号输入装置、ECU 和执行器。

1. 传感器及其他信号输入装置

柴油机使用的传感器及其他信号装置主要有以下几种。

(1)加速踏板位置传感器:加速踏板位置传感器用以检测加速踏板的位置,即发动机的负荷信号。此信号输入 ECU 后,与转速信号共同决定柴油机的喷油量及喷油提前角,是柴油机电控系统的主控制信号。

(2)转速传感器/曲轴位置传感器:用以检测发动机转速或曲轴位置,与加速踏板位置传感器共同决定喷油量和喷油提前角,是柴油机电控系统的主控制信号。

(3)泵角传感器:检测喷油泵轴转角,与曲轴位置传感器配合共同控制喷油量,并保证在喷油正时改变时不影响喷油量。

(4)溢流环位置传感器:检测溢流控制电磁铁的电枢位置,以反馈控制溢流环的位置。

(5)正时活塞位置传感器:检测电子控制定时器正时活塞的位置,将喷油正时提前量信号输入 ECU。

(6)控制杆位置传感器:检测电子控制柱塞式喷油泵调速器中控制杆的位置,将燃油喷射量的增减信号反馈给 ECU。

(7)控制套筒位置传感器:检测电子控制分配式喷油泵调速器中控制套筒的位置,将燃油喷射量的增减信号反馈给 ECU。

(8)着火正时传感器:检测燃烧室开始燃烧的时刻,修正喷油正时。

(9)水温传感器:检测发动机冷却水温度,修正喷油量及喷油正时。

(10) 进气压力传感器：检测进气压力，以修正喷油量及喷油正时。

(11) 进气温度传感器：检测进气温度，以修正喷油量及喷油正时。

(12) A/C 开关：空调开关，向 ECU 输出空调工作状态信号，是怠速控制信号之一。

(13) 动力转向油压开关：检测动力转向管路油压的变化，所获信号是怠速控制信号之一。

(14) 空挡启动开关：向 ECU 输出自动变速器是否处于空挡位置的信号，是怠速控制信号之一。

2. ECU

其核心是单片计算机系统，同时包括一些输入/输出(I/O)电路等，负责信息的采集和处理、计算决策和执行程序，并将结果作为控制指令输出到执行器。此外，ECU 还有通信功能，即和其他控制系统进行数据传输与交换，再根据汽车其他系统的实时情况，适当修正喷油系统的执行指令。例如，适当修正喷油量、喷油提前角等。

3. 执行器

柴油机电控系统的执行器也是由执行电器和机械执行机构两部分组成的，其功用是根据 ECU 的执行指令，调节喷油量和喷油正时等，从而调节柴油机的运行状态。执行器主要有电动调速器、溢流控制电磁铁、电子控制正时控制阀、电子控制正时器、电磁溢流阀、高速电磁阀和电子液力控制喷油器等。这些执行器实质上就是电磁铁、螺旋管、直流电动机、步进电动机和力矩电动机等。

3.1.2 柴油机电控系统的工作原理

1. 基本工作原理

图 3-1 为电控柴油喷射系统的控制原理图。传感器包括柴油机转速、油门踏板位置、齿条位置、喷油时刻、车速及进气压力、进气温度、燃油温度、冷却水温等，各种输入信号通过传感器及其他信号输入 ECU 中。

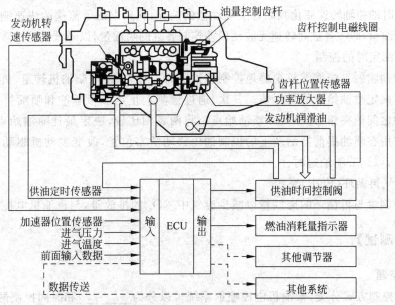

图 3-1 电控柴油喷射系统的控制原理

当由传感器检测到的实际参数输入 ECU 后,首先与存储器中的相应参数和最优运行结果比较。如果两者相同,则电控系统保持原状态,发动机继续按当前状态运行。若实际参数偏离目标参数,ECU 将根据偏离值的大小和方向按一定的控制策略进行处理。

控制参数主要是控制喷油量(齿条位置或电磁阀关闭持续时间)和喷油正时(正时控制阀开闭或电磁阀关闭始点),使发动机的相应参数或状态逼近目标,并将检测结果反馈给 ECU,实现闭环控制,使柴油机按最佳状态运行。

2. 主要控制功能

(1) 喷油量的控制

ECU 根据加速踏板位置传感器和转速传感器的输入信号,计算基本喷油量;然后根据水温传感器、进气温度传感器、进气压力传感器以及电动机等的信号,对基本喷油量进行修正;再与控制套筒位置传感器的信号比较后,产生与两者差值成比例的驱动电流;执行器根据此驱动电流工作,使油门拉杆移动到目标位置,最后确定最佳喷油量。

(2) 怠速转速的控制

柴油机怠速不稳,在机械式控制中用两速调速器加以控制。ECU 根据加速踏板传感器、车速传感器、启动信号及转速等信号,决定怠速控制何时开始。再根据水温传感器、空调器等信号,算出所设定的怠速转速以及相应的喷油量。为了使怠速保持稳定,也可以根据发动机转速的反馈信号不断修正喷油量。

(3) 启动喷油量的控制

柴油机低温启动时,由于发动机的摩擦大,启动性较差,因此低温启动时,柴油机必须加大喷油量,使柴油机发出的转矩大于自身的摩擦力矩。在电控柴油喷射系统中,由油门和转速决定基本喷油量,由水温传感器等信号决定启动补偿油量。

(4) 喷油量不均匀的修正

在多缸柴油机工作时,即使喷油量控制指令值一定,各缸喷油泵的性能差异仍将导致各缸喷油量的差异,从而引起发动机转速波动,产生怠速颤振。柴油机电控系统可以通过各缸在做功冲程时的曲轴转速变化判断各缸喷油量的差异,利用电磁节流阀的快速响应性及时修正各缸的喷油量,即按各缸间转速无波动偏差控制各缸的喷油量,以降低发动机转速的波动。

(5) 喷油定时的控制

电控柴油喷射系统能够较精确地控制喷油定时。首先,根据柴油机转速、负荷和冷却水温信号计算确定喷油始点的目标值。其次,通过检测上止点参考脉冲和喷嘴针阀升程传感器输出脉冲之间的夹角,计算实际喷油始点。将两者相比较,决定最佳喷油始点后,控制电磁阀确定作用在喷油提前器活塞上的控制油压移动活塞位置,改变发动机驱动轴和凸轮轴之间的相位,以调节喷油定时。

(6) 废气再循环(EGR)系统

通过控制参与再循环的废气量以减少废气中 NO_x 的排放量,与汽油机电控系统相同。

【自我测试】

1. 填空题

(1) 按控制方式分类,柴油机电控喷射系统可以分为_____和时间控制两大类型。

(2) 位置控制式柴油机电控喷射系统是在_____、分配式喷油泵及泵—喷油器的基础上改造而成的。

(3) 时间控制式系统其工作原理是高速电磁阀直接控制_____压燃油的导通。喷油量取决于电磁阀_____的持续时间。

(4) 加速踏板位置传感器与转速信号共同决定柴油机的_____及_____,是柴油机电控系统的主控制信号。

(5) 转速传感器用于检测发动机_____或曲轴位置,与_____传感器共同决定喷油量和喷油提前角,是柴油机电控系统的主控制信号。

(6) 泵角传感器用于检测_____转角,与曲轴位置传感器配合共同控制喷油量,并保证在喷油正时改变时不影响_____。

(7) 正时活塞位置传感器用于检测电子控制定时器正时活塞的位置,将_____提前量信号输入ECU。

(8) 控制杆位置传感器用于检测电子控制柱塞式喷油泵调速器中_____的位置,将燃油喷射量的增减信号反馈给ECU。

(9) 柴油机电控系统的执行器主要有_____、溢流控制电磁铁、电子控制正时控制阀、电子控制正时器、_____、_____和电子液力控制喷油器等。

(10) 电控柴油喷射系统的传感器包括柴油机转速、_____、_____、喷油时刻、车速及进气压力、_____、燃油温度、冷却水温等,各种输入信号通过传感器及其他信号输入ECU中。

(11) ECU根据_____和_____的输入信号,计算出基本喷油量;然后根据水温传感器、进气温度传感器、_____以及电动机等的信号,对基本喷油量进行修正。

2. 简答题

在电控柴油机系统中,常用的执行元件有哪些?

3. 论述题

论述电控柴油机系统的组成及其功能。

4. 思考题

(1) 缺少哪些传感器信号电控柴油机将不能启动?为什么?

(2) 柴油机喷油量的控制方式与汽油机喷油量的控制方式相同吗?

学习单元3.2 电子控制柴油机喷射系统的检修

【学习目标】

1. 能通过与客户交流、查阅相关维修技术资料等方式获取车辆信息。
2. 掌握电控柴油机的组成及工作原理。
3. 能根据故障现象制订正确的维修计划。
4. 能正确选择诊断设备对电控柴油机的故障进行诊断。
5. 能正确记录、分析各种检测结果并做出故障判断。

6. 能按照正确操作规范进行电控柴油机元件的更换。
7. 能根据环保要求,正确处理对环境和人体有害的废料和损坏的零部件。

【理论知识】

电子控制柴油机喷射系统根据其产生高压燃油机构的不同,可分为电子控制式泵喷射系统、电子控制泵喷嘴喷射系统、电子控制共轨喷射系统。其中共轨喷射是新型喷射机构,其他系统是在原喷射机构上加装电子控制执行机构后形成的。

故障现象:一辆上柴 SC8DK230 客车,装配 Denso 电控高压共轨柴油机。该车在行驶中出现发动机偶尔自动熄火现象,且熄火后再次启动困难。

故障诊断:连接故障检测仪,接通点火开关后进行故障代码测试,结果没有发现故障代码;然后原地加速进行发动机参数监测,查看有关数据流,结果各参数均正常。考虑到故障现象是偶发性的,于是决定进行路试并实时监测发动机数据流。结果在行驶过程中发现该车 G 传感器与 NE 传感器的信号有时不同步。拆下该车的 NE 传感器,发现该车飞轮壳内有铁屑。清除 NE 传感器头部粘结的铁屑后故障排除。

根据上述案例,请思考下列问题。
(1) G 传感器有什么作用?
(2) 什么是电控高压共轨柴油机?

3.2.1 电子控制式喷油泵

电子控制式喷油泵可分为分配式和柱塞式两种,分别是在传统喷油泵基础上改造而成的。调速器和喷油提前角调节器(时间控制器)采用电子控制系统进行控制,影响喷油量及喷油提前角的有关因素通过传感器将信号输入 ECU,经 ECU 分析处理后输出控制指令,通过电动调速器和喷油提前角调节器控制燃油喷射量和提前角。电子控制分配式喷油泵是目前应用最广泛的柴油机喷油泵。

1. 电子控制分配式喷油泵

(1) 位置控制型电子控制分配式喷油泵

位置控制型电子控制分配式喷油泵的典型组成如图 3-2 所示。电子控制系统的输入信号包括加速踏板位置传感器、转速传感器、燃油温度传感器、水温传感器、启动开关等,检测实际动作值的反馈信号由控制套筒位置传感器反馈给 ECU(图中虚线),ECU 对输入的控制信号和反馈信号进行分析处理,计算出相应的喷油量及喷油提前角控制参数值,控制电动

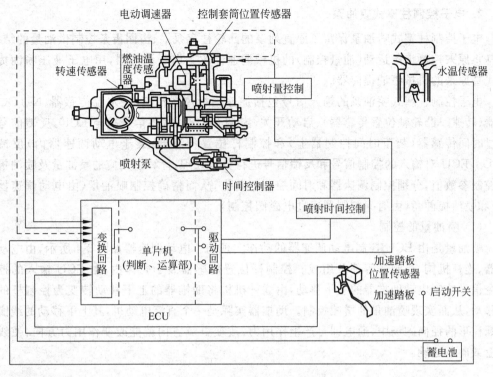

图 3-2 位置控制型电子控制分配式喷油泵的组成

调速器和时间控制器的动作,精确控制喷油量和喷油提前角。

(2) 时间控制型电子控制分配式喷油泵

典型的时间控制型电子控制分配式喷油泵如图 3-3 所示。该系统取消了原 VE 泵上的溢油环,在泵的泄油通路上设置了一个电磁溢流阀。

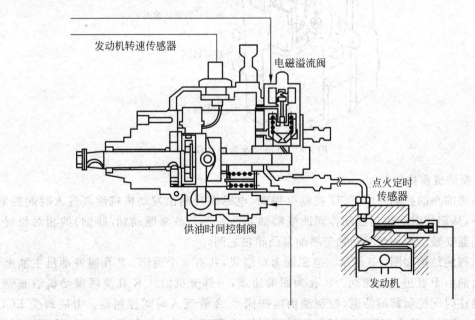

图 3-3 时间控制型电子控制分配式喷油泵

2. 电子控制柱塞式喷油泵

电子控制柱塞式喷油泵保留了原直列泵的凸轮柱塞泵油、齿圈齿条控制供油量的结构，只是将原来控制齿条运动（油量控制）的机械调速器改为电子调速器，用电子液压喷油提前器代替原来的机械喷油提前器。

电子控制柱塞式喷油泵的输入信号包括加速踏板位置传感器、水温传感器、N-TDC 传感器（转速—凸轮轴位置传感器）、启动开关、空调开关等，这些信号输至 ECU，反馈信号也通过时间传感器（装于时间控制器上）和控制杆位置传感器（装于电动调速器内）反馈给 ECU。ECU 对输入的控制信号和反馈信号进行分析处理，计算出相应的喷油量及喷油提前角控制参数值，分别控制调速器和时间控制器动作，从而精确控制喷油量（由电动调速器控制）和喷油提前角（由时间控制器通过电磁阀控制）。

（1）喷油量的控制

喷油量是由 ECU 控制电动调速器的动作实现的。电动调速器如图 3-4 所示，由电动助推器、连杆机构、控制杆等部分组成。控制杆位置传感器装于壳体内，由 ECU 输入的控制指令信号控制电动助推器的上下移动，由联杆机构将助推器的上下移动转变为控制杆的水平移动，从而实现喷油量的增减控制。助推器实际是一个直流电动机，其上下移动的线圈位于圆柱形的径向磁场中，通电即可产生作用力，改变电流方向就能改变作用力方向，使线圈向上或向下运动。

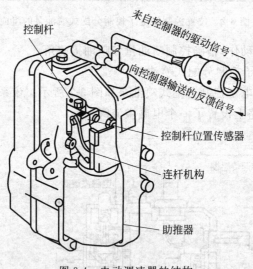

图 3-4　电动调速器的结构

（2）喷油提前角的控制

喷油提前角的控制是由 ECU 控制电磁阀，电磁阀控制由发动机机油泵进入时间控制器的油压，从而使时间控制器动作而改变喷油泵凸轮轴与油泵驱动轴（曲轴）的相对位置。时间控制器安装于喷油泵驱动轴与喷油泵凸轮轴之间。

电磁阀的结构如图 3-5 所示。电磁阀为双组式，共有 3 个通道：P 孔通发动机主油道，控制压力油由 P 孔进入电磁阀。R 孔为回油通道，一部分机油从 R 孔流回发动机油底壳。A 管是通往时间控制器的油道，控制油由电磁阀经 A 管流入时间控制器。电磁阀受 ECU 控制，通过控制从 R 孔流回发动机的油量控制从 A 管进入时间控制器的油压，从而控制时间控制器内的活塞位置实现喷油提前角的调节。

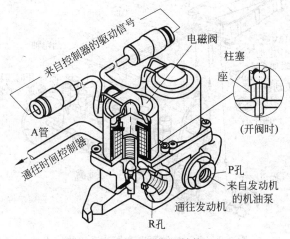

图 3-5 电磁阀的结构

时间控制器的结构如图 3-6 所示,由缸体、活塞、大小凸轮、法兰和圆盘等组成。受电磁阀流入的油压大小控制,活塞位置发生改变,通过活塞上的销带动凸轮偏转,从而使法兰(泵轴)相对于圆盘(发动机曲轴)偏转一定角度,实现喷油提前角的调节。

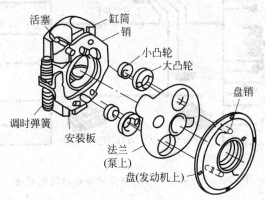

图 3-6 时间控制器

3.2.2 电子控制泵喷嘴系统

1. 系统组成

电子控制泵喷嘴就是将泵油柱塞和喷油嘴合成一体,安装在缸盖上。喷油嘴由于无高压油管,所以可以消除长的高压油管中压力波和燃油压缩的影响,高压容积大大减少,因此喷射压力可很高。它的驱动机构比较特殊,一般采用凸轮轴的凸轮驱动摇臂的一端,摇臂的另一端驱动泵喷嘴,因此泵喷嘴系统最适宜与顶置式凸轮驱动方式匹配。

电子控制泵喷嘴系统主要由泵喷嘴、驱动摇臂机构、ECU、各种传感器等组成,如图 3-7 所示。博世(BOSCH)电子控制泵喷嘴燃油喷射系统如图 3-8 所示。

电子控制泵喷嘴系统的特点是燃油压力升高仍然是机械式的,喷油始点和终点由电磁阀控制,即喷油量和喷油时间是由电磁阀控制的。

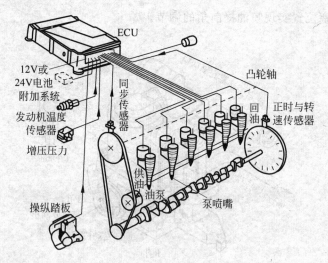

图 3-7 电子控制泵喷嘴燃油系统的组成

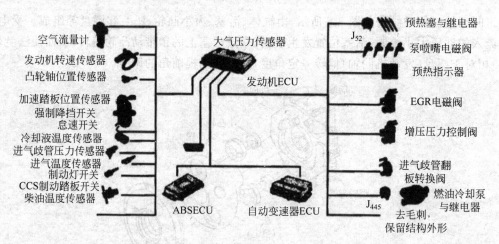

图 3-8 BOSCH 电子控制泵喷嘴燃油喷射系统

2. 泵喷嘴

（1）结构

泵喷嘴安装在柴油机原普通喷油器的位置上，如图3-9所示，其外形与普通喷油器类似。

泵喷嘴实际上是由喷油泵、喷油器和电磁控制阀三部分组成，如图3-10所示。

喷油凸轮安装在控制气门打开和关闭的凸轮轴上。其上升段为陡峭的直线，有利于快速建立油压。下端进入喷油针阀阻尼器孔内，喷油针阀顶部的燃油就只能通过细小的缝隙流向喷油针阀复位弹簧腔内。这样，在喷油针阀的顶部形成了一个所谓的"液压垫圈"。阻止喷油针阀继续向上运动，使燃油的预喷量受到限制。

（2）工作过程

喷油过程可以分为预喷油和主喷油两个阶段，也可分为预喷油、预喷油结束、主喷油、主喷油结束及高压油腔进油5个过程。喷油时间和喷油量由辅助柱塞、喷油针阀、喷油针阀复位弹簧、喷油针阀阻尼器与电磁控制阀共同控制。

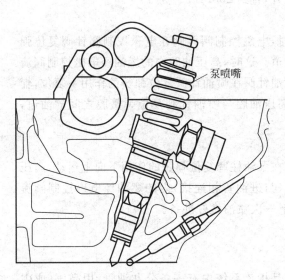
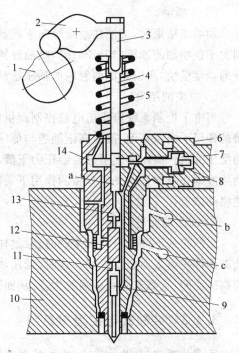

图 3-9　泵喷嘴安装位置　　　　图 3-10　泵喷嘴结构示意图

1—喷油凸轮；2—摇臂；3—球头螺栓；4—泵油柱塞；5—泵油柱塞回位弹簧；6—电磁控制阀；7—电磁控制阀阀体；8—电磁控制阀阀针；9—喷油针阀；10—喷油嘴壳体；11—喷油针阀阻尼器；12—喷油针阀回位弹簧；13—辅助柱塞；14—电磁控制阀针阀回位弹簧；a—高压油腔；b—回油道；c—低压油道

① 预喷油。

当凸轮的直线段与摇臂接触时，电子控制系统向电磁控制阀供电，使电磁控制阀针阀向左移动，切断高压油腔与低压油道之间的通道，与此同时，泵油柱塞在摇臂的作用下，克服泵油柱塞复位弹簧的弹力而向下运动，使高压油腔小的油压迅速上升。当油压上升到 18MPa 时，燃油在喷油针阀中部锥面上产生的向上推力大于喷油针阀复位弹簧的预紧力，便顶起喷油针阀，开始预喷油。

② 预喷油结束。

预喷油开始后，喷油针阀继续向上运动，当凸轮转过喷油行程的 1/3 时，喷油针阀阻尼器下端进入喷油针阀阻尼器孔内，喷油针阀顶部的燃油就只能通过细小的缝隙流向喷油针阀复位弹簧腔内。这样，在喷油针阀的顶部形成了一个所谓的"液压垫圈"，阻止喷油针阀继续向上运动，使燃油的预喷量受到限制。

随着泵油柱塞的继续向下运动，高压油腔里的油压继续上升，当油压达到规定值时，辅助柱塞在高压燃油的作用下向下运动后，高压油腔的体积突然增大，燃油压力瞬间下降。此时，喷油针阀中部锥面上的向上推力随之下降，喷油针阀在喷油针阀复位弹簧的作用（由于受辅助柱塞的压缩而弹力增大）下复位，预喷油结束。

③ 主喷油。

预喷油结束后,泵油柱塞继续向下运动,导致高压油腔内的油压迅速上升。当油压上升到大于预喷油的油压(30MPa)时,喷油针阀上移,主喷油开始。由于高压油腔内燃油油压上升的速度极快,所以高压油腔内的油压继续上升,直到200MPa左右。

④ 主喷油结束。

当电子控制系统停止向电磁控制阀供电时,电磁控制阀针阀在电磁控制阀针阀复位弹簧的作用下向右移动,接通高压油腔与低压油道。这时,高压油腔内的燃油经电磁控制阀流向低压油道。高压油腔里的燃油压力下降,喷油针阀在喷油针阀复位弹簧的作用下复位,辅助柱塞则在喷油针阀复位弹簧的作用下关闭高压油腔与喷油针阀复位弹簧腔之间的油道,主喷油结束。

⑤ 高压油腔进油。

当凸轮的下降段与接管接触时,泵油柱塞在泵油柱塞复位弹簧的作用下向上运动,高压油腔因体积增大而产生真空。这时,低压油道(与进油管相连接)内的燃油经电磁控制阀流向高压油腔,直到充满高压油腔为止,从而为下一次喷油做好准备。

3.2.3 共轨式电控喷射系统

所谓共轨式(公共轨道式)电控喷射系统,是指该系统中有一条公共油管,用高压(或中压)输油泵向共轨(公共油道)中泵油,用电磁阀进行压力调节并由压力传感器进行反馈控制。柴油经由共轨分别通向各缸喷油器,喷油器上的电磁阀控制喷油正时和喷油量。喷射压力直接取决于共轨中的高压压力,或由喷油器中增压活塞对共轨油压予以增压。与电控泵喷嘴系统比较,虽然电控泵喷嘴系统也可实现高达200MPa的喷射压力,但对于传统的泵—管—嘴系统,采用共轨式电控柴油喷射系统对柴油机结构改造较少,并且能达到120~160MPa的高压喷射压力。因此,共轨式电控喷射系统在近年来发展迅速。

1. 共轨系统的功能

在共轨喷油系统中,喷油压力的建立与喷油量互不相关,喷油压力不取决于柴油机的转速和喷油量。在高压燃油存储器(即"共轨")中始终充满着高压燃油。而喷油量、喷油正时和喷油压力由ECU根据存储的特性曲线(脉谱图)和传感器采集的柴油机运转工况信息算出,然后控制每缸喷油器的高速电磁阀开闭。

其基本功能是在正确时刻以精确的数量和合适的压力控制燃油的喷射,从而保证柴油机的平稳运行,并获得低的燃油消耗、废气排放和运转噪声。

附加的控制和调节功能用于减少废气排放和燃油消耗,或提高安全性和舒适性。例如,废气再循环(EGR)、增压压力调节、车速控制和电子防盗锁等。

2. 共轨系统的组成

共轨系统的基本组成如图3-11所示,可以分为控制和燃料供给两大系统。

(1) 控制系统

控制系统的功能是根据各个传感器的信息,由ECU进行计算,完成各种处理后,求出最佳喷油时间和最合适的喷油量,并且计算出在什么时刻、多长时间范围内向喷油器发出开启电磁阀或关闭电磁阀的指令,从而精确控制发动机的工作过程。

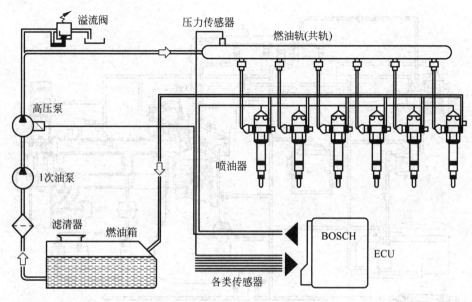

图 3-11　电子控制共轨系统的组成

（2）燃料供给系统

燃料供给系统主要由供油泵、共轨和喷油器组成。

供油泵将燃油加压成高压供入共轨内。共轨实际上是一个燃油分配管。储存在共轨内的燃油在适当的时刻通过喷油器喷入发动机汽缸内。电子控制共轨系统中的喷油器是由电磁阀控制的喷油阀，电磁阀的开启和关闭由计算机控制。

3. 电控装置

（1）电控装置的组成

采用共轨喷油系统的柴油机其电控装置如图 3-12 所示，分为 3 个分系统。

① 采集运行状况和额定值的传感器和额定值发送器。它们将各种不同的物理参数转变为电信号。共轨喷油系统的控制部分和传感器部分包括 ECU、曲轴转速传感器、凸轮轴相位传感器、加速踏板传感器、增压压力传感器、空气流量传感器、共轨压力传感器及冷却水温度传感器。

② ECU：用于根据一定的数学计算过程（调节算法）处理信息，并发出指令电信号。

③ 执行器：用于将 ECU 输出的指令电信号转变为机械参数。

（2）传感器

① 曲轴转速传感器。

汽缸内的活塞位置对获得正确的喷油正时极为重要。由于发动机的所有活塞都是由连杆和曲轴连接的，因此曲轴转速传感器能提供所有汽缸内活塞位置的信息。转速是指曲轴每分钟的转数，是由 ECU 通过曲轴转速传感器信号计算得出的。

② 凸轮轴位置传感器。

凸轮轴控制进、排气门，其位置确定了向上止点运动的活塞是处于压缩冲程上止点还是排气冲程上止点。在启动过程中，仅从曲轴位置信号是无法区分这两种上止点的。而与此相反，在车辆运行时，由曲轴转速传感器产生的信号已足以确定发动机的状态。这就是说，

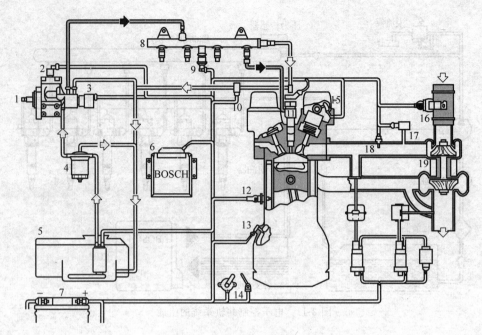

图 3-12 共轨喷油系统电控装置

1—高压泵；2—柱塞切断电磁阀；3—调压阀；4—燃油滤清器；5—带电动泵和滤网的油箱；6—ECU；7—蓄电池；8—共轨；9—共轨压力传感器；10—燃油压力传感器；11—喷油器；12—冷却水温度传感器；13—曲轴转速传感器；14—加速踏板传感器；15—凸轮轴位置传感器；16—空气质量流量计；17—增压压力传感器；18—进气温度传感器；19—涡轮增压器

若凸轮轴位置传感器在车辆运行过程中失效，ECU 仍然能够判别发动机的状态。

③ 温度传感器。

温度传感器有多种功用：用在冷却水回路，以便从冷却水温度推知发动机的温度；用在进气道，以测定吸入空气的温度；用在机油系统，以测定机油温度；用在燃油回路，以测定燃油温度。

④ 热膜式空气流量计。

为了达到法定的废气排放限值，特别是在发动机动态工况下，必须保持应达到的空燃比，需使用精确确定实际吸入空气流量的传感器。

⑤ 增压压力传感器。

增压压力传感器与进气管相通，可测定 $0.05\sim0.3$ MPa 的进气管绝对压力。

⑥ 加速踏板传感器。

与普通的分配泵或直列式泵不同，在柴油机电控装置中驾驶者的加速要求不再是通过拉索或杆系传给喷油泵，而是使用加速踏板传感器。ECU 再根据其存储的脉谱图和电压计算出加速踏板的位置。

(3) ECU

为使发动机在任何工况下都能以最佳的燃烧状态运行，要由 ECU 算出所需的喷油量，其间必须考虑各种参数。

4. 柴油喷射控制

柴油喷射控制主要是喷油量控制、喷油时间控制、喷油压力控制和喷油率控制。

(1) 喷油量控制

根据各种传感器的信息,ECU 计算出目标喷油量,并计算出喷油装置需要多长的供油时间,并向驱动单元发送驱动信号；根据 ECU 送来的驱动信号,喷油装置中的电磁阀开启或关闭,控制喷油装置供油开始、供油结束的时间,或只控制供油结束时间,从而控制喷油量。

① 基本喷油量控制。

基本喷油量特性,特别是等速特性,与发动机负荷无关,始终保持恒定的转速,该特性广泛地应用于发电机中。在机械式调速系统中调速率约为3%；负荷变化,转速随之变化。但在电子控制燃油系统中,通过发动机转速的反馈控制,可以得到恒定不变的转速。

② 怠速喷油量控制。

在怠速工况下,发动机产生的转矩和发动机自身的摩擦转矩平衡,维持稳定的转速。

怠速转速的控制：发动机的实际转速和发动机的目标转速进行比较,根据两者的差值求得回复到目标转速时所必需的喷油量,从而进行反馈控制。

③ 启动喷油量控制。

汽车加速踏板和发动机转速决定基本喷油量,冷却水温度等决定补偿喷油量,比较两者的关系之后,控制启动喷油量。

④ 不均匀油量补偿控制。

在发动机中,由于各缸爆发压力不均匀,曲轴旋转速度变化将引起发动机振动。各缸喷油量不均匀,各缸内燃烧的差异等也将引起各缸间的转速不均匀。因此,为了减少转速波动,需要检测出各个汽缸的转速波动情况。为了使转速均匀平稳,则需要逐缸调节喷油量,使喷到每一个汽缸内的燃油量最佳化。检出各缸每次爆发燃烧时转速的波动,再与所有汽缸的平均转速比较,根据比较结果,分别给各个汽缸补偿相应的喷油量。

⑤ 恒定车速喷油量控制。

汽车在高速公路上长距离行驶时,驾驶员为了维持车速一直要操纵加速踏板,很容易疲劳。对此,不要驾驶员操纵加速踏板而维持定速行驶的控制过程就是恒定车速控制。

(2) 喷油时间控制

电子控制燃油系统中喷油时间的控制方法如下：根据各个传感器的信息,在 ECU 的演算单元中计算出目标喷油时间；喷油装置中的电磁阀从 ECU 中接收到驱动信号,控制流入或流出提前器的工作油。由于工作油对提前机构的作用,改变了燃油输送凸轮的相位角,或提前,或延迟,从而控制喷油时间。

(3) 喷油压力控制

共轨式燃油系统中喷油压力的控制方法如下：根据各个传感器的信息,ECU 经过演算后定出目标喷油压力；根据装在共轨上的压力传感器的信号,计算出实际喷油压力,并将其值和目标压力值比较,然后发出命令控制供油泵,升高或降低压力。

(4) 喷油率控制

在发动机压缩行程中,需要若干次驱动喷油装置的电磁阀才能完成喷油率控制。根据传感器的信息,ECU 计算出喷油参数。喷射参数中最重要的是预喷射油量和预喷油时间间隔。这些参数值根据发动机的运行情况计算出其相应的最佳值。将这些最佳值作为目标最佳预喷油量和目标最佳预喷油时间,即可实现喷油率最佳控制。

3.2.4 柴油机电控系统的检修

1. 电喷柴油发动机故障诊断原则

在诊断电喷发动机故障时,一般遵循如下原则。

首先,判断故障原因是在电控部分还是在机械部分,利用故障检测仪检查故障码。如果有故障码,则可确定故障发生在电控部分;如果没有,则可初步确定故障发生在机械部分。

其次,根据故障码的内容及提示确定系统的故障部位,这些故障大多数发生在各类信号传感器及连接导线和接插件上。

最后,在没有故障码或排除了电控系统故障的基础上,按照通常的发动机故障排除规律,根据发动机的故障现象,并通过对发动机工作状况的检查,确定可能引起故障的部件。

2. 电喷柴油机燃料系统的检测与诊断

电喷柴油机的工作性能在很大程度上取决于喷油泵、喷油器以及喷油正时即喷油提前角的工作状况。

(1) 高压油管内燃油压力及柴油机喷油器针阀升程的波形检测

喷油泵和喷油器的工作状况,可以通过高压油管中压力的变化情况和喷油器针阀升程情况反映出来。用示波器观测高压油管中压力与喷油泵凸轮轴转角之间的变化关系,以及喷油器针阀升程与喷油泵凸轮轴转角之间的变化关系,就可以判断出柴油机燃料系统的技术状况。

(2) 专用示波器检测柴油燃料系统

利用专用示波器可以检测柴油燃料系统的主要项目如下。

① 各缸高压油管中压力变化的波形。

② 喷油器针阀升程与喷油泵凸轮轴转角的对应关系。

③ 针阀升程与高压油管中压力变化的对应关系。

④ 高压油管内的最高瞬态压力、残余压力和喷油器开启、关闭压力等。

还可以观测喷油器的异常喷射故障、检测供油正时和喷油正时及检测供油间隔等,并可进行供油均匀性的判断。通过比较各缸高压油管中压力波形的面积,可观测到各缸供油量的一致性,并能找出供油量过大或过小的缸。

(3) 喷油压力波形的检测方法

压力的检测必须通过压力传感器,这种传感器通常使用串联式和外卡式两种,前者在检测时应将传感器串接于喷油器与高压油管之间;后者在使用时则卡装于高压油管的外表面。检测时必须使发动机预热到达正常工作温度,示波器也需要经过预热、自校和调试。

3. 测量燃油压力

燃油压力的测量指测量低压回路中的压力,高压回路中的压力由于压力非常高,不能测量。其步骤如下。

(1) 拆下燃油压力测量塞。

(2) 接上压力测试接头,连好压力表。
(3) 启动发动机,在高怠速下测出压力。
(4) 测量完毕后把机器恢复原样。
当燃油被用尽或燃油系统零部件更换以后,要进行排气。

4. 检查燃油系统的泄漏

由于高压回路中的压力很高,如果发动机在运转时有燃油泄漏,有着火的危险。为了检查方便,在检查前要把发动机周围清理干净,特别是机油和黄油。检查步骤如下。

(1) 在供油泵、公共油槽、喷油嘴、高压管周围喷上着色剂。
(2) 启动发动机,在1 000 r/min以下运行,当发动机速度稳定后,关闭发动机。
(3) 检查燃油硬管和燃油系统设备是否漏油。检查高压回路,特别是喷有着色剂的地方。如有漏油要立即修复,再次从第(2)步开始检查。
(4) 启动发动机高怠速运转。
(5) 检查燃油硬管和燃油系统设备是否漏油。检查高压回路,特别是涂有着色剂的地方。如有漏油要立即修复,再次从第(2)步开始检查。
(6) 启动发动机高怠速运转,然后给发动机加载。安装在机器上的情况下,可以进行变速箱失速或液压失速测试。
(7) 检查燃油硬管和燃油系统设备是否漏油。检查高压回路,特别是喷有着色剂的地方。如有漏油要立即修复,再次从第(2)步开始检查。如果没有发现漏油,检查完毕。

5. 电喷柴油机喷油正时的检测

对喷油正时的控制也就是对喷油提前角的控制,喷油提前角的大小对电喷柴油机的工作过程影响很大。当喷油提前角过大时,汽缸内的速燃期在压缩了上止点以前发生,即汽缸内爆发压力的峰值在活塞到达上止点以前出现,这将造成功率下降、工作粗暴、油耗增加、着火敲击声严重、怠速不良、加速不良及启动困难等现象;当供油提前角过小时,汽缸内的速燃期在压缩终了上止点以后较远发生,使爆发压力的峰值降低,同样造成功率下降、油耗增加及加速不良等现象,且会引起发动机过热和排气冒白烟。

(1) 利用频闪灯检测喷油正时

频闪灯也称为正时灯,在汽油机中用于检测点火正时,用频闪灯也可制成检测柴油发动机喷油正时的仪器,其组成、结构、工作原理和使用方法与点火正时仪基本类似。常见的柴油机供油正时仪,其油压传感器串接在第1缸高压油管与喷油器之间或外卡在第1缸高压油管上,它可使喷油油压转换为电信号,并触发频率闪光灯发出随柴油机运转相对应的周期性闪光。正时灯每闪光1次表示第1缸供油1次,因此闪光与第1缸喷油同步。当用正时灯对准柴油机1缸压缩终了上止点标记,并按实际供油时间闪光时,可以看到运转中的柴油机在闪光的照耀下,其转动部分的飞轮或曲轴皮带盘上的供油提前角记号或规定角度还未到达固定标记,即第1缸活塞还未到达上止点。此时若调整正时灯上的电位器,使闪光逐渐延迟至转动部分上的供油提前角标记或规定角度正好对准固定标记时,那么延迟闪光的时间就是供油提前的时间,经过变换将其显示到指示装置上,便可读出待测的喷油提前角。

(2) 用缸压法检测供油正时

用缸压法检测柴油机喷油正时时,须先拆下被测缸的喷油器,在其孔内安装缸压传感器。拆下的喷油器仍应连接在原来的高压油管上,并在二者之间串接上油压传感器。对于有些型号的柴油机,缸压传感器也可以装在预热塞孔处。检测时缸压传感器可以采集到被测缸的压缩压力信号,其最大压力点就是活塞压缩终了上止点;油压传感器则可采集到供油开始信号,二者之间的曲轴转角即为供油提前角。

【任务工单】

见附录中的任务工单3-1。

【自我测试】

1. 填空题

(1) 电子控制柴油机喷射系统根据其产生高压燃油机构的不同,可分为_____喷射系统、电子控制泵喷嘴喷射系统、_____喷射系统。

(2) 电子控制式喷油泵可分为_____式和_____式两种,分别是在传统喷油泵基础上改造而成的。

(3) 电子控制分配式喷油泵通过_____和_____控制燃油喷射量和提前角。

(4) 位置控制型电子控制分配式喷油泵通过控制电动调速器和时间控制器的动作,精确控制_____和_____。

(5) 电子控制柱塞式喷油泵将原来控制齿条运动的机械调速器改为_____,用电子液压喷油提前器代替原来的机械喷油提前器。

(6) 电子控制泵喷嘴就是将_____和_____合成一体,安装在缸盖上。

(7) 电子控制泵喷嘴无高压油管,喷射压力很_____。它的驱动机构一般采用凸轮轴的凸轮驱动摇臂的一端,_____的另一端来驱动泵喷嘴,因此泵喷嘴系统最适宜与顶置式凸轮驱动方式匹配。

(8) 电子控制泵喷嘴系统主要由_____、驱动摇臂机构、_____、各种传感器等组成。

(9) 所谓共轨式电控喷射系统,是指该系统中有一条公共油管,用高压(或中压)_____向_____中泵油,用电磁阀进行压力调节并由压力传感器进行反馈控制。

(10) 柴油经由共轨分别通向各缸_____,喷油器上的电磁阀控制_____和喷油量。喷射压力直接取决于共轨中的高压压力,或由喷油器中增压活塞对共轨油压予以增压。

(11) 共轨系统基本组成包括_____和_____两大系统。

2. 简答题

(1) 电子控制泵喷嘴的组成怎样?

(2) 共轨喷油系统的柴油机组成有哪些?

(3) 电子控制柱塞式喷油泵是如何控制喷油量的?

(4) 电子控制柱塞式喷油泵是如何控制喷油提前角的?

3. 论述题
(1) 电控柴油机燃油喷射量是如何控制的？
(2) 共轨电控喷射系统是如何工作的？
4. 故障检测
(1) 电喷柴油机喷油正时的检测方法。
(2) 如何测量燃油压力？
5. 思考题
柴油机喷油量的控制方式与汽油机喷油量的控制方式相同吗？

学习情境 4

自动变速器故障检修

学习单元 4.1 自动变速器认知

【学习目标】
1. 能通过与客户交流、查阅相关维修技术资料等方式获取车辆信息。
2. 掌握自动变速器型号的含义。
3. 掌握自动变速器的组成及各部分功能。
4. 能在自动变速器上找出相应的传感器、执行器。

故障现象：一辆丰田皇冠轿车，发动机型号为 2JZ-GE，自动变速器型号为 A340E。车主反应速度达到 80km/h，有时车速上不去，要慢慢地踩节气门才能提速，故障灯不亮。

故障诊断：经检查，失速转速在规定范围，可以排除液力变矩器故障，再检查节气门位置传感器，发现其在关闭、1/4 开度和 1/2 开度时都正常，超过 1/2 开度时，电阻值异常。更换新的节气门位置传感器，症状消失。分析其原因主要是由于节气门位置传感器指示不准确，而 ECU 误认为无提速请求，因此故障指示灯不亮。另外，自动变速器控制模块需要依靠节气门位置传感器提供信号，ECU 得不到加速请求，因此不能主动升挡。

根据上述案例,请思考下列问题。
(1) 节气门位置传感器在自动变速器控制系统中有何作用?
(2) 自动变速器有哪些电子控制系统?

4.1.1 自动变速器概述

所谓自动变速器就是指汽车离合器和变速器的操纵都实现了自动化,简称 AT (Automatic Transmission)。目前自动变速器的自动换挡等过程都是由自动变速器的电子控制单元(ECU)控制的,因此自动变速器又简称为 EAT、ECAT、ECT 等。

1. 自动变速器的分类

(1) 按驱动方式分类

按照汽车驱动方式的不同,自动变速器可分为后驱动自动变速器和前驱动自动变速器(自动驱动桥)。

后驱动自动变速器的变矩器和齿轮变速器的输入轴及输出轴在同一轴线上,发动机的动力经变矩器、变速器、传动轴、后驱动桥的主减速器、差速器和半轴传给左右两个后轮。前驱动自动变速器在自动变速器的壳体内还装有主减速器和差速器。

(2) 按前进挡的挡位数不同分类

按前进挡的挡位数不同,自动变速器可分为 3 个前进挡、4 个前进挡、5 个前进挡。新型轿车的自动变速器基本上是 4 个前进挡,即没有超速挡。

(3) 按齿轮变速器的类型分类

按齿轮变速器类型的不同,自动变速器可分为行星齿轮式自动变速器和平行轴式自动变速器。行星齿轮式自动变速器结构紧凑,能获得较大的传动比,为绝大多数轿车采用。平行轴式自动变速器体积较大,最大传动比较小,只有少数几种车型使用。

(4) 按控制方式分类

按控制方式不同,自动变速器可分为液力控制自动变速器和电子控制自动变速器两种。

2. 电控自动变速器的组成

电控自动变速器主要由液力变矩器、齿轮变速机构、换挡执行机构、液压控制系统和电子控制系统组成。

液力变矩器安装在发动机与变速器之间,将发动机转矩传给变速器输入轴。它相当于普通汽车上的离合器,但在传递力矩的方式上又不同于普通离合器。普通汽车离合器是靠摩擦传递力矩,而液力变矩器是靠液力来传递力矩,而且液力变矩器可改变发动机转矩,并能实现无级变速。

齿轮变速机构可形成不同的传动比,组合成电控自动变速器的挡位。目前绝大多数电控自动变速器采用行星齿轮机构进行变速,但也有个别车型采用普通齿轮机构进行变速。

电控自动变速器的换挡执行机构,其功用与普通变速器的同步器有相似之处,但电控自动变速器的换挡执行机构受电液系统控制,而普通变速器的同步器是由人工控制的。电控自动变速器的换挡执行机构包括离合器、制动器、单向离合器 3 种。

电控自动变速器中的液压控制系统主要控制换挡执行机构的工作,由液压泵及各种液压控制阀和液压管路等组成。

电控自动变速器中的电子控制系统与液压控制系统配合使用,通常把它们合称为电液控制系统。电子控制系统中的传感器及各种控制开关将发动机工况、车速等信号传递给电子控制单元,电子控制单元向执行器发出指令,执行器和液压系统按一定的规律控制换挡执行机构工作,实现电控自动变速器自动换挡。

*4.1.2 自动变速器型号的含义

1. 通用公司的自动变速器型号

该公司自动变速器的型号主要有 4T60E、4L60E 等。

左起第一位的阿拉伯数字表示前进挡的个数,4 表示有 4 个前进挡。第二位的字母表示驱动方式,T 表示自动变速器横置(Transverse);第二位的字母为 L 的表示后驱动。第三位、第四位的数字 60 表示自动变速器的额定驱动转矩为 60N·m。第五位的字母表示控制类型,E 表示电子控制。

2. 宝马 ZF4HP22-EH

ZF 表示德国 ZF 公司生产;4 表示前进挡位的个数为 4;H 表示控制类型为液压控制;P 表示齿轮类型为行星齿轮机构;数字 22 表示额定驱动转矩为 22N·m;EH 表示电液控制的类型。

3. 丰田汽车自动变速器型号

丰田公司的自动变速器型号分为两大类:一类为型号中除字母外有两位数字;另一类为型号中除字母外有 3 位数字。

(1) 型号中有两位数字的自动变速器

此类型号有:A40、A41、A55、A55F、A40D、A44DL 等。

左起第一位字母 A 代表自动变速器。左起第一位数字表示汽车的驱动方式,若左起第一位数字分别为 1、2、5,则表示该自动变速器为前驱动车辆用,即自动变速器内有主减速器与差速器。若左起第一位数字分别为 3、4,则表示该自动变速器为后驱动车辆用。左起第二位数字代表生产序号。

数字后附字母的含义分别为:H 或 F 表示该自动变速器用于四轮驱动车辆;D 表示该自动变速器有超速挡;L 表示该自动变速器有锁止离合器;E 表示该自动变速器为电控式,同时带有锁止离合器;若无 E,则表示该变速器为全液压控制自动变速器。

(2) 型号中有 3 位数字的自动变速器

此类型号有:A130L、A240L、A440F、A340E、A340F、A141E、A241E、A540H 等。

左起第一位字母 A 表示自动变速器,左起第一位数字以及后附字母的含义同上。左起第二位数字代表该自动变速器前进挡的个数。左起第三位数字代表生产序号。

注意:A340H、A340F、A540H 型自动变速器型号后省略了 E,均为带有锁止离合器的电控自动变速器;A241H、A440F、A45DF 型自动变速器型号后省略了 L,但都带有锁止离合器。

4.1.3 自动变速器的挡位

自动变速器换挡元件有按钮式和拉杆式两种类型,驾驶员可以通过其进行挡位选择。按钮式一般布置在仪表板上;拉杆式即换挡操纵手柄,可布置在转向柱上或驾驶室地板上。

自动变速器的换挡操纵手柄通常有 4～7 个位置,如本田车系有 7 个位置,分别为 P、R、N、D4、D3、2、1;丰田车系操纵手柄的位置为 P、R、N、D、2、L,日产车系操纵手柄的位置为 P、R、N、D、2、1。其功能如下:

P 位:停车挡。停车锁止机构将变速器输出轴锁止。

R 位:倒挡。液压系统倒挡油路被接通,驱动轮反转,实现倒挡行驶。

N 位:空挡。此时行星齿轮系统空转,不能输出动力。

D(D4)位:前进位。当换挡操纵手柄置于该位置时,液压系统控制装置根据节气门开度信号和车速信号自动接通相应的前进挡油路,行星齿轮系统在执行机构的控制下得到相应的传动比,随着行驶条件的变化,在前进挡中自动升降挡,实现自动变速功能。

3(D3)位:高速发动机制动挡。操纵手柄位于该位时,液压控制系统只能接通前进挡中的一、二、三挡油路,自动变速器只能在这 3 个挡位自动换挡,无法升入第四挡。

2(S)位:中速发动机制动挡。操纵手柄位于该位时,液压控制系统只能接通前进挡中的一、二挡油路,自动变速器只能在这两个挡位自动换挡,无法升入更高的挡位。

L 位(也称 1 位):低速发动机制动挡。此时发动机被锁定在前进挡的一挡,只能在该挡的 3、2、1 或 S 位即闭锁位行驶而无法升入高挡,发动机制动效果更强。此挡多用于山区行驶、上坡加速或下坡时有效地稳定车速等特殊行驶情况。

【自我测试】

1. 填空题

(1) 电控自动变速器主要由_____、齿轮变速机构、_____、液压控制系统和电子控制系统组成。

(2) 自动变速器型号中,对于变速器的性质:字母_____表示自动变速器,字母_____表示手动变速器。

(3) 自动变速器型号中,对于变速器的驱动方式,一般用字母_____表示前驱动,用字母_____表示后驱动。

(4) 按齿轮变速器类型的不同,电控液力自动变速器可分为_____和平行轴式自动变速器。

(5) 后驱动自动变速器的动力经变矩器、_____、传动轴、后驱动桥的主减速器、_____和半轴传给左右两个后轮。前驱动自动变速器在自动变速器的壳体内装有主减速器和_____。

(6) 液力控制自动变速器将汽车行驶时的_____和_____这两个参数变为液压控制信号,按照设定的换挡规律,通过控制换挡执行元件的动作,实现自动换挡。

(7) 电子控制自动变速器通过各种传感器,将发动机转速、_____、车速、发动机水温、_____等参数转变为电信号,并输入 ECU,ECU 根据这些信号,按照设定的换挡规律,向_____、_____等发出电子控制信号,实现自动换挡。

2. 简答题

(1) 电控液力自动变速器的控制原理是什么?

(2) 电控液力自动变速器有哪些分类?

(3) 如何识别通用公司的自动变速器型号?

(4) 如何识别丰田汽车的自动变速器型号?

3. 论述题

论述电控自动变速器的组成及各部分作用。

学习单元 4.2 液力变矩器的检修

【学习目标】
1. 能通过与客户交流、查阅相关维修技术资料等方式获取车辆信息。
2. 掌握液力变矩器的组成及工作原理。
3. 能根据故障现象制订正确的维修计划。
4. 能正确选择诊断设备对液力变矩器引起的故障进行诊断。
5. 能正确记录、分析各种检测结果并做出故障判断。
6. 能按照正确操作规范进行液力变矩器的更换。
7. 能根据环保要求,正确处理对环境和人体有害的废料及损坏的零部件。

故障现象:一辆捷达 AT 轿车,行驶里程为 5.1 万公里。车主反映该车起步困难,发动机加速不良,而且燃油消耗较大。

故障诊断:对该车进行路试,将换挡杆分别置于 2、3 和 D 位,踩下加速踏板,发现车速表与发动机转速表上升速度不对应。在换挡杆置于 1 和 R 位时,汽车起步时要加大油门才能正常起步。初步认为该车的故障原因是液力变矩器中固定导轮的单向离合器打滑。

为了进一步确定故障原因,对自动变速器进行失速试验。拉紧驻车制动器,将制动踏板踩到底。在发动机运转情况下,分别将换挡杆置于 1、2、3、D 和 R 挡,使变速器油温升至 50~80 ℃ 的正常范围。猛踩加速踏板至节气门全开,读取发动机失速时的转速(试验时应注意,每次试验的持续时间不能超过 5s,而且两次试验间隔时间至少为 15s,以防止自动变速器油液温度过高),在 3 挡和 D 挡,失速时的发动机转速分别为 800~900r/min、1 200~1 300r/min,维修手册上的标准数值一般为 2 000r/min 左右,失速状态下的转速明显偏低。

为了验证发动机的加速性能,把换挡杆置于 N 位,发动机运转至正常温度后,迅速踩下加速踏板,发动机转速上升迅速,声音洪亮,说明发动机加速性能良好。至此,可以确定故障原因为液力变矩器中支承导轮的单向离合器打滑。更换液力变矩器后试车,故障排除。

根据上述案例,请思考下列问题。
(1) 液力变矩器有什么作用?
(2) 什么是单向离合器?

4.2.1 液力变矩器的结构与工作原理

1. 液力变矩器的功用

液力变矩器位于发动机和变速器之间,以自动变速器油(ATF)为工作介质,主要完成以下功用。

(1) 传递转矩。发动机的转矩通过液力变矩器的主动元件,再通过自动变速器油传给液力变矩器的从动元件,最后传给变速器。

(2) 无级变速。根据工况不同,液力变矩器可以在一定范围内实现转速和转矩的无级变化。

(3) 自动离合。液力变矩器由于采用自动变速器油传递动力,当踩下制动踏板时,发动机也不会熄火,此时相当于离合器分离;当抬起制动踏板时,汽车可以起步,此时相当于离合器接合。

(4) 驱动油泵。自动变速器油在工作的时候需要油泵提供一定的压力,而油泵一般是由液力变矩器壳体驱动的。

同时,由于采用自动变速器油传递动力,液力变矩器的动力传递柔和,并且能防止传动系过载。

2. 液力变矩器的组成

典型的液力变矩器由泵轮、涡轮和导轮组成,如图 4-1 所示。它们是由铝合金精密铸造或用钢板冲压而成的,在环状壳体中径向排列着许多叶片。

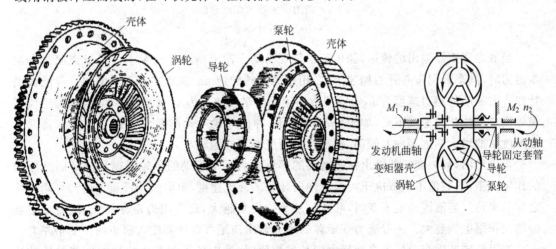

图 4-1 液力变矩器的组成

泵轮是液力变矩器的输入元件,位于液力变矩器的后端,与变矩器壳体刚性连接。变矩器壳体总成用螺栓固定在发动机曲轴后端,随发动机曲轴一起旋转。涡轮是液力变矩器的输出元件,通过花键孔与行星齿轮系统的输入轴相连。涡轮位于泵轮前方,其叶片面向泵轮叶片。导轮位于涡轮和泵轮之间，通过单向离合器单方向固定在导轮轴或导轮套管上。

泵轮、涡轮和导轮装配好后，会形成断面为循环圆的环状体，在环形内腔中充满液压油。

3. 液力变矩器的工作原理

变矩器工作时，壳体内充满液压油，发动机带动外壳旋转，外壳带动泵轮旋转，泵轮叶片间的液压油在离心力的作用下，从内缘流向外缘。当泵轮转速大于涡轮转速时，泵轮叶片外缘的液压大于涡轮外缘的液压，油液在绕着泵轮轴线做圆周运动的同时，在上述压差的作用下由泵轮流向涡轮。泵轮顺时针旋转，油液将带动涡轮同样按顺时针方向旋转。如果涡轮静止或涡轮的转速比泵轮的转速小得多，则由液体传递给涡轮的动能就很小，而大部分能量在油液从涡轮返回泵轮的过程中损失，油液在从涡轮叶片外缘流向内缘的过程中，四周速度和动能逐渐减小。当油液回到泵轮后，泵轮对油液做功，使之在泵轮叶片内缘流向外缘的过程中动能和圆周速度渐次增大，再流向涡轮，如图4-2(a)所示。

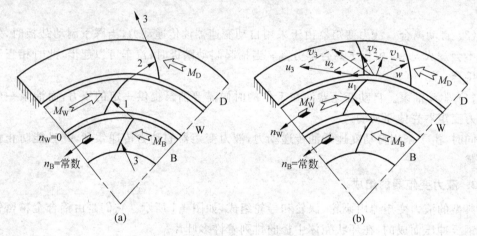

图 4-2 液力变矩器工作原理图
(a) $n_W=0$；(b) $n_W \neq 0$

当液力变矩器输出的转矩，经传动系传到驱动车轮上所产生的牵引力足以克服汽车起步阻力时，汽车即起步并开始加速，与之相连的涡轮转速 n_W 也从零起逐渐增加。设液流沿叶片方向流动的相对速度为 ω，沿圆周方向运动的牵连速度为 u，设泵轮转速不变，即液流在涡轮出口处的相对速度不变，如图4-2(b)所示，冲向导轮叶片的液流的绝对速度 v 将随牵连速度 u 的增大而逐渐向左倾斜，使导轮上所受转矩逐渐减小。

可以看出，液力变矩器输出扭矩增大的部分即为固定不动的导轮对循环流动的液压油的作用力矩，其数值不但取决于由涡轮冲向导轮的液流速度，也取决于液流方向与导轮叶片之间的夹角。当液流速度不变时，叶片与液流的夹角越大，反作用力矩亦越大，液力变矩器的增扭作用也就越大。一般液力变矩器的最大输出扭矩可以达到输入扭矩的2.6倍左右。

当涡轮转速随车速的提高而增大到某一数值时，冲向导轮的液压油的方向与导轮叶片之间的夹角减小为0，这时导轮将不受液压油的冲击作用，液力变矩器失去增扭作用，其输出扭矩等于输入扭矩。

若涡轮转速进一步增大，冲向导轮的液压油方向继续偏斜，使液压油冲击在导轮叶片的背面，这时导轮对液压油的反作用扭矩的方向与泵轮对液压油扭矩的方向相反，因此涡轮上的输出扭矩为二者之差,液力变矩器的输出扭矩反而比输入扭矩小,其传动效率也随之减小。因此,上述这种液力变矩器是不适合实际使用的,通过导轮的单向离合器改进,如图4-3所示。

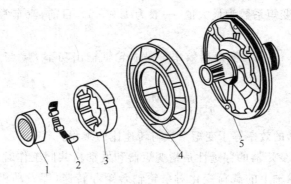

图 4-3 液力变矩器的单向离合器
1—内座圈;2—滚柱和弹簧;3—外座圈;4—导轮;5—导管套管

当涡轮转速较低时,从涡轮流出的液压油从正面冲击导轮叶片,对导轮施加一个朝逆时针方向旋转的力矩,但由于单向离合器在逆时针方向具有锁止作用,将导轮锁止在导轮固定套上固定不动,因此这时该变矩器的工作特性和液力变矩器相同,涡轮上的输出扭矩大于泵轮上的输入扭矩即具有一定的增扭作用。当涡轮转速增大到某一数值时,液压油对导轮的冲击方向与导轮叶片之间的夹角为0,此时涡轮上的输出扭矩等于泵轮上的输入扭矩。若涡轮转速继续增大,液压油将从反面冲击导轮,对导轮产生一个顺时针方向的扭矩。由于单向离合器在顺时针方向没有锁止作用,可以像轴承一样滑转,所以导轮在液压油的冲击作用下开始朝顺时针方向旋转。由于自由转动的导轮对液压油没有反作用力矩,液压油只受到泵轮和涡轮的反作用力矩的作用。因此这时该变矩器没有增扭作用,其工作特性和液力偶合器相同。这时涡轮转速较高,该变矩器亦处于高效率的工作范围。

导轮开始空转的工作点称为偶合点。由上述分析可知,综合式液力变矩器在涡轮转速由0至偶合点的工作范围内按液力变矩器的特性工作,在涡轮转速超过偶合点转速之后按液力偶合器的特性工作。因此,这种变矩器既利用了液力变矩器在涡轮转速较低时所具有的增扭特性,又利用了液力偶合器涡轮转速较高时所具有的高传动效率的特性。

4. 液力变矩器的工作特性

(1) 特性参数

描述液力变矩器的特性参数主要有转速比、变矩系数、变矩系数效率和穿透性等。

① 转速比:液力变矩器转速比 i_{WB} 是涡轮转速 n_W(输出转速)与泵轮转速 n_B(输入转速)之比,用来描述液力变矩器的工况。其数学表达式为

$$i_{WB}=\frac{n_W}{n_B}$$

② 变矩系数 K:液力变矩器变矩系数 K 是涡轮转速 M_W 和泵轮转矩 M_B 之比,用来描述液力变矩器改变输入转矩的能力。其数学表达式为

$$K=\frac{M_W}{M_B}$$

由变矩器原理分析可知,变矩系数 K 是随涡轮转速 n_W,或者随转速比 i_{WB} 而变化的。当 $K>1$ 时,称为变矩工况;当 $K=1$ 时,称为偶合工况。当涡轮转速 $n_W=0$ 时,即转速比 $i_{WB}=0$ 时,这种工况相当于汽车起步之前的工况,故称为零速工况(也称启动工况,或制动工况)。在此工况下,变矩系数为最大值,一般为 1.9～5。目前,汽车常用液力变矩器的变矩系数为 2～2.3。

③ 变矩系数效率 η:液力变矩器效率 η 是涡轮轴输出功率 P_W 与泵轮轴输入功率 P_B 之比。即

$$\eta=\frac{P_W}{P_B}=\frac{M_W n_W}{M_B n_B}=K i_{WB}$$

可见,液力变矩器的效率等于变矩系数与转速比的乘积。

④ 穿透性:液力变矩器的穿透性是指变矩器和发动机共同工作时,在节气门开度不足的情况下,变矩器涡轮轴上的载荷变化对泵轮轴转矩和转速(即发动机工况)影响的性能。具体来说,在上述情况下,若涡轮轴上的转矩和转速出现变化而发动机工况不变时,这种变矩器称为是不可透的;反之则称为可透的。汽车自动变速器上采用的液力变矩器是可透的,当涡轮轴因负荷增大而转速下降时,转速比随之下降而使发动机的负荷增大。

(2) 失速特性

液力变矩器失速状态是指涡轮因负荷过大而停止转动,但泵轮仍保持旋转的现象,此时液力变矩器只有动力输入而没有输出,全部输入能量都转化成热能,因此变矩器中的油液温度急剧上升,会对变矩器造成严重危害。失速点转速是指涡轮停止转动时的液力变矩器输入转速,该转速大小取决于发动机转矩、变矩器的尺寸和导轮、涡轮的叶片角度。

4.2.2 液力变矩器的锁止机构

由于液力变矩器的泵轮和涡轮之间存在转速差和液力损失,其效率不如普通机械式变速器高。为提高液力变矩器在高转速比工况下的效率及汽车正常行驶时的燃油经济性,绝大部分液力变矩器增设了锁止机构,使变矩器输入轴与输出轴刚性连接,增大传动效率,主要类型有由锁止离合器锁止的液力变矩器、由离心式离合器锁止的液力变矩器和由行星齿轮机构锁止的液力变矩器。

1. 自动变速器的锁止条件

电控自动变速器必须满足 5 个方面的条件,ECU 才能令锁止离合器进入锁止工况。

① 发动机冷却液温度不得低于 53～65℃(因车型而异)。
② 挡位开关指示变速器处于行驶挡(N 位和 P 位不能锁止)。
③ 制动灯开关必须指示没有进行制动。
④ 车速必须高于 37～65km/h(因车型而异,大部分自动变速器在 3 挡进入锁止工况,少数变速器在 2 挡时进入锁止工况)。
⑤ 来自节气门开度的传感器信号,必须高于最低电压,以指示节气门处于开启状态。

2. 带有锁止功能的液力变矩器结构

(1) 由锁止离合器锁止的液力变矩器

图 4-4 是带有锁止离合器的液力变矩器的一种结构。这种锁止离合器的工作由压力油

的流向控制。带有摩擦材料的传力盘总成与涡轮相连,随涡轮一起旋转。涡轮轴制有内、外两条压力油道,当压力油从内油道进入传力盘左腔而经外油道排出时,离合器处于分离状态。当压力油经涡轮轴外油道进入传力盘右腔而经内油道排出时,传力盘总成被压向变矩器壳,传力盘上摩擦材料与变矩器壳接触并逐渐压紧,涡轮与变矩器壳即泵轮连接成一体。

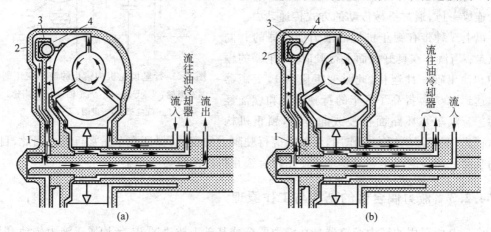

图 4-4　锁止离合器工作原理示意图
(a)锁止状态；(b)分离状态
1—涡轮轮毂；2—变矩器壳体；3—锁止活塞；4—扭转减振器

(2) 由离心式离合器锁止的液力变矩器

由离心式离合器锁止的液力变矩器如图 4-5 所示。离心式离合器通过单向离合器与涡轮轮毂相连,其外缘通过弹簧与腹板相连,腹板上固定有若干摩擦片。当离合器处于分离状态时,腹板被弹簧拉向离合器中心。随着涡轮转速的升高,腹板在离心力的作用下外张,靠近变矩器壳。

当涡轮达到一定转速时,摩擦片压紧变矩器壳,离合器通过单向离合器带动涡轮旋转。此时,涡轮与泵轮连接成一体。可见,由离心式离合器锁止的液力变矩器的工作是由发动机转速和负荷控制的。

上述两种锁止机构通常带有减振器总成,由若干减振弹簧组成,其主要作用是削减发动机的扭转振动,减小噪声和冲击。

(3) 由行星齿轮机构锁止的液力变矩器

变矩器在三元件液力变矩器的基础上增加了一套行星齿轮机构,如图 4-6 所示。行星架与发动机曲轴相连,为输入元件,太阳轮通过花键与涡轮轴相连,齿圈与泵轮相连,与太阳轮和齿圈同时啮合的行星齿轮安装在行星架上。发动机的动力传递给行星架后,一部分经太阳轮传递给涡轮轴,另一部分经齿圈传递

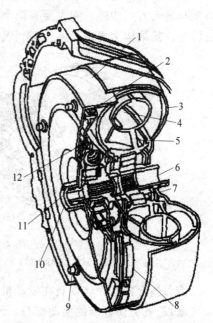

图 4-5　离心式离合器式液力变矩器
1—变矩器壳体；2—腹板；3—泵轮；4—涡轮；5—导轮；6—没泵驱动轴；7—导轮单向离合器；8—离心式离合器摩擦片；9—启动齿圈固定螺栓；10—输入轴；11—单向离合器；12—离心式离合器总成

给泵轮,再由涡轮输出。传递动力的多少,由变速器所处的挡位决定,如变速器处于 3 挡时,有 93% 的动力经过机械传动的途径传递,而液力传动只占 7%,这时可以认为液力变矩器被锁止,泵轮与涡轮连成一体,通过机械传动的方式传递动力。

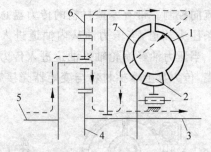

以上 3 种带有锁止机构的液力变矩器的共同特点是:当汽车在良好路面上行驶时,变矩器的输入轴和输出轴刚性连接,此时变矩比为 1,变矩器效率达到 100%,提高了汽车的行驶速度和燃油经济性。若汽车在坏路面行驶或起步时,锁止机构

图 4-6 行星齿轮机构锁止的液力变矩器
1—泵轮;2—导轮;3—涡轮轴;4—太阳轮;
5—行星架;6—齿圈;7—涡轮

解除锁止,变矩器发挥变矩作用,自动适应行驶阻力的变化,保证汽车正常行驶。因此,目前采用自动变速器的汽车越来越多地使用带有锁止机构的液力变矩器。

*4.2.3 液力偶合器的结构与工作原理

汽车上所采用的液力变矩器是在液力偶合器基础上改进的,二者均属于液力传动,即通过液体的循环液动,利用液体动能的变化传递动力。

1. 液力偶合器的结构组成

液力偶合器是一种液力传动装置,又称液力联轴器。在不考虑机械损失的情况下,输出力矩与输入力矩相等。它主要有两个方面的功能,一是防止发动机过载,二是调节工作机构的转速。其结构主要由壳体、泵轮、涡轮 3 个部分组成,如图 4-7 所示。

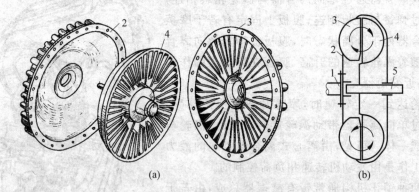

图 4-7 液力偶合器基本构造
1—输入轴;2—壳体;3—泵轮;4—涡轮;5—输出轴

液力偶合器的壳体安装在发动机飞轮上,泵轮与壳体焊接在一起,随发动机曲轴的转动而转动,是液力偶合器的主动部分;涡轮和输出轴连接在一起,是液力偶合器的从动部分。泵轮和涡轮相对安装,统称为工作轮。在泵轮和涡轮上有径向排列的平直叶片,泵轮和涡轮互不接触。两者之间有一定的间隙(为 3~4mm);泵轮与涡轮装合成一个整体后,其轴线断面一般为圆形,在其内腔中充满液压油。

2. 液力偶合器的工作原理

当工作轮转动时,其中的油液也被叶片带动一起旋转,在离心力作用下,油液从叶片内缘向外缘流动。因此,叶片外缘处压力较高,而内缘处压力较低,其压力差取决于工作轮的半径和转速。

由于泵轮和涡轮的半径相等,因此当泵轮的转速大于涡轮的转速时,泵轮叶片外缘的液压力大于涡轮叶片外缘的液压力。于是,油液不仅随工作轮绕其旋转轴线做圆周运动,而且在上述压力差的作用下,沿循环圆作如图4-8箭头所示方向的循环流动。其形成的流线如同一个首尾相连的环形螺旋线。

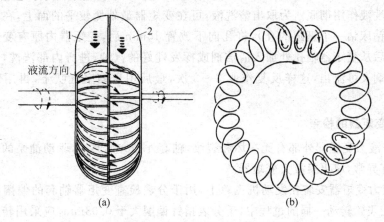

图4-8 液力偶合器的工作过程
(a)两种旋转运动;(b)两种旋转运动合成
1—泵轮;2—涡轮

当车辆即将要起步时,泵轮在发动机驱动下转动而涡轮静止不动。由于涡轮没有运动,泵轮与涡轮间的相对速度将达到最大值,由此而得到的合成速度,即油液从泵轮进入涡轮的速度也是最大的;当涡轮开始旋转并逐步赶上泵轮的转速时,泵轮与涡轮间的相对线速度减小,使合成速度减小。这样液流对涡轮叶片的冲击力及由此力产生的承受扭矩的能力减小,但是随着汽车速度的增加,需要的驱动力矩也迅速降低;当涡轮高速转动,即输出和输入的转速接近相同时,相对速度和合成速度都很小,而合成速度与泵轮出口速度间的夹角很大,这就使液流对涡轮叶片的推力变得很小,使输出元件滑动,直到有足够的循环油液对涡轮产生足够的冲击力为止。

由此可见,输出转速高时,输出转速赶上输入转速是一个连续不断的趋势,但总不会等于输入转速。除非变速器变成主动件,发动机变成被动件,涡轮的转速才会等于或高于泵轮转速。这种情况在下坡时可能会发生。

4.2.4 液力变矩器的检修

轿车自动变速器的液力变矩器的外壳采用焊接式的整体结构,不可分解。液力变矩器内部,除了导轮的单向超越离合器和锁止离合器压盘之外,没有互相接触的零件,因此在使用中基本上不会出现故障。液力变矩器的维修工作主要是清洗和检查。

1. 液力变矩器的洗清

自动变速器的机油污染,多表现为在油中可见到金属粉末。这些金属粉末大部分来自多片离合器上的磨耗,清洗的步骤如下:

(1) 放出变矩器中残留的液压油。
(2) 向变矩器内加入干净的液压油,以清洗其内部,然后将液压油放出。
(3) 再次向变矩器内加入干净的液压油,清洗后倒出。
(4) 用清洗剂清洗变矩器零部件,只能用压缩空气吹干,不要用车间纸巾或棉丝擦干。
(5) 用压缩空气吹所有的供油孔或油道,确保清洁。

清洗时,也可加入专用的去污剂,在清洗台上一边旋转变矩器,一边不停地注入压缩空气,以便使清洗液作用彻底。为取出清洗液,可在变矩器最外侧较平的面上,在两叶片之间打一个孔(用钻床钻一个正圆的孔),将孔向下放置15min后,变矩器内原有变速器液压油就可排出,然后从变矩器轴孔处加入清洁剂或挥发性好的汽油,进行内部清洗,再次将钻孔向下时,清洗剂又可流出,这样反复作业2~3次,最后用压缩空气吹干,再用铆钉将钻孔封死。

2. 液力变矩器的检查

(1) 检查液力变矩器外部有无损坏和裂纹,轴套外径有无磨损,驱动油泵的轴套缺口有无损伤。如有异常,应更换液力变矩器。

(2) 将液力变矩器安装在发动机飞轮上,用千分表检查变矩器轴套的偏摆量,如图4-9所示。如果在飞轮转动一周的过程中,千分表指针偏摆大于0.03mm,应采用转换角度重新安装的方法予以校正,并在校正后的位置上作一记号,以保证安装正确。若无法校正,应更换液力变矩器。

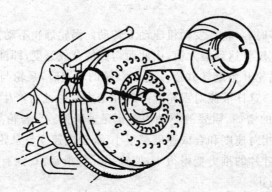

图4-9 液力变矩器轴套偏摆量的检查

(3) 检查导轮单向超越离合器:将单向超越离合器内座圈驱动杆(专用工具)插入变矩器中;将单向离合器外座圈固定器(专用工具)插入变矩器中,并卡在轴套上的油泵驱动缺口内。转动驱动杆,检查单向超越离合器工作是否正常。在逆时针方向上,单向超越离合器应锁止,顺时针方向上应能自由转动。如有异常,说明单向超越离合器损坏,应更换液力变矩器。

【任务工单】

见附录中的任务工单4-1。

【自我测试】

1. 填空题

(1) 液力变矩器位于发动机和_____之间,以_____为工作介质。

(2) 根据工况不同,液力变矩器可以在一定范围内实现_____和_____的无级变化。

(3) 液力变矩器由于采用自动变速器油传递动力,当踩下制动踏板时,发动机也不会熄火,此时相当于离合器_____;当抬起制动踏板时,汽车可以起步,此时相当于离合器_____。

(4) 自动变速器的油泵一般是由液力变矩器_____驱动的。

(5) _____是液力变矩器的输入元件,位于液力变矩器的后端,与变矩器壳体_____性连接。

(6) 变矩器壳体总成用_____固定在发动机曲轴_____,随发动机曲轴一起旋转。

(7) _____是液力变矩器的输出元件,通过_____与行星齿轮系统的输入轴相连。涡轮位于泵轮前方,其叶片面向泵轮叶片。

(8) _____位于涡轮和泵轮之间,通过单向离合器单方向固定在_____或_____上。

(9) 液力变矩器输出扭矩增大的部分即为固定不动的导轮对循环流动的液压油的作用力矩,其数值不但取决于由涡轮冲向导轮的_____,也取决于液流方向与导轮叶片之间的_____。

(10) 描述液力变矩器的特性参数主要有_____、泵轮转矩系数、_____和穿透性等。

(11) 液力变矩器的穿透性是指变矩器和发动机共同工作时,在节气门开度不足的情况下,变矩器涡轮轴上的载荷变化对泵轮轴_____和_____影响的性能。

(12) 液力变矩器的锁止机构的主要类型有由_____的液力变矩器、由离心式离合器锁止的液力变矩器和由_____的液力变矩器。

2. 简答题

(1) 液力变矩器的工作原理。

(2) 液力变矩器中单向离合器的工作特性。

(3) 电控自动变速器锁止离合器进入锁止工况的条件。

3. 故障检修

请说明液力变矩器的检修方法。

学习单元4.3 齿轮变速机构的检修

【学习目标】

1. 能通过与客户交流、查阅相关维修技术资料等方式获取车辆信息。
2. 能根据故障现象制订正确的维修计划。
3. 能正确选择诊断设备对自动变速器的齿轮变速系统引起的故障进行诊断。
4. 能正确记录、分析各种检测结果并做出故障判断。

5. 能按照正确操作规范进行齿轮变速系统的更换。

6. 能根据环保要求，正确处理对环境和人体有害的废料及损坏的零部件。

【理论知识】

液力变矩器虽能在一定范围内自动地、无级地改变转矩比和转速比，但存在传动效率低的缺点，且变矩范围最多只能达2~3倍，难以满足汽车的使用要求。自动变速器的齿轮变速系统主要有行星齿轮系统和平行轴齿轮系统，目前绝大多数自动变速器采用行星齿轮系统。

故障现象：一辆马自达929轿车V6发动机，行驶了大约180 000公里，出现了自动变速器的行星齿轮被烧死，车子不能行驶的现象。

故障检修：拆检变速器，发现变速器后行星齿轮总成有轻微烧蚀的现象，彻底把变速器检修一遍，得出的结论是：①行星齿轮润滑不良造成高温；②润滑油和油温冷却系统存在堵住现象。因为变速器中的液压油主要是靠一出一进两根油管通到水箱上实现冷却的。因此把两根油管拆下进行清洗，没有问题，又把水箱拆下来清洗，发现油温冷却的水箱有堵住的现象。这个小水箱是和发动机冷却水箱装在一起的。更换新水箱，故障排除。

根据上述案例，请思考下列问题。
(1) 行星齿轮机构由什么组成的？
(2) 行星齿轮机构如何实现不同的传动比？

4.3.1 行星齿轮变速机构

1. 行星齿轮机构的组成

行星齿轮机构有不同的类型，其中最简单的行星齿轮机构由一个太阳齿轮、一个内齿圈、一个行星架及若干个行星齿轮组成，一般称为单排行星齿轮机构。太阳轮、齿圈和行星架是行星排的基本构件，具有公共的固定轴线。行星齿轮安装于行星架的行星齿轮轴上，与齿圈和太阳齿轮两者啮合。行星齿轮既可围绕行星齿轮轴旋转（自转），又可在齿圈内行走，围绕太阳齿轮旋转（公转），如图4-10所示。这种运动方式有两个自由度，其齿圈、行星架和太阳齿轮能够具有不同的传动比。

按照太阳轮和齿圈之间行星齿轮的组数不同，行星齿轮机构分为单行星排和双行星排。双行星排在太阳轮和齿圈之间有两组互相啮合的行星齿轮，其中外面一组行星轮与齿圈啮合，里面的一组行星轮与太阳轮啮合。

以行星齿轮机构为变速机构，由于有多个行星齿轮同时工作，且采用内啮合方式，故与

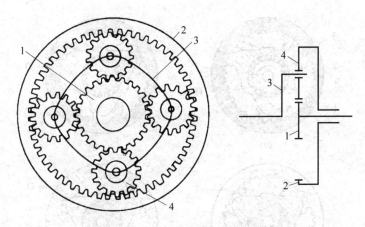

图 4-10 行星齿轮机构组成
1—太阳轮；2—齿圈；3—行星架；4—行星轮

普通齿轮变速机构相比,在传递同样功率的情况下,可减小变速器的尺寸和重量,能实现同向、同轴减速传动。由于采用的是常啮合传动,可使动力不间断。

2. 单排行星齿轮机构的运动规律

为分析单排行星齿轮机构的运动规律,设太阳轮、齿圈和行星架的转速分别为 n_1、n_2 和 n_3,齿数分别为 Z_1、Z_2 和 Z_3。α 为齿圈齿数 Z_2 与太阳轮齿数 Z_1 之比,即 $\alpha = Z_2/Z_1$。

根据能量守恒定律,单排行星齿轮机构运动规律的特性方程式为

$$n_1 + \alpha n_2 - (1+\alpha)n_3 = 0$$

由上式可见,单排行星齿轮机构具有两个自由度,因此没有固定的传动比,不能直接用于变速传动。为了组成具有一定传动比的传动机构,必须将太阳轮、齿圈和行星架这 3 个基本构件,任选两个分别作为主动件和从动件,而使另一元件固定不动(即使该元件转速为 0),或使其运动受一定的约束,则机构只有一个自由度,整个轮系以一定的传动比传递动力,如图 4-11 所示。下面对各种情况分别进行讨论。

(1) 如图 4-11(a)所示,太阳轮为输入元件,由行星架输出,齿圈被固定。当太阳轮按顺时针方向旋转时,行星齿轮则按反时针方向绕行星齿轮轴旋转。行星轮的这种运动使齿圈按反时针方向转动,但齿圈已被固定,行星轮只能在围绕齿圈行走时带动行星架按顺时针方向旋转。与太阳轮相比,行星架以较低的转速旋转,二者转动方向相同。太阳轮带动行星齿轮沿静止的齿圈旋转,从而带动行星架以较慢的速度与太阳轮同向旋转,传动比为

$$i_{13} = 1 + \alpha$$

(2) 如图 4-11(b)所示,输入元件是行星架,由太阳轮输出,齿圈被固定。当行星架按顺时针方向旋转时,因齿圈被固定,与行星轮外啮合的太阳轮按顺时针方向旋转。传动比为

$$i_{31} = \frac{1}{1+\alpha}$$

(3) 如图 4-11(c)所示,齿圈为主动件,行星架为从动件,太阳轮固定。当齿圈按顺时针方向旋转时,行星轮以顺时针方向绕其轴自转,并试图使太阳轮按反时针方向旋转。因太阳轮被固定,行星轮只能在自转的同时,带动行星架按顺时针方向围绕太阳轮公转。与齿圈相比,行星架以较低转速旋转,其转向和齿圈相同。传动比为

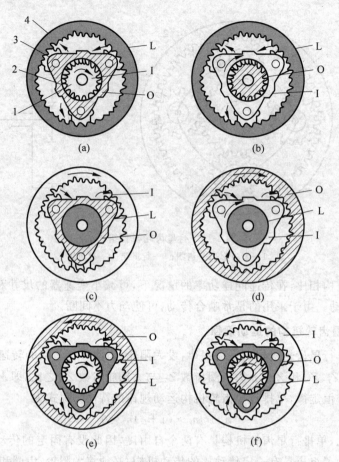

图 4-11 单排行星齿轮机构的工作状态
(a) 太阳轮输入,行星架输出,齿圈固定;(b) 行星架输入,太阳轮输出,齿圈固定;
(c) 太阳轮固定,齿圈输入,行星架输出;(d) 太阳轮固定,行星架输入,齿圈输出;
(e) 太阳轮输入,行星架固定,行星齿轮带动齿圈输出动力;
(f) 齿圈输入,行星架固定,行星齿轮自转并带动太阳轮输出动力
1—太阳轮;2—行星架;3—行星齿轮;4—齿圈;I—输入元件;O—输出元件;L—固定元件

$$i_{23}=1+\frac{Z_1}{Z_2}$$

(4) 如图 4-11(d)所示,固定元件是太阳轮,输入元件是行星架,输出元件是齿圈。当行星架按顺时针方向旋转时,因太阳轮被固定,与行星轮内啮合的齿圈按顺时针方向旋转。传动比为

$$i_{32}=\frac{Z_2}{Z_1+Z_2}$$

(5) 如图 4-11(e)所示,太阳轮为主动件,齿圈为从动件,行星架固定。当太阳轮按顺时针方向旋转时,行星轮按反时针方向绕其轴自转。因行星架被固定,与行星轮内啮合的齿圈按反时针方向旋转。与太阳轮相比,齿圈以较低转速作反向旋转,即可得到倒挡。传动比为

$$i_{12}=-\frac{Z_2}{Z_1}$$

(6) 如图 4-11(f)所示,输入元件是齿圈,行星架被固定,行星齿轮只能自转,并带动太阳轮旋转输出动力。太阳轮的旋转方向与齿圈相反,传动比为

$$i_{21} = -\frac{Z_1}{Z_2}$$

（7）太阳轮和齿圈为主动件，行星架为从动件。当太阳轮与齿圈以相同转速、按相同方向旋转时，行星轮被夹住，不能绕其轴转动。因此，太阳轮、齿圈、行星轮和行星架成为一体，各元件之间没有相对运动，从而形成直接挡。若使三元件中的任何两个元件连成一体旋转，则第三个元件的转速必与前二者转速相等，即行星排按直接挡传动，传动比为

$$i = 1$$

（8）任一个为主动部件，无夹持部件。假设太阳轮为主动件按顺时针方向旋转，行星轮按反时针方向绕其轴自转，促使齿圈以反时针方向旋转，而行星架按顺时针方向旋转。如想从行星架输出转矩，则因齿圈处于无负荷自由状态，来自太阳轮的转矩均通过行星轮传至齿圈，使齿圈旋转，而行星架无转矩输出。若想从齿圈输出转矩，则因行星架处于无负荷自由状态，来自太阳轮的转矩均通过行星轮传至行星架，使行星架旋转，齿圈不可能有转矩输出。也就是说，如果所有元件都不受约束，可以自由转动，则行星齿轮机构失去传动作用，此种状态相当于空挡。

*4.3.2 平行轴式齿轮变速机构

平行轴式齿轮变速机构应用于本田（HONDA）车系和部分福特（FORD）车系。

1. 基本变速机构的组成

平行轴齿轮变速机构由普通齿轮及平行轴组成，如图 4-12 所示。

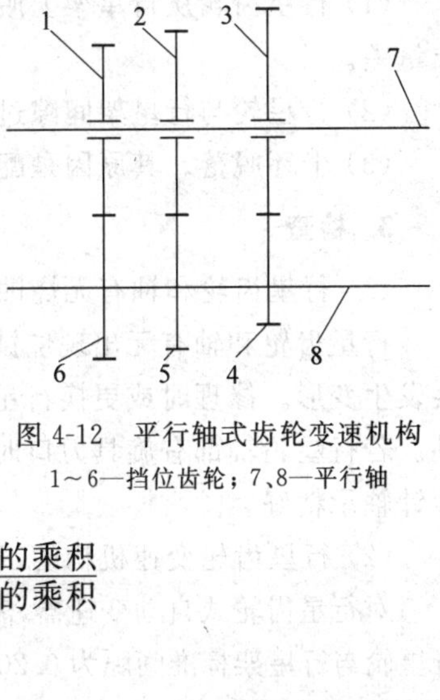

2. 变速原理

在一对齿轮传动中，设主动齿轮的转速为 n_1，齿数为 Z_1；从动齿轮的转速为 n_2，齿数为 Z_2。由于两轮转过的齿数相等，即 $Z_1 n_1 = Z_2 n_2$，由此可得出一对齿轮的传动比为

$$i = \frac{n_1}{n_2} = \frac{Z_2}{Z_1}$$

图 4-12 平行轴式齿轮变速机构
1～6—挡位齿轮；7,8—平行轴

由多个齿轮组成的轮系传动比为

$$i = i_1 i_2 i_3 \cdots i_n = \frac{\text{所有从动齿轮齿数的乘积}}{\text{所有主动齿轮齿数的乘积}}$$

4.3.3 行星齿轮的检修

在自动变速器所有的零件中，行星齿轮机构的寿命是最长的，它们不承受任何的换挡冲击，在正常使用的条件下工作寿命不会低于 400 000km。其中太阳轮和齿圈几乎没有损坏的可能，行星齿轮自身损坏的可能性也很小，唯一可能出现问题的是行星架。

1. 行星齿轮机构故障

同手动变速器一样，行星齿轮可能引起的故障主要是齿轮折断、轴承磨损等。将损坏部件更换后，故障就可以排除，但任一机械部件的损坏必然引起前后两侧相邻部件的磨损甚至损坏，这时要仔细检查，尤其是对磨损部件，应检查是否有继续使用的可能。变速齿轮机构

能引起的故障如下。

(1) 异响

异响可分为两种情况：行驶中突然产生很大的异响，然后车辆不能行驶。此类故障是由于有严重的损坏，主要原因有输入、输出轴断裂；齿圈、太阳轮鼓、齿轮等断裂；行星齿轮从行星架中脱出等。这类故障只要打开变速器后便可迅速发现。另一种情况是车辆能够行驶，但自动变速器内部有异响。此类故障在拆解时应注意检查止推轴承是否烧结、解架。常见的止推垫片有平止推垫片和带固定爪的止推垫片。带爪的止推垫片有3个固定爪，也有4个固定爪的。固定爪脱落，垫片自动转动也可引起异响。

(2) 撞击声

撞击声主要在以下两种情况中出现：在启动状态踩住制动踏板，将换挡手柄从P或N挡挂入D或R挡时，变速器内部发出撞击声；行驶中急加速或急减速时。引起撞击声的原因有：各部分配合间隙过大；止推垫片磨损过度；止推垫片或止推轴承漏装。

(3) 不能升挡

变速机构造成不升挡的原因是齿圈和离合器组烧结在一起，离合器组失去其应有的作用，从而引起不能升挡。

2. 常见损坏形式及原因

(1) 行星齿轮从行星架上脱落，这是行星齿轮式变速器较常见的故障。其原因是配件质量差。

(2) 行星轮与行星架间隙过大。其原因是自然磨损。

(3) 卡环脱落。其原因是配件质量差或拆卸时将卡环撬变形。

3. 检查

(1) 行星齿轮和轴有无烧蚀现象

行星齿轮和轴有无出现烧蚀（边黑），说明在工作时严重超载，行星轮架或行星轮轴可能会发生变形。修理时或更换行星齿轮机构总成（齿轮应成对更换），或更换行星轮架或行星轴。若行星轮轴部有旋具刀口时，用旋具即可将轴拆下，安装时要用凡士林把轴与轴筒间的滚针轴承粘好。

(2) 行星齿轮变速机构的工作间隙检查

对行星齿轮式自动变速器，需检查行星轮与行星架间隙、齿轮衬套直径，如图4-13所示。行星轮与行星架标准间隙为0.20～0.60mm，极限值为1mm；齿圈衬套直径最大为24.08mm。

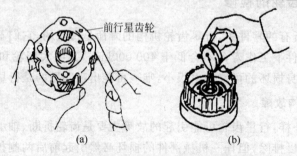

图4-13 工作间隙检查
(a) 检查行星齿轮与行星架间隙；(b) 检查齿圈衬套直径

各种自动变速器标准数值不一样,可用手转动行星齿轮感觉其与行星架的松旷程度;或将齿圈套在轴上感觉齿圈衬套与轴的间隙。

【自我测试】

1. 填空题

(1) 自动变速器的齿轮变速系统主要有_____和平行轴齿轮系统,目前大多数自动变速器采用行星齿轮系统。

(2) 单排行星齿轮机构由一个_____、一个_____、一个行星架及若干个行星齿轮组成。

(3) 根据能量守恒定律,单排行星齿轮机构运动规律的特性方程式为_____。

(4) 单排行星齿轮机构具有_____个自由度,因此没有固定的传动比,不能直接用于变速传动。

(5) 为了使单排行星齿轮机构能够传递动力,必须将太阳轮、齿圈和行星架这3个基本构件,任选_____个分别作为主动件和从动件,而使_____固定不动。

2. 论述题

论述单排行星齿轮机构可以完成哪些速比的传动?

3. 故障诊断

如何检查行星齿轮机构的故障?

学习单元4.4　换挡执行机构的检修

【学习目标】

1. 能通过与客户交流、查阅相关维修技术资料等方式获取车辆信息。
2. 掌握换挡执行机构的分类及工作原理。
3. 能根据故障现象制订正确的维修计划。
4. 能正确选择诊断设备对换挡执行机构引起的故障进行诊断。
5. 能正确记录、分析各种检测结果并做出故障判断。
6. 能按照正确操作规范进行换挡执行机构的更换。
7. 能根据环保要求,正确处理对环境和人体有害的废料及损坏的零部件。

【理论知识】

行星齿轮变速器中的所有齿轮都处于常啮合状态,实现挡位变换必须通过不同方式对行星齿轮机构的基本元件进行约束(即固定或连接某些基本元件)。对这些基本元件实施约束的机构就是行星齿轮变速器的换挡执行机构。

执行机构主要由离合器、制动器和单向离合器3种执行元件组成,离合器和制动器以液压方式控制行星齿轮机构元件的旋转,而单向离合器则以机械方式对行星齿轮机构的元件进行锁止。

故障现象:一辆丰田陆地巡洋舰越野车,搭载 A442F 型 4 挡电子控制自动变速器,该车在发动机正常工作温度、标准怠速工况时,换挡杆 P→D 及 N→D 时变速器冲击严重,其他工况良好(包括倒挡接合情况及前进挡的升降挡控制)。

故障诊断:丰田 A442F 型自动变速器是一种具有一个 2 速分动器装置的全电控型变速器,该变速器主要由一个具有电子锁止功能的液力变矩器、高效率齿轮油泵、带有 4 个电磁阀的液压控制阀体总成,及内部机械元件组成。其内部机械元件包括前进挡离合器、直接挡/倒挡离合器、超速挡离合器、2 挡制动器、超速挡制动器、低/倒挡制动器、3 套行星齿轮和 2 个单向离合器。

对于丰田车系变速器挂入 D 挡冲击的故障,故障原因主要包括以下几个。

(1) 节气门拉线调整不当。

(2) D 位主油路油压过高。

(3) D 位主要执行元件前进挡离合器的蓄压器不能执行缓冲控制。

(4) 前进挡离合器本身问题。

(5) 电子控制单元的 N-D 缓冲控制失效。

根据上面的思路,首先检查调整节气门拉线位置,并检查变速器外围电子控制(电子单元 N-D 缓冲控制)是否正常。在检查、调整节气门拉线后,测量了变速器换挡杆在 D 位时的主油压,油压值基本处于标准范围内,而且能随着节气门开度的变化而变化,这说明液压控制阀体存在问题的可能性不大。为了不扩大维修范围,决定检查并清洗变速器液压控制阀体。但清洗阀体装车后试车,故障现象并没有明显改观,进一步检查其他部分。

由于 A442F 这款变速器结构设计方面的原因,分解前进挡离合器的蓄压器时,必须拆卸分动器。经检查,未发现蓄压器活塞及工作缸有磨损和卡滞迹象。于是利用压缩空气再次试验了蓄压器的动作情况,结果活塞运动灵活,无异常现象。分解自动变速器总成进行检查。当检查到变速器内的前进挡离合器时,发现其工作间隙达到了 3.8mm,远远超出了规定的 1.7mm 极限值,而且离合器本身的缓冲碟形片也已失去了缓冲作用。

最后,再按照常规维修程序更换了所有密封元件,更换前进挡离合器缓冲控制碟形片,并将离合器间隙调整至规定值 1.7mm 后,将变速器装复试车,故障排除。

根据上述案例,请思考下列问题。

(1) 离合器有什么作用?

(2) 离合器由哪些部件组成?

4.4.1 多片离合器

1. 多片离合器的结构

多片离合器是自动变速器中最重要的换挡执行元件之一,它既可以作为驱动元件,又可以作为锁止元件。离合器的作用是将变速器的输入轴和行星排的某个基本元件连接,或将行星排的某两个基本元件连接在一起,使之成为一个整体转动。

自动变速器中所用的离合器为湿式多片离合器,通常由离合器鼓、离合器活塞、回位弹簧、钢片、摩擦片、花键毂等组成,其结构如图 4-14 所示。

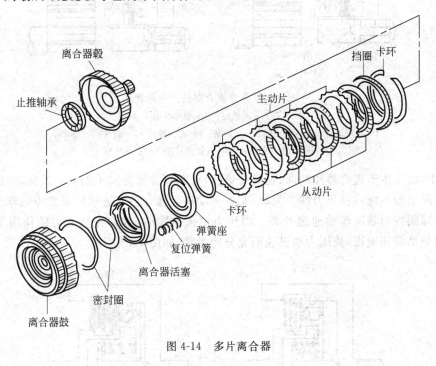

图 4-14　多片离合器

离合器活塞是一种环状活塞,安装在离合器鼓内,由活塞内外围的密封圈保证其密封,与离合器鼓一起形成封闭的环状液压缸,并通过离合器鼓内圆轴颈上的进油孔和油道相通。

主动片(钢片)和从动片(摩擦片)交错排列,统称为离合器片,均为钢制材料制成。为保证离合器片结合柔和及散热,把它浸在油液中,因而称为湿式离合器。主动片的外花键齿安装在离合器鼓内的花键齿圈上,可以沿齿圈键槽做轴向移动;从动片由其内花键齿与离合器花键鼓的外花键连接,也可以沿键槽做轴向移动。从动片的两面烧结有摩擦系数较大的铜基粉末冶金层或合成纤维层,与主动片组成钢—粉末冶金摩擦片。

2. 工作原理

如图 4-15 所示,当离合器处于分离状态时,活塞在回位弹簧作用下处于左极限位置,钢片、摩擦片间存在一定间隙。当压力油经油道进入活塞左腔室,液压力克服弹簧张力使活塞右移,将所有钢片、摩擦片依次压紧,离合器接合。该元件成为输入元件,动力经主动元件、离合器鼓、钢片、摩擦片和花键毂传至行星齿轮机构。油压撤出后,活塞在回位弹簧的作用下回位,离合器分离,动力传递路线被切断。

为保证离合器分离彻底,需要满足以下要求。首先,离合器处于分离状态时,主、从动片之间必须有足够的间隙,这一间隙称为离合器的自由间隙,其标准范围为 0.5～2.0mm,可以选择适当的卡环和从动片厚度等方法调整。如间隙过大,表明离合器片摩擦严重,应及时更换;否则,即使复位弹簧被压至全部压紧而离合器仍未完全接合,将造成离合器打滑;而

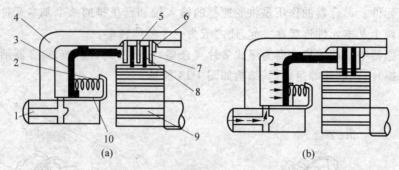

图 4-15 多片离合器的工作原理
(a) 分离状态；(b) 结合状态
1—主动元件；2—回位弹簧；3—活塞；4—离合器鼓；5—钢片；6—卡环；
7—压盘；8—摩擦片；9—花键毂；10—弹簧保持座

间隙过小，往往由于离合器片翘曲，也需要更换，否则离合器分离不彻底。其次，油压撤除以后，活塞进油腔不能残存压力油。为此，某些驱动离合器在活塞进油腔设置由钢球组成的安全阀，即球阀控制辅助泄油通道开关。当压力油被撤除时，球体在离心力的作用下离开阀座，开启辅助泄油通道，使压力油迅速而充分地撤除，如图 4-16 所示。

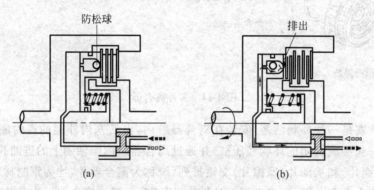

图 4-16 离合器安全阀的作用
(a) 安全阀关闭；(b) 安全阀开启

4.4.2 制动器

制动器的作用是固定行星齿轮机构中的基本元件，阻止其旋转。在自动变速器中常用的制动器有片式制动器和带式制动器两种。

1. 片式制动器

片式制动器由制动器活塞、回位弹簧、钢片、摩擦片及制动器毂等组成，如图 4-17 所示。

其工作原理与湿式多片离合器基本相同，如图 4-18 所示，只是其钢片通过外花键齿安装在变速器壳体的内花键齿圈上，摩擦片则通过内花键齿和制动器毂上的外花键槽相连，制动器毂与行星齿轮机构的元件相连。当液压缸中没有压力油时，制动毂可以自由旋转，当压力油进入制动器的液压缸，通过活塞将钢片和摩擦片压紧在一起，制动器毂以及与其相连的行星齿轮机构的某一元件被固定而不能旋转。

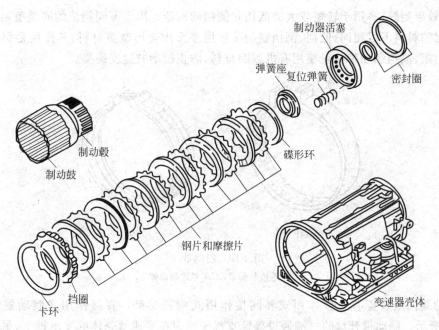

图 4-17 片式制动器

钢片、摩擦片均由钢板冲压而成,摩擦片表面有厚度为 0.38~0.76mm 的摩擦材料层。为保证分离彻底,钢片和摩擦片之间必须有足够的间隙,标准间隙范围为 0.25~0.38mm,可以通过选择适当的压盘、卡环及摩擦片厚度等方法调整该值。

片式离合器、制动器所能传递的动力大小与摩擦片的面积、片数及钢片与摩擦片间的压紧力有关,压紧力的大小由作用在活塞上的油压及作用面积决定,但增大油压将引起接合时的冲击。当压紧力一定时,传递动力的大小取决于摩擦片的面积和片数。考虑到通用化、标准化等因素,其基本尺寸基本相近或相同。因不同离合器、制动器所传递动力大小各异,所以使用的摩擦片的片数不同,一般摩擦片为 2~6 片,钢片等于或多于摩擦片的片数。这样,同一厂家同一类型的自动变速器可以在不改变离合器、制动器外形和尺

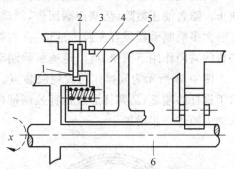

图 4-18 片式制动器工作原理示意图
1—摩擦片;2—钢片;3—变速器壳体;
4—活塞;5—油缸;6—制动器毂

寸的条件下,通过增减摩擦片的片数满足不同动力传递的要求。增加或减少摩擦片的片数时,要相应地减少或增加钢片的片数,或者增减调整垫片的厚度,以保证离合器的自由间隙不变。因此,有些离合器在相邻两个摩擦片间有两片钢片,就是为了使自动变速器在改型时具有灵活性。

2. 带式制动器

带式制动器由制动带及其伺服装置(控制油缸)组成。制动带是表面带有镀层的开口式环形钢带,开口的一端支撑在与变速器壳体固连的支座上,另一端与伺服装置相连。按结构可以分为单边式和双边式制动带两种类型,如图 4-19 所示。双边式制动带具有自行增力功

能,制动效果更好,多用于转矩较大的低挡和倒挡制动器。用于不同挡位的同类型制动带内表面镀层的材料不尽相同,低挡、倒挡制动带镀层多采用金属摩擦材料,其作用是保证足够的制动力矩,高挡制动带一般使用有机耐磨材料,防止制动鼓过度磨损。

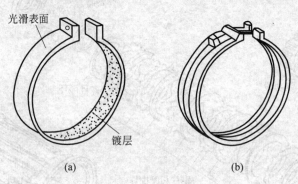

图 4-19 制动带
(a) 单边制动带;(b) 双边制动带

制动器伺服装置有直接作用式和间接作用式两种类型。直接作用式制动器结构如图 4-20 所示。制动带开口的一端通过摇臂支撑于固定在变速器壳体的支承销上,另一端支承于油缸活塞杆端部,活塞在回位弹簧和左腔油压的作用下位于右极限位置。此时,制动带和制动鼓之间存在一定间隙。

制动时,压力油进入活塞右腔,克服左腔油压和回位弹簧的作用力推动活塞左移,制动带以固定支座为支点收紧。在制动力矩的作用下,制动鼓停止旋转,行星齿轮机构某元件被锁止。随着油压撤除,活塞逐渐回位,制动解除。若仅依靠弹簧张力,则活塞回位速度较慢。目前大多数制动器设置左腔进油道,在右腔撤除油压的同时左腔进油。活塞在油压和回位弹簧的共同作用下回位,可以迅速解除制动。

图 4-21 所示为间接作用式伺服装置。它与上述结构的区别在于制动器开口的一端支承于推杆的端部,活塞杆通过杠杆控制推杆的动作。由于采用杠杆结构将活塞作用力放大,制动力矩进一步增加。

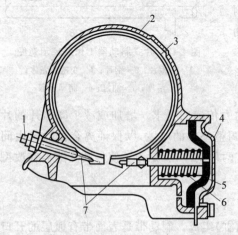

图 4-20 直接作用式制动器
1—支承销;2—变速器壳体;3—制动带;4—油缸盖;
5—活塞;6—回位弹簧;7—摇臂

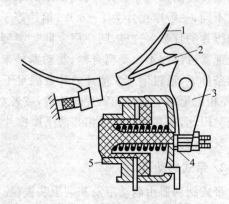

图 4-21 间接作用式伺服装置
1—制动带;2—推杆;3—杠杆;4—活塞杆;5—壳体

制动解除后,制动带与制动鼓之间应存在一定间隙,否则会导致制动带过度磨损和制动鼓的滑磨,影响行星齿轮系统的正常工作。调整该间隙的常见结构有以下 3 种:长度可调整的支承锁、长度可调整的活塞杆(或推杆)、调整螺钉。

4.4.3 单向离合器

单向离合器的作用是在一定条件下固定行星排的某一基本元件。与制动器不同的是,它依靠其单向锁止原理起作用。与之相连元件的受力方向与锁止方向相同时,该元件被固定;而当受力方向与锁止方向相反时,该元件被放松。在行星齿轮系统中有若干个单向离合器,其工作性能对变速器的换挡品质有很大的影响。另外,单向离合器不需要附加的液压或机械操纵装置,结构简单,不易发生故障。单向离合器有滚子式和楔块式两种类型。

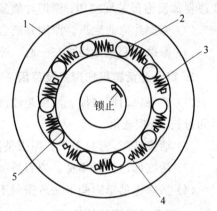

图 4-22 滚子式单向离合器
1—外座圈;2—滚子;3—弹簧;
4—弹簧保持座;5—内座圈

滚子式单向离合器如图 4-22 所示,由滚子、弹簧、弹簧保持座和内、外座圈组成。外座圈的内表面制有若干偏心的弧形滚道,因此,由光滑的内座圈和外座圈构成的滚子滚道的宽度不均匀,滚子被弹簧压向小端。在外座圈固定的情况下,内座圈可沿顺时针方向旋转,带动滚子压缩弹簧,使其落入滚道大端。若内座圈沿逆时针方向旋转,滚子被带向滚道小端,内座圈卡住不能转动,单向离合器锁止。

楔块式单向离合器如图 4-23 所示,内、外座圈组成的滚道宽度是均匀的,采用不均匀形状的楔块,楔块大端长度大于滚道宽度,在外座圈固定的情况下,内座圈可沿逆时针方向旋转,带动楔块沿顺时针方向转动。若楔块沿顺时针方向转动,楔块将被卡在内、外座圈之间,单向离合器内座圈锁止。

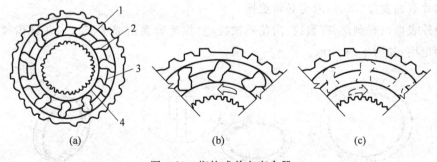

图 4-23 楔块式单向离合器
(a)结构;(b)自由转动;(c)锁止
1—外座圈;2—楔块;3—保持架;4—内座圈

4.4.4 离合器的检修

1. 摩擦片损坏形式及原因

(1) 摩擦片烧焦,颜色发黑。原因是自动变速器油温过高;离合器打滑。引起单组离合器摩擦片烧焦的原因是活塞密封圈破坏;离合器自由间隙过小;离合器毂或离合器活塞液压缸壁上的单向阀损坏。

(2) 摩擦片上的铜基粉末冶金层合成纤维层不均匀脱落。原因是摩擦片没有经过自动变速器油浸泡即装配使用;摩擦片质量问题。

(3) 摩擦片弯曲变形。原因是离合器摩擦片工作时局部温度过高;机械原因引起的。

(4) 摩擦片和钢片烧结在一起。原因是温度多高或摩擦片过度磨损。

2. 离合器活塞损伤形式及原因

(1) 活塞密封圈破损。原因是油温过高,使橡胶密封圈硬化;密封圈更换时受损;使用时间过长,橡胶老化。

(2) 活塞变形,密封不严。原因是温度过高或装配不当。

(3) 活塞回位弹簧不良。原因是弹簧数目少;弹簧弹力不足;弹簧折断。

(4) 活塞上的单向阀卡滞或密封不良。原因是油中有杂质或阀球磨损。

3. 离合器摩擦片的检修

摩擦片上的沟槽是存自动变速器油用的,沟槽磨平后,自动变速器油就无法进入摩擦片与钢片之间。失去自动变速器油的保护之后,磨损速度会急剧加快,沟槽磨平后必须更换。

摩擦表面上有一层保持自动变速器油的含油层。新拆下来的摩擦片用无毛布将表面擦干,用手轻按摩擦表面时应有较多的自动变速器油汪出。轻按时如不出油,说明摩擦片含油层(隔离层)已被抛光,无法保持自动变速器油,必须更换。

摩擦衬片上有数字记号,记号磨掉后也必须更换。摩擦片出现翘曲变形的也必须更换。

摩擦片表面发黑(烧蚀)的也必须更换。

摩擦片表面出现剥落、有裂纹、内花键被拉毛(拉毛容易造成卡滞)、内花键齿掉齿等现象都必须更换,如图 4-24 所示。

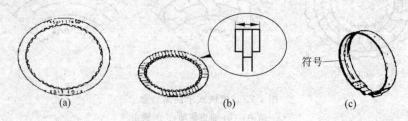

图 4-24 摩擦片和制动带的检查

4. 离合器其他元件的检查

(1) 离合器活塞回位弹簧的检查

离合器和制动器回位弹簧中,最易损坏的是低挡、倒挡制动器活塞的回位弹簧。它的工作行程和工作压力最大,所以最容易损坏。损坏后弹簧折断、弯曲变形,同时许多折断弹簧散落在弹簧座外边。

离合器活塞回位弹簧工作行程和油压较小,很少损坏。拆卸离合器时,外观上看回位弹簧没有折断、散乱,就不必拆回位弹簧的卡环。回位弹簧主要检查其自由长度,凡变形、过短、折断的弹簧必须更换。

(2) 压盘和从动片的检查

① 压盘和从动片上的齿要完好,不能拉毛,否则易造成卡滞。

② 压盘和从动片表面如有蓝色过热的斑迹,则应放在平台上用高度尺测量其高度,可将两片叠在一起,检查其是否变形。出现变形或表面有裂纹的必须更换。

(3) 锥形盘变形的检查

锥形盘应放在平台上用高度尺检查它是否变形。

5. 活塞工作行程的检查

离合器活塞的工作行程,也是离合器的工作间隙。离合器工作间隙的大小和作用在离合器上的工作压力有关。超速挡离合器和前进挡离合器的工作间隙为 0.8~1.8mm,高挡、倒挡离合器间隙为 1.6~1.8mm(具体间隙因车型而异)。前者使用极限为 2.0mm,后者使用极限为 2.2mm。

检测工作行程时,需用空气压缩机、压缩空气枪、百分表和磁力表架。压缩空气保持在 0.4Mpa 的压力。把空气压缩枪对准进油孔,固定好离合器,把百分表抵住外侧压盘。开动压缩空气枪,从百分表摆差确定活塞的工作行程。

如没有空气压缩机,也可以用塞尺测查。把塞尺伸入卡环和压盘之间,即可测出离合器工作间隙。

4.4.5 制动器的检修

1. 制动器常见损坏形式及原因

片式制动器与离合器由于结构大致相同,所以损坏形式及原因也基本相同。带式制动器的损坏形式及原因主要包括以下几种。

(1) 制动器损坏形式有制动带磨损材料烧焦;制动带耐磨材料脱落;制动带变形。

(2) 制动带推杆损坏形式有推杆磨损;弯曲变形;推杆调整不当。其原因是外力作用或调整过度。

2. 制动带的调整

(1) 外观检查

外观上如有缺陷、碎屑、摩擦表面出现不均匀磨损,摩擦材料剥落,摩擦材料上印刷数字部分磨损的,或者有掉色、烧蚀痕迹(外观颜色发黑)的,必须更换制动带。

(2) 液体吸附能力检查

用无毛布把制动带表面的油渍擦掉后,用手轻按制动带摩擦表面,应能汪出油,汪出的油越多,说明摩擦表面含油性越好。如轻压后,没有油汪出,说明制动带摩擦表面上的含油层已被磨损,如继续使用将很快被烧蚀,必须更换。

制动带从变速器中拆出后,最好用铁丝加以固定,保持原有形状。在检查和维修过程中严禁将制动带展平、弯曲或扭转,否则会引起摩擦衬套面破裂或表面剥落,严重时还会造成制动带变形,使制动带无法和它所固定的部件保持比较均匀的工作间隙,制动带的推杆无法完全入位(不完全入位,工作时会造成推杆脱落,制动带失效)。

3. 制动鼓的检查

和制动带配合工作的制动鼓的摩擦表面也需要检查。铸铁制动鼓的摩擦表面上如有刻痕,可用180号石英砂布沿旋转方向打磨。

钢板冲压的制动鼓,把钢板尺立在制动鼓的摩擦表面上,检查制动鼓表面的垂直度,如图 4-25 所示。

制动鼓的摩擦表面磨成盘形状,会使制动带的制动效能严重削弱,因此磨损变形的制动鼓必须更换。

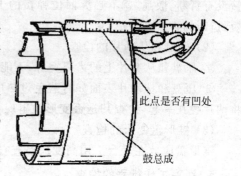

图 4-25 用钢板尺检查彭表面的垂直度

4.4.6 单向离合器的检修

单向离合器若在锁止方向上可以转动,将引起自动变速器打滑、无前进挡、无超速挡、异响等故障。

1. 常见损失形式及原因

(1) 单向无锁止。其原因是滚柱或楔块磨损或弹簧失效。

(2) 卡滞。其原因是滚柱或楔块变形,内外环保持架破裂、变形等。

(3) 内外环保持架变形、拉伤。其原因是高温、油中有杂质等。

2. 检查方法

(1) 检查单向离合器的锁止方向。其应在一个方向有效锁止,在反方向可自动转动。若在锁止方向打滑或在自动转动方向发生卡滞,应更换单向离合器。

(2) 目测检查有无高温变质、受伤变形、拉伤等情况。

(3) 单向离合器沿运动方向旋转时,其转矩必须小于 2.5N·m,如大于该值就应更换。金属材料的滚柱式单向离合器不仅装配时严禁击打,安装前也应认真检查其上、下平面,如发现有凹坑,必须更换。

(4) 单向离合器中的滚柱滚过凹点时,会因发生卡滞而发出明显的"嗡嗡"声。维修时根据"嗡嗡"声出现的时机判断具体是哪个单向离合器发生了故障。

注意: 单向离合器的异响声只出现在松开节气门的状态下,而加大节气门开度是不会出现任何异响的。

【任务工单】

见附录中的任务工单4-2。

【自我测试】

1. 填空题

（1）离合器的作用是将变速器的_____和行星排的某个基本元件连接，或将行星排的某_____个基本元件连接在一起，使之成为一个整体转动。

（2）执行机构主要由_____、_____和单向离合器3种执行元件组成，离合器和制动器以液压方式控制行星齿轮机构元件的旋转，而单向离合器则以_____方式对行星齿轮机构的元件进行锁止。

（3）制动器的作用是_____行星齿轮机构中的基本元件，阻止其旋转。在自动变速器中常用的制动器有_____制动器和带式制动器两种。

（4）片式制动器由_____、回位弹簧、_____、摩擦片及制动器毂等组成。

（5）自动变速器中所用的离合器为湿式多片离合器，通常由_____、离合器活塞、回位弹簧、_____、_____、花键毂等组成。

（6）钢片、摩擦片均由钢板冲压而成，摩擦片表面有厚度为_____mm的摩擦材料层。

（7）为保证离合器分离彻底，钢片和摩擦片之间必须有足够的间隙，标准间隙范围为_____mm，可以通过选择适当的_____、_____及摩擦片厚度等方法调整该值。

（8）片式离合器、制动器所能传递的动力大小与摩擦片的_____、_____及钢片与摩擦片之间的压紧力有关，压紧力的大小由作用在活塞上的油压及作用面积决定，但增大油压将引起接合时的冲击。

（9）当压紧力一定时，传递动力的大小取决于摩擦片的面积和片数。一般摩擦片为_____片，钢片_____摩擦片的片数。

（10）带式制动器由制动带及其伺服装置（控制油缸）组成。制动带是内表面带有镀层的开口式环形钢带，开口的一端支撑在与_____固连的支座上，另一端与_____相连。

（11）单向离合器的作用是在一定条件下_____行星排的某一基本元件。与制动器不同的是，它依靠其_____原理起作用。

2. 简答题

（1）简述自动变速器中多片式离合器的工作过程。

（2）简述带式制动器的工作过程。

3. 故障检修

（1）如何检查活塞的工作行程？

（2）如何检查制动鼓？

（3）如何检修离合器摩擦片？

学习单元4.5 组合式行星齿轮系统的检修

【学习目标】

1. 能通过与客户交流、查阅相关维修技术资料等方式获取车辆信息。
2. 能根据故障现象制订正确的维修计划。
3. 能正确选择诊断设备对组合式行星齿轮系统故障进行诊断。
4. 能正确记录、分析各种检测结果并做出故障判断。
5. 能按照正确操作规范进行组合式行星齿轮系统的更换。
6. 能根据环保要求,正确处理对环境和人体有害的废料及损坏的零部件。

【理论知识】

将两个以上的行星排进行组合,选取不同的基本元件作为输入或输出,以及采用执行元件不同的工作方式,可以得到不同类型的行星齿轮变速器。但考虑到效率的高低、行星齿轮机构的复杂程度,目前常用的自动变速器行星齿轮装置有辛普森式和拉维娜式两种。

故障现象:一辆凌志300轿车,发动机为3VE-FE型,变速器为A540E型。1挡换2挡时,明显感到振动、冲击。而其他挡位则没有这种感觉,只能看到发动机转速表的指针跳动一下。

故障诊断:该车的自动变速器是由丰田公司研制的一款前驱动4挡电子控制自动变速器,由带有锁止离合器的变矩器、三行星排辛普森式4挡行星齿轮变速器、电液式控制系统、主减速器和差速器组成。这种自动变速器的特点是:3个行星排和10个换挡元件全都装在一个轴上,超速行星排布置在前后行星排的后部,传至行星齿轮变速器的动力由超速行星排齿圈上的输出齿轮传给主减速器主动轴。

首先对其节流阀拉线进行调整,没有反应。对其换挡电磁阀断电,让其进入全液压换挡状态,也没有反应。怀疑其内部可能有故障,于是对变速器进行解体检查。在1挡换2挡时,其换挡元件的工作情况为:低挡单向超越离合器松开,2挡单向超越离合器工作,2挡制动器结合。另外,直接单向超越离合器、直接离合器、前进挡离合器在1、2挡一直工作。经检查,变速器内部的离合器片、制动片、制动带均完好。重点检查换挡时参与工作的两个单向离合器,装配上没有错误,单向也能锁定。检查2挡制动器,发现一个厚片法兰(钢片)装反,间隙太小。重新安装调整好间隙,装复后试车,故障现象仍然存在。

因为内部一切正常,且从故障现象分析,好像是换挡时接合太快的缘故。于是,拆下油路板。首先检查蓄压器,发现"O"形圈完好无损,活塞和缸壁没有发生卡滞或磨损的痕迹,弹簧弹力也很足。再检查 2 挡换挡油路,从 1、2 挡换挡阀到 2 挡制动器伺服活塞的油路中,没有发现用以改善换挡品质的单向节流阀。显然,该车节流阀的阀球已经丢失,于是配上了一个直径为 5mm 的钢珠。装复后试车,故障现象消失。

根据上述案例,请思考下列问题。
(1)节流阀有什么作用?
(2)自动变速器是如何完成换挡功能的?

4.5.1 辛普森式行星齿轮系统

辛普森式行星齿轮系统是由辛普森式行星齿轮机构(图 4-26(a))和相应的换挡执行元件(图 4-26(b))组成的,目前大部分轿车自动变速器都采用这种行星齿轮装置。

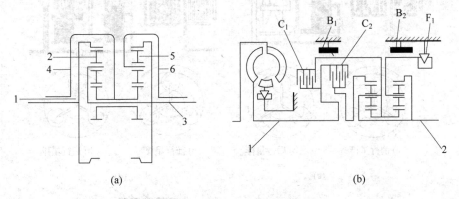

图 4-26 辛普森式行星齿轮系统
(a)辛普森式行星齿轮机构:
1—前齿圈;2—前行星轮;3—前行星架和后齿圈组件;4—前、后太阳轮组件;5—后行星轮;6—后行星架
(b)辛普森式换挡执行元件位置:
1—输入轴;2—输出轴;B_1—二挡制动器;B_2—低、倒挡制动器;F_1—单向离合器;C_2—前进挡离合器;C_1—直接挡离合器

辛普森式行星齿轮机构是由两个内啮合式单排行星齿轮机构组合而成的。其结构特点是:前、后两个行星排的太阳轮连接为一个整体,称为太阳轮组件;前一个行星排的行星架和后一个行星排的齿圈连接为另一个整体,称为前行星架和后齿圈组件;输出轴通常与前行星架和后齿圈组件连接。因此,该行星机构成为一种具有 4 个独立元件的行星齿轮机构。这 4 个独立元件是:前排齿圈、太阳轮组件、后排行星架以及前行星架和后齿圈组件。

根据前进挡的挡数不同,可将辛普森式行星齿轮传动机构分为 3 挡行星齿轮传动机构和 4 挡行星齿轮传动机构。以 3 挡行星齿轮机构为例讲述其工作原理,如图 4-27 所示。

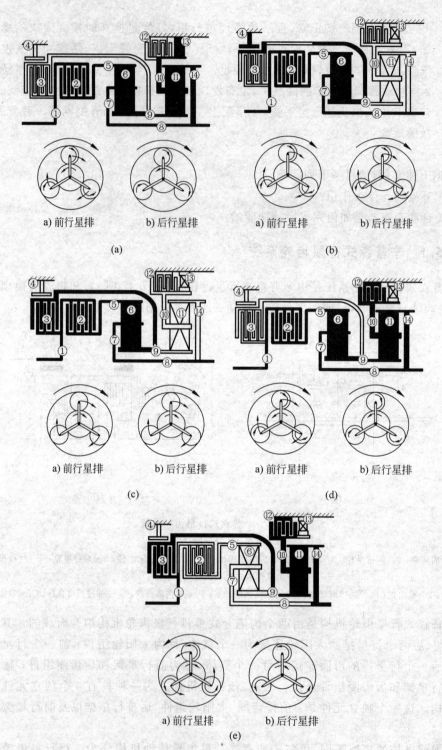

图 4-27 辛普森行星齿轮系统的工作原理
(a) D 位 1 挡；(b) D 位 2 挡；(c) D 位 3 挡；(d) L 位；(e) R 位

1—输入轴；2—前进离合器 C_2；3—倒挡及高挡离合器 C_1；4—2 挡制动器 B_1；5—前齿圈；6—前行星轮；7—前行星架；8—输出轴；9—前后太阳轮组件；10—后行星架；11—后行星轮；12—低挡及倒挡制动器 B_2；13—低挡单向超越离合器 F_1；14—后齿圈

在3挡辛普森式行星齿轮机构中设置5个换挡执行元件(2个离合器、2个制动器和1个单向离合器),使之成为一个具有3个前进挡和1个倒挡的行星齿轮变速器。各执行元件的作用是:输入轴通过直接挡离合器和前进挡离合器分别与太阳轮和前排齿圈相连,2挡制动器可用来固定太阳轮,低挡、倒挡制动器可使后排行星架成为固定元件,单向离合器保证后排行星架只能沿顺时针方向转动,前排行星架和后排齿圈与输出轴相连而成为输出元件。各挡位状态下5个执行元件的工作情况如表4-1所示。

表4-1 执行元件的工作情况表

操纵手柄位置	挡位	换挡执行元件				
		C_1	C_2	B_1	B_2	F
D	1挡		○			○
	2挡		○	○		
	3挡	○	○			
R	倒挡	○			○	
S、L 或 2、1	1挡		○		○	
	2挡		○	○		

注:○—接合、制动或锁止。

由表4-1可知,当行星齿轮变速器处于停车挡和空挡之外的任何一个挡位时,5个换挡执行元件中都有两个处于工作状态(接合、制动或锁止状态),其余3个不工作(分离、释放或自由状态)。处于工作状态的两个换挡执行元件中至少有一个是离合器C_1或C_2,以便使输入轴与行星排连接。当变速器处于任意前进挡时,离合器C_2都处于接合状态,此时输入轴与行星齿轮机构的前齿轮圈结合,使前齿圈成为主动件,因此,离合器C_2又称为前进挡离合器。倒挡时,离合器C_1结合、C_2分离,此时输入轴与行星齿轮机构的太阳轮组件结合,使太阳轮组件成为主动件;另外,离合器C_1在3挡(直接挡)时也接合,因此,离合器C_1也称为倒挡及高挡离合器。制动器B_1仅在2挡才工作,称为2挡制动器。制动器B_2在1挡和倒挡时都工作,因此称为低挡、倒挡制动器。由此可知,换挡执行元件的不同工作组合决定了行星齿轮变速器的传动方向和传动比,从而决定了行星齿轮变速器所处的挡位。

下面分析3挡辛普森式行星齿轮传动机构各挡的传动路线。

1. 前进1挡(D位1挡)

一挡时,前进离合器C_2结合,使输入轴和前齿圈连接,同时单向离合器F处于自锁状态,后行星架被固定,如图4-27(a)所示。来自发动机的动力经输入轴、前进离合器C_2传给前齿圈,使前齿圈朝顺时针方向转动。在前行星排中,由于前行星架经输出轴和汽车驱动轮连接,在汽车起步之前其转速为0,汽车起步后以一挡行驶时其转速也很低,因此前行星轮在前齿圈的驱动下一方面朝顺时针方向做公转,带动前行星架朝顺时针方向转动,另一方面做顺时针方向的自转,并带动太阳轮组件朝逆时针方向转动。在后行星排中,由于和输出轴连接的后齿圈转速很低,当后行星轮在后太阳轮的驱动下朝顺时针方向自转时,对后行星架产生一个逆时针方向的力矩,而单向离合器F对后行星架在逆时针方向具有锁止作用,因此后行星架固定不动,使后齿圈在后行星轮的驱动下朝顺时针方向转动。汽车起步后,前后行星排各元件的运动状态依然不变,但此时前排行星架以低速沿顺时针方向转动。

由此可知,在1挡时,前后两行星排都参加动力传递,与发动机输出转速相比,经变速器以后转速下降、转矩增加,汽车能以较大的牵引力克服行驶阻力低速前进。

2. 前进2挡(D位2挡)

当前进离合器 C_2 和2挡制动器 B_1 同时工作时,行星齿轮变速器处于2挡。此时输入轴经前进离合器 C_2 和前齿圈连接,同时太阳轮组件被2挡制动器 B_1 固定。发动机动力经液力变矩器和输入轴传给前排齿圈,使之朝顺时针方向转动。由于前排太阳轮转速为0,因此前行星轮在前排齿圈的驱动下一方面朝顺时针方向做自转,另一方面朝顺时针方向做公转,同时带动前排行星架及输出轴朝顺时针方向转动,如图4-27(b)所示。此时后行星排处于自由状态,后排行星轮在后排齿圈的驱动下朝顺时针方向一边自转一边公转,带动后排行星架朝顺时针方向空转。由此可知,2挡时发动机的动力全部经前排行星排至输出轴。

在2挡状态下,汽车滑行时驱动轮的反向驱动力可经过行星齿轮变速器传至发动机,即具有发动机制动作用。

3. 前进3挡(D位3挡)

当行星齿轮变速器处于3挡时,前进离合器 C_2 和直接挡离合器 C_1 同时接合,把输入轴与前齿圈及太阳轮组件连接为一个整体。由于这时前行星排中有两个基本元件互相连接,从而使前行星排固定地连成一体而旋转,输入轴的动力通过前行星排直接传给输出轴,其传动比等于1,即为直接挡,如图4-27(c)所示。此时后行星排处于自由状态,后行星轮在后齿圈的驱动下朝顺时针方向一边自转一边公转,带动后行星架朝顺时针方向空转。

行星齿轮变速器在3挡位具有反向传递动力的能力,在汽车滑行时能实现发动机制动。

4. 手动1挡(1位或L位)

为了利用发动机制动,可将变速器操纵手柄从"D"位移至"1"位,即手动1挡。自动变速器在手动1挡时能产生发动机制动作用,如图4-27(d)所示。

具有发动机制动作用的1挡是由低挡、倒挡制动器 B_2 实现的。当操纵手柄位于"1"位或"L"位,而行星齿轮变速器处于1挡时,前进离合器 C_2 和制动器 B_2 同时工作。当动力从发动机传至驱动齿轮时,行星齿轮机构各元件的工作状态及传动比与前进1挡时相同。

5. 倒挡(R位)

倒挡时,直接挡离合器 C_1 接合,使输入轴与前、后太阳轮组件连接,同时低挡、倒挡制动器 B_2 产生制动,将后行星架固定。此时发动机动力经输入轴传给太阳轮组件,使太阳轮朝顺时针方向转动。由于后行星架固定不动,因此在后行星排中,后行星轮在后太阳轮的驱动下朝逆时针方向转动,并带动后齿圈朝逆时针方向转动,如图4-27(e)所示,与前行星架和后齿圈组件连接的输出轴也随之朝逆时针方向转动,从而改变了传动方向。此时,前行星排中由于前齿圈可以自由转动,因此前行星排处于自由状态,前排齿圈在前行星轮的带动下朝逆时针方向自由转动。倒挡时的动力是由后行星排传给输出轴的。

4.5.2 拉维娜式行星齿轮系统

典型的3挡拉维娜式行星齿轮系统采用双行星排组合,其结构特点是:两行星排共用行星架和齿圈,小太阳轮1、短行星轮4、长行星轮5、行星架3及齿圈6组成一个双行星轮式行星排,大太阳轮 2、长行星轮 5、行星架 3 及齿圈 6 组成一个单行星排,如图 4-28(a)所示。其具有 4 个独立元件:小太阳轮、大太阳轮、行星架和齿圈。行星架上的两套行星齿轮相互啮合,其中短行星齿轮与小太阳轮啮合,长行星齿轮与大太阳轮啮合的同时与齿圈啮合。

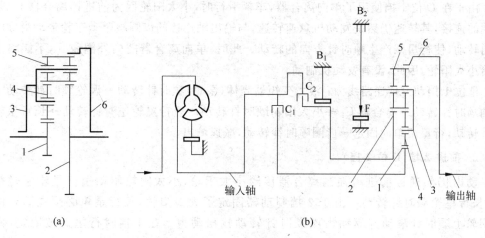

图 4-28 拉维娜式行星齿轮系统
(a)拉维娜式行星齿轮机构;(b)拉维娜式行星齿轮机构换挡执行元件
1—小太阳轮;2—大太阳轮;3—行星架;4—短行星轮;5—长行星轮;6—齿圈
C_1—前进挡离合器;C_2—直接挡离合器;B_2—低挡、倒挡制动器;B_1—2 挡制动器;F—单向离合器;

如图 4-28(b)所示,在 3 挡拉维娜式行星齿轮机构中设置 5 个换挡执行元件(2 个离合器、2 个制动器和 1 个单向离合器),使之成为一个具有 3 个前进挡和 1 个倒挡的行星齿轮变速器。各执行元件的作用是:前进离合器用于连接输入轴和小太阳轮,直接挡离合器用于连接输入轴和大太阳轮,2 挡制动器用于固定大太阳轮,低挡、倒挡制动器起固定行星架的作用,单向离合器对行星架逆时针方向旋转有锁止作用。执行元件工作情况如表 4-2 所示。

表 4-2 执行元件工作情况

操纵手柄位置	挡位	换挡执行元件				
		C_1	C_2	B_1	B_2	F
D	1 挡	●				●
D	2 挡	●		●		
D	3 挡	●	●			
R	倒挡		●		●	

注:●—接合、制动或锁止。

下面分析 3 挡拉维娜式行星齿轮传动机构各挡的传动路线。

1. 前进 1 挡(D 位 1 挡)

当换挡手柄处于 D 挡起步时,前进挡离合器 C_1 接合,液力变矩器的涡轮经过 C_1 驱动小太阳轮顺时针转动,在小太阳轮的驱动下,安装在同一个行星架上的短行星轮和长行星轮分别按逆时针和顺时针转动。由于齿圈与输出轴连接,起步时阻力很大,使得长行星轮在顺时针转动的同时,有带动行星架逆时针转动的趋势。此时,由于单向离合器有阻止行星架逆时针转动的作用,因此,行星架在 D 位 1 挡是被固定的。这样,长行星轮的顺时针转动便驱动齿圈转动,并将动力输出。

由于在 D 位 1 挡使用了单向离合器,车辆滑行时,小太阳轮因为前进挡离合器 C_1 与输入轴的连接,其转速仍然是发动机怠速转速,与输出轴连接的齿圈被驱动车轮带动沿顺时针方向转动,使行星架产生顺时针方向的转动。此时,单向离合器的内外圈脱开,不能将动力传给小太阳轮,因此,没有发动机制动。

D 位 1 挡动力传递路线为:液力变矩器壳体(泵轮)顺时针转动→涡轮顺时针转动→涡轮轴顺时针转动→离合器 C_1→小太阳轮顺时针转动→短行星轮逆时针转动→长行星轮顺时针转动,行星架单向固定→齿圈顺时针转动,减速输出。

2. 前进 2 挡(D 位 2 挡)

动力仍然通过前进挡强制离合器传给小太阳轮,小太阳轮驱动短行星轮逆时针转动、长行星轮顺时针转动。由于 2 挡制动器固定了大太阳轮,长行星轮必须在固定的大太阳轮上顺时针滚动并驱动齿圈顺时针转动输出动力。在 1 挡时行星架被固定,而在 2 挡时行星架顺时针转动,行星架的顺时针转动加快了齿圈的输出速度,所以 2 挡的转速比 1 挡快。

由于在 2 挡没有使用单向离合器,大太阳轮被双向固定,在车辆滑行时,与输出轴连接的齿圈通过长短行星轮驱动小太阳轮顺时针加速转动,实现发动机制动。

2 挡动力传递路线为:液力变矩器壳体(泵轮)顺时针转动→涡轮顺时针转动→涡轮轴顺时针转动→离合器 C_1→小太阳轮顺时针转动→短行星轮逆时针转动→长行星轮与行星架顺时针转动(大太阳轮被 B_1 双向固定)→齿圈输出。

3. 前进 3 挡(D 位 3 挡)

如果两个离合器同时工作将动力从大、小太阳轮同时输入,由于大、小太阳轮连接成整体,长短行星轮的自转被限制,整个行星齿轮组一起转动,输出轴的转速与输入轴完全一致,传动比等于 1,此时为直接挡。由于没有使用单向离合器,3 挡也具有发动机制动效果。

3 挡动力传递路线为:液力变矩器壳体(泵轮)顺时针转动→涡轮顺时针转动→涡轮轴顺时针转动→离合器 C_1/离合器 C_2→小太阳轮顺时针转动/大太阳轮顺时针转动→齿圈以与输入轴相同的速度顺时针转动输出。

4. R 挡

各种自动变速器获得倒挡的方式基本相同,从太阳轮输入动力,固定行星架,从齿圈输出动力。拉维娜行星齿轮机构在倒挡时,通过直接挡离合器 C_2 将动力输入大太阳轮,低挡、倒挡制动器已固定行星架,大太阳轮顺时针转动,驱动长行星轮逆时针转动,齿圈被驱动逆时针转动输出动力,使车辆倒驶。

倒挡也没有单向离合器工作,因此,倒挡时有发动机制动。

R 挡动力传递路线为:液力变矩器壳体(泵轮)顺时针转动→涡轮顺时针转动→涡轮轴顺时针转动→离合器 C_2→大太阳轮顺时针转动→长行星轮逆时针转动,行星架被 B_2 双向固定→齿圈逆时针转动,减速输出。

*4.5.3 丰田 A341E 自动变速器动力传递路线分析

1. A341E 型自动变速器行星齿轮机构的结构

A341E 型自动变速器行星齿轮机构的结构如图 4-29 所示。C_0 为超速挡离合器，连接太阳轮和行星架；C_1 为前进挡离合器，联接输入轴和前齿圈；C_2 为高挡、倒挡离合器（直接挡离合器），联接输入轴和太阳轮；B_1 为 2 挡滑行制动器，直接制动太阳轮；B_2 为制动单向离合器 F_1 的外圈，直接制动太阳轮；B_3 为低挡、倒挡制动器，制动后行星架；F_0 为超速挡单向离合器，行星架顺锁太阳轮；F_1 为单向离合器，逆锁太阳轮；F_2 为单向离合器，逆锁行星架。

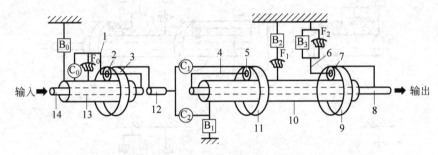

图 4-29　A341E 型自动变速器行星齿轮机构的结构

1—超速(OD)行星排行星架；2—超速(OD)行星排行星轮；3—超速(OD)行星排行星齿圈；4—前行星排行星架；
5—前行星排行星轮；6—后行星排行星架；7—后行星排行星轮；8—输出轴；9—后行星排行星齿圈；
10—前后行星排太阳轮；11—前行星排行星齿圈；12—中间轴；13—超速(OD)行星排太阳轮；14—输入轴；
C_0—超速挡(OD)离合器；C_1—前进挡离合器；C_2—直接挡、倒挡离合器；B_0—超速挡(OD)制动器；
B_1—2 挡滑行制动器；B_2—2 挡制动器；B_3—低挡、倒挡离合器；F_0—超速挡(OD)单向离合器；
F_1—2 挡（一号）单向离合器；F_2—低挡（二号）单向离合器

A341E 变速器的换挡执行元件工作表如表 4-3 所示。

表 4-3　A341E 变速器的换挡执行元件工作表

挡位	C_0	F_0	B_0	C_1	C_2	B_1	B_2	B_3	F_1	F_2
P	●							●		
R	●	●			●			●		
N	●									
D_1	●	●		●					●	
D_2	●	●		●			●			
D_3	●	●		●	●					
D_4(O/D)			●	●	●					
$2_1(S_1)$	●	●		●					●	
$2_1(S_2)$	●	●		●		●			●	
1L	●	●		●				●		●

2. 动力传递路线

（1）D 位 1 挡

变速器处于 1 挡位置，以 D1 行驶，其传动如图 4-30(a)所示，传动路线如下。

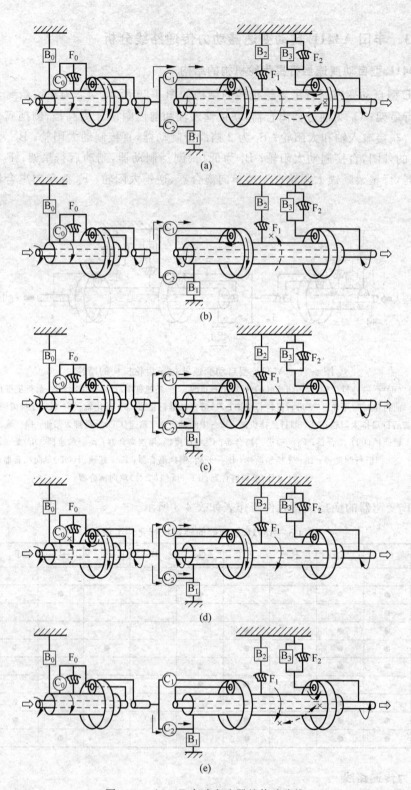

图 4-30　A341E 自动变速器的传动路线

液力变矩器(顺时针)→超速排输入轴(顺时针)→超速行星架(顺时针)→C_0接合，F_0锁定，超速太阳轮与行星架转速相同，使超速齿圈也以相同的转速转动(顺时针)→输入轴(顺时针)→C_1接合，前行星齿圈顺时针转动，此时动力分以下两路。

① 前行星架与驱动轮，起步前转速为零；前行星轮自转(顺时针)→前后太阳轮(逆时针)→后行星轮(顺时针)，F_2接合后行星架被锁死→后齿圈(顺时针)→输出轴。

② 起步后其转速也很低，但在前齿圈的驱动下，前行星轮公转(顺时针)→前行星架(顺时针)→输出轴。

当汽车滑行时，即车轮较快而发动机的转速较慢时，后齿圈成为输入轴(顺时针)→后行星齿轮自转(顺时针)→由于太阳轮的转速较低，后行星齿轮产生顺时针的公转趋势(脱开啮合)→车轮的动力无法传至发动机(相当于空转)。

(2) D 位 2 挡

变速器处于 2 挡位置，以 D2 行驶，如图 4-30(b)所示，传动路线如下。

自动变矩器(顺时针)→超速输入轴(顺时针)→超速行星架(顺时针)，C_0、F_0工作(超速排直接挡)→超速排齿圈(顺时针)→输入轴(顺时针)→C_1接合→前齿圈(顺时针)→前行星轮(顺时针自转)→太阳轮(逆转趋势)→B_2、F_1共同作用→太阳轮固定→前行星齿轮公转→前行星架(顺时针)→输出轴。

当汽车滑行时，车速较快而发动机的转速较慢时，前行星架使太阳轮发生顺时针方向的转动，无法限制其运动，动力也就无法传递到发动机，汽车也就相当于空挡滑行。

(3) D 位 3 挡

变速器处于 3 挡位置，以 D3 行驶，如图 4-30(c)所示，传动路线如下。

自动变矩器(顺时针)→超速输入轴(顺时针)→超速行星架(顺时针)，C_0、F_0工作(超速排直接挡)→超速排齿圈(顺时针)→输入轴(顺时针)→C_1、C_2同时接合→前齿圈与太阳轮的转速相同(顺时针)→前行星架以相同的转速运转→输出轴。

(4) D 位 4 挡(O/D)

变速器处于 4 挡位置，以 D4 行驶，如图 4-30(d)所示，传动路线如下。

变矩器(顺时针)→超速(O/D)输入轴(顺时针)→超速行星架(顺时针)→B_0接合→超速齿圈(增速顺时针)→输入轴(顺时针)→C_1、C_2同时接合→前齿圈与太阳轮的转速相同(顺时针)→前行星架以相同的转速运转→输出轴。

(5) R 位(倒挡)

当自动变速器处于倒挡时，如图 4-30(e)所示，动力传递路线如下。

自动变矩器(顺时针)→超速输入轴(顺时针)→超速行星架(顺时针)，C_0、F_0工作(超速排直接挡)→超速排齿圈(顺时针)→输入轴(顺时针)→C_2接合→太阳轮(顺时针)→后行星轮(逆时针)，由于B_3接合，后行星架固定→后行星轮(逆时针自转)→后齿圈(逆时针)→输出轴。

R 位具有发动机制动功能。当发动机速度下降，而由于汽车惯性作用，车速不变，输出轴速度高于后齿圈，输出轴带动后齿圈快速转动。但太阳轮转速慢而形成阻力，使后行星架顺转，F_2失去作用，此时B_3作用，后轮力传入发动机带动活塞快移，使车速减慢。

【自我测试】

1. 填空题

（1）目前常用的自动变速器行星齿轮装置有_____式和_____式两种。

（2）辛普森式行星齿轮机构的结构特点是：前、后两个行星排的_____连接为一个整体，称为太阳轮组件；前一个行星排的_____和后一个行星排的_____连接为另一个整体，称为前行星架和后齿圈组件；输出轴通常与前行星架和后齿圈组件连接。

（3）典型的3挡拉维娜式行星齿轮系统结构特点是_____。

（4）在3挡辛普森式行星齿轮机构中设置5个换挡执行元件（_____个离合器、_____个制动器和1个单向离合器），使之成为一个具有_____个前进挡和1个倒挡的行星齿轮变速器。

（5）在3挡辛普森式行星齿轮机构中各执行元件的作用是：输入轴通过直接挡离合器和前进挡离合器分别与_____和_____相连，2挡制动器可用来固定太阳轮，低挡、倒挡制动器可使后排行星架成为固定元件，单向离合器保证_____只能沿顺时针方向转动，前排行星架和后排齿圈与输出轴相连而成为输出元件。

（6）在3挡拉维娜式行星齿轮机构中设置5个换挡执行元件（_____个离合器、_____个制动器和1个单向离合器），使之成为一个具有_____个前进挡和_____个倒挡的行星齿轮变速器。

（7）在3挡拉维娜式行星齿轮机构中各执行元件的作用是：前进离合器用于连接_____和小太阳轮，直接挡离合器用于连接输入轴和_____，2挡制动器用于固定_____，低挡、倒挡制动器起固定行星架的作用，单向离合器对_____逆时针方向旋转有锁止作用。

2. 简答题

（1）典型的辛普森式行星齿轮机构的结构特征是什么？

（2）典型的拉维娜行星齿轮系统的结构特征是什么？

（3）典型的辛普森行星齿轮系统各挡动力传递路线是什么？

（4）典型的拉维娜行星齿轮系统各挡动力传递路线是什么？

3. 论述题

论述A341E型自动变速器行星齿轮机构的结构及各挡动力传递路线是什么？

学习单元4.6　液压控制系统的检修

【学习目标】

1. 能通过与客户交流、查阅相关维修技术资料等方式获取车辆信息。
2. 掌握液压控制系统的组成及工作原理。
3. 能根据故障现象制订正确的维修计划。
4. 能正确选择诊断设备对液压控制系统引起的故障进行诊断。

5. 能正确记录、分析各种检测结果并做出故障判断。

6. 能按照正确操作规范进行液压控制系统的更换。

7. 能根据环保要求，正确处理对环境和人体有害的废料及损坏的零部件。

故障现象：一辆北京现代伊兰特 1.8 轿车，搭载 FA4A42 型自动变速器，行驶里程为 67 000km，用户反映该车存在换挡冲击故障，变速器在 1 挡升 2 挡时最为明显。

故障诊断：路试，故障确如用户所述，但没有规律性。首先检查了自动变速器油液面，在标准范围内，检查油质也未发现异常。于是连接诊断仪对自动变速器的控制系统进行检测，但没有发现任何故障码。又利用诊断仪对发动机系统进行检测，结果也没有发现故障码。考虑到节气门位置传感器的信号电压直接影响变速器的换挡，查看了相关数据流：发动机在怠速状态时，节气门位置传感器的输出电压为 0.4V，数据正常。之后进行失速试验，发动机的失速转速为 2 000r/min，在标准范围内。至此，判定问题出在变速器内部。

首先测量变速器的油压。经测量，变速器各离合器和制动器的油压均在标准范围内，未见异常，于是再次进行路试。再次路试时又出现了异常情况。变速器原来是 1 挡升 2 挡冲击较为严重，而此时变速器每个挡位在换挡时冲击都很严重。为了使用户降低维修成本并缩短维修时间，决定就车进行维修，对各控制阀及蓄压器的工作情况进行检查。检查蓄压器时发现 LR、UD、2ND 及 OD 4 个蓄压器的活塞都很紧，根本取不出来，且表面已经变色，其中 2ND 蓄压器的情况尤为严重。继续检查阀体上的各控制阀，无卡滞现象，问题很可能就出在这 4 个蓄压器上，因为蓄压器直接影响换挡平顺性。于是更换了 4 个蓄压器，并换了新的阀体修理包。最后，在对变速器进行清洗、换油后装复试车，故障排除。

根据上述案例，请思考下列问题。

(1) 电控液力自动变速器的液压控制系统有哪些组成部分？

(2) 什么是路试？

(3) 什么是失速试验？

4.6.1 液压控制系统概述

自动变速器的自动控制是靠液压控制系统完成的。液压控制系统由动力源、执行机构和控制机构三部分组成，主要元件如图 4-31 所示。

动力源是由液力变矩器泵轮驱动的液压泵，除了向控制机构、执行机构供给压力油实现换挡外，还向液力变矩器提供冷却补偿油，向行星齿轮变速器提供润滑油。

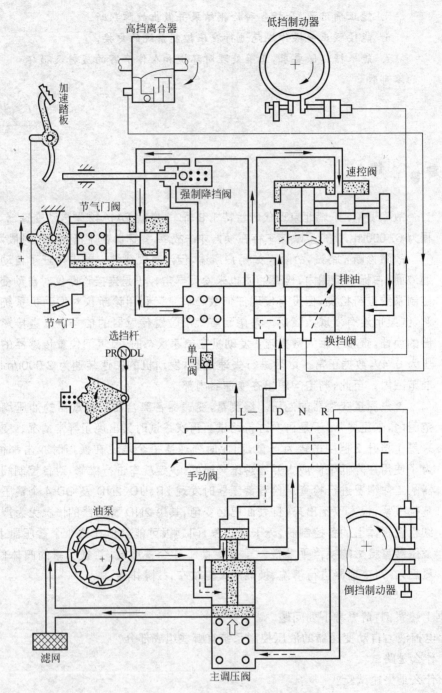

图 4-31 液压控制系统的基本组成

执行机构包括各离合器、制动器的液压缸。其功用是在控制油压的作用下实现离合器的接合和分离、制动器的制动和松开动作,以便得到相应的挡位。

控制机构包括阀体和各种阀,主要有主调压阀、副调压阀、手动阀、换挡阀、节气门阀、速控阀(调速器)、强制降挡阀等。

液压控制系统还包括一些辅助装置,如用于防止换挡冲击的蓄能器、单向阀等。

液压系统的工作过程如下：液压泵将自动变速器油从自动变速器油底壳中泵出来、加压，并经过主调压阀的调压，形成具有一定压力的自动变速器油，一般称为主油压（或管道压力）。主油压作用在节气门阀和速控阀上，分别产生与节气门开度和车速成正比的节气门油压和速控油压。节气门油压和速控油压作用在换挡阀上，以控制换挡阀的动作。节气门油压和速控油压还要反馈给主调压阀，以根据节气门的开度和车速调节主油压。主油压经过手动阀后作用在各换挡阀上，换挡阀的动作切换油道，使经过手动阀的主油压作用到不同的换挡执行元件（离合器、制动器）以得到不同的挡位。主油压还作用在副调压阀上，并把自动变速器油分别送到油冷却器进行冷却、送到机械变速器相应元件处进行润滑，以及送到液力变矩器中作为液力变矩器的工作介质。

4.6.2 动力源

动力源是被液力变矩器泵轮驱动的液压泵。液压泵又称油泵，一般位于液力变矩器和行星齿轮系统之间。其类型主要有齿轮泵、转子泵和叶片泵，如图 4-32 所示。3 种泵的共同特点是：内部元件（转子）由液力变矩器花键毂或驱动轴驱动，外部元件与内部元件之间有一定的偏心距。

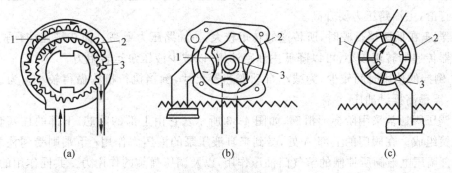

图 4-32　液压泵
(a) 齿轮泵；(b) 转子泵；(c) 叶片泵
1—腔室；2—外部元件；3—内部元件

常用的油泵为内啮合齿轮泵，主要由主动齿轮、从动齿轮、月牙板、壳体等组成。主动齿轮为外齿轮，从动齿轮为内齿轮，在壳体上有一个月牙板，把主、从动齿轮不啮合的部分隔开，并形成两个工作腔，分别为进油腔和出油腔。进油腔与泵体上的进油口相通，出油腔与泵体上的出油口相通。主动齿轮内径上有两个对称的凸键，与液力变矩器后端油泵驱动毂的键槽或平面相配合。因此，只要发动机转动，油泵便转动并开始供油。

油泵在工作过程中，主动齿轮带动从动齿轮转动，在齿轮脱离啮合的一端（进油腔），容积不断变大，产生真空吸力，将液压油从油底壳经滤网吸入油泵。在齿轮进入啮合的一端（出油腔），容积不断减小，油压升高，把液压油从出油腔挤压出去。这样，油泵不断地运转，形成了具有一定压力的油液，供给自动变速器工作。

油泵使用时应注意以下几点。

（1）发动机不工作时，油泵不泵油，变速器内无控制油压。推车启动时，即使在 D 位或 R 位，输出轴实际上是空转，发动机无法启动。

(2) 车辆被牵引时,发动机不工作,油泵也不工作,无压力油。长距离牵引,齿轮系统无润滑油,磨损加剧。因此牵引距离不应超过50km,牵引速度不得高于30～50km/h。

(3) 变速器齿轮系统有故障或严重漏油时,牵引车辆应将传动轴脱开。对于前轮驱动的汽车,应将前轮悬空牵引。

4.6.3 控制机构的结构和工作原理

控制机构主要包括主油路系统、换挡信号系统、换挡阀系统和缓冲安全系统。根据其换挡信号系统和换挡阀系统采用的控制方式,可将控制机构分为液控式和电控式两种。

1. 主油路系统

液压油从液压泵输出后,即进入主油路系统,液压泵是由发动机直接驱动的,输出流量和压力均受发动机运转状况的影响,变化很大。因此在主油路系统中必须设置主油路调压阀,其作用是将液压泵输出压力精确调节到所需值后再输入主油路。主油路系统在不同工况、不同挡位时,具有不同的油压要求。

① 油门开度较小时,自动变速器所传递的转矩较小,执行机构中的离合器、制动器不易打滑,主油路压力可以降低。当发动机油门开度较大时,因传递的转矩增大,为防止离合器、制动器打滑,主油路压力要升高。

② 汽车在低速挡行驶时,所传递的转矩较大,主油路压力要高。而在高速挡行驶时,自动变速器传递的转矩较小,可以降低主油路油压,以减少液压泵运转阻力。

③ 倒挡的使用时间较少,为减小自动变速器尺寸,倒挡执行机构做得较小。为避免出现打滑,需提高操纵油压。

主调压阀通常采用阶梯形滑阀,如图4-33所示。它由上部的阀芯、下部的柱塞套筒及调压弹簧组成。在阀门的上部A处,受到来自液压泵的液压力作用;下端则受到柱塞下部C处来自调压电磁阀所控制的节气门油压作用,以及调压弹簧的作用力。共同作用的平衡,决定了阀体所处的位置。

若液压泵压力升高,作用在A处向下的液压力大,推动阀体下移,出油口打开,液压泵输出的部分油液经出油口排回到油底壳,使工作油压力被调整到规定值。当加速踏板踩下时,发动机转速增加,液压泵转速随之加快,由液压泵产生的液压力也升高,向下的液压作用力增大。但在此时,节气门控制油压也增强,使得C处向上的作用力也增大,于是主调压阀继续保持平衡,满足了发动机功率增加时主油路油压增大的要求。

倒挡时,手动阀打开另一条油路,将压力油引入主调压阀柱塞的B腔,使向上推动阀体的作用力增加,阀芯上移,出油口被关小,主油路压力增高,从而获得高于D、2、L等前进挡位的管路压力。

2. 换挡信号系统

给自动变速器提供换挡操作的有两个换挡信号:发动机负荷与车速。在液力自动变速器的液压控制系统中这两个信号分别由节气门阀和离心调速阀提供。

(1) 节气门阀

节气门阀受发动机加速踏板的控制,随节气门开度大小(即发动机负荷大小)而改变其输出油压力,输出油压的高低是自动换挡的一个信号。根据输入方式的不同,节气门阀分为

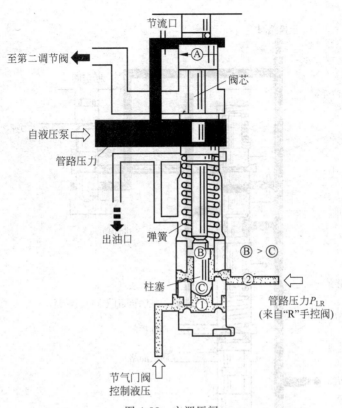

图 4-33 主调压阀
①—来自节气门阀的液压油;②—来自手动换挡阀的液压油

机械式和真空式两种。

机械式节气门阀如图 4-34 所示,它由上部的节气门阀体、复位弹簧、下部的强制低挡柱塞和调压弹簧组成。阀体和强制低挡柱塞不直接接触,通过调压弹簧联系在一起。强制低挡柱塞下端装有滚轮,与节气门阀凸轮接触。节气门阀凸轮经钢丝缆绳与加速踏板相连。

来自液压泵的压力油由节气门阀的进油口进入,经阀口节流后,从出油口接至换挡阀。另外节气门阀上还有两个控制油口,分别与来自断流阀的油压及出油口油压相通,使阀体在A、B 处受到向下的液压作用力。当发动机怠速运行时,阀上进油口处的节流口开度很小,输出的油压很低。踩下加速踏板时,节气门缆绳被拉动,节气门凸轮作顺时针转动,将强制低挡柱塞上推,压缩调压弹簧。调压弹簧则推动节气门阀体向上,使节流口开大,节气门阀输出油压力增高。加速踏板越往下踩,发动机节气门开度越大,节气门阀凸轮转动角度也越大,强制低挡柱塞上移越多,节气门阀体向上移动也越多,节流口也越大,使得节气门阀输出油压越高,从而使发动机节气门的开度大小与自动变速器节气门阀输出油压对应。

(2) 离心调速阀

离心调速阀也被称作离心调速器,或称速控阀,其作用是为自动变速器换挡阀提供一个随车速大小而变化的控制油压。因其基本原理是利用轴旋转时重块所产生的离心力来控制滑阀阀芯的位置,故称为离心调速阀。离心调速阀通常装在变速器的输出轴上,由输出轴直接或间接驱动。常见的离心调速阀有两种:普通复合式双级调速阀和中间传动复合式双级调速阀。以普通复合式双级调速阀说明其工作原理。

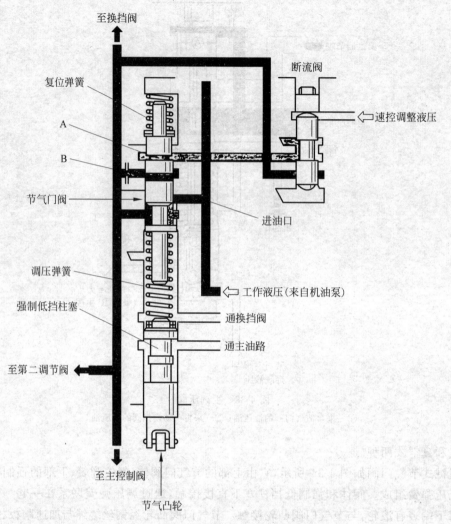

图 4-34 机械式节气门阀

普通复合式双级调速阀如图 4-35 所示,通常装在变速器的输出轴上,由输出轴直接驱动。调速阀的外壳与盖用螺钉连接,套装并用锁紧螺钉固定在变速器输出轴上,使整个离心调速阀可以随变速器的输出轴转动。在输出轴的一侧有滑阀,另一侧是离心重块。

当自动变速器输出轴不转动时,速控阀无速控油压输出,如图 4-35(a)所示。当自动变速器输出轴转动时,速控阀输出油压的高低与车速相对应,如图 4-35(b)所示。车速低,速控阀输出的油压低;车速高,速控阀输出的油压高。

3. 换挡阀系统

换挡阀的功用是根据换挡控制信号或油压切换挡位油路,以实现两个挡位的转换。换挡阀直接与换挡控制元件(离合器、制动器)相通。当换挡阀动作后,会切换相应的油道以便给相应挡位的离合器和制动器供油,得到所需要的挡位。换挡阀的数量与自动变速器前进挡的个数有关。一般 4 挡自动变速器需要 3 个换挡阀,即 1—2 挡换挡阀、2—3 挡换挡阀和 3—4 挡换挡阀。

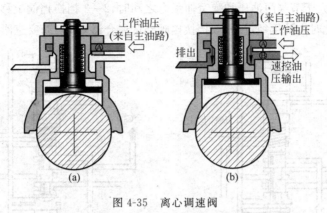

图 4-35 离心调速阀
(a)自动变速器输出轴不转动;(b)自动变速器输出轴转动

换挡阀系统主要由手动阀、换挡阀和强制低挡阀组成。

(1) 手动阀

手动阀通过连杆机构与驾驶室内的变速器选挡操纵手柄相连,驾驶员操纵换挡手柄可以带动手动阀移动,其作用是根据选挡杆位置的不同依次将管路压力导入相应各挡油路。图 4-36 为某自动变速器的手动阀。当驾驶员操纵选挡杆时,手动阀会移动,使主油压通往不同的油道。P 位时,主油压会通往 P、R 和 L 位油道;R 位时,主油压会同时通往 P、R 和 L 位油道与 R 位油道;N 位时,手动阀会将主油压进油道切断,因此不会有主油压通往各换挡阀;D 位时,主油压会通往 D、2 和 L 位油道;2 位时,主油压会同时通往 D、2 和 L 位油道与 2 和 L 位油道;L 位时,主油压会同时通往 D、2 和 L 位油道与 2 和 L 位油道及 P、R 和 L 位油道。

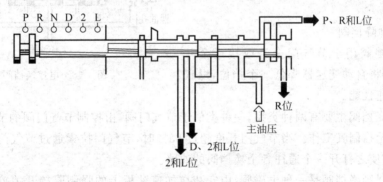

图 4-36 自动变速器手动阀

(2) 换挡阀

在液力自动变速器中,换挡阀使用液控换挡阀;在电控液力自动变速器中,换挡阀使用电控换挡阀。

① 液控换挡阀。

液控换挡阀是弹簧液压作用式的方向控制阀,它有两个工作位置,可以实现升挡或降挡的自动变换。以 2—3 挡换挡阀为例说明。

如图 4-37(a)所示为 2 挡时的情况,此时在节气门油压、速控油压及弹簧作用下,2—3 挡换挡阀处于下方位置,主油压不能到达离合器 C_2,所以自动变速器处于 D2 挡;当车速增加到一定程度,速控油压大于节气门油压和弹簧伸张力之和时,2—3挡换挡阀上移处于上方位置,如图4-37(b)所示,此时主油压经过2—3挡换挡阀到达离合器C_2,自动变速器换至D3挡。

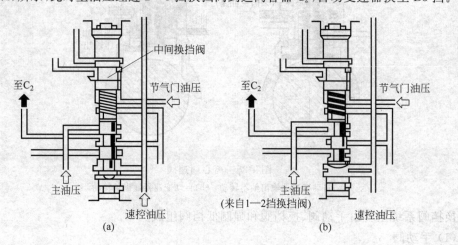

图4-37　2—3挡换挡阀
(a) 2挡时;(b) 3挡时

② 电控换挡阀。

电控换挡阀两端作用于用于控制节气门阀和速控阀油压的电磁阀A、B,如图4-38所示。换挡时,电磁阀通断电,使换挡阀两端油压发生变化,换挡阀产生位移,改变油路,从而实现换挡。

(3) 强制降挡阀

强制降挡阀用于节气门全开或接近全开时,强制性地将自动变速器降低一个挡位,以获得良好的加速性能。

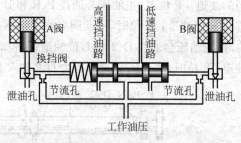

图4-38　电控换挡阀

强制性降挡阀主要有两种类型,一种类似于节气门阀,由控制节气门阀的节气门拉索和节气门阀凸轮控制其工作。当节气门开度超过85%时,节气门拉索通过节气门阀凸轮推动强制降挡阀,使之打开一个通往各个换挡阀的油路。

另一种强制降挡阀是一种电磁阀,由安装在加速踏板上的强制降挡开关控制。当节气门开度超过85%时,强制降挡开关闭合,使强制降挡电磁阀通电,电磁阀作用在阀杆上的推力消失,阀芯在弹簧弹力的作用下右移,打开油路,主油路压力油进入换挡阀的左端(作用在节气门油压的一端),强迫换挡阀右移,让自动变速器降低一个挡位。

4. 缓冲安全系统

为防止自动变速器在换挡时出现冲击,装有许多起缓冲和安全作用的液压阀和减振器。这类装置统称为缓冲安全系统。

(1) 蓄压减振器

自动变速器中常用蓄压减振器来缓冲换挡冲击,蓄压减振器也称蓄能减振器或减振器,一般由减振活塞和弹簧组成。

(2) 倒挡离合器顺序阀

在一些自动变速器中装有倒挡离合器顺序阀,它用于自动变速器换倒挡时减小换挡冲击。

(3) 调整阀

换挡阀动作时,如主油路压力被立即加载至执行元件,将会产生较大的冲击。为进行缓冲,油路中设置了一些调整阀,如中间调整阀、滑行调整阀等。其工作原理基本相同。

4.6.4 自动变速器的试验

1. 自动变速器的油压试验

油压试验是在自动变速器运转时,对控制系统各个油压进行测量。油压过高,会使自动变速器出现严重的换挡冲击,甚至损坏控制系统;油压过低,会造成换挡执行元件打滑,加剧其摩擦片的磨损,甚至使换挡执行元件烧毁。

(1) 前进挡主油路油压测试方法

① 拆下变速器壳体上主油路测压孔或前进挡油路测压孔螺塞,接上油压表。

② 启动发动机。

③ 将操纵手柄拨至前进挡 D 位置。

④ 读出发动机怠速运转时的油压。该油压即为怠速工况下的前进挡主油路油压。

⑤ 用左脚踩紧制动踏板,同时用右脚将油门踏板完全踩下,在失速工况下读取油压。该油压即为失速工况下的前进挡主油路油压。

⑥ 将操纵手柄拨至空挡或停车挡,让发动机怠速运转 1min 以上。

⑦ 将操纵手柄拨至各个前进低挡(S、L 或 2、1)位置,重复①~⑥的步骤,读出各个前进低挡在怠速工况和失速工况下的主油路油压。

(2) 倒挡主油路油压测试方法

① 拆下自动变速器壳体上的主油路测压孔或倒挡油路测压孔螺塞,接上油压表。

② 启动发动机。

③ 将操纵手柄拨至倒挡 R 位置。

④ 在发动机怠速运转工况下读取油压。该油压即为怠速工况下的倒挡主油路油压。

⑤ 用左脚踩紧制动踏板,同时用右脚将油门踏板完全踩下,在发动机失速工况下读取油压。该油压即为失速工况下的倒挡主油路油压。

⑥ 操纵手柄拨至空挡 N 位置,让发动机怠速运转 1min 以上。

2. 道路试验

道路试验是诊断、分析自动变速器故障最有效的手段之一。此外,自动变速器在修复之后,也应进行道路试验,以检查其工作性能,检验检修质量。自动变速器的道路试验内容主要有:检查换挡车速、换挡质量以及检查换挡执行元件有无打滑等。在道路试验之前,应先让汽车以中低速行驶 5~10min,让发动机和自动变速器都达到正常工作温度。在试验中,通常应将 OD 开关置于 ON 的位置(即 OD OFF 灯熄灭),并将模式选择开关置于常规模式或经济模式。道路试验的方法如下。

(1) 升挡检查

将选挡杆置于 D 位,踩下加速踏板,使节气门保持在 50% 开度左右,让汽车起步加速,检查自动变速器的升挡情况。自动变速器在升挡时发动机会有瞬时的转速下降,同时车身有轻微的闯动感。正常情况下,汽车起步后随着车速的升高,试车者应能感觉到自动变速器能顺利地由1挡升入2挡,随后再由2挡升入3挡,最后升入超速挡。若自动变速器不能升入高挡(3挡或超速挡),说明控制系统或换挡执行元件有故障。

(2) 升挡车速的检查

在上述升挡检查过程中,当察觉到自动变速器升挡时,记下升挡车速。一般4挡自动变速器在节气门开度50%时由1挡升至2挡的车速为25~35km/h,由2挡升至3挡的车速为55~70km/h,由3挡升至4挡(超速挡)的车速为90~120km/h。由于升挡车速受节气门开度影响,即节气门开度不同时,升挡车速也不同,而且不同车型的自动变速器各挡位传动比的大小都不相同,其挡车速也不完全一样。因此,只要升挡车速基本保持在上述范围内,而且汽车行驶中加速良好,无明显的换挡冲击,都可以认为其升挡车速基本正常。若汽车行驶中加速无力,升挡车速明显低于上述范围,说明升挡车速过低(即升挡提前);若汽车行驶中有明显的换挡冲击,升挡车速明显示高于上述范围,说明升挡车速过高(即升挡滞后)。

升挡车速太低一般是控制系统的故障所致;升挡车速太高则可能是控制系统或换挡执行元件的故障所致。

(3) 换挡质量的检查

换挡质量的检查内容主要是检查有无换挡冲击。正常的自动变速器只能有不太明显的换挡冲击,特别是电控自动变速器的换挡冲击应十分微弱。若换挡冲击太大,说明自动变速器的控制系统或换挡执行元件有故障,其原因可能是主油压高或换挡执行元件打滑,应做进一步的检查。

(4) 锁止离合器工作状况的检查

自动变速器液力变矩器中锁止离合器的工作是否正常也可以采用道路试验的方法进行检查。试验中,让汽车加速至超速挡,以高于80km/h的车速行驶,并让节气门开度保持在低于50%的位置,使变矩器进入锁止状态。此时,快速将加速踏板踩下使节气门开度超过85%,同时检查发动机转速的变化情况。若发动机转速没有太大的变化,说明锁止离合器处于接合状态;反之,若发动机转速升高很多,则表明锁止离合器没有接合,其原因通常是锁止控制系统有故障。

(5) 发动机制动作用的检查

检查自动变速器有无发动机制动作用时,应将选挡杆置于2位或L位。在汽车以2挡或1挡行驶时,突然松开加速踏板,检查是否有发动机制动作用。若松开加速踏板后车速立即下降,说明有发动机制动作用;否则说明控制系统或换挡执行元件有故障。

(6) 强制降挡功能的检查

检查自动变速器强制降挡功能时,应将选挡杆置于D位,保持节气门开度为30%左右,在以2挡、3挡或超速挡行驶时突然将加速踏板完全踩到底,检查自动变速器是否被强制降低一个挡位。在强制降挡时,发动机转速会突然升至4 000rpm左右,并随着加速升挡,转速逐渐下降。若踩下加速踏板后没有出现强制降挡,说明强制降挡功能失效。若在强制降挡时发动机转速升高反常,达到5 000rpm,并在升挡时出现换挡冲击,则说明换挡执行元件打滑,应拆修自动变速器。

3. 失速试验

（1）失速试验的作用

① 检查液力变矩器各部件性能是否良好。例如，泵轮与涡轮之间的液流传动性能，导轮的液流传导性能，导轮单向离合器能否良好可靠地锁止导轮及准确释放导轮等。

② 检查自动变速器内部行星齿轮机构、换挡执行传动机构是否工作正常。例如，齿轮传动机构是否完好，检测离合器和制动器摩擦元件间承受大扭矩而不打滑的能力。

③ 发动机的输出功率是否正常。

④ 辅助其他试验或结合其他试验进行故障诊断。

（2）失速试验的操作

因为失速试验时，变速器内部受到极大的扭矩负荷，因此要首先做好以下工作。

① 根据原生产厂家的设计说明及现在变矩器的技术状态分析是否适合进行失速试验。

② 确认发动机加速性能良好，否则会造成测得的失速转速对自动变速器的技术性能反映失真。

③ 变速器内的油面与油温都必须正常，保证测试结果准确，防止对自动变速器的损害。

④ 脚制动器与驻车制动器的性能良好，保证试验时能充分地将车轮制动，满足测试操作的要求并保证安全。

⑤ 汽车须有良好的安全条件。用三角木等将车轮塞住，汽车周围不应有影响安全的人或障碍物。

试验操作步骤如下：实施驻车制动后，左脚踩住制动踏板，右脚迅速踏下加速踏板到最大加速位置，使发动机转速上升，当发动机转速上升到最大值（可通过发动机声音变化判断是否达到最大值）时，发动机的转速即为失速转速。

由于在试验时发动机功率全部在变矩器内损耗，会产生大量的热，所以失速时间不要过长，一般在 5s 之内，即读完数据后立即放松加速踏板。

影响失速转速的因素较多，不同发动机、不同的液力变矩器的失速转速不同，但大部分汽车自动变速器的失速转速都在 1 500～3 000r/min 的范围。

（3）利用失速转速值分析故障

① 失速转速的非正常情况有两种：高于规定值与低于规定值。生产厂家给出的失速转速值都是一个范围，而并非某一确定的值。通常在失速转速超出一定范围后才判断为失常。当转速过低（低于 500r/min 以上）或转速过高（超出 200r/min 以上）时，则认为异常。

② 失速转速过低故障分析。失速转速过低主要有液力变矩器与发动机工作不良两方面的原因，可以利用动力断开法进行检查。将选挡手柄置于 P、N 两挡中的任一挡位，让变矩器涡轮不带负荷，对发动机进行急加速。如果发动机转速能在急加速时很顺畅地上升，则说明发动机是正常的。如果汽车在行驶中出现加速不良，而高速时却很正常，则可判断为变矩器故障。

③ 失速转速过高故障分析。从测试原理可知，出现失速转速过高时，发动机与液力变矩器的故障可能性较小，故障一般都发生在变速器部分，主要是换挡执行元件打滑引起的。如果在所有行驶挡位失速转速均高，则原因可能为液压系统主油路压力过低，或内部换挡执

行元件损坏较严重,如超速挡机构直接制动器 B_4 及单离合器损坏;如果在前进挡 D 位,失速转速正常,而 R 位的失速转速较高,则说明直接挡离合器、低倒挡制动器液压活塞损坏;如果 R 位失速转速正常,前进挡位(D、2、L)失速转速过高,则说明前进挡离合器及摩擦元件有故障,超速挡机构单向离合器及 1 挡单向离合器有故障。

4. 时滞试验

(1) 试验操作方法

变速器油温正常后,将汽车停在平地上,拉好驻车制动器,在 N 挡时启动发动机。踩住制动踏板,将选挡手柄推入 R 挡或 D 挡的瞬间按下秒表开始计时,直至感觉有振动感的瞬间终止计时。然后再将选挡手柄置于 N 挡,放松制动踏板。由于在操作时会因秒表按下的快慢而影响计时的准确性,因此在操作时需多次测试,最后取平均值。

各种自动变速器的时滞时间有所不同,但一般都在 1~2s 这个范围内,新型电控液动变速器的时滞时间可能会稍短些。一般 R 位比 D 位的时滞时间长 0.3~0.5s,因为在液压操作系统中倒挡油压较高,为了避免较大振动,蓄压器等缓冲装置要求油压上升更缓慢些;另外,低倒挡制动器的摩擦片较多,制动器间隙也较大,因此活塞的行程也较长,液压缸容积变化较大,致使时滞时间较 D 位长。

(2) 时滞试验分析

① 如果进 R 位和 D 位时滞时间过长,则原因可能为控制油液的压力过低;超速挡机构直接挡离合间隙过大。

② 如果进 R 位正常,而进 D 位时滞时间过长,则原因可能为前进挡控制阀阻滞;前进挡位油路或换挡执行元件活塞有泄漏,使压力降低;前进挡离合器等元件间隙过大;D 位或相应执行元件的液压蓄压器背压泄漏或弹簧变软及折断。

③ 如果进 D 位正常,而进 R 位时滞时间过长,则原因可能为倒挡控制阀有阻滞;倒挡油路或倒挡执行元件活塞及蓄压器等有泄漏,使压力降低;倒挡离合器、制动器、直接挡离合器等摩擦元件间隙过大;倒挡蓄压器背压泄漏或弹簧变软及折断。

必须注意的是,经过时滞试验得到的结果只能作为一种参考,必须结合其他试验结果及故障现象进行故障诊断。

【自我测试】

1. 填空题

(1) 自动变速器的液压控制系统由_____、执行机构和_____三部分组成。

(2) 动力源是由液力变矩器_____驱动的_____,除了向控制机构、执行机构供给压力油实现换挡外,还向_____提供冷却补偿油,向行星齿轮变速器提供润滑油。

(3) 自动变速器的执行机构包括各_____、_____的液压缸。

(4) 动力源是被液力变矩器_____驱动的液压泵。液压泵又称油泵,一般位于_____和行星齿轮系统之间。

(5) 自动变速器液压泵的共同特点是:内部元件(转子)由液力变矩器_____或_____驱动,外部元件与内部元件之间有一定的偏心距。

(6) 自动变速器控制机构主要包括主油路系统、_____、_____和缓冲安全系统。

(7) 换挡信号系统给自动变速器提供换挡操作的有两个换挡信号：发动机_____与车速。

(8) 换挡阀的功用是根据_____或油压切换挡位油路，以实现_____个挡位的转换。换挡阀直接与换挡控制元件（_____、制动器）相通。

(9) 换挡阀系统主要由_____、_____和强制低挡阀组成。

(10) 强制降挡阀用于节气门_____时，强制性地将自动变速器_____一个挡位，以获得良好的加速性能。

2. 简答题

(1) 自动变速器液压系统是如何工作的？
(2) 油泵使用时的注意事项有哪些？
(3) 主油路系统在不同工况、不同挡位时对油压的要求有哪些？
(4) 主调压阀的工作过程是什么？
(5) 节气门阀的分类及工作过程是什么？
(6) 离心调速阀是如何工作的？
(7) 换挡阀是如何工作的？
(8) 换挡控制原理是什么？

3. 论述题

(1) 论述自动变速器是如何进行道路试验的。
(2) 论述自动变速器的油压试验方法步骤是什么。

学习单元 4.7 电子控制系统的检修

【学习目标】

1. 能通过与客户交流、查阅相关维修技术资料等方式获取车辆信息。
2. 掌握电子控制系统的组成及工作原理。
3. 能根据故障现象制订正确的维修计划。
4. 能正确选择诊断设备对电子控制系统引起的故障进行诊断。
5. 能正确记录、分析各种检测结果并做出故障判断。
6. 能按照正确操作规范进行电子控制系统的更换。
7. 能根据环保要求，正确处理对环境和人体有害的废料及损坏的零部件。

故障现象：一辆1995款、装配A340E自动变速器的丰田皇冠乘用车，行驶里程为120 000km。该车在行驶过程中仪表盘上的O/D OFF指示灯常亮，换挡冲击较大。

故障诊断：检查发现仪表盘上的O/D OFF指示灯不灭。用导线跨接故障检查插接器中的TE1与E1两个端子，发动机电控系统无故障。用导线将TT与E1端子短接后，O/D OFF指示灯常亮，说明自动变速器控制系统电路有故障或者ECU中的自动变速器控制电路有故障。

经试验，把变速杆放在P、N挡位置，发动机可以启动；把变速杆分别放在R、D、2、L挡位置时发动机不能启动，说明自动变速器的空挡启动开关工作正常。按下变速杆上的O/D OFF开关，仪表盘上的O/D OFF指示灯不受O/D OFF开关的控制而始终常亮，说明O/D OFF指示灯显示电路有故障。按下变速杆座上的变速器运行方式选择开关时，仪表盘上的PWR绿色指示灯亮，关闭此开关后PWR绿色指示灯熄灭，说明自动变速器运行方式指示电路正常。

完成以上检查后进行道路试车。汽车在行驶过程中，特别是在急加速、减速过程中，变速器换挡迟缓，冲击较为严重，并且仪表盘上的Check警告灯偶尔闪烁后又熄灭；O/D OFF指示灯常亮。

拆下水温传感器，检查水温传感器在各种温度下的电阻值，经检查水温传感器正常。放出自动变速器内的油，拆下油底壳，发现油底壳内无任何机械杂质，变速器内非常干净，油泵的吸油滤网也很干净，无堵塞。取下1号电磁阀、2号电磁阀及锁定电磁阀的线束插头，用数字式万用表检查电磁阀的电阻值为13Ω左右(正常值为11~15Ω)，电阻值正常；直接用12V电源驱动电磁阀，各电磁阀活动正常，无堵塞及卡滞现象，电磁阀工作正常。检查完毕插上电磁阀的线束接头，装好油底壳并加注自动变速器油至油尺的上刻线位置。

用万用表全面检查自动变速器的控制线路。经检查发现：从发动机控制ECU线束插头上THW端子到水温传感器线束插头上的THW端子之间的导线因绝缘层破损造成导线出现瞬间短路(搭铁)现象，使水温信号传输紊乱；从空挡启动开关线束接头上S2端子到ECU线束插头上相应的S2端子之间的导线因导线绝缘层损破使导线出现瞬间短路故障，造成自动变速器中的2号电磁阀不能正常工作；从2号车速传感器线束插头上SP2端子到控制ECU线束插头上相应的SP2端子之间的导线因导线绝缘层破损使导线出现瞬间短路(搭铁)故障，使2号车速传感器向ECU传输的车速信号不正常；O/D OFF指示灯一端的导线对地短路(搭铁)，造成O/D开关不能控制O/D OFF指示灯。

用万用表逐段查找导线断路及短路的具体位置，把导线接好，经路试检查，自动变速器控制系统故障彻底排除。

根据上述案例,请思考下列问题。
(1) 电子控制系统有哪些组成部分?各有什么作用?
(2) 发动机 ECU 与自动变速器 ECU 有何关联?

4.7.1 电子控制系统的组成

自动变速器的电子控制系统包括传感器、电子控制单元(ECU)和执行器三部分,其组成框图如图 4-39 所示。

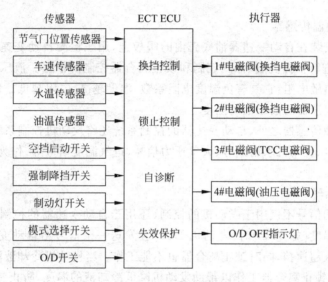

图 4-39 电子控制系统组成框图

传感器部分主要包括节气门位置传感器、车速传感器、发动机转速传感器、输入轴转速传感器、冷却水温传感器、变速器油温传感器、空挡启动开关、强制降挡开关、制动灯开关、模式选择开关、O/D 开关等。

执行器部分主要包括各种电磁阀和故障指示灯等。

ECU 主要有换挡控制、锁止离合器控制、油压控制、失效保护和故障诊断等功能。

1. 输入信号

(1) 节气门位置传感器

汽车发动机的节气门是由驾驶员通过油门踏板操纵的,以便根据不同的行驶条件控制发动机运转。例如,上坡或加速时节气门开度大,而下坡或等速行驶时节气门开度小。这些不同条件对汽车自动变速器的换挡规律的要求有很大的不同。电子控制自动变速器是利用安装在发动机节气门体上的节气门位置传感器来测得节气门的开度,作为 ECU 控制自动变速器挡位变换的依据,从而使自动变速器的换挡规律在任何行驶条件下都能满足汽车的实际使用要求。

(2) 车速传感器

常用的车速传感器有电磁式、舌簧开关式、光电式 3 种形式。一般自动变速器装有两个车速传感器,分别为 1 号和 2 号传感器。2 号车速传感器一般为电磁式的,它装在变速器输出轴附近的壳体上,为主车速传感器。1 号车速传感器一般为舌簧开关式的,为副车速传感器,它装在车速表的转子附近,负责车速的传输,它同时也是2号车速传感器的备用件,当2号车速传感器失效后,由1号车速传感器代替工作。

(3) 输入轴转速传感器

输入轴转速传感器安装在行星齿轮变速器的输入轴(液力变矩器涡轮输出轴)附近或与输入轴连接的离合器鼓附近的壳体上,用于检测输入轴转速,并将信号送入ECU,以更精确地控制换挡过程。它还作为变矩器涡轮的转速信号,与发动机转速即变矩器泵轮转速进行比较,计算变矩器的转速比,以优化锁止离合器的控制过程,减小换挡冲击,改善汽车的行驶平顺性。

(4) 变速器油温传感器

油温传感器安装在自动变速器油底壳内的阀板上,用于检测自动变速器的液压油的温度,以作为ECU进行换挡控制、油压控制和锁止离合器控制的依据。液压油温度传感器内部是一个半导体热敏电阻,它具有负温度电阻系数,温度越高,电阻越低。ECU根据其电阻的变化测出自动变速器的液压油的温度。

除了上述各种传感器之外,自动变速器的控制系统还将发动机控制系统中的一些信号,如发动机转速信号、发动机水温信号、大气压力信号、进气温度信号等,作为控制自动变速器的参考信号。

(5) 水温传感器

水温传感器的信号不仅用于发动机的控制,还用于自动变速器的控制。当发动机冷却液温度低于设定温度(如60℃)时,发动机ECU会发送一个信号给自动变速器ECU,以防止自动变速器换入超速挡,同时锁止离合器也不能工作。当发动机冷却液温度过高时,自动变速器ECU会使锁止离合器工作以帮助发动机降低冷却液的温度,防止变速器过热。

如果水温传感器发生故障,发动机ECU会自动将冷却液温度设定为80℃,以便发动机和自动变速器工作。

(6) 超速挡开关

超速挡开关安装在自动变速器操纵手柄上,用于控制自动变速器的超速挡。如果超速挡开关打开,变速器操纵手柄又处于D位,则自动变速器随着车速的提高而升挡时,可升到最高挡(即超速挡);而开关关闭时,无论车速多高,自动变速器最多只能升至次高挡。

在驾驶室仪表板上,有"O/D OFF"指示灯显示超速挡开关的状态。当超速挡开关打开时,"O/D OFF"指示灯熄灭,而当超速挡开关关闭时,"O/D OFF"指示灯随之亮起。

(7) 模式选择开关

模式选择开关又称程序开关,用于选择自动变速器的控制模式,即选择自动变速器的换挡规律,以满足不同的使用要求。

① 经济模式(Economy):该模式以汽车获得最佳燃油经济性为目标设计换挡规律。当自动变速器在经济模式下工作时,其换挡规律使汽车在行驶过程中,发动机经常在经济转速范围内运转,降低了燃油消耗。发动机转速相对较低时会换入高挡,即提前升挡,延迟降挡。

② 动力模式(Power):该模式以汽车获得最大动力性为目标设计换挡规律。当自动变速器在动力模式下工作时,其换挡规律使汽车在行驶过程中,发动机经常处在大转矩、大功率范围内运行,提高了汽车的动力性能和爬坡能力。只有发动机转速较高时,才能换作高挡,即延迟升挡,提前降挡。

③ 普通模式(Normal)：普通模式的换挡规律介于经济模式与动力模式之间,它使汽车既保证了一定的动力性,又有较好的燃油经济性。

④ 手动模式(Manual)：该模式让驾驶员可在1～4挡以手动方式选择合适的挡位,使汽车像使用手动变速器一样行驶,而又不必像使用手动变速器那样换挡时必须踩离合器踏板。

(8) 空挡启动开关

空挡启动开关有两个功用,一是给自动变速器ECU提供挡位信息,二是保证只有选挡杆置于P或N位时才能启动发动机。

如图4-40所示,当选挡杆置于不同的挡位时,仪表盘上相应的挡位指示灯会点亮。当ECU的端子N、2或L与端子E接通时,ECU便分别确定变速器位于N、2或L位；否则,ECU便确定变速器位于D位。只有当选挡杆置于P或N位时,端子B与NB接通,才能给启动电机通电,使发动机启动。

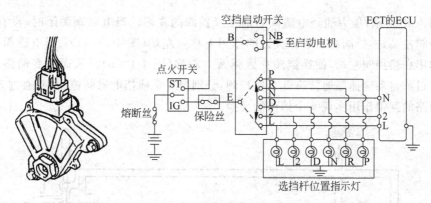

图4-40 空挡启动开关线路图

(9) 制动灯开关

制动灯开关安装在制动踏板支架上,踩下制动踏板时开关接通,通知ECU已经制动,松开变矩器锁止离合器,同时点亮制动灯。还可以防止当驱动轮制动抱死时,发动机突然熄火。

2. 输出装置

电控自动变速器中典型的输出装置是电磁阀。电磁阀是电子控制系统的执行元件,按其作用可以分为换挡电磁阀、锁止电磁阀和调压电磁阀。

(1) 换挡电磁阀

如图4-41所示,电磁阀采用球阀结构。当螺旋线圈通电时,电流产生磁力场,强制中央的柱塞克服弹簧力,向右移动,迫使钢球位于阀座上,使阀门关闭,这样控制口油压和回油隔离。当电磁阀断电时,弹簧力强制中央的柱塞回到左侧的位置,钢球脱离阀座,控制口油压和回油口相通,控制口处于卸压状态。通过两位两通电磁阀的通/断电变化,实现换挡阀位置变化,从而实现挡位的升降。目前大部分的电控变速器的换挡电磁阀都采用这种结构。

电液式控制系统换挡阀的工作完全由换挡电磁阀控制,其控制方式有两种：一种是加压控制,即通过开启或关闭换挡阀控制油路进油孔来控制换挡阀的工作；另一种是泄压控制,即通过开启或关闭换挡阀控制油路泄油孔来控制换挡阀的工作。加压控制方式的工作

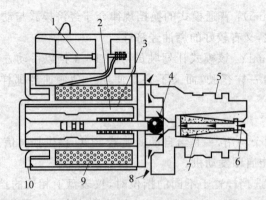

图 4-41 换挡电磁阀的结构

1—接插件；2—可动铁芯；3—弹簧；4—钢球；5—O形圈；6—控制油压；
7—过滤器；8—泄油口；9—螺旋线圈；10—骨架

原理如图 4-42 所示，压力油经电磁阀后通至换挡阀的左端。当电磁阀关闭时，没有油压作用在换挡阀左端，换挡阀在右端弹簧力的作用下移向左端（图 4-42(a)）；当电磁阀开启时，压力油作用在换挡阀左端，使换挡阀克服弹簧力右移（图 4-42(b)），从而改变油路，实现挡位变换。目前自动变速器通常有 3 个换挡阀，分别由 3 个换挡电磁阀控制，并通过 3 个换挡阀之间油路的互锁作用实现 4 个挡位的变换。

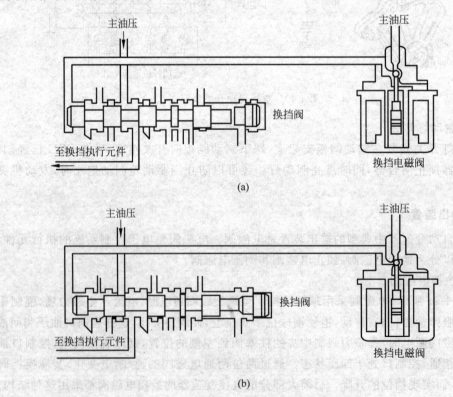

图 4-42 电液控制系统换挡阀的工作原理
(a) 电磁阀关闭；(b) 电磁阀开启

(2) 压力控制电磁阀

压力控制电磁阀是一种精确的电子压力调节器,如图4-43所示。它根据流经螺旋线圈的电流大小控制变速器的主回路油压。当电流增大时,由线圈产生的磁力场推动柱塞克服弹簧力进一步离开泄油口。通过增大电流,增大泄油口的开度,减小调节后的输出油压。

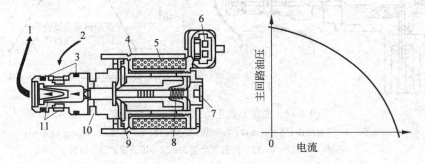

图4-43 压力控制电磁阀

1—控制油压输出;2—来自限压后的油压;3—O形圈;4—壳体;5—螺旋线圈;6—接插件;
7—调节螺塞;8—弹簧;9—膜片;10—泄油口;11—过滤网

ECU根据各种输入信号控制压力控制电磁阀,这些信号包括节气门开度、油液温度、进气歧管绝对压力传感器和挡位状态。压力控制电磁阀调节主回路实际是通过改变线圈的电流使电磁力发生变化,当电流大时,电磁力增大,泄油口开度大,被调制的油压减低;调制油压和电流成反比。

(3) 变速器锁止离合器(TCC)占空比电磁阀

图4-44是变矩器锁止离合器占空比电磁阀的结构,其结构和工作原理与换挡电磁阀类似,都属于两位两通电磁阀。它们之间的区别是:换挡电磁阀是常开的两位两通阀,而该电磁阀是常闭的两位两通阀,即电磁阀通电时,控制口油压和泄油口相通,处于卸压状态。另外,换挡电磁阀的通/断电的作用时间较长,只要汽车挡位没有变化,换挡电磁阀的通/断电状态同样没有变化。但是变矩器锁止离合器的占空比电磁阀工作状态却不同,它接收的是周期变化的信号。当断电时,和泄油口隔离,控制油压比较高。当通电时,和泄油口相通,控制油压又迅速下降。由于电磁阀的通/断电都是在瞬间完成的,因此通过改变占空比的不同比率,实现控制口不同油压的调节。当汽车的工作条件满足一定要求时,变矩器的锁止离合器进入作用状态,ECU立即增加占空比,大约增加到22%(图4-44中的A点)。ECU使占空比呈斜直线上升,直到占空比达到大约98%,完成全部的锁止离合器的作用油压。同样,当锁止离合器释放时,占空比率也呈斜直线下降。

3. ECU

电子控制自动变速器可以与发动机电子燃油喷射系统共用1个ECU,也可以使用独立的ECU。ECU是电子控制系统的核心,由接收器、控制器和输出装置三部分组成。接收器接收各输入装置的输出信号,并对其放大或调制;控制器将这些信号与内存中的数据进行对比,根据对比结果做出是否换挡等决定,再由输出装置将控制信号输送给电磁阀。

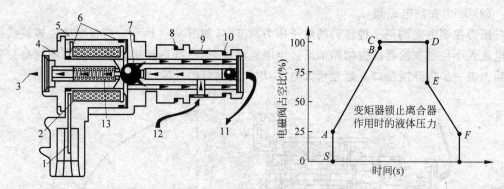

图 4-44 变矩器锁止离合器占空比电磁阀
1—接插件；2—螺旋线圈；3—泄油口；4—中间支承套筒；5—壳体；6、8、10—O 形圈；
7—钢球；9—过滤网；11—控制压力输出；12—压力源；13—弹簧

*4.7.2 ECU 的控制功能

1. 控制换挡时刻

汽车的最佳换挡车速主要取决于汽车行驶时的节气门开度。不同节气门开度下的最佳换挡车速可以用自动换挡图表示，如图 4-45 所示。由图可知，节气门开度越小，汽车的升挡车速和降挡车速越低；反之，节气门开度越大，汽车的升挡车速和降挡车速越高。这种换挡规律十分符合汽车的实际使用要求。例如，当汽车在良好的路面上缓慢加速时，行驶阻力较小，油门开度也小，升挡车速可相应降低，即可以较早地升入高挡，从而使发动机在较低的转速范围内工作，减少汽车油耗；反之，当汽车急加速或上坡时，行驶阻力较大，为保证汽车有足够的动力，油门开度应加大，换挡时刻相应延迟，也就是升挡车速相应提高，从而让发动机工作在较高的转速范围内，以发出较大的功率，提高汽车的加速和爬坡能力。

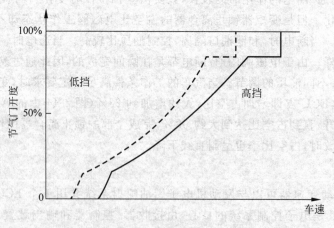

图 4-45 自动换挡图

在实际的换挡操作过程中，一般可以采用"收油门"的方法快速升挡。并且，升挡车速高于降挡车速，以免自动变速器在某一车速附近频繁升挡、降挡而加速自动变速器的磨损。

2. 控制主油路油压

电控式自动变速器的电液式控制系统以一个油压电磁阀产生节气门油压。油压电磁阀是脉冲式电磁阀，ECU 根据节气门位置传感器测定的节气门开度，控制油压电磁阀脉冲信号的占空比，使主油路油压随节气门开度而变化。节气门开度越大，脉冲信号的占空比越小，油压电磁阀排油孔开度越小，节气门油压也就越大。节气门控制油压被作为控制油压反馈到主油路调压阀，使主油路调压阀随着节气门开度的变化调节主油路油压的高低，以获得不同发动机负荷下主油路压力的最佳值，并将驱动油泵的动力减小到最小。

3. 控制锁止离合器

自动变速器在各种工作条件下的最佳锁止离合器控制程序被存储在 ECU 的存储器内，ECU 根据自动变速器的挡位、选取的控制模式等工作条件从存储器内选择相应的锁止控制程序，再将车速、节气门开度与锁止控制程序进行比较。当满足锁止条件时，ECU 即向锁止电磁阀发出电信号，使锁止离合器接合，液力变矩器按机械传动工况工作。在以下几种情况下可强制解除锁止：当汽车采取制动或节气门全闭时，为防止发动机失速，ECU 切断通向锁止电磁阀的电路强行解除锁止；在自动变速器升降挡过程中，ECU 暂时解除锁止，以减小换挡冲击；如果发动机冷却液的温度低于 60℃，锁止离合器应处于分离状态，加速预热，提高总体驾驶性能。

4. 控制换挡品质

为改善换挡质量，提高汽车的乘坐舒适性，目前常见的特殊控制功能有以下几种。

（1）换挡油压控制：在升挡或降挡的瞬间，ECU 通过油压电磁阀适当降低主油路油压，以减小换挡冲击，达到改善换挡质量的目的。

（2）减小转矩控制：在换挡的瞬间，通过延迟发动机的点火时间或减少喷油量，暂时减少发动机的输出转矩，以减小换挡冲击和汽车加速度出现的波动。

（3）N—D 换挡控制：在选挡手柄由停车位或空位（P 或 N）位置换至前进挡或倒挡（D 或 R）位置，或相反地进行换挡时，ECU 通过调整发动机的喷油量，将发动机的转速变化减至最低程度，以改善换挡质量。

5. 自动模式选择控制

ECU 通过各个传感器测得汽车行驶状况和驾驶员的操作方式，经过运算分析，自动选择采用经济模式、动力模式或普通模式进行换挡控制，以满足不同的行驶要求。

ECU 在进行自动模式选择控制时，主要参考换挡手柄的位置及加速踏板被踩下的速率，以判断驾驶员的操作目的，自动选择控制模式。

6. 发动机制动作用控制

ECU 按照设定的控制程序，在操纵手柄位置、车速、节气门开度等满足一定条件（如选挡手柄位于前进低挡位置，且车速大于 10km/h，节气门开度小于 1/8 时），向强制离合器电磁阀或强制制动器电磁阀发出信号，打开强制离合器或强制制动器的控制油路，使之接合或制动，让自动变速器具有反向传递动力的能力，从而在汽车滑行时可以实现发动机制动。

7. 失效保护

电控自动变速器的失效保护就是当变速器电子控制系统出现故障时，变速器仍然能够维持其基本工作。例如,在 ECU 完全失电的状态下,自动变速器至少还能提供一个前进挡位,让汽车能继续维持行驶。通常在自动变速器电子控制系统失效或部分失效的情况下,ECU 将发送下列工作指令。

(1) 提供最大的主回路油压

在电控自动变速器中主回路的设定油压由两部分组成:一是通过调压阀设置的额定油压,二是通过压力控制电磁阀根据发动机负荷信号附加的偏置油压。如果 ECU 处于失电状态,则压力控制电磁阀无法接受 ECU 的输出信号。在这种情况下,压力控制电磁阀的输入电流为零,而要求压力控制电磁阀有最大的调节油压输出。如果液压系统能够提供最大的主回路油压,则可以防止变速执行元件多片离合器和制动带在大负荷情况下打滑。此时 ECU 无法接收发动机的负荷信号。

(2) 传感器出现故障

① 节气门位置传感器出现故障时,ECU 根据怠速开关的状态进行控制。

当怠速开关断开时(加速踏板被踩下),按节气门开度为 1/2 进行控制,同时节气门油压为最大值;当怠速开关接通时(加速踏板完全放松),按节气门处于全闭状态进行控制,同时节气门油压为最小值。

② 车速传感器出现故障时,ECU 不能进行自动换挡控制,此时自动变速器的挡位由操纵手柄的位置决定。

在 D 位和 S(或 2)位固定为超速挡或 3 挡,在 L(或 1)位固定为 2 挡或 1 挡;或不论操纵手柄在任何前进挡位,都固定为 1 挡,以保持汽车最基本的行驶能力。许多车型的自动变速器有 2 个车速传感器,这 2 个传感器都与 ECU 相连,其中一个用于自动变速器的换挡控制,另一个为车速表的传感器。当用于换挡控制的车速传感器损坏时,ECU 可利用车速表传感器的信号控制换挡。

③ 输入轴转速传感器出现故障时,ECU 停止减扭矩控制,换挡冲击有所增大。

④ 液压油温度传感器出现故障时,ECU 按液压油温度为 80℃ 的设定进行控制。

(3) 执行器出现故障

① 换挡电磁阀出现故障时,不同的 ECU 有两种不同的失效保护功能。一是不论有几个换挡电磁阀出现故障,ECU 都将停止所有换挡电磁阀的工作,此时自动变速器的挡位将完全由操纵手柄的位置决定;在 D 位和 S(或 2)位时被固定为 3 挡,在 L(或 1)位时被固定为 2 挡。另一种是几个换挡电磁阀中有一个出现故障时,ECU 控制其他无故障的电磁阀工作,以保证自动变速器仍能自动升挡或降挡,但会失去某些挡位,而且升挡或降挡规律有所变化,例如,可以直接由 1 挡升到 3 挡或超速挡。

② 变矩器锁止离合器(TCC)处于关闭状态:一旦电控自动变速器处于失效保护状态,汽车只能在 2 挡或 3 挡起步,如果在这种情况下锁止离合器仍处于作用状态,则可能引起起步颤抖,甚至无法起步。为了保证锁止离合器在该工况下是释放的,则要求变矩器锁止离合器的控制电磁阀处于断电时,锁止离合器释放,而通电时锁止离合器可以作用。

③ 强制离合器或强制制动器电磁阀出现故障时,ECU 停止电磁阀的工作,让强制离合器或强制制动器始终处于接合状态,这样汽车减速时总有发动机制动作用。

④ 油压电磁阀出现故障时,ECU 停止锁止离合器控制,使油路压力保持最大。

8. 故障的自诊断

电控自动变速器中的 ECU 能够连续地采集汽车工作状态下的全部信息,中央处理器每隔一定时间收集一次输入和输出信号。ECU 从中能够判断发动机和变速器是否能够提供期望的性能。如果出现性能已经严重变坏的情况,则故障码被 ECU 存储,同时,汽车仪表板上的报警灯会被点亮。但有些故障码不会点亮报警灯,而是将故障存储在记忆器中。

4.7.3 电子控制系统的检修

1. 检查注意事项

(1) 在检测之前,应先检查自动变速器控制系统及其他电气系统各保险丝、熔断丝及有关的线束插头是否正常。

(2) 必须使用高阻抗的电压数字表,若用低阻抗的电压指针表可能会损坏 ECU。

(3) 必须在 ECU 和线束插头处于连接的状态下测量 ECU 各接脚的电压。

(4) 应从线束插头的电线一侧插入测笔测量各接脚的电压。

(5) 不可在拔下 ECU 线束插头的状态下,直接测量 ECU 的各接脚电阻,否则可能损坏 ECU。

(6) 若要拔下 ECU 的线束插头测量各控制线路,应先拆下蓄电池搭铁线。不可在蓄电池连接完好的状态下拔下 ECU 的线束插头,否则可能损坏 ECU。

(7) 应可靠地连接 ECU 的线束插头,否则可能损坏 ECU 内的集成电路等电子元件。

2. 电子控制系统的检修

自动变速器电子控制的传感器、执行器、开关等任何零部件产生故障,都会对自动变速器的工作产生影响。利用检测仪读取故障码,可以找出控制系统大部分故障的大致范围,但要确定故障所在的具体部位,还必须进一步检测。

1) 挡位开关的检修

挡位开关的检测方法如下。

(1) 用举升器将汽车升起。

(2) 拆下连接在自动变速器手动阀摇臂和操纵手柄之间的连杆。

(3) 拔下挡位开关的线束插头。

(4) 将手动阀摇臂拨至各个挡位,同时用万用表测量插座内各插孔之间的导通情况。

(5) 将测量结果与标准进行比较。如果有不符,应重新调整挡位开关。

2) 开关式电磁阀的检修

(1) 开关式电磁阀的就车检查。

① 用举升器将汽车升起。

② 拆下自动变速器的油底壳。

③ 拔下电磁阀的线束插头。

④ 用万用表测量电磁阀线圈的电阻。自动变速器的开关式电磁阀线圈的电阻一般为 10~30Ω。若电磁阀线圈短路、断路或电阻值不符合标准,应更换电磁阀。

⑤ 将 12V 电源施加在电磁阀线圈上,此时应能听到电磁阀工作的"咔嗒"声;否则,说明阀芯卡住,应更换电磁阀。

(2) 开关式电磁阀的性能检验。

① 拆下电磁阀。

② 将压缩空气吹入电磁阀进油口。

③ 当电磁阀线圈不接电源时,进油孔和泄油孔之间应不通气;否则,说明电磁阀损坏,应更换电磁阀。

④ 接上电源后,进油孔和泄油孔之间应相通;否则,说明电磁阀损坏,应更换电磁阀。

3) 脉冲线性式电磁阀的检修。

(1) 脉冲线性式电磁阀的就车检查。

① 用举升器将汽车升起。

② 拆下自动变速器的油底壳。

③ 拔下电磁阀的线束插头。

④ 用万用表测量电磁阀线圈的电阻值。脉冲线性式电磁阀的线圈电阻值较小,一般为 $2\sim 6\Omega$。若电磁阀线圈短路、断路或电阻值不符合标准,应更换电磁阀。

(2) 脉冲线性式电磁阀的性能检验。

① 拆下脉冲线性式电磁阀。

② 将蓄电池电源串联一个 8~10W 的灯泡,然后与电磁阀线圈连接(脉冲线性式电磁阀线圈电阻较小,不可直接与 12V 电源连接,否则会烧毁电磁阀线圈)。

③ 在通电时,电磁阀阀芯应向外伸出;断电时,电磁阀阀芯应向内缩入。如果异常,说明电磁阀损坏,应更换。

4) ECU 及其控制电路的检修

ECU 及其控制电路的故障可以用该车型的检测仪或通用于各种车型的解码器检测。如果不具备检测仪或解码器,可以采用另一种检测方法,即通过测量 ECU 连接器各接线端子的工作电压,判断 ECU 及其控制电路的工作是否正常。

上述检测方法只是对 ECU 及控制电路进行检修的一种辅助方法。因为 ECU 在工作中所接收或输出的信号有多种形式,如脉冲信号、模拟信号等,而一般的指针电压表只能测出电路的平均电压值,即使检测到 ECU 连接器各端子的工作电压都正常,也不能说明 ECU 绝对没有故障。

当自动变速器控制系统工作不正常时,如果用上述方法检测未发现异常,可以采用互换法判断 ECU 是否有故障。

【任务工单】

见附录中的任务工单 4-3。

【自我测试】

1. 填空题

(1) 自动变速器传感器部分主要包括＿＿＿＿传感器、＿＿＿＿传感器、发动机转速传感器、输入轴转速传感器、＿＿＿＿传感器、＿＿＿＿传感器、空挡启动开关、强制降挡开关、制动灯开关、模式选择开关、O/D 开关等。

(2) 自动变速器执行器部分主要包括各种_____和故障指示灯等。

(3) 自动变速器 ECU 主要完成_____、锁止离合器控制、_____、失效保护和故障诊断等功能。

(4) 一般自动变速器装有两个车速传感器。2 号车速传感器一般为_____的,它装在变速器_____附近的壳体上,为主车速传感器。

(5) 自动变速器中,当 2 号车速传感器失效后,由 1 号车速传感器代替工作。

(6) 输入轴转速传感器安装在行星齿轮变速器的输入轴(液力变矩器涡轮输出轴)附近或与输入轴连接的_____附近的壳体上,用于检测_____转速,并将信号送入 ECU,以更精确地控制换挡过程。

(7) 变速器油温传感器安装在自动变速器_____上,用于检测自动变速器的液压油的温度,以作为 ECU 进行换挡控制、_____和锁止离合器控制的依据。

(8) 自动变速器的电磁阀是电子控制系统的执行元件,按其作用可以分为_____电磁阀、锁止电磁阀和_____电磁阀。

(9) 自动变速器的液压油温度传感器出现故障时,ECU 按液压油温度为_____的设定进行控制。

(10) 自动变速器的节气门位置传感器出现故障时,ECU 根据怠速开关的状态进行控制。当怠速开关断开时(加速踏板被踩下),按节气门开度为_____进行控制,同时节气门油压为最大值。

(11) 自动变速器的车速传感器出现故障时,ECU 不能进行自动换挡控制,此时自动变速器的挡位由_____的位置决定。

2. 简答题

(1) 电控式自动变速器的电液式控制系统如何调节节气门油压?

(2) 电控自动变速器如何控制换挡品质?

(3) 电控自动变速器如何控制换挡时刻?

(4) 主油路系统对不同工况、不同挡位时油压的要求有何不同?

(5) 车速传感器有什么作用?

(6) 节气门位置传感器有什么作用?

(7) 输入轴转速传感器有什么作用?

(8) 变速器油温传感器有什么作用?

(9) 电控自动变速器有哪些失效保护功能?

3. 故障检修

(1) 开关式电磁阀的检修方法。

(2) 脉冲式电磁阀的检修方法。

学习情境5

车轮防滑转系统故障检修

学习单元5.1 电控防抱死制动系统(ABS)的检修

【学习目标】
1. 能通过与客户交流、查阅相关维修技术资料等方式获取车辆信息。
2. 掌握ABS系统的组成及工作原理。
3. 能根据故障现象制订正确的维修计划。
4. 能正确选择诊断设备对ABS系统引起的故障进行诊断。
5. 能正确记录、分析各种检测结果并做出故障判断。
6. 能按照正确操作规范进行ABS系统的更换。
7. 能根据环保要求，正确处理对环境和人体有害的废料及损坏的零部件。

【理论知识】
汽车电子控制防抱死制动系统(ABS,Anti-Lock Brake System)，是汽车上的一种主动安全装置。其作用是在汽车制动时，防止车轮抱死而在路面上拖滑，以提高汽车制动过程中的方向稳定性、转向控制能力和缩短制动距离，使汽车制动更为安全有效。

故障现象：一辆2006款东风悦达起亚赛拉图车，配备ABS液压泵,ABS报警灯报警。

故障诊断：读故障码,发现 ABS 液压泵压力异常,左前轮的 ABS 传感器对地短路。

清除故障码后试车,行驶不远,踩了几脚制动,ABS 报警灯就又开始报警。再次读码,和原来的"ABS 液压泵压力异常"故障码一样。可以确定 ABS 系统有故障,并且可以将故障锁定在 ABS 液压泵总成及其线路的范围之内。检查和 ABS 液压泵一体的 ABS ECU,发现 ABS ECU 的总插头中有水珠滚出,用压缩空气将水珠吹干、装复、清码、试车,故障灯不再报警,再次读码,系统正常,故障排除。

根据上述案例,请思考下列问题。
(1) ABS 系统有什么作用？
(2) ABS 的电子控制系统有哪些组成部分？各有什么作用？

5.1.1　ABS 的理论基础

1. 汽车制动性能

制动性能是汽车的主要性能之一。评价制动性能的指标主要有制动效能和制动稳定性。

(1) 制动效能

制动效能,即制动距离、制动时间和制动减速度。由汽车理论可知,制动效能主要取决于制动力的大小,而制动力不仅与制动器的摩擦力矩有关,而且还受车轮与地面附着系数的制约,即制动力的最大值等于附着力。

$$F_t \leqslant F_\mu = G\varphi_B$$

式中,F_μ 是车轮与路面间的附着力；G 是车轮对路面的垂直载荷；φ_B 是轮胎与路面间的纵向附着系数。

车轮对路面的垂直载荷 G 一定时,制动力的最大值取决于车轮与地面的纵向附着系数 φ_B,而 φ_B 与车轮相对地面的滑移率 S 有关。滑移率 S 的定义如下：

$$S = \frac{V - V_C}{V} \times 100\% = \frac{v - r\omega}{v} \times 100\%$$

式中,V 是车身瞬时速度；V_C 是车轮圆周速度；r 是车轮半径；ω 是车轮速度。

纵向附着系数 φ_B 与滑移率 S 的关系如图 5-1 所示。可以看出,纵向附着系数在滑移率为 20% 左右时最大,此时制动力最大。当车轮抱死滑移率为 100% 时,纵向附着系数反而有所下降,因而制动力亦有所下降,即制动效能将下降。

(2) 制动稳定性

制动时汽车的方向稳定性是指汽车在制动时仍能按指定方向的轨迹行驶,即不跑偏、侧滑以及失去转向能力。

汽车制动时产生侧滑及失去转向能力与车轮和地面间的横向附着力有关,即与横向附着系数有关,而横向附着系数和车轮与路面的滑移率 S 有关。由图 5-1 可知,当滑移率增大时,横向附着系数减小,当 $S = 100\%$,即车轮抱死时,横向附着系数下降至零。此时,车轮在极小的侧向外力的作用下即产生侧滑。转向轮抱死后将失去转向操纵能力。因此,车轮抱死后将导致制动时汽车的方向稳定性变坏。

从以上分析可知,制动时车轮抱死,制动效能和制动时的方向稳定性均将变差。而如果

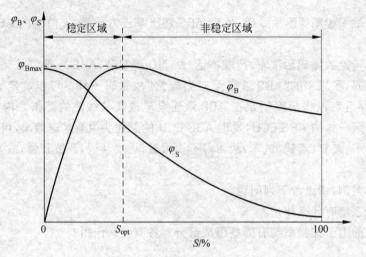

图 5-1 附着系数与滑移率关系

制动时将车轮滑移率 S 控制在 15%~20%,即图 5-1 中的 S_{opt} 处,此时纵向附着系数最大,可以得到最大的制动力。同时横向附着系数也保持较大值,使汽车具有良好的抗侧滑能力及制动时的转向操纵能力,因而得到最佳的制动效果。

2. 理想的制动控制过程

图 5-2 是汽车理想的制动过程。制动开始时制动压力骤升,滑移率达到 S_{opt} 的时间,即 φ_S 达到最大值 φ_{Bmax} 的时间最短。当达到 S_{opt} 后,适当降低制动压力,并使滑移率 S 保持在 S_{opt},纵向附着系数 φ_B 保持在最大值 φ_{Bmax},同时横向附着系数 φ_S 也保持较大值。这样既可获得最短的制动距离,又具有良好的抗侧滑能力和转向操纵能力,这种制动控制称为最佳控制,如图 5-3 所示。

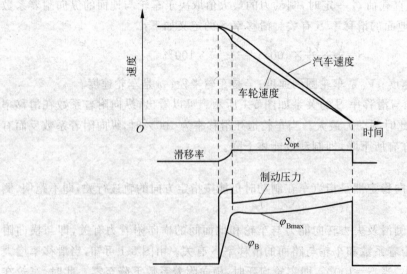

图 5-2 理想的制动控制过程

通常,ABS 只有在汽车速度达到一定程度(如 5km/h 或 8km/h)时,才会对制动过程中趋于抱死的车轮的制动压力进行调节。当汽车速度降低到一定程度时,因为车速很低,车轮

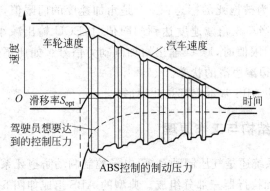

图 5-3 ABS 理想的制动控制过程

制动抱死对汽车制动性能的不利影响很小,为了快速制动停车,ABS 会自动终止防抱死制动压力调节,其车轮仍可能被制动抱死。

5.1.2 ABS 的分类

ABS 的分类方法一般有两种:一是按控制通道分类,二是按控制参数分类。

1. 按控制通道分类

在 ABS 中,对能够独立进行制动压力调节的制动管路称为控制通道。ABS 装置的控制通道分为四通道式、三通道式、二通道式和一通道式。

四通道 ABS 有 4 个轮速传感器,在 4 个车轮制动分泵的管路中,各设一个制动压力调节器装置,进行独立控制,构成四通道控制形式。广州本田就是使用四通道 ABS 装置。

三通道 ABS 是对两前轮进行独立控制,两后轮按低选原则进行一同控制(即两个车轮由一个通道控制,以保证附着力较小的车轮不抱死为原则),也称混合控制。桑塔纳 2000GSi 使用这种 ABS 装置。

二通道式 ABS 难以在方向稳定性、转向控制性和制动效能各方面得到兼顾,目前很少采用。

一通道式 ABS 常称为单通道 ABS,它是在后轮制动器总管中设置一个制动压力调节器,在后桥主减速器上安装一个轮速传感器(也有在后轮上各安装一个的)。

2. 按控制参数分类

(1) 以车轮滑移率 S 为控制参数的 ABS

ECU 根据车速和车轮车速传感器的信号计算车轮的滑移率,作为控制制动力的依据。当计算滑移率 S 超出设定值时,ECU 输出减小制动力信号,通过制动压力调节器减小制动压力,使车轮不被完全抱死;当滑移率低于设定值时,ECU 输出增大制动力信号,制动压力调节器使制动力增大。通过这样不断地调整制动压力,控制车轮滑移率在设定的最佳范围。这种直接以滑移率为控制参数的 ABS,需要得到准确的车身相对于地面的移动速度信号和车轮车速信号。

(2) 以车轮角加速度为控制参数的 ABS

ECU 根据车轮的车速传感器信号计算车轮角加速度,作为控制制动力的依据。一个是角减速度的门限值,作为被抱死的标志;一个是角加速度的门限值,作为制动力过小、车速过高的标志。制动时,当车轮角减速度达到门限值时,ECU输出减小制动力信号;当车轮转速升高至角加速度门限值时,ECU输出增加制动力信号。如此不断地调整制动压力,使车轮不被抱死,而处于边滚边滑的状态。

目前汽车上使用的ABS基本上都是此种形式。

5.1.3 ABS的结构与工作原理

无论是液压制动系统还是气压制动系统,电子控制制动防抱死系统(ABS)均由传感器、电子控制单元(ECU)和执行器三部分组成。典型的ABS组成如图5-4所示。

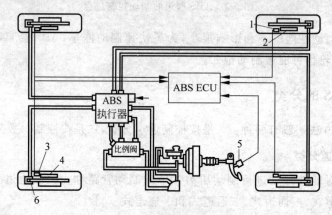

图5-4 典型的ABS组成

1—后轮速度传感器;2、4—传感器转子;3—前轮速度传感器;5—制动灯开关;6—盘式车轮制动分泵

电控ABS的核心是电子控制单元(ECU),它通过传感器监视汽车制动时车轮是否抱死。在一般制动情况下,驾驶员踩在制动踏板上的力较小,车轮不会被抱死,ECU无控制信号输出,这时,制动力完全由驾驶员踩在制动踏板上的力控制。在紧急制动或是在松滑路面行驶时制动,车轮将要被抱死的情况下,ECU输出控制信号,通过执行机构(即制动压力调节器)控制制动器的制动力,使车轮不被抱死。

1. 轮速传感器

目前用于ABS的轮速传感器主要有电磁式轮速传感器和霍尔式轮速传感器两种类型。

(1) 电磁式轮速传感器

电磁式轮速传感器由传感头和齿圈(转子)组成,图5-5为其外形与基本结构。

传感头是一个静止部件,一般都安装在车轮附近不随车轮转动的部件上,如转向节、半轴套管、悬架构件等。传感头由永久磁铁、感应线圈、极轴等组成。齿圈(转子)多为一带齿的圆环,一般安装在随车轮一同转动的部件上,如轮毂、制动盘、半轴等。传感头与齿圈之间的空气间隙很小,通常只有0.5~1mm。

电磁式轮速传感器的工作原理与发动机点火系统中电磁脉冲信号发生器的工作原理相同。交变信号的频率与齿圈的齿数和转速成正比。由于齿圈的齿数一定,因而轮速传感器输出的交变电压信号的频率只与相应的车轮转速成正比,所以通过轮速传感器输出的频率信号可以确定车轮的转速。另外,在传感头与齿圈的间隙一定时,交变电压的幅值也取决于

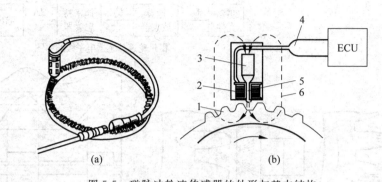

图 5-5 磁脉冲轮速传感器的外形与基本结构
(a) 轮速传感器外形；(b) 轮速传感器的基本结构
1—齿圈(转子)；2—感应线圈；3—永久磁铁；4—信号电压；5—极轴；6—磁力线

磁通量变化率,在一定范围内,交变电压的幅值也随车轮转速成正比变化。在规定范围内(一般车速为 15~160km/h),交变电压的幅值一般在 1~15V(有的在 0.1~0.9V)内变化。当车轮不转时,感应电压幅值为零。

一般汽车前轮上的传感器被固定在车轮转向架上,转子安装在车轮轮毂上,与车轮同步转动。而汽车后轮上的车速传感器则被固定在后车轴支架上,转子安装在驱动轴上,与车轮同步转动。

当转子随车轮转动时,带齿的转子与传感器之间的空气隙发生变化,使磁电传感器中磁路的磁通量发生变化,从而切割传感线圈产生交流电,交流电频率随转子的转速快慢而变化。根据磁电传感器所感应出的交流电频率,电子控制单元(ECU)能计算出该转子或车轮的转速。图 5-6 所示为电磁式轮速传感器输出的电压信号波形。

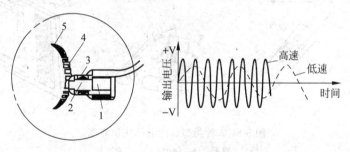

图 5-6 电磁式轮速传感器
1—永磁磁铁；2—铁芯；3—传感线圈；4—齿圈；5—转子

(2) 霍尔式轮速传感器

霍尔式轮速传感器由传感头和齿圈组成。传感头由永磁体、霍尔元件和电子电路等组成,永磁体的磁力线穿过霍尔元件通向齿轮,如图 5-7 所示。

当齿轮位于图 5-7(a)所示位置时,穿过霍尔元件的磁力线分散,磁场相对较弱；而当齿轮位于图 5-7(b)所示位置时,穿过霍尔元件的磁力线集中,磁场相对较强。齿轮转动时,使得穿过霍尔元件的磁力线密度发生变化,因而引起霍尔电压的变化,霍尔元件将输出一个毫伏(mV)级的准正弦波电压,此信号还需由电子电路转换成标准的脉冲电压,如图 5-7(c)所示。

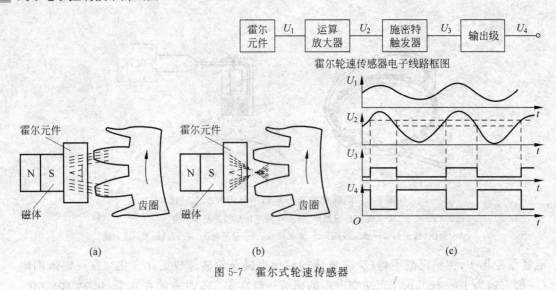

图 5-7 霍尔式轮速传感器

2. 加速度传感器

ABS 控制系统最重要的控制参数是车速,一般 ABS 都是根据汽车车轮的最大转速估算车速的。随着对制动时车速计算精确要求的提高,一些新设计的 ABS 控制系统采用了 G(加速度)传感器。通过此传感器可以对由车轮转速计算出来的车速进行补偿,使汽车制动时滑移率的计算更加精确。G 传感器有水银型、摆型和应变仪型。图 5-8 显示了这 3 种类型传感器的结构。

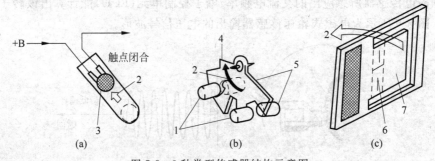

图 5-8 3 种类型传感器结构示意图
(a) 水银型;(b) 摆型;(c) 应变仪型
1—光电管;2—减速度力的方向;3—水银;4—摆动板;5—发光二极管;6—应变片;7—悬臂梁

水银型传感器利用具有导电能力的水银作为工作介质。在传感器内通有导线两极柱的玻璃管中装有水银体,由于水银的导电作用,传感器的电路处于导通状态,当汽车制动强度达到一定值后,在减速惯性力的作用下,水银体脱离导线极柱,传感器电路断电,如图 5-9 所示。这种开关信号可用于指示汽车制动的减速度界限。

摆型传感器利用发光二极管和光电三极管构成的光电耦合器所具有的光电转换效应,以沿径向开有若干透光窄槽的偏心圆盘作为遮光板,制成能够随减速度大小而改变电量的传感器。遮光板设置在发光二极管和光电三极管之间,由发光二极管发出的光束可以通过板上窄槽到达光电三极管,光电三极管上便会出现感应电流。当汽车制动时,质量偏心的遮光板在减速惯性力的作用下绕其转动轴偏转,偏转量与制动强度成正比。如果在光电式传

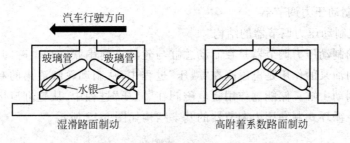

图 5-9　水银型传感器的工作原理

感器中设置两对光电耦合器,根据两个三极管上出现电量的不同组合就可以区分出如图 5-10 所示的 4 种减速度界限,因此,它具有感应多级减速度的能力。

减速度速率	低减速率1	低减速率2	中减速率	高减速率
透光板位置	 光电三级管1(开) 光电三级管2(开)	 关 开	 关 开	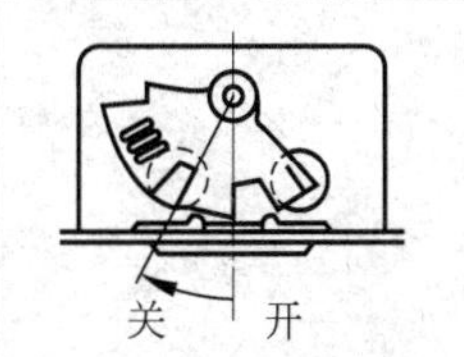 关 开

图 5-10　摆型传感器工作原理

应变仪型传感器如图 5-11 所示。发生碰撞时,惯性力使悬臂梁弯曲,贴在板簧的应变片的电阻发生变化,集成在另一端的集成电路将该信号放大并输出,根据这一变化量就能测量作用在传感器上的加速度。

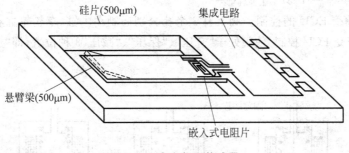

图 5-11　应变仪型传感器

3. 制动压力调节器

制动压力调节器的功用是接收 ECU 的指令,通过电磁阀的动作实现车轮制动器制动压力的自动调节。根据不同制动系统的 ABS,制动压力调节器主要有液压式、气压式和空气液压加力式等。

液压式制动压力调节器主要由电磁阀、液压泵和储能器等组成。制动压力调节器串联在制动主缸和轮缸之间,通过电磁阀直接或间接地控制轮缸的制动压力。电磁阀直接控制轮缸制动压力的制动压力调节器称为循环式调节器,间接控制制动压力的制动压力调节器称为可变容积式调节器。

1) 循环式制动压力调节器

(1) 循环式制动压力调节器的结构。

此种形式的制动压力调节器是在制动总缸与轮缸之间串联一个电磁阀,直接控制轮缸的制动压力。回油泵的作用是电磁阀在"减压"过程中,从制动轮缸流出的制动液经储能器由回油泵泵回制动主缸。储能器作用是电磁阀在"减压"过程中,从轮缸流出的制动液由储能器暂时储存。循环式制动压力调节器的基本结构如图5-12所示。

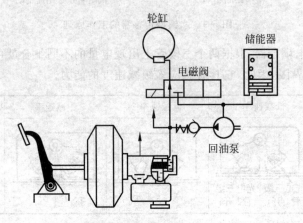

图5-12 循环式制动压力调节器的基本结构

① 电磁阀。

循环式制动压力调节器的电磁阀多采用三位三通电磁阀(3/3电磁阀)。在四通道制动控制系统中每个轮缸有一个3/3电磁阀;在三通道制动控制系统中,每个前轮有一个3/3电磁阀,两后轮共享一个3/3电磁阀。

电磁阀线圈受ECU的控制。阀上有3个孔分别通制动主缸、车轮轮缸和储能器。电磁线圈流过的电流受ECU控制,使阀处于"升压"、"保压"、"减压"3种位置,即"三位",如图5-13所示。

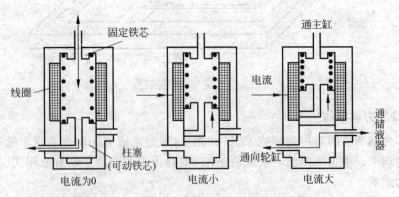

图5-13 3/3电磁阀的基本结构与工作原理

② 回油泵与储能器。

回油泵及储能器的结构如图5-14所示。回油泵由电动机带动凸轮驱动,泵内有两个单向阀,上阀为进油阀,下阀为出油阀。柱塞上行时,轮缸及储能器的压力油推开上进油阀进

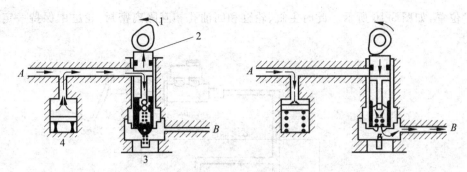

图 5-14　回油泵与储能器

1—凸轮；2—油泵柱塞；3—油泵；4—储能器

入泵体内。柱塞下行时,封闭进油孔,使泵腔内压力升高,推开出油阀,将制动液压回制动主缸。

储能器为一个内装活塞和弹簧的油缸,位于电磁阀与回油泵之间。由轮缸流入的压力油进入储能器作用于活塞,进而压缩弹簧使储能器容积变大,以暂时储存制动液。

(2) 循环式制动压力调节器的工作过程。

汽车制动过程中,ECU 控制流经制动压力调节器电磁线圈的电流的大小,使 ABS 系统处于"升压"、"保压"和"减压"3 种状态。

① 升压(常规制动)。

如图 5-15 所示,电磁线圈中无电流通过,电磁阀处于"升压"位置。此时制动主缸与轮缸相通,从制动主缸来的制动液直接进入轮缸,轮缸压力随主缸压力增减,ABS 不工作,回油泵也不工作。

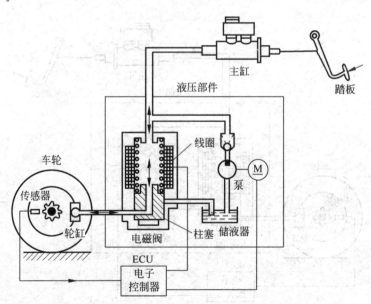

图 5-15　常规制动(升压)过程

② 保压。

当 ECU 向电磁线圈通入一个较小的保持电流(约为最大电流的 1/2)时,电磁阀处于

"保压"位置,如图 5-16 所示。此时主缸、轮缸和回油孔相互隔离密封,轮缸中保持一定的制动压力。

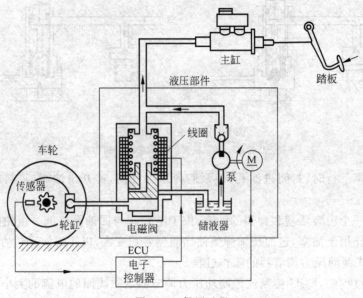

图 5-16 保压过程

③ 减压。

当 ECU 向电磁线圈通入一个最大电流时,电磁阀处于"减压"位置。此时电磁阀将轮缸与回油通道或储能器接通,轮缸中的制动液流经电磁阀进入储能器,轮缸压力下降,如图 5-17 所示。

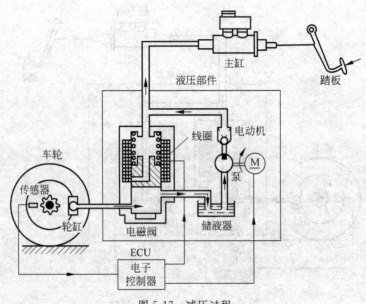

图 5-17 减压过程

2)可变容积式制动压力调节器

可变容积式制动压力调节器,是在汽车原有制动系统管路上增加一套液压控制装置,用它控制制动管路中容积的增减,从而控制制动压力的变化。此种压力调节系统的特点是制动压力油路和 ABS 控制压力油路是相互隔开的。

可变容积式制动压力调节器主要由电磁阀、控制活塞、液压泵、储能器等组成。其基本工作原理如下。

(1) 常规制动

如图 5-18 所示,常规制动时,电磁线圈无电流流过,电磁阀将控制活塞工作腔与回油管路接通,控制活塞在强力弹簧的作用下推至最左端。活塞顶端推杆将单向阀打开,使制动主缸与轮缸的制动管路接通,制动主缸的制动液直接进入轮缸,轮缸压力随主缸压力变化而变化。此种工作状态是 ABS 工作之前或工作之后的常规制动工况。

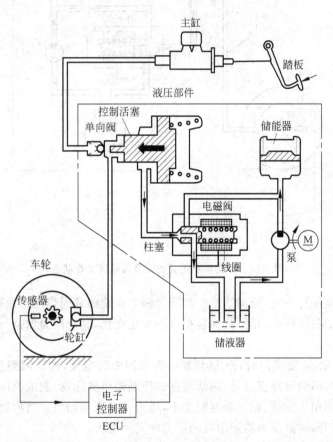

图 5-18 可变容积式制动调节器常规制动工作状态

(2) 减压

如图 5-19 所示,减压时 ECU 向电磁线圈通入一个大电流,电磁阀内的柱塞在电磁力作用下克服弹簧弹力移到右边,将储能器与控制活塞工作腔管路接通。储能器(液压泵)的压力油进入控制活塞工作腔推动活塞右移,单向阀关闭,主缸与轮缸之间的通路被切断。同时由于控制活塞的右移,使轮缸侧容积增大,制动压力减小。

(3) 保压

如图 5-20 所示,ECU 向电磁线圈通入较小电流,由于电磁线圈的电磁力减小,柱塞在弹簧力的作用下左移至将储能器、回油管及控制活塞工作腔管路相互关闭的位置。此时控

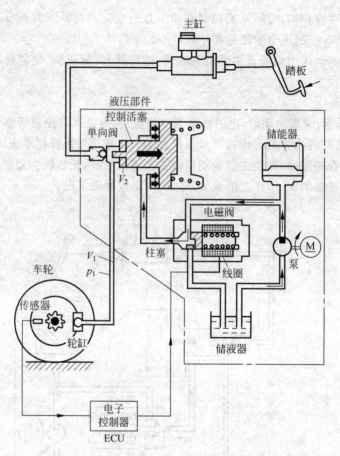

图 5-19 可变容积式制动调节器减压工作状态

制活塞左侧的油压保持一定,控制活塞在油压和强力弹簧的共同作用下保持在一定位置,而此时单向阀仍处于关闭状态,轮缸侧的容积也不发生变化,制动压力保持一定。

(4) 增压

如图 5-21 所示,需要增压时,ECU 切断电磁线圈中的电流,柱塞回到左端的初始位置,控制活塞工作腔与回油管路接通,控制活塞左侧控制油压解除,控制液流回储液器。控制活塞在强力弹簧的作用下左移,轮缸侧容积变小,压力升高至初始值。当控制活塞左移至最左端时,单向阀被打开,轮缸压力将随主缸的压力增大而增大。

4. 电子控制器(ECU)

电子控制器(ECU)是 ABS 的"大脑",其作用是接收来自车速传感器和其他传感器的信号,计算出车轮转速、加速度、减速度、滑移率,并对这些信号进行分析,以判断车轮是否有抱死趋势,然后向制动压力调节器发出制动压力控制指令。

ECU 一般由以下几个基本电路组成。

(1) 输入级电路

输入级电路主要由一个低通滤波器和用以抑制干扰并放大轮速信号的输入放大器组成,其功用是将车速传感器输入的正弦交流信号转换成脉冲方波,整形放大后输入运算电路。放大单元的个数与车速传感器的数量是一致的。

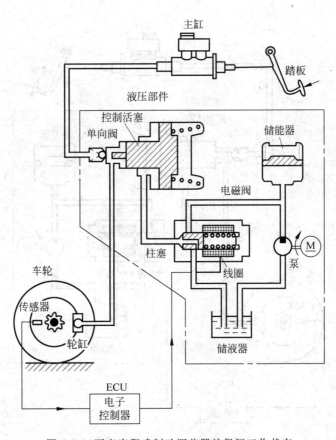

图 5-20 可变容积式制动调节器的保压工作状态

(2) 运算电路

运算电路的作用主要是进行车轮转速、车轮加减速度、滑移率等控制参数的计算,以及电磁阀的开启控制运算和监控运算。运算过程是,接收由输入放大单元传来的车速传感器脉冲方波信号,并计算出车轮的瞬时线速度,然后对瞬时线速度积分即计算出初始速度,把初始速度与瞬时线速度进行比较运算,即可得到车轮加、减速度和滑移率。最后根据设定的控制方式计算并产生相应的车轮加、减速度门限控制信号及滑移率门限控制信号,对电磁阀控制单元输出减压、保压或增压控制信号。

(3) 输出级电路(电磁阀控制电路)

其作用是接收来自运算电路单元的减压信号,并根据此信号对电磁阀的动作进行控制。

(4) 安全保护电路

安全保护电路的功用是,首先将汽车电源(蓄电池、发电机)提供的 12V 或 14V 的电压变为 ECU 内部所需的 5V 标准稳定电压,同时还对电源电路的电压是否稳定在规定的范围内进行监控。并且对车速传感器输入放大电路、ECU 和输出级电路的故障信号进行监控,控制继动电机和继动阀门。当出现故障信号时,关闭继动阀门,停止 ABS 工作,转入常规制动状态。同时点亮仪表板上的报警灯,提示驾驶员 ABS 出现故障,并将故障信息以故障码的形式存储在内存中,以供诊断时调取。

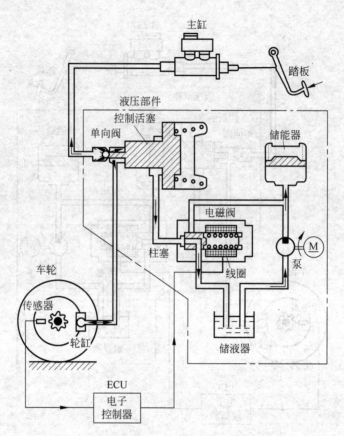

图 5-21 可变容积式制动调节器的增压工作状态

*5.1.4 电子制动力分配系统

1. 概述

EBD 是 Electronic Brake Distribution 的缩写,其含义是"电子控制的制动力分配"。具有 EBD 功能的 ABS 会精确监视前后轮打滑的情况,如果后轮出现打滑现象,EBD 装置就会使后轮制动管路关闭,以保持或减小后轮制动管路中的制动压力,防止车轮侧滑。

电子制动力分配系统 EBD 的调节过程和防抱死制动系统 ABS 的调节过程是相似的,即通过对车轮制动压力实行不断降压、保压、升压的循环控制实现调节。汽车制动过程中,EBD 先起作用,当车轮接近抱死时 ABS 才起作用,而 EBD 作用消失。

2. EBD 系统

丰田威驰车 EBD 系统如图 5-22 所示,对每个车轮制动液压力的控制是采用两个电磁阀的压力控制型。EBD 电控单元共管理 8 个电磁阀的独立工作,控制每个制动轮缸各自的制动液压力,完成系统制动液压力的调节:增压、保压、减压的全过程。

执行器的工作即是由 EBD 的 ECU 对升、减压电磁阀及油泵进行控制,调节车轮分泵制动油压的增加、保持和减少,具体的调压工作过程如表 5-1 所示。

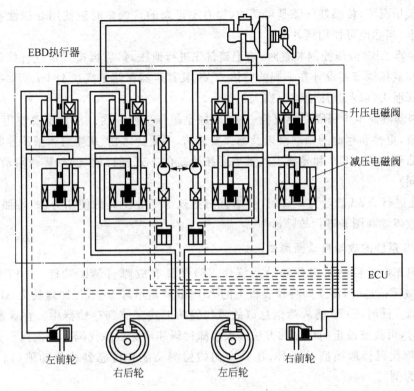

图 5-22 丰田威驰车 EBD 系统

表 5-1 执行器调压过程

分泵制动油压		增加	保持	减少
升压	通电流	断电	通电	通电
电磁阀	阀状态	开启	截止	截止
减压	通电流	断电	断电	通电
电磁阀	阀状态	截止	截止	开启

5.1.5 ABS 的检修

1. ABS 维修注意事项

(1) ABS 系统与普通制动系统是不可分的,只要普通制动系统出现问题,ABS 系统就不能正常工作。因此,要将二者视为整体进行维修。

(2) ABS 的 ECU 对过电压、静电非常敏感,如有不慎就会损坏 ECU 中的芯片,造成整个 ABS 失效。因此,点火开关接通时不要插或拔 ECU 上的连接器;在车上进行电焊之前,要戴好防静电器(也可用导线一头缠在手腕上,一头缠在车体上),拔下 ECU 上的连接器后再进行电焊;给蓄电池进行专门充电时,要将电池从车上拆卸下或摘下蓄电池电缆后再进行充电。

(3) 维修车轮速度传感器时一定要十分小心。拆卸时注意不要碰伤传感器头,不要用传感器齿圈当做撬面,以免损坏传感器。安装时应先涂覆防锈油,安装过程中不可敲击或用蛮力。一般情况下,传感器气隙是可调的(也有不可调的),调整时应使用非磁性塞卡,如塑料或铜塞卡,当然也可使用纸片。

(4) 维修 ABS 液压控制装置时,切记要首先进行泄压,然后再按规定进行修理。例如,制动主缸和液压调节器设计在一起的整体 ABS,其蓄压器存储了高达 18 000kPa 的压力,维修前要彻底泄去,以免高压油喷出伤人。

(5) 制动液要至少每隔 2 年更换一次,最好是每年更换一次。注意不要使用 DOTS 硅酮型制动液,更换和存储的制动液以及器皿要清洁,不要让污物、灰尘进入液压控制装置,制动液不要沾到 ABS ECU 和导线上。最后要按规定的方式进行放气(与普通制动系统的放气有所不同)。

(6) 在进行 ABS 诊断与检查时,要掌握扫描仪等专业工具的使用方法,按照维修手册中给出的故障诊断图表进行故障诊断。

2. ABS 系统的故障自诊断测试

现代汽车电子控制防抱死制动系统(ABS)都具有故障自诊断功能,当 ECU 检测到 ABS 系统故障信息时,便立即将仪表板上的 ABS 故障指示灯点亮,告知驾驶员 ABS 系统中已出现故障。同时,ECU 将故障信息以故障代码的形式存储到存储器中。在诊断 ABS 系统的故障时,可按照设定的程序和方法读取故障代码和清除故障代码。现代汽车 ABS 系统除具有故障代码读取检测功能外,还具有初始检测功能和传感器检测功能(以丰田汽车 ABS 系统为例)。

1) 初始检测功能

ABS 系统的初始检测功能主要是检测 ABS 执行器的工作噪声,其具体步骤如下。

(1) 启动发动机,汽车以超过 6km/h 的速度行驶。

(2) 检查能否听到 ABS 执行器的工作噪声。

注意:一旦发动机开始启动且初始车速超过 6km/h,ABS 系统就开始进行初始检测,主要是检测 ABS 执行器的三位电磁阀和泵电动机的功能是否正常。但是,如果踩下制动踏板,初始检测功能将无法进行。只有放松制动踏板,初始检测功能才能开始进行。

2) 传感器检测功能

当在检查传感器检测功能时,ABS 不能运行,制动系统应处在常规制动状态。速度传感器的检测步骤如下。

(1) 检查蓄电池电压是否为 12V 左右。

(2) 检查仪表板上的 ABS 故障指示灯是否闪亮。

① 将点火开关转至 ON 位置。

② 检查仪表板上的 ABS 故障指示灯,应持续亮 3s 后熄灭。如果不亮,则检查、维修或更换仪表板熔断器、ABS 故障指示灯灯泡或导线。

③ 将点火开关转回 OFF 位置。

④ 用诊断跨接线短接故障检测插座中的 TC、E1 和 TS 插孔。

⑤ 固定手制动拉杆,启动发动机(注意:不要踩下制动踏板),检查仪表板上的 ABS 故障指示灯是否每秒闪烁 4 次。

(3) 检查速度传感器的电信号。

汽车以 4~6km/h 的速度直线行驶,检查 ABS 故障指示灯是否熄灭 1s 后又变亮。如果车速不在以上指定的速度范围内,ABS 故障指示灯变亮但不闪烁,则应停下汽车读取故障代码并维修故障部件。

若车速在 4~6km/h 范围内 ABS 故障指示灯变亮,则检测结束。当车速超过 6km/h 时,ABS 故障指示灯又开始闪烁,这说明速度传感器没有问题。当 ABS 故障指示灯熄灭时,不要让汽车受到任何冲击,诸如加速、减速、制动、换挡、转向或在坎坷不平的路面上行驶。

(4) 检查低速时速度传感器信号的变化。用与步骤(3)相同的方法检查在 45~55km/h 时,速度传感器信号的变化情况。

(5) 检查高速时速度传感器信号的变化。对于两轮驱动(2WD)的汽车,用步骤(3)的方法检查车速在 110~130km/h 时速度传感器信号的变化情况;对于四轮驱动(4WD)的汽车,用步骤(3)的方法检查车速在 80~90km/h 时速度传感器信号的变化情况。

(6) 读取速度传感器故障代码。停下汽车,ABS 故障指示灯将开始闪烁,根据 ABS 故障指示灯闪烁的次数即可得到故障代码。应当注意,故障自诊断系统开始工作后,踩下制动踏板的次数不要超过 16 次,否则存储在 ECU 的故障代码就会被清除。

(7) 使系统恢复正常状态。

① 将点火开关转至 OFF 位置。

② 从故障检测插座上的 TC、E1、TS 插孔上取下诊断跨接线。

3. ABS 系统故障诊断表

在进行 ABS 系统故障检测与诊断时,应根据 ABS 系统工作特性分析故障现象和特征,在确认故障征兆后,根据维修资料的说明有目的地进行检测与诊断。

ABS 系统各类常见故障的检查内容、检查部位和检查方法如表 5-2 所示。另外,通过观察仪表板上 ABS 故障指示灯的闪烁规律,也可以对 ABS 系统发生的故障进行粗略的诊断。

表 5-2　ABS 系统常见故障表

故障类型	检查内容及顺序	故障位置及检查调整
紧急制动时,车轮被抱死	ABS 故障指示灯点亮	按故障代码处理
	拉起手制动杆,ABS 故障指示灯不亮	检查:手制动开关、制动开关、ABS 故障指示灯灯泡
	查看故障代码显示器,有代码显示	ECU 的 PL 端子和 ABS 故障指示灯之间断路
	打开点火开关,3s 后,检查电磁控制阀是否有响声(检查时不可踩下制动踏板)	检查 ECU 的 +B 端子和车身之间是否有电压,没有电压则为电路故障,否则查看 ECU 的 E_1 端子是否搭铁
	正、负极之间电压低于 12V	蓄电池故障,更换或充电
	踩下制动踏板后,在 ECU 的 STR 和 E 端子之间没有 8~14V 电压	检查:ABS 故障指示灯开关、ABS 故障指示灯开关线路
	检查速度传感器和电磁控制阀	如有不正常搭铁,查清修理
	检查电磁控制阀是否正常	不正常则拆下修理

续表

故障类型	检查内容及顺序	故障位置及检查调整
行驶过程或放开手制动，ABS故障指示灯亮	停车时ABS故障指示灯不亮	电磁阀故障，检查电磁阀
	检查制动液量	制动液不足时，重新加足
	检查停车灯	工作不正常时，检查线路，更换灯泡
	放开手制动器，踩下制动踏板，ABS故障指示灯不灭	查看故障代码，如果没有则是ECU故障
	将ECU同系统断开，ABS故障指示灯仍不熄灭	检查：手制动开关、制动液量开关、ABS故障指示灯线路、传感器是否失效
	ECU的B和E端子之间的电压不足10V	检查电路和蓄电池
	点火开关置于"ON"时，ABS故障指示灯0.3s内点亮	检查：ABS故障指示灯开关、ABS故障指示灯线路、电磁控制阀
制动效果不佳，防抱死操作不正常	检查轮胎尺寸、胎压及磨损状况	不正常则应修理或更换
	检查蓄电池的电压	电压如果不足12V，则应充电
	检查制动管路	不正常时，修理或更换
	未踩下制动踏板时，检查ECU的STR端子和车身之间是否有电压	如果有电压，则查看ABS故障指示灯开关及其线路是否正常
	检查车速传感器和传动齿轮	不正常时，修理或更换
	检查车速传感器和制动轮毂的齿面	不正常时，修理或更换

【任务工单】

见附录中的任务工单5-1。

【自我测试】

1. 填空题

（1）汽车电子控制防抱死制动系统作用是在汽车制动时，防止车轮抱死而在路面上拖滑，以提高汽车制动过程中的_____、转向控制能力和_____。

（2）评价制动性能的指标主要有_____和制动稳定性。汽车制动效能包括汽车的制动距离、_____和_____。

（3）汽车制动稳定性是指汽车在制动时仍能按指定方向的轨迹行驶，即不发生_____、_____以及失去转向能力。

（4）四通道ABS有_____个轮速传感器，在通往4个车轮制动分泵的管路中，各设一个制动压力调节器装置，进行_____控制。

（5）以车轮滑移率S为控制参数的ABS，ECU根据_____和_____传感器的信号计算车轮的滑移率，作为控制制动力的依据。

（6）在汽车电子控制防抱死制动系统中，一般的，汽车前轮上的传感器被固定在_____上，转子安装在车轮_____上，与车轮同步转动。而汽车后轮上的车速传感器则被固定在后车轴支架上，转子安装在_____上，与车轮同步转动。

（7）液压式制动压力调节器主要由_____、_____和储液器等组成。制动压力调节器串联在_____和轮缸之间，通过电磁阀直接或间接地控制轮缸的制动压力。

（8）电磁阀线圈受ECU的控制。阀上有3个孔分别通制动主缸、车轮轮缸和储能器。

电磁线圈流过的电流受 ECU 控制,能使阀处于_____、_____、"减压"3 种位置。

（9）可变容积式制动压力调节器,是在汽车原有制动系统管路上增加一套液压控制装置,用它控制制动管路中_____的增减,从而控制制动压力的变化。

（10）具有 EBD 功能的 ABS,如果_____出现打滑现象,EBD 装置就会使后轮制动管路关闭,以保持或减小后轮制动管路中的制动压力。

（11）电子制动力分配系统 EBD 的调节过程和防抱死制动系统 ABS 的调节过程是相似的,即通过对车轮制动压力实行不断_____、_____、升压的循环控制实现调节。

（12）汽车制动过程中,_____先起作用,当车轮接近抱死时_____才起作用,而 EBD 作用消失。

2. 简答题
（1）如何进行理想的制动控制过程?
（2）电控 ABS 的工作原理是什么?
（3）ABS 是如何分类的?
（4）ABS 系统循环式制动压力调节器的工作过程是什么?
（5）EBD 系统的制动压力调节过程是什么?
（6）EBD 系统执行器的工作过程是什么?
（7）ABS 系统故障自诊断的检测功能有哪些?
（8）ABS 维修注意事项有哪些?

3. 论述题
（1）论述可变容积式制动压力调节器的工作过程。
（2）论述循环式制动压力调节器的工作过程。

4. 思考题
（1）哪些执行器出现故障,ABS 将不能工作? 为什么?
（2）若是车速传感器出现故障,ABS 能否工作? 为什么?

学习单元 5.2　牵引力控制系统(ASR/TRC)的检修

【学习目标】

1. 能通过与客户交流、查阅相关维修技术资料等方式获取车辆信息。
2. 掌握 ASR/TRC 系统的组成及工作原理。
3. 能根据故障现象制订正确的维修计划。
4. 能正确选择诊断设备对 ASR/TRC 系统引起的故障进行诊断。
5. 能正确记录、分析各种检测结果并做出故障判断。
6. 能按照正确操作规范进行 ASR/TRC 系统的更换。
7. 能根据环保要求,正确处理对环境和人体有害的废料及损坏的零部件。

故障现象：一辆凌志 LS400 轿车 TRC 灯一直亮着。

故障诊断：跨接诊断接头 TC 与 E1 后，读取 TRC 故障码为 45 号码，其含义为主节气门位置传感器不良。跨接 TE1 与 E1，由 CHECK 灯读取发动机故障码，CHECK 灯连续闪烁，表明发动机工作正常。

此车 TRC ECU 的连接方式为 16pin+6pin，发动机和变速箱共用一个 ECU，连接方式为 IUZ-FE34pin+22pin+16pin+28pin。TRC ECU 的 26pin 接头的第 28pin 脚是 TRC ECU 的 VTH 信号输入脚，此脚连线直接接到 ECU 的 28pin 接头的第 26pin 脚。由于 ECU 的 26/28pin 脚直接传输给 TRC ECU VTH 信号，TRC ECU 的 10/26pin 脚是 IDL 信号输入与 ECU 的 32/34pin 脚的 IDL 输入的关联。ECU 的 7/22pin 脚是 VTA，输入信号脚直接接到节气门。

由于 ECU 自诊断系统没有存储主节气门位置传感器故障码，而 TRC ECU 却存储了节气门故障码，可能故障原因在于 TRC ECU 本身或 ECU 至 TRC ECU 的 VTH 连线有故障。

用数字表测量 TRC 的 10/26pin 脚电压，当 KEY-ON 主节气门全开时为 12V，节气门全关时为 0V，表明系统正常。再测量 TRC ECU 的 8/26pin 脚，KEY-ON 节气门全开时为 1.6V，节气门全关时电压没有变化，还是 1.6V；测量 ECU 26/28pin 脚，KEY-ON 节气门全关时为 0.5V 左右，节气门全开时为 3.8V，且电压随节气门的开度变化而变化；再用电阻挡量 ECU 的 26/28pin 脚至 TRC ECU 的 8/26pin 脚连线的导通情况，显示电阻为无穷大。经过以上测试断定 TRC ECU 的 8/26pin 脚至 ECU 的 26/28pin 脚连线为断路。剥开此条线的线束，发现这条线在线束的中段断成两截，将其接好后，清码试车，TRC 灯熄灭了，故障排除。

根据上述案例，请思考下列问题。
(1) TRC 系统有什么作用？
(2) TRC 的电子控制系统有哪些组成部分？各有什么作用？

5.2.1 ASR 系统的理论基础

汽车驱动防滑控制系统简称 ASR，是继制动防抱死系统（ABS）之后应用于车轮防滑的电子控制系统。对于车轮和路面的滑移率控制，ASR 和 ABS 系统采用了相同的技术，但两者所控制的车轮滑移率是相反的。由于 ASR 系统和 ABS 系统密切相关，常将它们结合在一起使用，构成行驶安全系统。这样，它们可以共享许多电子组件和可用共同的系统部件控制车轮的运动。

所谓汽车打"滑"有两种情况，一是汽车制动时车轮的滑移，二是汽车驱动时车轮的滑转。ABS 系统是防止制动时车轮抱死而滑移，而 ASR/TRC 则是防止驱动车轮原地不动而不停地滑转。用 S_d 表示驱动时的滑转：

$$S_d = \frac{v_c - v}{v_c} \times 100\% = \frac{r\omega - v}{r\omega} \times 100\%$$

式中，v 是车身瞬时速度；v_C 是车轮圆周速度；r 是车轮半径；ω 是车轮转动角速度。

可以看出，当 v 为 0（汽车原地不动），v_C 不为 0 时，汽车处于完全滑转状态。图 5-23 为滑转率与纵向附着系数之间的关系，由图中可以得出以下结论。

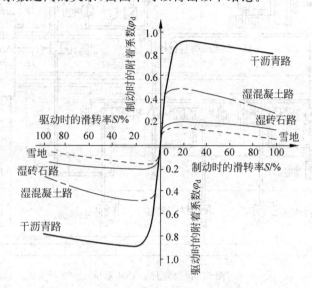

图 5-23　滑转率与纵向附着系数之间的关系

（1）附着系数随路面的不同而呈大幅度的变化。
（2）在各种路面上，当滑转率为 20% 左右时，附着系数达到峰值。
（3）上述趋势，无论是制动还是驱动时都几乎一样。

5.2.2　ASR 系统的结构与工作原理

该系统主要由轮速传感器、ABS/TRC 控制单元、ABS 执行器（制动压力调节器）、TRC 制动执行器（包括隔离电磁阀总成和制动供能总成）、副节气门控制步进电机和主、副节气门位置（开度）传感器等组成，如图 5-24 所示。

车轮车速传感器将行驶汽车驱动车轮转速及非驱动车轮转速转变为电信号，输送给电子控制单元（ECU）。ECU 根据车轮车速传感器的信号计算驱动车轮滑转率，如果滑转率超出目标范围，控制器再综合参考节气门开度信号、发动机转速信号、转向信号（有的汽车无）等因素确定控制方式，输出控制信号，使相应的执行器动作，将驱动车轮的滑转率控制在目标范围之内。

1. ASR 的传感器

ASR 的传感器主要是车轮车速传感器和节气门开度传感器。车轮车速传感器与 ABS 系统共享，而节气门开度传感器则与发动机电子控制系统共享。

ASR 专用的信号输入装置是 ASR 选择开关，将 ASR 选择开关关闭，ASR 不起作用。例如，在需要将汽车驱动车轮悬空转动检查汽车传动系统故障时，ASR 就可能对驱动车轮施以制动，影响故障的检查。这时，关闭 ASR 开关，中止 ASR 的作用，可以避免这种影响。

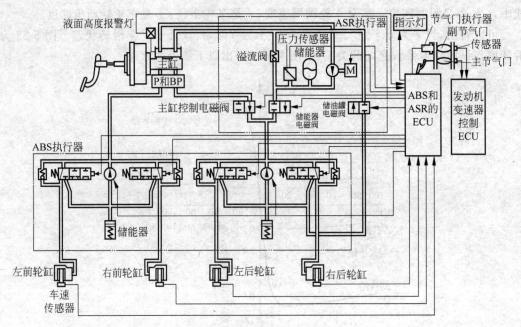

图 5-24 典型的 ASR 系统

2. ASR 的电子控制单元（ECU）

ASR 电子控制器以微处理器为核心，配以输入、输出电路及电源电路等。为了减少电子元器件的数目，简化和紧凑结构，ASR 控制器通常与 ABS 控制器组合为一体，如图 5-25 所示。ASR-ECU 的输入信号来自 ABS-ECU、发动机 ECU 和几个选择控制开关。根据上

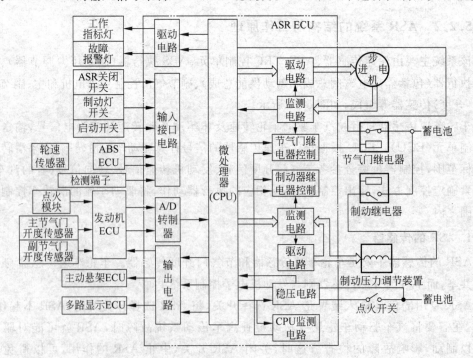

图 5-25 ABS/ASR 组合电子控制单元（ECU）

述输入信号,ASR-ECU通过计算后向制动器与发动机节气门发出工作指令,并通过指示灯显示当前的工作状态。一旦ASR-ECU检测到任何故障,则立即停止ASR调节,此时,车辆仍可以保持常规方式行驶,同时系统会将检测出的故障信息存入RAM,所诊断的故障码输出到多路显示ECU,并使报警指示灯闪烁。

3. ASR系统的执行机构

(1) 制动压力调节器

ASR制动压力调节器执行ECU的指令对滑转车轮施加制动力和控制制动力的大小,以使滑转车轮的滑转率在目标范围之内。ASR制动压力源是蓄压器,通过电磁阀调节驱动车轮的制动压力大小。ASR制动压力调节器的结构形式有单独方式和组合方式两种。

① 单独方式的ASR制动压力调节器。所谓单独方式是ASR制动压力调节器和ABS制动压力调节器在结构上各自分开,如图5-26所示。

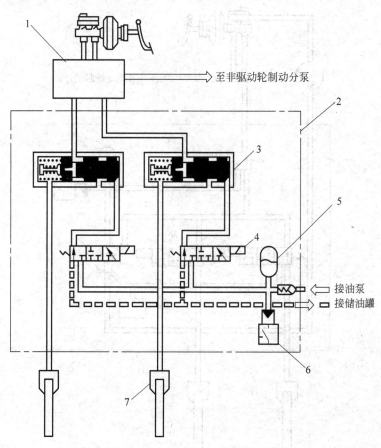

图5-26 ASR制动压力调节器原理
1—ABS制动压力调节器;2—ASR制动压力调节器;3—调压缸;
4—三位三通电磁阀;5—蓄压器;6—压力开关;7—驱动车轮制动器

在ASR不起作用、电磁阀不通电时,阀在左位,调压缸的右腔与储液室相通而压力低,调压缸的活塞被回位弹簧推至右边极限位置。这时,调压缸活塞左端中央的通液孔将ABS制动压力调节器与车轮制动分泵沟通,因此,在ASR不起作用时,对ABS无任何影响。

当驱动车轮出现滑转而需要对驱动车轮实施制动时,ASR 控制器输出控制信号,使电磁阀通电而移至右位。这时,调压缸右腔与储液室隔断而与蓄压器接通,蓄压器中具有一定压力的制动液推动调压缸的活塞左移,ABS 制动压力调节器与车轮分泵的通道被封闭,调压缸左腔的压力随活塞的左移而增大,驱动车轮制动分泵的制动压力上升。

当需要保持驱动车轮的制动压力时,控制器使电磁阀半通电,阀处于中位,使调压缸与储液室和蓄压器都隔断,于是,调压缸活塞保持原位不动,制动分泵的制动压力不变。

当需要减小驱动车轮的制动压力时,控制器使电磁阀断电,阀在回位弹簧力的作用下回到左位,使调压缸右腔与蓄压器隔断而与储液器接通;于是调压缸右腔压力下降,其活塞右移,使驱动车轮制动分泵的制动压力下降。

② 组合方式的 ASR 制动压力调节器。组合方式的 ASR 制动压力调节器如图 5-27 所示。

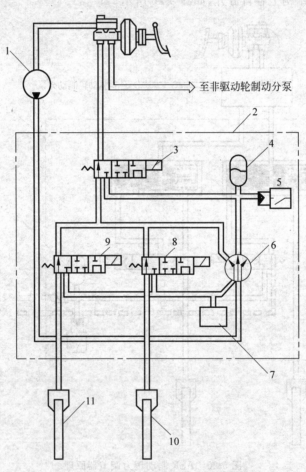

图 5-27 ABS/ASR 制动压力调节器原理
1—输液泵;2—ASR/ABS 制动压力调节器;3—电磁阀Ⅰ;4—蓄压器;
5—压力开关;6—循环泵;7—储液室;8—电磁阀Ⅱ;9—电磁阀Ⅲ;10、11—驱动车轮制动器

在 ASR 不起作用时,电磁阀Ⅰ不通电。汽车在制动过程中如果车轮出现抱死,ABS 起作用,通过控制电磁阀Ⅱ和电磁阀Ⅲ调节制动压力。

当驱动车轮出现滑转时,ASR控制器使电磁阀Ⅰ通电,阀移至右位,电磁阀Ⅱ和电磁阀Ⅲ不通电,阀仍在左位,于是,蓄压器的压力油进入驱动车轮制动泵,制动压力增大。

当需要保持驱动车轮的制动压力时,ASR控制器使电磁阀Ⅰ半通电,阀移至中位,隔断了蓄压器及制动总泵的通路,驱动车轮制动分泵的制动压力即被保持不变。

当需要减小驱动车轮的制动压力时,ASR控制器使电磁阀Ⅱ和电磁阀Ⅲ通电,阀Ⅱ和阀Ⅲ移至右位,将驱动车轮制动分泵与储液室接通,制动压力下降。

如果需要对左右驱动车轮的制动压力实施不同的控制,ASR控制器则分别对电磁阀Ⅱ和电磁阀Ⅲ实现不同的控制。

(2) 副节气门装置

在发动机节气门上主节气门的前方,设置一个副节气门(或称为辅助节气门)。该装置的主要作用是在驱动防滑转控制过程中调节副节气门的开度,调整发动机的进气量,达到控制发动机输出转矩的目的。

副节气门是由步进电机根据ABS/TRC ECU的指令进行控制的。在步进电机旋转轴的末端装有一个齿轮(主动齿轮),步进电机旋转时由该齿轮带动副节气门轴末端的扇形齿轮旋转,以此控制副节气门的开度。在TRC不工作时,步进电机不通电,副节气门处于完全打开位置,此时发动机的进气量由驾驶员通过加速踏板操纵主节气门进行控制;在TRC工作时,副节气门的开度由步进电机根据ECU的指令进行控制,使副节气门处于开启一半至全闭位置,实现进气量的自动调整,如图5-28所示。

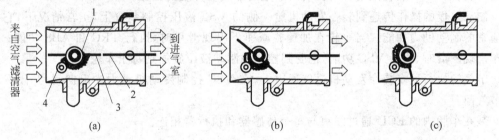

图5-28 副节气门的各种位置
(a) 全开位置;(b) 50%开启位置;(c) 全闭位置
1—扇形齿轮;2—主节气门;3—副节气门;4—主动齿轮

在节气门体上设有主、副节气门位置(开度)传感器,其感测的信号先输入发动机和变速器ECU,又由发动机和变速器的ECU将主、副节气门位置信号送到ABS/TRC ECU中。

*5.2.3 VSC系统

1. VSC系统的组成

VSC系统是在汽车所有运行方向上(前进、后退和侧向)提供有限防护功能,以限制汽车操纵的失控。与TRC系统相比,VSC系统的大部分元件与TRC系统可以共用。对于传感器,增加了用于检测汽车状态的横摆率传感器和G传感器(减速度传感器),ECU增大了运算能力;对于执行器,则改进了前轮的液压通道,增加了VSC蜂鸣器。图5-29为安装在凌志LS400轿车上的VSC系统的部件。

横摆率传感器安装在汽车行李舱前部,与汽车垂直轴线平行,检测横摆率(汽车绕垂直

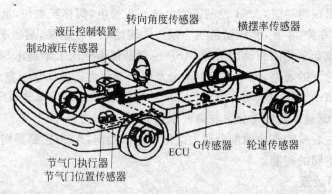

图 5-29 VSC 系统部件布置图

轴旋转的角速度）。

G 传感器水平地安装在汽车重心附近地板下方的中间位置，检测汽车的纵向和横向加速度。转向角度传感器安装在转向盘后侧，直接检测由驾驶员操纵的转向盘转动。

制动液压传感器安装在 VSC 液压控制装置的上部，检测由驾驶员进行制动操作时制动液压力的变化。

轮速传感器安装在每个车轮上，检测每个车轮旋转的角速度。

节气门位置传感器安装在节气门执行器上，检测由驾驶员操纵加速踏板引起的节气门开度，以及由 VSC 系统控制发动机输出引起的节气门开度的变化。

制动踏板的操作传递到装在发动机舱一侧的 VSC 液压控制装置上，正常情况下，它执行通常的制动助力功能。当车轮在加速或减速下出现滑移时，执行 TRC 和 ABS 功能；当汽车出现侧滑时，执行 VSC 功能，把受到控制的制动液压施加到每个车轮上。

节气门执行器安装在发动机进气通道上，在 VSC 控制发动机动力输出期间，开闭发动机节气门。

装在车厢内的 ECU 通过线束与每个传感器和执行器相连。

2. VSC 系统的控制原理

汽车动力性能的极限取决于轮胎摩擦力的极限，当前轮或后轮的驱动力达到极限时，汽车转向的稳定性就会受到极大的影响。汽车出现侧滑或甩尾这两种不稳定现象取决于前轮和后轮哪一个轮首先达到极限，而这又取决于路面状况（附着因数）、汽车速度、加速或减速的程度等各种因素。高速时驱动轮先达到极限，在中、低速时，从动轮易先达到极限。要抑制由于前轮侧滑造成的侧滑，确保车辆的循迹行驶，首先要通过减速，有效地减小所需的转向力。为有效地利用后轮保留的转向力，可以额外地增加向转向角内侧的旋转运动（此时，后轮也可以产生最大的转弯力）；为抵消后轮的侧滑，可以额外增加向外的旋转运动，以防止汽车的不稳定性。所以，要抑制前轮的侧滑，首先制动后轮，以得到向内旋转的运动，然后对 4 个车轮进行制动，使车速降到某一水平来平衡旋转运动，使转向在转弯力的范围内进行；当出现后轮侧滑时，外前轮被制动，以产生向外的运动，确保汽车的稳定性。VSC 系统主要是通过控制汽车的旋转运动，利用上述原理独立地对每一个车轮主动施加制动力减速，确保车辆转弯的稳定性和循迹行驶的能力。

5.2.4 ASR 系统的使用与检修

1. 自诊断系统

与制动防抱死装置一样,牵引力控制装置具有故障自诊断功能,以丰田汽车为例说明牵引力控制装置的故障诊断方法。

(1) 故障码的读取

点火开关处于点火位置,用故障诊断专用检查线将故障诊断插座中的 TC 和 E1 端子连接起来,或用专用诊断仪与诊断插座相连接,观察 ASR 警告灯(在仪表盘处)的闪烁规律并记录。若电子控制器(ECU)中没有存储故障代码,2s 后 ASR 警告灯将以 0.25s 的间隔连续闪烁,即显示正常代码。若 ECU 中存有故障,警告灯则在 4s 以后开始闪烁显示故障代码。

如果 ECU 中有两个以上故障代码时,故障则以故障码的数值按由小到大顺序显示。

根据仪表板上牵引力控制装置故障指示灯的闪烁情况读取故障码并记录下来。故障的闪烁方式与制动防抱死系统相同。故障码的详细内容如表 5-3 所示。

表 5-3 故障代码表

故障码	故 障 内 容	故障码	故 障 内 容
11	TRC 制动主继电器电路断路	27	当停止给步进电机提供电流时,副节气门没有转到全开位置
12	TRC 制动主继电器电路短路	44	在 TRC 控制过程中,没有给 ECU 提供转速信号
13	TRC 节气门继电器电路短路	45	当急速开关打开时,主节气门开度传感器的信号为 1.5V 或更高
14	TRC 节气门继电器电路短路	46	当急速开关关闭时,主节气门开度传感器的信号为 4.3V 或更高,或主节气门开度传感器的信号为 0.2V 或更低
15	长时间给 TRC 电机提供电流(制动液渗漏)	47	当急速开关打开时,副节气门开度传感器的信号为 1.45V 或更高
16	压力开关电路断路(LHD) 压力传感器电路短路(RHD)	48	当急速开关关闭时,副节气门开度传感器的信号为 4.3V 或更高,或副节气门开度传感器的信号为 0.2V 或更低
17	压力开关(传感器)保持关状态	49	发动机通信电路断路或短路
19	TRC 泵电机开关运转次数比预订的次数多(储压器的制动液压渗漏)	51	发动机控制装置出现故障
21	制动总泵切断电磁阀电路断路或短路	52	制动液水平面警示灯打开
22	储压器切断电磁阀电路断路或短路	54	TRC 泵电机继电器电路断路
23	储压器罐切断电磁阀电路断路或短路	55	TRC 泵电机继电器电路短路
24	副节气门执行器电路断路或短路	56	TRC 泵电机锁死
25	步进电机没有运行到由 ECU 决定的位置	始终亮	ECU 出现故障
26	ECU 要求副节气门转动到全开位置,但副节气门没有转动		

(2) 故障码的清除

维修工作结束前,在保持跨接线与诊断接口或故障诊断仪通信线接口的 TC 和 E_1 相连接的情况下,接通点火开关,在 3s 内连续踩制动踏板 8 次以上,即可清除电控单元中的故障码,最后关闭点火开关,取下跨接线。

2. ASR 系统的检测

(1) 测量 ABS/ASR 电子控制器(ECU)插接器各接线端子与地之间的电压

用万用表直流电压(DC)挡测量 ECU 插接器有关端子对地的电压值。

① 电源电压的检测。BAT 端子上的电压在点火开关断开和接通时,均应为 10~14V。IG 端子上的电压,在点火开关断开时为 0V,点火接通时为 10~14V。

② 空挡启动开关两端子 PL、NL 上电压的检测。PL、NL 两端子上的电压在点火开关断开时,均为 0V。当点火开关接通、变速器操纵杆在 P 位和 N 位时均为 10~14V。

③ 制动灯开关 STP 端子上电压的检测。在制动灯开关接通时,STP 端子上的电压应为 10~14V,制动灯开关断开时应为 0V。

④ ASR 切断开关 CSW 端子上电压的检测。在点火开关接通时,按下 ASR 切断开关,其端子电压为 0V,放开 ASR 切断开关,则应约为 5V。

⑤ ASR 节气门继电器 BTH 和 TTR 两端子上电压的检测。在点火开关接通时,BTH、TTR 两端子上的电压均应为 10~14V,开关断开时应为 0V。

⑥ ASR 制动压力调节器各端子电压的检测。

a. 在点火开关接通时,SR、SFR、SFL、SRR、SRL 和 AST 端子上的电压均应为 10~14V,点火开关断开时均为 0V。

b. MT、MR 和 R 端子上的电压,在点火开关接通和断开时,其值均应为 0V。

(2) 副节气门开度传感器的检测

① 测量各端子之间的电阻。副节气门全开启时,用万用表电阻挡测量 VC 与 E_2 两端子之间的电阻值,如图 5-30 所示,应为 4~9kΩ,VTA 与 E_2 之间的电阻值应为 3.3~10.0kΩ;副节气门全关闭时,VTA 与 E_2 之间的电阻值应为 0.2~6.0kΩ。

② 检查端子 IDL 和 E_2 之间的连通性。当副节气门全关闭时,IDL 与 E_2 端子之间是连通的,全开启时应为不连通。

(3) ASR 切断开关的检查

如图 5-31 所示,检查 ASR 切断开关在开启与关闭时,ASR 切断开关插接器中的端子 3 和 4 之间的连通性。当切断开关开启时,3 和 4 端子应为连通,关闭时应为不连通。

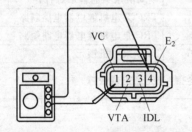
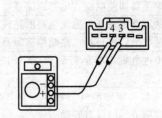

图 5-30 测量与副节气门相连端子的电阻　　图 5-31 检查切断开关端子 3 和 4 的连通性

(4) ASR 节气门继电器的检查

① 通电检查观察节气门继电器的工作性能。在该继电器的端子 3 和 4 之间加上蓄电池电压时,其端子 1 和 2 应为连通状态。

② 不通电检查 ASR 节气门继电器的工作性能。去掉蓄电池电压,该继电器端子 1 和 2 为断开状态,3 和 4 为连通状态。

(5) ASR 制动压力调节器的检查

按照图 5-32 所示方法,测试 BSR 与 SRC、BSM 与 SMC、BSA 与 SAC 端子之间应为连通状态。

(6) ASR 液压泵电动机的检查

① 按照图 5-33 所示方法,测量端子 BTM 与 MTT 之间的电阻值,其正常值应为 4.5~5.5Ω。

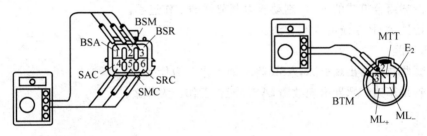

图 5-32　检查 ASR 制动压力调节器　　图 5-33　液压泵电阻检测

② 通电检查 ASR 泵步进电机的工作性能。将蓄电池的电压加到 BTM 和 E_2 两端子上,泵电机应转动;若电机不工作,则表明步进电机有故障,应更换泵电机。注意:接通蓄电池的电压不得超过 3s。

【自我测试】

1. 填空题

(1) _____ 系统是防止制动时车轮抱死而滑移,而 _____ 则是防止驱动车轮原地不动而不停地滑转。

(2) ASR 系统主要由 _____、ABS/TRC 控制单元、_____、TRC 制动执行器(包括隔离电磁阀总成和制动供能总成)、副节气门控制步进电机和主、副节气门位置传感器等组成。

(3) ASR 的传感器主要是 _____ 和 _____ 传感器。车轮车速传感器与 _____ 系统共享,而节气门开度传感器则与发动机电子控制系统共享。

(4) ASR 专用的信号输入装置是 _____ 选择开关,将 _____ 选择开关关闭,ASR 不起作用。

(5) ASR 制动压力调节器执行 ECU 的指令对滑转车轮施加 _____ 和控制制动力的大小,以使滑转车轮的 _____ 在目标范围之内。

(6) ASR 制动压力源是 _____,通过电磁阀调节驱动车轮制动压力的大小。

(7) VSC 系统是除 ABS 和 TRC 之外,在汽车所有运行方向(_____、和_____)提供有限防护功能，以限制汽车操纵失控的系统。

（8）与 TRC 系统相比，VSC 系统的大部分元件与_____系统可以共用。对于传感器，增加了用于检测汽车状态的_____和 G 传感器（减速度传感器）。

（9）G 传感器水平地安装在汽车重心附近_____下方的_____位置，检测汽车的纵向和横向加速度。转向角度传感器安装在_____后侧，直接检测由驾驶员操纵的转向盘转动。

2. 简答题
（1）简述 ASR 的工作原理。
（2）ASR 与 ABS 的区别有哪些？

3. 论述题
（1）论述单独方式的 ASR 制动压力调节器的工作过程。
（2）论述组合方式的 ASR 制动压力调节器的工作过程。
（3）论述 ASR 系统的检测方法。

4. 思考题
（1）哪些执行器出现故障，ASR 将不能工作？为什么？
（2）若是车速传感器出现故障，ASR 能否工作？为什么？

学习情境6

电子控制悬架系统故障检修

学习单元6.1 电子控制悬架系统的检修

【学习目标】
1. 能通过与客户交流、查阅相关维修技术资料等方式获取车辆信息。
2. 电子控制悬架系统的组成及工作原理。
3. 能根据故障现象制订正确的维修计划。
4. 能正确选择诊断设备对电子控制悬架系统的故障进行诊断。
5. 能正确记录、分析各种检测结果并做出故障判断。
6. 能按照正确操作规范进行电子控制悬架系统的更换。
7. 能根据环保要求,正确处理对环境和人体有害的废料及损坏的零部件。

故障现象:一辆LandRover(路虎)越野车,在行驶过程中悬架指示灯突然熄灭,以超过50km/h的速度行驶时,车身上下颠簸很严重。

故障诊断:试车发现,该车在正常高度或越野高度行驶时,悬架高度有时无法降低。用路虎专用故障诊断仪(IDS)读取故障内容,显示为空气悬架压力传感器线路开路或短路,压缩压力过高或者过低。启动发动机,准备让悬架系统由正常高度升高到越野高度,但此时无法升高,在车后装备胎处仔细诊听,发现空气压缩机并没有工作。用 IDS 的特殊功能指令压缩机工作,仍旧不工作。打开后门,拆下备胎和空气悬架空气压缩机总成外罩,发现有一个传感器的导线侧连接器没有插上,将其插接牢固后再用 IDS 的特殊功能指令空气压缩机工作,空气压缩机还是不工作。检查车身右后侧熔丝/继电器盒中的悬架系统熔丝和继电器,均良好。

对该车故障现象进行认真分析,怀疑车身高度无法降低的原因可能是系统内的压缩空气无法排出。因为该车的排气系统是通过空气压缩机旁的一个排气阀排出的,如果该阀堵塞,空气悬架系统内的气体无法排出。

把排气阀拆下后,在干净的纸垫上轻轻敲击,里面掉出不少碎垃圾。用嘴吹气,发现无法吹通。更换排气阀后再用 IDS 的特殊功能指令空气压缩机工作,此时空气压缩机能工作,悬架系统指示灯正常指示。将悬架系统由正常位置升高到越野位置或者其他位置,均正常,故障排除。

根据上述案例,请思考下列问题。
(1) 空气压缩机有什么作用?
(2) 排气阀有什么作用?
(3) 主动悬架的电子控制系统有哪些组成部分?各有什么作用?

6.1.1 电子控制悬架系统的功能与分类

1. 电子控制悬架系统的功能

电子控制悬架系统的基本目的是通过控制调节悬架的刚度和阻尼力,改变传统被动悬架的局限性,使汽车的悬架特性与道路状况和行驶状态相适应,从而保证汽车行驶的平顺性和操纵的稳定性。其基本功能如下。

(1) 车高调整

无论车辆的负载多少,都可以保持汽车高度一定,车身保持水平,从而使前大灯光束方向保持不变;当汽车在坏路面上行驶时,可以使车高升高,防止车桥与路面相碰;当汽车高速行驶时,又可以使车高降低,以便减少空气阻力,提高操纵稳定性。

(2) 减振器阻尼力控制

通过对减振器阻尼系数的调整,防止汽车急速起步或急加速时车后下蹲;防止紧急制动时的车头下沉;防止汽车急转弯时车身横向摇动;防止汽车换挡时车身纵向摇动等,提高行驶平顺性和操纵稳定性。

(3) 弹簧刚度控制

通过对弹簧弹性系数的调整,改善汽车的乘坐舒适性与操纵稳定性。

2. 电子控制悬架系统的分类

按控制理论不同,电子控制悬架系统分为半主动式、主动式两大类。其中半主动式又分为有级半主动式(阻尼力有级可调)和无级半主动式(阻尼力连续可调)两种。主动式悬架根据频带和能量消耗的不同,分为全主动式(频带宽大于 15Hz)和慢全主动式(频带宽为 3~6Hz);而根据驱动机构和介质的不同,可分为电磁阀驱动的油气主动式悬架和由步进电动机驱动的空气主动式悬架。

半主动悬架是指悬架元件中的弹簧刚度和减振器阻尼系数之一可以根据需要进行调节。它可以根据路面的激励和车身的响应对悬架的阻尼系数进行自适应调整,使车身的振动被控制在某个范围之内。为减少执行元件所需的功率,主要采用调节减振器的阻尼系数法,只需提供调节控制阀、控制器和反馈调节器所消耗的较小功率即可。半主动悬架是无源控制,因此,汽车在转向、启动、制动等工况时不能对刚度和阻尼进行有效的控制。

主动悬架是具有做功能力的悬架。它通常包括产生力和转矩的主动作用器(液压缸、汽缸、伺服电动机、电磁铁等)、测量元件(加速度、位移和力传感器等)和反馈控制器等。当汽车载荷、行驶速度、路面状况等行驶条件发生变化时,主动悬架系统能自动调整悬架刚度和阻尼(包括整体调整和单轮调整),从而能同时满足汽车行驶平顺性和操纵稳定性等各方面的要求。此外,主动悬架还可以根据车速的变化控制车身的高度。

6.1.2 电子控制悬架部件结构

传感器一般有车高传感器、车速传感器、加速度传感器、转向盘转角传感器、节气门位置传感器等。开关有模式选择开关、制动灯开关、停车开关和车门开关等。执行机构有可调阻尼力的减振器,可调节弹簧高度和弹性大小的弹性元件等。

1. 传感器的结构

(1) 转向盘转角传感器

转向盘转角传感器用于检测转向盘的中间位置、转动方向、转动角度和转动速度。在电子控制悬架中,电子控制单元根据车速传感器信号和转角传感器信号,判断汽车转向时侧向力的大小和方向,以控制车身的侧倾。现代汽车多采用光电式转角传感器。

图 6-1 是丰田汽车上应用的光电式转角传感器的安装位置和结构图。在转向盘的转向轴上装有一个带窄缝的圆盘,传感器的光电元件(即发光二极管)和光敏接收元件(光电三极管)相对地装在遮光盘两侧形成遮光器。由于圆盘上的窄缝呈等距均匀分布,当圆盘偏转时,窄缝圆盘将扫过遮光器中间的空穴,从而在遮光器的输出端,即可进行 ON、OFF 转换,形成脉冲信号。

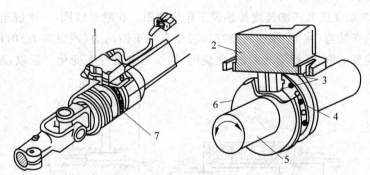

图 6-1 光电式转角传感器的安装位置和结构
1、2—转角传感器;3—光电元件;4—遮光盘;5—转向轴;6、7—传感器圆盘

光电式转角传感器的工作原理如图 6-2 所示。当转动转向盘时,带窄缝的圆盘使遮光器之间的光束产生通/断变化,遮光器的这种反复开/关状态产生与转向轴转角成一定比例的一系列数字信号,系统控制装置可根据此信号的变化判断转向盘的转角与转速。同时,传

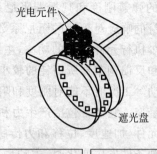

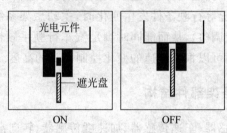

图 6-2 光电式转角传感器的工作原理

感器在结构上采用两组光电耦合器,可以根据检测到的脉冲信号的相位差判断转向盘的偏转方向。这是因为两个遮光器在安装上使它们的 ON、OFF 变换的相位错开 90°,通过判断哪个遮光器首先转变为 ON 状态,即可检测出转向轴的偏转方向。

(2) 加速度传感器

在车轮打滑时,不能以转向角和汽车车速正确判断车身侧向力的大小。为了直接测出车身横向加速度和纵向加速度,可以利用加速度传感器。横向加速度传感器主要用于检测汽车转向时,汽车因离心力的作用而产生的横向加速度,并将产生的电信号输送给电子控制单元 ECU,使电子控制单元能判断悬架系统的阻尼力改变的大小及空气弹簧中空气压力的调节情况,以维持车身的最佳姿势。

加速度传感器常用的有差动变压器式和球位移式两种。

① 差动变压器式加速度传感器。

图 6-3 是差动变压器式加速度传感器工作原理图。在励磁线圈(一次绕组)通以交流电的情况下,当汽车转弯(或加、减速)行驶时,芯杆在汽车横向力(或纵向力)的作用下产生位移,随着芯杆位置的变化,检测线圈(二次绕组)的输出电压发生变化。所以,检测线圈的输

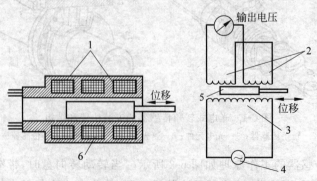

图 6-3 差动变压器式加速度传感器的工作原理
1、2—二次绕组;3、6—一次绕组;4—电源;5—芯杆

出电压与汽车横向力(或纵向力)一一对应,反应了汽车横向力(或纵向力)的大小。悬架系统电子控制装置根据此输入信号即可正确判断汽车横向力(或纵向力)的大小,对车身姿势进行控制。

② 球位移式加速度传感器。

球位移式加速度传感器的结构如图 6-4 所示。根据所检测的力(横向力、纵向力或垂直力)不同,加速度传感器的安装方向也不一样。如汽车转弯行驶时,钢球在汽车横向力的作用下产生位移,随着钢球位置的变化,引起线圈输出电压发生变化。所以,悬架系统电子控制装置根据加速度传感器输入的信号即可正确判断汽车横向力的大小,从而实现对汽车车身姿势的控制。

(3) 车身高度传感器

车身高度传感器的作用是检测汽车行驶时车身高度的变化情况(汽车悬架的位移量),并转换成电信号输入悬架系统的电子控制单元 ECU。

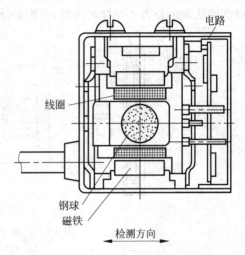

图 6-4　球位移式加速度传感器

车身高度传感器主要有磁性滑阀式、霍耳式、片簧开关式 3 种形式。

① 磁性滑阀式车身高度传感器上端有一个磁性滑阀,当汽车高度发生变化时,滑阀在传感器下壳内上下运动,如图 6-5 所示。传感器下壳内有两个电控开关(超高开关、欠高开关),通过线束与控制模块连接。当高度正常时,两电控开关都断开。车高增加时,磁性滑阀上移,超高开关闭合,控制模块打开相应的空气弹簧阀和排气阀,空气弹簧排气,改正超高的离地高度;车高降低时,磁性滑阀下移,超高开关断开,欠高开关闭合,控制模块使压缩机继电器通电,并打开相应的空气弹簧阀,空气弹簧充气,改正欠高的离地高度。

② 霍耳式车身高度传感器为电控可旋转式高度传感器,主要包括一个永磁转子和一个霍耳元件,为电控可旋转式高度传感器,主要利用永磁转子的转动和霍耳元件的霍耳效应产生车高电压信号,如图 6-6 所示。悬架的运动使永磁转子旋转,使霍耳元件上的电压信号变化,电压信号与标准车高、超高和欠高成比例。

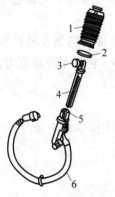

图 6-5　磁性滑阀式车身高度传感器
1—防尘罩;2—卡子;3—球头螺钉;4—磁性滑阀;
5—阀壳与电控开关;6—导线线束

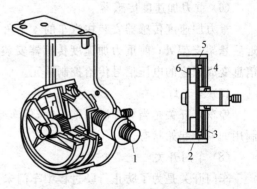

图 6-6　霍耳式车身高度传感器
1—连接线盒;2—传感器芯;3—霍尔效应开关 B;
4—线路板;5—霍尔效应开关;6—永磁转子

③ 片簧开关式车身高度传感器的结构和工作原理如图 6-7 所示。片簧开关式车身高度传感器有 4 组触点式开关,它们分别与两个三极管相连,构成 4 个检测回路。用两个端子作为输出信号与悬架 ECU 连接,两个二极管均受 ECU"输出"端子的控制。该传感器将车身高度状态组合为 4 个检测区域,分别是低、正常、高、超高。

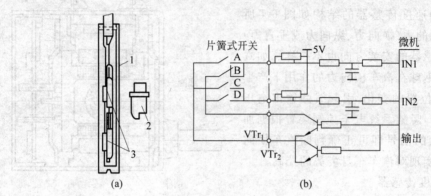

图 6-7　片簧开关式车身高度传感器
(a) 结构;(b) 工作原理
1—车高传感器;2—磁体;3—片簧开关

当车身高度调定为正常高度时,如果因乘员数量的增加,而使车身高度偏离正常高度。此时片簧开关式车身高度传感器的另一对触点闭合,产生电信导输送给 ECU,ECU 随即作出车身高度偏低的判断,从而输出电信号到车身高度控制执行器,促使车身高度恢复正常高度状态。

(4) 节气门位置传感器

悬架控制系统中利用节气门位置传感器信号判断汽车是否在进行急加速。节气门位置传感器先将信号输入发动机电子控制装置,然后,发动机电子控制装置再将此信号输入悬架电子控制装置。

(5) 车速传感器

车速传感器与发动机共享,一般安装在变速器输出轴上,或车速表软轴的输出端内,检测出转速信号,ECU 接收该信号与方向盘转动角度信号,计算出车身的侧倾程度。

(6) 重力加速度传感器

重力加速度传感器安装在汽车的 4 个角上。后重力加速度传感器安装在车架后部,靠近后悬架支架处;前重力加速度传感器安装在减振器支架上,它将车身垂直方向的加速度信息变成相应的电压信号传给控制单元。

(7) 停车灯开关

停车灯开关是当踩下制动踏板时,停车灯开关接通,ECU 接收这个信号作为防点头控制用的一个起始状态。

(8) 车门开关

车门开关是为了防止行驶过程中车门未关闭而设置的。

(9) 制动开关

制动开关为安装在制动阀总成上的常开式开关。当制动压力达到 2758kPa 时,制动传感器开关闭合。

(10) 模式选择开关

模式选择开关用来选择悬架的"软"、"中"或"硬"状态,ECU 检测到该开关的状态后,操纵悬架控制执行器,从而改变减振器的弹簧刚度和阻尼系数。

2. 悬架电子控制单元 ECU

悬架电子控制单元 ECU 一般由输入电路、微处理器、输出电路和电源电路等组成。它是悬架控制系统的中枢,具有多种功能。

(1) 提供稳压电源:控制装置内部所用电源和供各种传感器使用的电源均由稳压电源提供。

(2) 传感器信号放大:用接口电路将输入信号(如各种传感器信号、开关信号)中的干扰信号除去,然后放大、变换极值、比较极值,变换为适合输入控制装置的信号。

(3) 输入信号的计算:电子控制单元根据预先写入只读存储器 ROM 中的程序对各输入信号进行计算,并将计算结果与内存的数据进行比较后,向执行机构(电动机、电磁阀、继电器等)发出控制信号。输入 ECU 的信号除了开/关信号外还有电压信号时,还应进行 A/D 转换。

(4) 驱动执行机构:悬架 ECU 用输出驱动电路将输出驱动信号放大,然后输送到各执行机构,如电动机、电磁阀、继电器等,以实现对汽车悬架参数的控制。

(5) 故障检测:悬架 ECU 用故障检测电路检测传感器、执行器、线路等的故障。当发生故障时,将信号送入悬架 ECU,目的在于即使发生故障,也应使悬架系统安全工作,而且容易确定故障所在位置。

3. 执行机构的结构与工作原理

执行机构主要包括可调阻尼减振器执行装置和空气弹簧组件(空气弹簧、空气弹簧阀、空气压缩机)。ECU 对汽车行驶的状态进行车高、弹簧刚度和阻尼系数的调节,使车辆的性能得到提高。

(1) 阻尼力控制执行机构

① 可调阻尼力减振器

可调阻尼力的减振器主要由缸筒、活塞及活塞控制杆、回转阀等构成,如图 6-8 所示。活塞杆是一空心杆,在其中心装有控制杆,控制杆的上端与执行器相连。控制杆的下端装有回转阀,回转阀上有 3 个油孔,活塞杆上有两个通孔。缸筒中的油液一部分经活塞上的阻尼孔在缸筒的上下两腔流动;一部分经回转阀与活塞杆上连通的孔在缸筒的上下两腔间流动。

当电子控制单元 ECU 促使执行器工作时,通过控制杆带动回转阀相对活塞杆转动,回转阀与活塞杆上的油孔连通或切断,从而增加或减少油液的流通面积,使油液的流动阻力改变,达到调节减振器阻尼力的目的,如图 6-9 所示。当回转阀上的 A、C 油孔相连时,流通面积较大,减振器 C 的阻尼力为软;当只有回转阀 B 油孔与活塞杆油孔相连时,减振器的阻尼力为中等;当回转阀上 3 个油孔均被堵住时,仅有活塞杆上的阻尼孔起衰减作用,此时减振器的阻尼力硬。

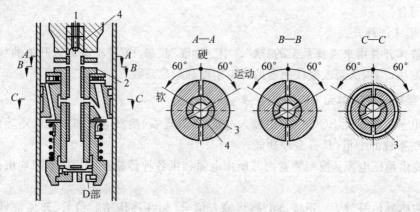

图 6-8 可调式减振器的结构
1—回转阀控制杆；2—阻尼孔；3—活塞杆；4—回转阀

阻尼孔位置 阻尼	A—A截面 阻尼孔	B—B截面 阻尼孔	C—C截面 阻尼孔
坚硬			
中等			
柔软			

图 6-9 阻尼与阻尼孔的位置关系

② 直流电动机式执行器

图 6-10 是丰田汽车采用的直流电动机式执行器的结构和工作原理图。该执行器主要由直流电动机、小齿轮、扇形齿轮、电磁线圈、挡块、控制杆组成。每个执行器安装于悬架系统中减振器的顶部，并通过其上的控制杆与回转阀相连接，直流电动机和电磁线圈直接接受电子控制单元的控制。

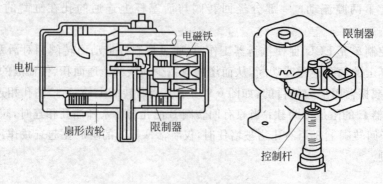

图 6-10 执行器的结构和工作原理

该执行器的基本工作原理是：电子控制单元输出控制信号使电磁线圈通电控制挡块的动作(如将挡块与扇形齿轮的凹槽分离)，另外，直流电动机根据输入的电流方向作相应方向的旋转，从而驱动扇形齿轮作对应方向的偏转，带动控制杆改变减振器的回转阀与活塞杆油孔的连通情况，使减振器的阻尼力按需要的阻尼力大小和方向改变。当阻尼力调整合适后，电动机和电磁线圈都断电，挡块重新进入扇形齿轮的凹槽，使被调整好的阻尼力大小能稳定地保持。执行器的直流电动机和电磁线圈在工作时的通电情况如表 6-1 所示。

表 6-1 执行器的通电情况

减振器的阻尼状态		电动机		电磁线圈
初始状态	调整后	正极	负极	
软		−	+	断开
中等		+	−	断开
软	硬	+	−	接通
中等	硬	−	+	接通

当电控单元发出软阻尼力信号时，电动机转动使扇形齿轮做逆时针转动，直到扇形齿轮上凹槽的一边靠在挡块上为止；如发出中等硬度信号，电动机反向通电，使扇形齿轮顺时针方向偏转，直到扇形齿轮上凹槽的另一边靠在挡块上为止；当电子控制单元(ECU)发出硬阻尼力信号时，ECU 同时向电动机和电磁线圈发出控制信号，电动机带动扇形齿轮离开软阻尼力位置或中等阻尼力位置，同时电磁线圈将挡块拉紧，使挡块进入扇形齿轮中间的凹槽内。

（2）侧倾刚度控制的执行机构

汽车的侧倾刚度与汽车的转向特性密切相关。为改变汽车的侧倾刚度，可以通过改变横向稳定杆的扭转刚度实现。侧倾刚度控制系统根据电子控制单元 ECU 的信号，通过执行器控制横向稳定杆液压缸内的油压，达到调节横向稳定杆扭转刚度的目的。

① 横向稳定杆执行器。

图 6-11 是横向稳定杆执行器的工作原理图。它由直流电动机、蜗轮、蜗杆、行星齿轮机构和限位开关等组成。行星齿轮机构由与蜗轮一体的太阳轮、两个行星齿轮和齿圈构成。两个行星轮安装在与变速传动轴为一体的行星架上，齿圈为固定元件，太阳轮为主动元件，行星架及变速传动轴为从动元件。变速传动轴的外端装有驱动杆，因此，直流电动机可通过执行器内部的蜗杆、蜗轮和行星齿轮机构使驱动杆转动。

② 液压缸。

液压缸安装在横向稳定杆与悬架下控制臂之间，通过改变液压缸内的油压改变横向稳定杆的扭转刚度。

当选择开关处于 TOURING 位置时，液压缸内的油压较低，液压缸具有能伸缩的弹性作用，此时横向稳定杆具有较小的扭转刚度；当选择开关处于 SPORT 位置时，液压缸内的油压较高，此时横向稳定杆具有较大的扭转刚度。

（3）弹簧刚度控制的执行机构

① 空气悬架气动缸。

图 6-12 所示为空气悬架气动缸的基本结构剖面图。气动缸由封入低压惰性气体和阻尼力可调的减振器、旋转式膜片、主气室、副气室和悬架执行元件组成。主气室是可变容积

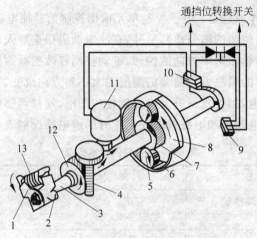

图 6-11 横向稳定杆执行器的工作原理

1—驱动杆；2—动杆；3—变速传动杆；4—蜗杆；5—行星轮；6—齿圈；7—太阳轮；8—行星架；9—限位开关(SW1)；10—限位开关(SW2)；11—直流电动机；12—蜗轮；13—弹簧

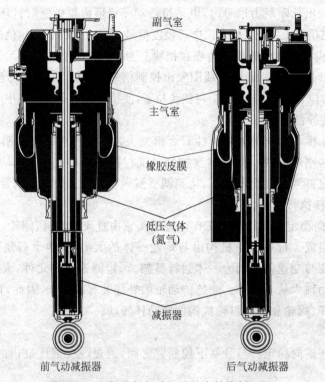

图 6-12 空气悬架气动缸的基本结构剖面图

的,在它的下部有一个可伸展的隔膜,压缩空气进入主气室可升高悬梁的高度,反之使悬架高度下降。主、副气室设计为一体既省空间,又减轻了重量。悬架的上方与车身相连,随着车身与车轮的相对运动,主气室的容积不断交化。主气室与副气室之间有一个通道,气体可以相互流通。改变主、副气室的气体通道的大小就可以改变空气悬架的刚度。减振器的活塞通过中心杆(阻尼调整杆)和齿轮系与直流步进电动机相连接。步进电动机转动可改变活塞阻尼孔的大小,从而改变减振器的阻尼系数。

悬架刚度通过调整主、副气室间的气阀体上的大小两个通道进行控制。步进电动机带动空气阀控制杆转动,使空气阀阀芯转过一个角度,改变气体通道的大小,就可以改变主、副气室气体流量,使悬架的刚度发生变化。悬架刚度可以在低、中、高3种状态间变化。

② 空气弹簧阀。

空气弹簧阀安装在空气弹簧顶部,是两位两通电磁滑阀,通常关闭。线圈通电时,阀芯移动将空气弹簧的通道打开,空气弹簧进气或排气。

(4) 车高控制的执行机构

图 6-13 为车高控制悬架的结构,通过向空气弹簧的主气室内充放气实现车身高度的调节。车高控制执行机构主要由空气阀、空气压缩机和设置在悬架之上的主气室组成。空气压缩机由一个小直流电动机驱动,根据悬架 ECU 信号向干燥器输送提高车高所必需的压缩空气。干燥器有一个装有硅胶的小箱子,可以将空气中的水分过滤掉。排气阀从系统中放出压缩空气,同时排掉干燥器滤出的空气水分。

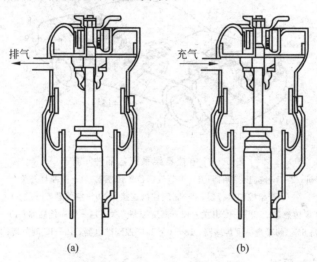

图 6-13 车高控制悬架的结构
(a) 车身降低;(b) 车身升高

悬架 ECU 根据汽车车高传感器信号判断汽车的高度状况。当判定"车身低了"时,则控制空气压缩机电动机工作,高度控制阀向空气弹簧主气室内充气,使车高增加;反之,若打开高度控制阀向外排气,则使汽车高度降低。

*6.1.3 典型的电子控制空气式主动悬架系统

凌志 LS400 轿车安装的是电子控制空气式主动悬架 EMAS(Electronic Modulated Air Suspension)系统,是一种利用微机控制的车辆高度和减振器阻尼力自动调节装置,采用独立的空气弹簧。

该系统利用各种传感器将车速、车辆振动的加速度和方向、车身距地面高度、转向轮角速度等参数转换成电信号,输送给电控单元 ECU,ECU 将这些参数综合处理后发出控制指令,调节悬架的刚度和阻尼系数,使悬架的刚度、阻尼力和车身高度随着行驶状况而改变,不仅能使车辆获得好的平顺性,提高车辆的操纵稳定性和安全性,而且对车辆的转向侧倾、起步俯仰、制动点头等现象均起到较理想的抑制作用,保持最小的车身姿态变化。

1. EMAS 的组成

凌志 LS400 汽车电控悬架系统主要由高度控制压缩机、高度控制阀、高度控制传感器、高度控制开关、悬架 ECU、转向传感器、主节气门位置传感器、制动灯开关和悬架控制执行器等组成,如图 6-14 所示。4 个汽车高度传感器分别安装在减振器下支臂和车身上,将车身高度变化转变成电信号输送到悬架 ECU,用于判断路面状况和车载质量的变化;转向传感器安装在转向器上,将转向盘的角位移转变成电信号,与车速传感器信号共同确定转向时的侧向干扰程度;主节气门位置传感器、制动灯开关与车速传感器一起提供抑制起步俯仰、制动点头的重要控制信号;前后悬架控制执行器根据悬架 ECU 的指令,改变空气弹簧内的压力,使悬架刚度和阻尼力根据车辆行驶状况在"软"、"标准"和"坚硬"3 种状态下变化。

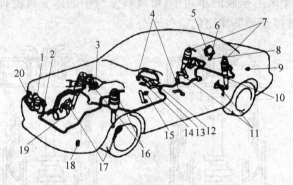

图 6-14 电控悬架系统各部件布置

1—空气压缩机;2—1 号高度控制器;3—主节气门位置传感器;4—门控灯开关;5—悬架 ECU;
6—2 号高度控制继电器;7—后悬架控制执行器;8—高度控制连接器;9—空气悬架开关;10—2 号控制阀和溢流阀;
11—后车身高度传感器;12—LRC 开关;13—高度控制开关;14—转向传感器;15—停车灯开关;
16—悬架控制执行器;17—前车身高度传感器;18—1 号高度控制继电器;19—IC 调节器;20—干燥器和排气阀

2. EMAS 的控制原理

(1) 车辆姿态控制

车辆姿态控制是通过转向传感器、车速传感器、主节气门传感器、制动灯开关等信号预测车辆行驶姿态的变化,在急转弯、车速高于 60km/h 制动或车速低于 20km/h 加速行驶时,悬架 ECU 通过前后悬架控制执行器发出指令,使悬架刚度和阻尼力暂时处于"坚硬"状态,从而减少车辆姿态的变化,有效抑制行驶中转向侧倾、制动点头和加速俯仰。

(2) 车速、路面感应控制

车速、路面感应控制主要包括高速控制、前后轮相关控制和坏路面感应控制。

① 高速控制:当汽车处于高速行驶状态(车速超过 110km/h)时,悬架 ECU 根据车速传感器信号将悬架刚度和阻尼力从"软"状态调整到"标准"状态,以增加高速行驶时的操纵稳定性能。

② 前后轮相关控制:汽车在悬架刚度和阻尼力"标准"状态下行驶时,若前轮越过水泥路面的接缝等处,悬架 ECU 根据车速、车高信号,在后轮临近接缝时的 0.03s 内将悬架刚度、阻尼力变换到"软"状态,从而缓和冲击,改善行驶平顺性。但高速行驶时,"软"状态又影响到车辆的操纵稳定性,因而该项控制的条件设定为 30km/h<车速<80km/h。

③ 坏路面感应控制：在汽车通过坏路面时，为抑制车身的前后颠簸和大的跳动，提高悬架的刚度和阻尼力，当 40km/h＜车速＜100km/h 时，悬架 ECU 接收的车身高度信号在 0.5s 内变化较大时，发出指令将悬架刚度和阻尼力从"软"状态调整到"标准"状态；在车速≥100km/h，悬架 ECU 接收的车身高度信号在 0.5s 内变化较大时，发出指令将悬架刚度和阻尼力从"标准"状态调整到"坚硬"状态。

(3) 车身高度控制

车身高度控制子系统由空气压缩机、干燥器、排气阀、1 号高度控制继电器、2 号高度控制继电器、1 号高度控制阀、2 号高度控制阀、前后左右 4 个气压缸、4 个车身高度传感器及悬架 ECU 等组成。车身高度控制系统空气管路如图 6-15 所示。

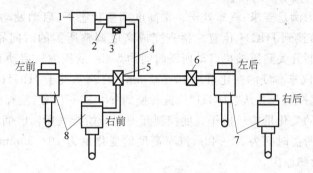

图 6-15　车身高度控制系统空气管路

1—空气压缩机；2—干燥器；3—排气阀；4—空气管；5—1 号高度控制阀；6—2 号高度控制阀；7、8—气压缸

车身高度调整分为"低"、"标准"、"高" 3 个等级，通常是手动选择"标准"或"高"等级。无论装载量怎样变化，悬架 ECU 都能自动将车身高度调整为设定值，而且能根据车速和路面状况自动在三级中任意调整车身高度。

当点火开关接通时，悬架 ECU 使 2 号高度控制继电器线圈通电，2 号高度控制继电器触点闭合，使前、后、左、右 4 个车身高度传感器接通蓄电池电源。

汽车正常行驶时，车高传感器每隔 0.008s 进行一次车高采样，悬架 ECU 经过 20s 采样后取平均值并记录数据，与控制模式中的车高进行比较，判断此时的车高是否需要调整，并确定相应的调整量。

当汽车高度需要上升时，从 ECU 插接器的 RCMP 端子发出信号，使 1 号高度控制继电器线圈通电，1 号高度控制继电器触点闭合，压缩机控制电路接通，压缩机运转，产生压缩空气。ECU 使高度控制电磁阀线圈通电后，电磁线圈将高度控制阀打开并将压缩空气引向气压缸，从而使汽车高度上升。

当汽车高度需要下降时，ECU 不仅使高度控制阀电磁线圈通电，而且使排气阀电磁线圈通电，从而使排气阀打开，将气压缸中的压缩空气排到大气中。

在良好路面上正常行驶时，车身高度由驾驶员控制，如果选择"常规值自动控制"状态，则车高为标准（中间）状态；如果选择"高值自动控制"状态，则车高为高值状态。其他行驶工况时由系统自动控制。

① 高速感应。当车速高于 90km/h 时，系统将车身高度降低一级，以减小风阻，提高行驶稳定性。

② 连续坏路面感应。车高传感器向悬架 ECU 连续发送 2.5s 以上车身高度大幅度变

化信号,而车速在40~90km/h时,ECU判定为汽车进入长距离的坏路面连续行驶,将控制车身高度维持在"高"状态不变,或自动调整到"高"状态。但车速在90km/h以上时,输入同样信号,为保证汽车的行驶稳定性,控制车身高度为"标准"状态。

汽车行驶中遇某个车轮突然撞击障碍或落空时,因振动车轮有可能跳离地面,悬架ECU会发出指令,使车身控制过程暂停,待正常行驶时恢复。

6.1.4 电子控制悬架系统的检修

1. 初步检查

(1) 汽车高度调整功能的检查

在轮胎充气压力满足要求、汽车处于正常高度调整状态下,启动发动机,将高度控制开关从NORM位置转换到HIGH位置。检查完成高度调整所需的时间和汽车高度的变化量。从操作高度控制开关到压缩机启动所需时间约为2s,从压缩机启动到完成高度调整所需时间为20~40s,汽车高度的变化量为10~30mm。在汽车处于HIGH高度调整状态下,启动发动机,将高度控制开关从"HIGH"位置转换到"NORM"位置,检查完成高度调整所需的时间和汽车高度的变化量。从操作高度控制开关到开始排气所需时间约为2s,从开始排气到完成高度调整所需时间为20~40s,汽车高度的变化量为10~30mm。若不满足,应做进一步检查,确定故障原因。

(2) 输入信号的检查

该检查的目的是检查来自转向传感器和停车灯开关的信号是否正常地输入ECU。打开点火开关,将发动机室内的检查连接器相关端子短接。如果连接后,输出存储在存储器中的诊断代码,就应该进行维修;如果存储器中没有输出诊断代码,则要进行输入信号检查。

输入信号检查的每个项目检查,首先要按表6-2中规定的操作进行。观察发动机处于不同状态下,NORM指示灯的闪烁方式,正常情况是在发动机停机状态下,高度控制NORM指示灯会以0.25s的间隔闪亮,并一直持续闪亮到发动机运转时为止。然后,按表6-2规定的"操作二"进行操作,观察发动机处于不同的状态下,NORM指示灯的闪烁方式。正常情况是在发动机停机状态下,高度控制NORM指示灯常亮。若满足要求,表明被检查系统信号正常地输入ECU。在进行上述各项检查时,减振力和弹簧刚度控制停止,并且减振力和弹簧刚度均固定在"坚硬"状态,汽车高度控制仍旧正常进行。

表6-2 输入信号的检查

检查项目	操作一	发动机工作状态		操作二	发动机工作状态	
		停机	运转		停机	运转
转向传感器	转向直前	闪烁	常亮	转向角45°以上	常亮	闪烁
停车灯开关	OFF(制动踏板不踩下)	闪烁	常亮	ON(制动踏板踩下)	常亮	闪烁
门控灯开关	OFF(所有车门关闭)	闪烁	常亮	ON(所有车门开启)	常亮	闪烁
节气门位置传感器	不踩加速踏板	闪烁	常亮	加速踏板全部踩下	常亮	闪烁
1号汽车车速传感器	车速低于20km/h	闪烁	常亮	车速20km/h以上	常亮	闪烁
高度控制开关	NORM位置	闪烁	常亮	HIGH位置	常亮	闪烁
悬架控制开关	NORM位置	闪烁	常亮	SPORT位置	常亮	闪烁
高度控制ON/OFF开关	ON位置	闪烁	常亮	OFF位置	常亮	闪烁

(3) 溢流阀的检查

溢流阀的检查是迫使压缩机工作来检查溢流阀动作,其检查步骤如下。

① 打开点火开关,短接高度控制连接器的相关端子,迫使压缩机工作。

② 等压缩机工作一段短时间后,检查溢流阀是否放空气。

③ 关闭点火开关。

④ 清除诊断代码。当迫使压缩机工作时,ECU 中会记录一个诊断代码。完成检查后,清除诊断代码。

(4) 漏气检查

主要检查管子和软管的接头是否漏气,其步骤为:首先将高度控制开关拨到 HIGH 位置使汽车高度上升,然后使发动机停机,在管子和软管的接头处加肥皂水检查是否漏气。

(5) 汽车高度调整

为了保证车高调节系统正常工作,必须进行汽车高度调整。首先将汽车停在水平地面上,检查汽车高度。若汽车的高度处在标准值范围以内,就不必进行汽车的高度调整,否则按下列步骤进行汽车的高度调整。

① 拧松高度控制传感器连接杆上的两只锁紧螺母。

② 转动高度控制传感器连接杆的螺栓以调节长度。高度控制传感器连接杆每一圈能使汽车高度改变大约 4mm。

③ 调整时要注意检查高度控制传感器连接杆的尺寸是否小于极限值。

④ 暂时拧紧两只锁紧螺母。

⑤ 再检查一次汽车高度,直到车高达到标准值范围以内。

⑥ 按拧紧力矩要求拧紧锁紧螺母。

2. 电路检测

(1) 高度传感器电路检查

各传感器内部有一只与传感器转子轴连接在一起的电刷,该电刷在电阻器上方移动,产生线性输出。电刷和电阻器端子之间的电阻值与转子轴的转动角呈正比例变化。因此,传感器将悬架 ECU 施加在电阻器上的固定电压加以调整,再作为表示转子轴转动角的电压输送至悬架 ECU。

如图 6-16 所示,拆卸前轮,拆出前翼子板衬里,脱开高度传感器连接器,拆下高度传感器。将 3 只 1.5V 的干电池串联起来,将端子 2 与干电池正极连接、端子 3 与干电池负极连接,在端子 2 与 3 之间施加约 4.5V 的电压,使控制杆缓慢地上、下移动,检查端子 1、3 之间的电压。正常位置时,电压为 2.3V,低位置时为 0.5~2.3V,高位置时为 2.3~4.1V。

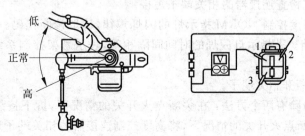

图 6-16 高度传感器检查

(2) 转向传感器电路检查

转向传感器安装在转向信号开关总成上,用于检测转弯方向和转向角,由一个与方向盘一起转动的有缝信号盘和一对遮光器组成。每个遮光器中都装有一个发光二极管(LED)和一个光敏晶体三极管。遮光器将这两个元件之间光线照射的变化转换为通/断信号。信号盘在遮光器发光二极管和光电晶体管之间旋转。操作方向盘时,信号盘也随之旋转,使这两个元件之间的光线隔断或通过。由于这对遮光器具有不同的相位,根据每次输出的变化,悬架 ECU 便能检测出转弯方向和转向角。当转向传感器断定方向盘的最大转向角过大而车速高于预定值时,悬架 ECU 便使减振力增大。检测程序如下。

① 拆下仪表台下的手套箱。接通点火开关,慢慢转动方向盘,测量悬架 ECU 连接器端子 SS1 和 SS2 与车身接地之间的电压,正常值为 0~5V。

② 拆下转向盘,脱开转向传感器连接器,接通点火开关,测量转向传感器连接器端子 1、2 之间的电压,正常值为 9~14V。

③ 拆下转向盘,脱开转向传感器连接器,在端子间施加蓄电池电压。在转向传感器旋转部分慢慢转动的同时,测量转向传感器连接器端子 7、8 与 2 之间的电压,正常值为 0~∞。

(3) 制动灯开关电路检查

踩下制动踏板时,制动灯开关接通,蓄电池正极电压施加在悬架 ECU 的端子 STP 上。悬架 ECU 将该信号作为防点头控制的启动条件之一。拆出仪表台下的手套箱,接通点火开关。在踩下和松开制动踏板的同时,分别测量悬架 ECU 连接器端子 STP 与车身接地之间的电压。正常值:松开时为 0~1.2V,踩下时为 9~14V。若不正常,则需进一步检查配线连接器及悬架 ECU。

3. 利用自诊断系统进行故障检修

自诊断系统需要利用指示灯读取故障码,因此首先进行指示灯检查。

(1) 指示灯检查

① 打开点火开关,HEIGHT 照明灯一直点亮。

② 检查悬架控制指示灯(带 SPORT 标志)和高度控制指示灯(带 NORM 或 HI 标志),应亮 2s 左右。当把悬架控制开关拨到 SPORT 侧时,悬架控制指示灯仍旧亮。同样,当高度控制开关拨到 NORM 或 HIGH 侧时,相应的高度控制指示灯 NORM 或 HIGH 也亮。

当高度控制 NORM 指示灯以每 1s 间隔闪亮时,表明 ECU 存储器中存有故障代码。悬架控制系统存在故障,应进一步检修。

(2) 诊断代码检查

① 打开点火开关。

② 将诊断盒或检查连接器的相关端子短接。

③ 通过观察高度控制 NORM 指示灯的闪烁规律,读取诊断代码。若没有诊断代码输出,应检查端子电路。若指示灯闪烁的时间间隔相等,表示悬架控制系统正常,自诊断系统未发现故障。

④ 检查完后,断开相关端子。

⑤ 诊断代码清除有两个方法:在关断点火开关的情况下,拆下接线盒中的 ECU 保险丝 10s 以上;在关断点火开关的情况下,将高度控制连接器的相关端子连接,同时使检查连接器的相关端子连接,保持这一状态 10s 以上,然后接通点火开关,并断开以上各端子。

⑥ 对故障部位进行检查与维修,再按读取代码的步骤检查一遍。如诊断代码消失,表明悬架控制系统正常,故障已经排除。

4. 根据故障现象进行检修

如果在进行诊断代码检查时显示一个正常代码而汽车电控悬架仍然出现故障,这时可根据故障现象进行故障排除,按表 6-3 的次序检修每个与故障现象有关的电路。如果相关电路没有任何不正常现象,故障却依然出现,最后一步就应该更换控制 ECU。

表 6-3 汽车车高控制失灵的故障排除步骤

故障现象 \ 可能部位	高度控制传感器电路	高度控制阀、排气阀电路	1号高度控制继电器电路	压缩机电机电路	高度控制总ON/OFF开关	汽车车高控制电源电路	发电机电路	高度控制开关电路	车速传感器电路	门控灯开关	高度控制传感器连接杆	空气泄漏	气压缸/减振器	悬架控制电路
高度控制指示灯的亮灯位置不随高度控制开关的动作变化	4				3	2		1						5
汽车高度控制功能不起作用	5			4	2	1		3						6
只有高车速控制不起作用									1					2
汽车高度出现不规则变动	2											1		3
汽车高度控制起作用,但汽车高度不均匀		2									1			
汽车高度控制起作用,但汽车高度高或低(汽车高度在 NORM 状态时,高度与标准值不符)											1			
当调整汽车高度时,汽车处于非常高或非常低的位置	1													
即使是高度控制 ON/OFF 开关在 OFF 位置时,汽车高度控制仍起作用					1									
点火开关 OFF 控制不起作用					2			1						3
即使在车门打开时,点火开关 OFF 控制仍起作用										1				2
汽车驻车时汽车高度非常低												1	2	
压缩机电机运转不停				2	3							1		4

注:表中数字代表检修顺序。

【任务工单】

见附录中的任务工单 6-1。

【自我测试】

1. 填空题

(1)电子控制悬架系统的基本目的是通过控制调节悬架的_____和_____,保证汽车行驶的平顺性和操纵的稳定性。

（2）按控制理论不同，电子控制悬架系统分为_____式、_____式两大类。根据驱动机构和介质的不同，可分为电磁阀驱动的_____主动式悬架和由步进电动机驱动的空气主动式悬架。

（3）半主动悬架可以根据路面的激励和车身的响应对悬架的_____进行自适应调整，使车身的振动被控制在某个范围之内。

（4）主动悬架系统能自动调整悬架刚度和_____。此外，主动悬架还可以根据_____的变化控制车身的高度。

（5）主动悬架系统传感器一般有_____传感器、车速传感器、_____传感器、转向盘转角传感器、节气门位置传感器等。

（6）主动悬架系统的开关有模式选择开关、_____开关、_____开关和车门开关等。

（7）主动悬架系统的转向盘转角传感器用于检测转向盘的_____位置、转动方向、_____和转动速度。

（8）在电子控制悬架中，电子控制单元根据_____传感器信号和_____传感器信号，判断汽车转向时侧向力的大小和方向，以控制车身的侧倾。

（9）在电子控制悬架中，执行机构主要包括可调阻尼减振器执行装置和空气弹簧组件（空气弹簧、_____、_____）。

（10）可调阻尼力的减振器主要由_____、活塞及活塞控制杆、_____等构成。

（11）侧倾刚度控制系统根据电子控制单元 ECU 的信号，通过执行器控制横向稳定杆_____内的油压，达到调节横向稳定杆_____的目的。

（12）悬架刚度通过调整_____的气阀体上的大小两个通道进行控制。步进电动机带动空气阀控制杆转动，使_____转过一个角度，改变气体通道的大小。

2. 简答题
（1）电控悬架系统的工作原理是什么？
（2）车身高度传感器的分类及工作原理是什么？
（3）阻尼力控制执行机构的组成及工作原理是什么？
（4）侧倾刚度控制的执行机构的组成及工作原理是什么？
（5）车高控制的执行机构的组成及工作原理是什么？

3. 论述题
（1）论述电子控制悬架系统的基本功能。
（2）论述电子控制悬架系统的分类。
（3）论述 LS400 轿车电子控制空气悬架组成及工作原理。

4. 故障诊断
（1）汽车高度调整功能的检查方法。
（2）溢流阀的检查方法。

5. 思考题
若空气电磁阀出现故障，将对空气悬架系统产生什么影响？

学习情境7

电控转向系统故障检修

学习单元7.1 液压式电控动力转向系统(EPHS)的检修

【学习目标】

1. 能通过与客户交流、查阅相关维修技术资料等方式获取车辆信息。
2. 液压式电控动力转向系统的组成及工作原理。
3. 能根据故障现象制订正确的维修计划。
4. 能正确选择诊断设备对液压式电控动力转向系统的故障进行诊断。
5. 能正确记录、分析各种检测结果并做出故障判断。
6. 能按照正确操作规范进行液压式电控动力转向系统的更换。
7. 能根据环保要求,正确处理对环境和人体有害的废料及损坏的零部件。

【理论知识】

液压式电子控制动力转向系统,是在传统的液压动力转向系统的基础上,增设电子控制装置而构成的。根据控制方式的不同,液压式电子控制动力转向系统可以分为流量控制式、反力控制式和阀灵敏度控制式3种形式。

故障现象:一辆凌志 LS400 轿车,转向时方向盘略显沉重,尤其是泊车时故障现象更加明显。据车主反映,该车曾错把普通机油加入转向系统中,后来虽然更换了新的液压油,但转向一直沉重。

故障诊断:该车为反力控制式液压电子控制动力转向系统。检查车速信号正常,电磁阀电阻也正常(8.0Ω),但通入 12V 电压时电磁阀没有"咔嗒"的响声,因而怀疑阀芯有卡滞现象。更换电磁阀,故障现象消除。

总结:引起该故障的原因是错加的普通机油中含有杂质,并且两种不同的机油混合后发生胶化,造成电磁阀卡滞,失去旁通油液的作用,使反力腔一直起阻尼作用,因而汽车转向沉重。

根据上述案例,请思考下列问题。
(1) 电磁阀在转向系统中有什么作用?
(2) 电控系统是如何完成转向控制的?

7.1.1 液压式电子控制动力转向系统组成

1. 流量控制式动力转向系统

流量控制式动力转向系统是一种根据车速传感器信号调解动力转向装置供应的压力油液,改变油液的输入/输出流量,以控制转向力的方法。

如图 7-1 所示,是蓝鸟轿车流量控制式电控液压动力转向系统。它在一般液压动力转向系统上再增加旁通流量控制阀、车速传感器、转向角速度传感器、ECU 和控制开关等。在转向液压泵与转向器之间设有旁通管路,在旁通管路中还设有旁通油量控制阀。

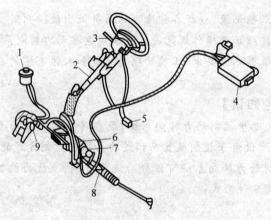

图 7-1 蓝鸟轿车流量控制式电控液压动力转向系统
1—转向油罐;2—转向管柱;3—转向角速度传感器;4—ECU;5—转向角速度传感器增幅器;
6—旁通流量控制阀;7—电磁线圈;8—转向齿轮联动机构;9—油泵

根据车速传感器、转向角速度传感器和选择开关等信号，ECU 向旁通流量控制阀按照汽车的行驶状态发出控制信号，控制旁通流量控制阀的电流，从而控制旁通流量，调整转向器供油的流量，如图 7-2 所示。当向转向器供油流量减少时，动力转向控制阀灵敏度下降，转向助力作用降低，转向力增加。驾驶员可变换仪表板上的转换开关，满足不同的行驶条件。同时，ECU 也可以根据转向角速度传感器输出信号的大小，在汽车急转弯时，对转向力特性实施最优控制。

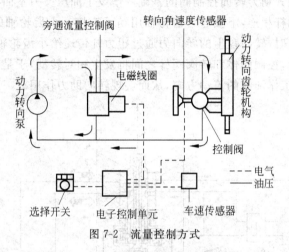

图 7-2 流量控制方式

旁通流量控制阀的结构如图 7-3 所示。在阀体内装有主滑阀 2 和稳压滑阀 7，在主滑阀的右端与电磁线圈柱塞 3 连接，主滑阀与电磁线圈的推力成正比移动，从而改变主滑阀左端流量主孔 1 的开口面积。调整调节螺钉 4 可以调节旁通流量的大小。稳压滑阀的作用是保持流量主孔前后压差的稳定，以使旁通流量与流量主孔的开口面积成正比。当因转向负荷变化而使流量主孔前后压差偏离设定值时，稳压滑阀阀芯将在其左侧弹簧张力和右侧高压油压力的作用下滑移。如果压差大于设定值，则阀芯左移，使节流孔开口面积减小，流入阀内的液压油量减少，前后压差减小；如果压差小于设定值，则阀芯右移，使节流孔开口面积增大，流入阀内的液压油量增多，前后压差增大。流量主孔前后压差的稳定，保证了旁通流量的大小只与主滑阀控制的流量主孔的开口面积有关。

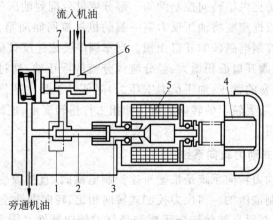

图 7-3 旁通流量控制阀
1—流量主孔；2—主滑阀；3—电磁线圈柱塞；4—调节螺钉；5—电磁线圈；6—节流孔；7—稳压滑阀

2. 反力控制式动力转向系统

反力控制式动力转向系统是一种根据车速大小控制反力室油压,从而改变输入、输出增益幅度以控制转向力。

图 7-4 所示为反力控制式动力转向系统的组成图。该系统主要由转向控制阀、分流阀、电磁阀、转向动力缸、转向液压泵、储油箱、车速传感器及电子控制单元等组成;转向控制阀是在传统的整体转阀式动力转向控制阀的基础上增设了油压反力室而构成的。扭力杆的上端通过销子与转阀阀杆相连,下端与小齿轮轴用销子连接。小齿轮轴的上端通过销子与控制阀阀体相连。转向时,转向盘上的转向力通过扭力杆传递给小齿轮轴。当转向力增大,扭力杆发生扭转变形时,控制阀体和转阀阀杆之间将发生相对转动,于是就改变了阀体和阀杆之间油道的通、断和工作油液的流动方向,从而实现转向助力作用。

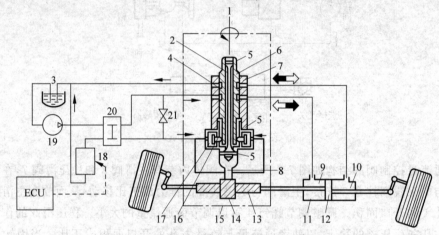

图 7-4　反力控制式动力转向系统的工作原理图

1—转向盘;2—扭杆;3—储油箱;4—接口;5—销钉;6—控制阀轴;7—回转阀;
8—小齿轮轴;9—左室;10—右室;11—动力油缸;12—活塞;13—齿条;14—小齿轮;
15—转向齿轮箱;16—柱塞;17—油压反力室;18—电磁阀;19—油泵;20—分流阀;21—小节流孔

分流阀的作用是把来自转向液压泵的液压油向控制阀一侧和电磁阀一侧进行分流。按照车速和转向要求,改变控制阀一侧与电磁阀一侧的油压,确保电磁阀一侧具有稳定的液压油流量。

固定小孔的作用是把供给转向控制阀的一部分流量分配到油压反力室一侧。

电磁阀的作用是根据需要将油压反力室一侧的机油流回储油箱,电子控制单元(ECU)根据车速的高低线性控制电磁阀的开口面积。当车辆停驶或速度较低时,ECU 使电磁线圈的通电电流增大,电磁阀开口面积增大,经分流阀分流的液压油,通过电磁阀重新回流到储油箱中,所以作用于柱塞的背压(油压反力室压力)降低。于是柱塞推动控制阀转阀阀杆的力(反力)较小,因此只需要较小的转向力就可使扭力杆扭转变形,使阀体与阀杆发生相对转动而实现转向助力作用。

3. 阀灵敏度控制式动力转向系统

阀灵敏度控制式动力转向系统是根据车速控制电磁阀,直接改变动力转向控制阀的油压增益(阀灵敏度)控制油压的。与反力控制式转向相比,转向刚性差,但可以最大限度提高原来的弹性刚度,从而获得自然的转向手感和良好的转向特性。图 7-5 所示为某型轿车所采用的阀灵敏度可变控制式动力转向系统。该系统对转向控制阀的转子阀进行了局部改进,并增加了电磁阀、车速传感器和电子控制单元等。

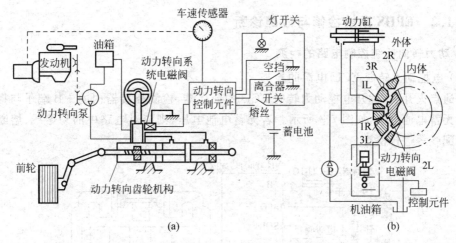

图 7-5 阀灵敏度可变控制式动力转向装置
(a) 系统示意图;(b) 转子阀

转子阀的可变小孔分为低速专用小孔(1R、1L、2R、2L)和高速专用小孔(3R、3L)两种,在高速专用可变孔的下边设有旁通电磁阀回路。图 7-6 所示为该系统的转子阀等效液压回路,其工作过程如下。

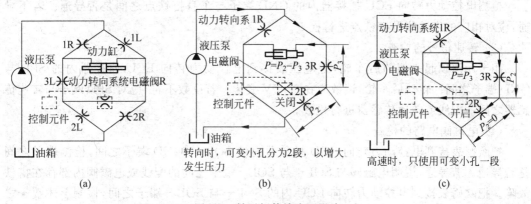

图 7-6 转子阀等效液压回路

当车辆停止时,电磁阀完全关闭,如果此时向右转动转向盘,则高灵敏度低速专用小孔 1R 及 2R 在较小的转向扭矩作用下即可关闭,转向油泵的高压油液经 1L 流向转向动力缸右腔室,其左腔室的油液经 3L、2L 流回储油箱。所以此时具有轻便的转向特性,而且施加在转向盘上的转向力矩越大,可变小孔 3L、2L 的开口面积越大,节流作用越小,转向助力作用越明显。

随着车辆行驶速度的提高,在电子控制单元的作用下,电磁阀的开度也线性增加。如果向右转动转向盘,则转向油泵的高压油液经 1L、3R 旁通电磁阀流回储油箱。此时,转向动力缸右腔室的转向助力油压就取决于旁通电磁阀和灵敏度低的高速专用可变孔 3R 的开度。车速越高,在电子控制单元的控制下,电磁阀的开度越大,旁路流量越大,转向助力作用越小;在车速不变的情况下,施加在转向盘上的转向力越小,高速专用小孔 3R 的开度越大,转向助力作用也越小;当转向力增大时,3R 的开度逐渐减小,转向助力作用也随之增大。由此可见,阀灵敏度控制式动力转向系统可以使驾驶员获得非常自然的转向手感和良好的速度转向特性。

7.1.2 EPHS 系统检修与故障诊断

1. 动力转向系统控制电路的检测

(1) 电控动力转向 ECU 电源的检查

接通点火开关,拆开电控动力转向 ECU 的插接器,检测插接器内的 +B 端子与搭铁点之间有无蓄电池电压,如图 7-7 所示。若无蓄电池电压,则应对电路中的易熔线、熔断器及相关的配线等进行检查。

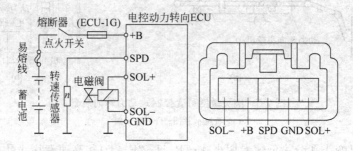

图 7-7 LS400 轿车动力转向系统控制电路图

(2) 电控动力转向 ECU 搭铁情况的检查

检测电控动力转向 ECU 插接器内的 GND 端子与车身搭铁点之间是否导通。若不导通,应对相应的搭铁线及搭铁点进行检查。

(3) 转速信号的检查

用千斤顶顶起一侧的后车轮,把电压表接到电控动力转向 ECU 插接器内的 SPD 与 GND 端子之间。转动后车轮,读数应在 0～5V 变化。若读数不符,应对 SPD 端子与转速传感器之间的配线或转速传感器进行检查。

(4) 电磁阀电路的检查

把欧姆表接到电控动力转向 ECU 插接器内的 SOL 与 GND 端子之间,检测端子之间是否导通。若导通,说明电磁阀与 SOL+ 与 SOL- 端子之间的配线或电磁阀内部存在搭铁故障。把欧姆表接到电控动力转向 ECU 内的 SOL+ 与 SOL- 端子之间,检测上述端子之间的电阻,其值应为 6.0～11Ω。若所测电阻值不符合要求,说明 SOL+ 与 SOL- 端子之间的配线或电磁阀内部存在断路或短路故障。

2. 液压动力转向系统的检查与调整

(1) 系统油压检测

首先检查系统管路和油面高度,确认管路无泄漏,油面高度正常。将压力表连接在动力转向泵与转向控制阀的压力管中,完全开启压力表阀门,启动发动机并使其怠速运转;将转向盘在左、右转动的极限位置之间连续转动 3～4 次,以提高转向油液温度并排除系统内的空气;使转向油液温度升至 80℃以上,确保液面高度正常;检测发动机怠速时转向泵输出油压,应为 3MPa 以上;将转向盘转至极限位置,拔下电磁阀插接器,然后启动发动机,使其转速稳定在 1 000r/min,测量动力转向泵的输出油压,其最低压力应为 7MPa 以上。否则,转向器存在内部泄漏或电磁阀有故障。

(2) 控制阀和动力缸泄漏检查

动力转向系统的泄漏分为内泄和外泄两种。内泄可以采取油路压力试验的方法检查，先测出油路油压的数值（油压正常），然后将一块 15mm 厚的金属垫板放在车轮转角限位螺栓（或凸块）上，左、右转动转向盘，其极限位置受垫板限制，使限位阀不能卸荷，这时再测量油路压力。若油压低于原测得值，说明控制阀和动力缸内部有泄漏现象。

(3) 液压限位阀的检查和调整

支起车轮，将 3mm 厚的垫片放在前轴的限位凸块上，启动发动机，转动转向盘至车轮的限位机构起作用为止。此时限位阀应卸荷，用旋具作传导，可听到卸荷的排油声，否则应对限位阀进行调整，并进行复验，慢慢使汽车起步，转动转向盘直到液压加力作用不足但又不完全是机械转向时为止。车轮转向限位螺钉与前轴限位凸块之间应有 2~3mm 的间隙。

【自我测试】

1. 填空题

(1) 根据控制方式的不同，液压式电子控制动力转向系统可以分为＿＿＿＿式、＿＿＿＿式和阀灵敏度控制式 3 种形式。

(2) 流量控制式动力转向系统是一种根据＿＿＿＿信号调解动力转向装置供应的压力油液，改变油液的输入输出流量，以控制转向力的方法。

(3) 根据＿＿＿＿、＿＿＿＿和选择开关等信号，ECU 向旁通流量控制阀按照汽车的行驶状态发出控制信号，控制＿＿＿＿的电流，从而控制旁通流量，调整转向器供油的流量。

(4) 反力控制式动力转向系统是一种根据＿＿＿＿大小，控制＿＿＿＿油压，从而改变输入、输出增益幅度以控制转向力。

(5) 阀灵敏度控制式动力转向系统是根据＿＿＿＿控制电磁阀，直接改变动力转向控制阀的油压增益（阀灵敏度）控制油压的。

2. 简答题

液压式电控动力转向系统的分类及工作原理。

3. 故障诊断

如何对液压动力转向系统进行检测？

学习单元7.2　电动式电控动力转向系统（EPS）的检修

【学习目标】

1. 能通过与客户交流、查阅相关维修技术资料等方式获取车辆信息。
2. 掌握电动式电控动力转向系统的组成及工作原理。
3. 能根据故障现象制订正确的维修计划。
4. 能正确选择诊断设备对电动式电控动力转向系统故障进行诊断。

5. 能正确记录、分析各种检测结果并做出故障判断。
6. 能按照正确操作规范进行电动式电控动力转向系统的更换。
7. 能根据环保要求，正确处理对环境和人体有害的废料及损坏的零部件。

【理论知识】

电动式动力转向系统是一种直接依靠电动机提供辅助转矩的电动助力式转向系统。该系统仅需要控制电机电流的方向和幅值，不需要复杂的控制机构。另外，该系统由于利用 ECU 控制，为转向系统提供了较高的自由度，同时还降低了成本和重量。

故障现象：一汽丰田锐志电动助力转向突然失效，转向盘没有助力。

故障诊断：此车在行驶过程中突然没有转向助力功能，故障指示灯点亮，转动转向盘感觉很沉重。连接诊断仪，查询故障码，显示有 3 个故障码存储在转向 ECU 之中，分别为 C1511、C1516、C1526。C1511 的故障含义为扭矩传感器异常，C1516 的含义为扭矩传感器初始化未完成，C1526 的含义为转向角度传感器初始化未完成。将这 3 个故障码记录下来，然后执行清除故障码，发现 C1511 可以清除，剩下的两个故障码不能清除，说明是需要学习的。执行转向角度传感器学习和扭矩传感器学习的操作。在学习过程中，始终无法完成学习步骤。再次读取故障码，故障码 C1511 再次出现。系统由于存储传感器异常故障代码，无法完成学习操作，这说明扭矩传感器存在问题。

根据此故障码，首先检查相应线路。对照电路图对扭矩传感器的 7 根线一一进行测量，没有问题。故障可能出现在扭矩传感器，由于扭矩传感器无法单独更换，只有更换转向机才可以解决问题。更换后，通过设备进行转向角度传感器和扭矩传感器的初始化学习，故障指示灯熄灭，电动助力转向系统恢复正常。

根据上述案例，请思考下列问题。
(1) 扭矩传感器有什么作用？
(2) 转向角度传感器有什么作用？

7.2.1 电动式电控动力转向系统的结构与工作原理

电动式动力转向系统是由扭矩传感器、车速传感器、控制元件组成的，如图 7-8 所示。

在操纵转向盘时，转矩传感器根据输入力的大小产生相应的电压信号，由此检测出操纵力的大小，同时根据车速传感器产生的脉冲信号又可以测出车速，再控制电动机的电流，形成适当的转向助力。

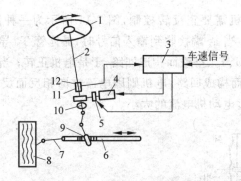

图 7-8 电动式动力转向系统的组成

1—转向盘；2—输入轴；3—电控单元；4—电动机；5—电磁离合器；6—转向齿条；7—横拉杆；
8—转向轮；9—转向器；10—扭杆；11—转向齿轮；12—转矩传感器

1. 扭矩传感器

转矩传感器的作用是测量转向盘与转向器之间的相对转矩，作为电动助力的依据之一。

图 7-9 所示为无触点式转矩传感器的结构及工作原理图。在输出轴的极靴上分别绕有 A、B、C、D 4 个线圈，转向盘处于中间位置（直驶）时，扭力杆的纵向对称面正好处于图示输出轴极靴 AC、BD 的对称面上。当在 U、T 两端加上连续的输入脉冲电压信号 U_i 时，由于通过每个极靴的磁通量相等，所以在 V、W 两端检测到的输出电压信号 $U_o = 0$；转向时，由于扭力杆和输出轴极靴之间发生相对扭转变形，极靴 A、D 之间的磁阻增加，B、C 之间的磁阻减少，各个极靴的磁通量发生变化，于是在 V、W 之间出现电位差，其电位差与扭力杆的扭转角和输入电压 U_i 成正比。所以，通过测量 V、W 两端的电位差就可以测量出扭力杆的扭转角，也就是转向盘施加的转矩。

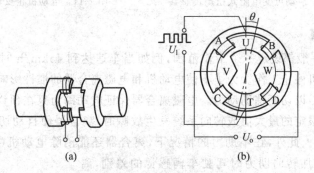

图 7-9 无触点式转矩传感器

图 7-10 所示为滑动可变电阻式扭矩传感器的结构，它将负载力矩引起的扭力杆角位移转换为电位器电阻的变化，并经滑环传递出来作为扭矩信号。

2. 电动机

EPS 所采用的电动机一般是在汽车用电动机基础上加以改进后得到的。为了改善操纵感、降低噪声和减少振动，有的电动机转子外圆表面开有斜槽，有的则改变定子磁铁的中心处或底部的厚度。

电动式 EPS 用电动机与启动用直流电动机原理基本相同，但一般采用永磁磁场，其最大电流一般为 30A 左右，电压为 DC12V，额定转矩为 10N·m 左右。

转向助力用直流电动机需要正反转控制,图 7-11 所示为一种比较简单适用的控制电路。a_1、a_2 为触发信号端。当 a_1 端接收到输入信号时,晶体管 T_3 导通,T_2 得到基极电流而导通,电流经 T_2、电动机 M、T_3、搭铁而构成回路,于是电机正转;当 a_2 端得到输入信号时,电流则经 T_1、M、T_4、搭铁而构成回路,电机则因电流方向相反而反转。控制触发信号端电流的大小,就可以控制通过电动机电流的大小。

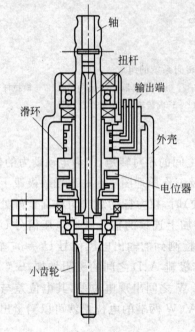

图 7-10 滑动可变电阻式扭矩传感器

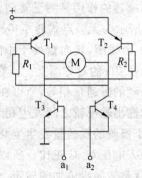

图 7-11 电动机正反转控制电路

3. 电磁离合器

电动式 EPS 一般都设定一个工作范围,例如当车速达到 45km/h 时,就不需要辅助动力转向,这时电动机停止工作。为了不使电动机和电磁离合器的惯性影响转向系统的工作,离合器应及时分离,以切断辅助动力。电磁离合器保证电动助力只在预订的范围内起作用。当车速、电流超过限定的最大值或转向系统发生故障时,离合器便自动切断电动机的电源,恢复手动控制转向。此外,在不助力的情况下,离合器还能消除电动机的惯性对转向的影响。为了减少与不加转向助力时驾驶车辆感觉的差别,离合器不仅具有滞后输出特性,同时还具有半离合器状态区域。

图 7-12 为单片干式电磁离合器的工作原理图。当滑动可变电阻式扭矩传感器电流通过滑环进入电磁离合器线圈时,主动轮产生电磁吸力,带花键的压板被吸引与主动轮压紧,于是电动机的动力经过轴、主动轮、压板、花键、从动轴传递给执行机构。

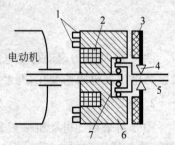

图 7-12 电磁离合器的工作原理
1—滑环;2—线圈;3—压板;
4—花键;5—从动轴;6—主动轮;
7—滚珠轴承

4. 减速机构

减速机构是将电动机的输出放大后,再传给转向齿轮箱的主要部件。目前有多种组合方式，如两级行星齿轮与传动齿轮驱动组合式、蜗轮蜗杆与转向轴驱动组合式等。由于减速机构对系统工作性能的影响较大，因此在降低噪声、提高效率和左右转向操作的对称性方面对其提出了较高的要求。

5. 电子控制器ECU

电子控制器的基本组成如图7-13所示。工作时，微处理器根据转矩和车速等信号计算出最优化的助力转矩，然后将其输入电流控制电路。电流控制电路把这些信号同电动机的实际电流值进行比较，产生一个差值信号，该差值信号被送到驱动电路，该电路可驱动动力装置并向电动机提供控制电流。微处理器同时给电动机驱动电路输出另一个信号，即决定电动机的转向方向。

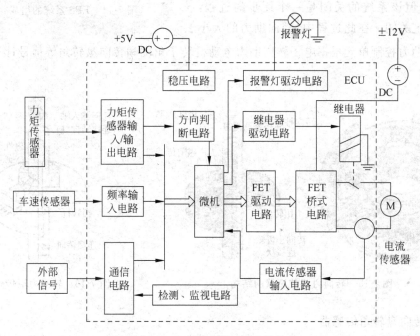

图7-13 电子控制器ECU的组成

此外，ECU还有安全保护和自我诊断功能，通过采集电动机的电流、发动机电压、发动机工况等信号判断其系统工作状态是否正常，一旦系统工作异常，助力将自动取消，同时ECU进行故障诊断分析。

*7.2.2 典型电动助力转向系统

速腾轿车采用双齿轮式电动助力转向系统（EPS），该系统由于没有助力油从而减少了对环境的污染。EPS没有液压回路，调整和检修比较容易，可以通过设置不同的程序使其快速地与不同车型匹配。

1. EPS的组成

EPS由转向盘、转向柱、转向盘转角传感器（G85）、转向力矩传感器（G269）、转向齿轮、电子转向助力电动机（V187）及转向助力控制单元（J500）组成，如图7-14所示。

(1) 转向力矩传感器

转向力矩传感器的结构如图 7-15 所示,工作原理如图 7-16 所示。磁性转子和转向输入轴为一体,磁阻传感元件和转向小齿轮连接为一体。当转动转向盘时,转向柱和转向小齿轮发生相对运动,即磁性转子和磁阻传感元件发生相对运动,因此转向力矩的大小可以被测量出来并传递给转向助力控制单元。如果转向力矩传感器信号失效,故障报警灯(K161)亮,转向助力系统将停止工作,但该系统的关闭是一个逐步的过程,并不能马上关闭。在此过程中,转向助力的大小是由转向助力控制单元根据电子转向助力电动机转子角度和转向盘转角等信号计算出的数值替代的。

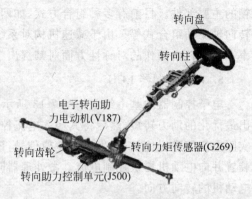

图 7-14　EPS 系统的组成

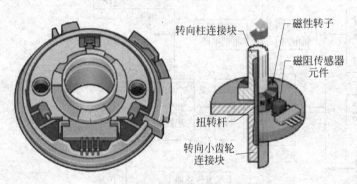

图 7-15　转向力矩传感器的结构

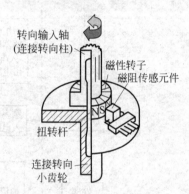

图 7-16　转向力矩传感器原理

(2) 转向盘转角传感器

转向盘转角传感器安装在转向柱模块上。

2. EPS 的工作过程

EPS 的工作过程如图 7-17 所示,当用力旋转转向盘时,电动助力转向系统开始工作,作用在转向盘上的力矩使转向小齿轮旋转,转向力矩传感器将转向力矩信号传给转向助力控制单元,转向盘转角传感器将转向盘转动的角度和速度传给转向助力控制单元,转向助力控制单元根据转向力、发动机转速、车速、转向盘转动的角度、转向盘转速及存储在转向助力控制单元中的特性曲线图,计算出必要的助力力矩并控制电子转向助力电动机工作,由电子转向助力电动机转动的驱动齿轮,提供转向助力,驱动转向齿条产生助力。助力转向力矩和驾驶员施加在转向盘上的力矩总和是最终驱动转向齿条的有效力矩。

7.2.3　EPS 故障自诊断

电动助力转向系统的电子控制单元具有故障自诊断功能。当电子控制单元检测出系统存在故障时,显示出相应的故障代码。当检测出系统的基本部件如扭矩传感器、电动机、车

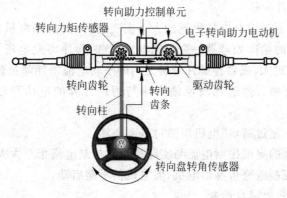

图 7-17　EPS 的工作过程

速传感器等出现故障而导致系统处于严重故障的情况下,系统会断开电磁离合器,停止转向助力控制,确保系统安全、可靠。

1. 故障自诊断的基本原理

故障自诊断系统的作用是监测、诊断电子控制系统各传感器、执行器以及电子控制器(ECU)的工作是否正常。当 ECU 中某一电路的信号超出规定范围时,自诊断系统就判定该电路及相关传感器或执行器发生故障,并控制故障指示灯闪烁。故障代码指示有两种:①以闪烁次数和时间长短表示不同故障,如三菱、现代、克莱斯勒、宝马等;②不同颜色的几盏灯(红、绿灯)闪烁表示不同故障,如本田、日产等。同时将故障信息以故障代码的形式存储到 ECU 内部的存储器中,然后 ECU 控制系统采取相应的安全防范措施。

2. 各元件的故障自诊断

(1) 转矩传感器的故障自诊断

以摆臂式转矩传感器为例。摆臂式转矩传感器的工作原理相当于一个电位计,它有两个输出回路:主扭矩(对应 IN+端电压值)、副扭矩(对应 IN-端电压值)。其主、副扭矩输出特性为:当转矩传感器正常工作时,电位计的两个输出信号正常工作范围在 1~4V,并且当转向盘处于中间位置时,转矩传感器的主、副扭矩的输出电压均为 2.5V。但实际车辆行驶中会引起转矩信号的暂时偏差,因此,转矩信号的异常界限值为 0.9~4.1V。自诊断时,一旦其本身及信号采集电路出现异常,输入微处理器的主、副扭矩信号将大于 4.1V 或小于 0.9V 或两信号之差超过 3.1V,且当信号值超出其范围持续一定时间(如 30ms)后,ECU 才判定转矩传感器有故障。

另外,转矩传感器的信号检测是建立在+5V 电源基础上的,电源电路的正常与否将直接影响到主、副扭矩的信号。因此,首先应判断转矩传感器电源电压是否在规定范围内,正常输出电压为(5±0.2)V。如果微处理器检测到电源电压异常,将跳过对转矩传感器信号的检测,避免对转矩传感器本身故障产生误判。

通过信号值比较可以诊断出传感器存在以下故障:主扭矩传感器线路断开或短路;主线路与辅线路输出电压差异过大;转矩传感器电源电压过高或过低;辅扭矩传感器线路断开或短路。

(2) 电机故障的自诊断

转向助力大小是通过控制电机电流的大小实现的,因此检测电机两端的实际控制电流非常重要。电机工作时给微处理器一个反馈电压,此时程序将此电压与理论计算电压进行比较。如果两者差距过大,或者连续几分钟之内的平均电流消耗超过预先规定的数值,就判断电机及其线路有故障。通过比较反馈电压与理论计算的电压可以诊断出电机有以下故障。

① 电机的控制电流过高,使电机出现过载而烧坏。
② 微处理器计算的电机控制电流与实际检测的控制电流相差太大。
③ 控制单元有控制电流传递给电机,但电机仍不能启动。

(3) 车速传感器的故障自诊断

车速信号是数字信号,可以直接送给微处理器端口。将车速信号与相应工况下的规定值进行比较,如不符合要求,判断为车速传感器故障。

(4) 电磁离合器的故障自诊断

电磁离合器连接了助力电机和转向柱,它的分离与接合稳定与否将直接影响转向特性,因此系统工作时,其状态信号要及时反馈给微处理器:当离合器处于接合状态时输入高电平;反之,输入低电平。如果输入信号不符合此要求,判定为离合器故障。

(5) 控制单元电源线路的故障自诊断

当点火开关闭合时,蓄电池给微处理器提供电压。当检测的电压信号低于 10V 时,设计程序可以控制故障灯,显示蓄电池电压太低。

3. 清除故障码

故障信息一旦被存储,即使故障已经排除且故障指示灯熄灭,仍将存储在存储器中,因此排除故障后必须清除故障码。清除故障码的方法有两种:一是将保险丝盒中的保险丝拔下 10s 以上;二是将蓄电池搭铁线拆下 10s 以上。

【任务工单】

见附录中的任务工单 7-1。

【自我测试】

1. 填空题

(1) 电动式动力转向系统是一种直接依靠_____提供辅助转矩的电动助力式转向系统。该系统仅需要控制电机电流的_____和幅值,不需要复杂的控制机构。

(2) 电动式动力转向系统是由_____、_____、控制元件组成的。

(3) 电动式动力转向系统在操纵转向盘时,_____根据输入力的大小产生相应的电压信号,由此检测出操纵力的大小,同时根据_____产生的脉冲信号又可以测出车速,再控制电动机的电流,形成适当的转向助力。

(4) 电动式动力转向系统的转矩传感器作用是测量_____与_____之间的相对转矩,作为电动助力的依据之一。

(5) 电动式 EPS 一般采用永磁磁场,其最大电流一般为_____左右,电压为_____,

额定转矩为 10N·m 左右。

（6）电动式 EPS 一般都设定一个工作范围，例如当车速达到 45km/h 时，就不需要辅助动力转向，这时＿＿＿＿＿＿停止工作。

（7）在电动式 EPS 中，当车速、电流超过限定的最大值或转向系统发生故障时，＿＿＿＿＿＿便自动切断电动机的电源，恢复手动控制转向。

2. 简答题

（1）电动式电控动力转向系统的组成及工作原理是什么？

（2）电动式 EPS 的工作原理是什么？

（3）EPS 中无触点式转矩传感器的工作原理是什么？

（4）电动式电控动力转向系统的离合器有何功用？

3. 论述题

论述速腾轿车电动助力转向系统的组成及工作原理。

学习情境 8

电控安全系统故障检修

学习单元 8.1　安全气囊系统认知

【学习目标】

1. 能通过与客户交流、查阅相关维修技术资料等方式获取车辆信息。
2. 掌握安全气囊系统的组成及工作原理。
3. 能根据故障现象制订正确的维修计划。
4. 能正确选择诊断设备对安全气囊系统的故障进行诊断。
5. 能正确记录、分析各种检测结果并做出故障判断。
6. 能按照正确操作规范进行安全气囊系统的更换。
7. 能根据环保要求,正确处理对环境和人体有害的废料及损坏的零部件。

【理论知识】

安全气囊系统(Supplemental Restraint System,SRS)是汽车上一种常见的被动安全装置。目前,较为普遍的是前排驾驶员安全气囊和副驾驶员安全气囊(前排座椅)。一旦撞车时,由电子控制器(ECU)提供电流,引爆安放在转向盘中央及仪表板(杂物箱)后面气囊中的氮化合物,它像"火药"似的迅速燃烧而产生大量的氮气,在瞬间充满气囊(气袋),整个动作过程约在 0.02s 内完成。这样,在驾驶员与转向盘之间、副驾驶员与仪表板(杂物箱)之间立刻形成一种缓冲的软垫,避免硬性撞击而发生严重的伤亡。若将安全气囊与安全带配合使用,则对乘员的保护效果更好。

故障现象:2009款新凯越,组合仪表上气囊故障灯常亮。

故障诊断:连接 TECH2,读取气囊系统故障码,故障码为 B0022:驾驶员安全气囊阻值过低。气囊控制模块使用极小的电流检查各气囊及其线路的电阻。当测得驾驶员气囊电阻小于 2.0Ω 时,设置故障码 B0022。断开蓄电池负极,等待 1min。检查地板中央控制台气囊控制模块连接器,无异常。与其他车互换转向盘气囊,接上蓄电池负极线,打开点火开关,组合仪表上气囊故障灯仍常亮。根据气囊系统线路图,考虑到时钟弹簧经常处于运动状态,损坏的几率较大,因此更换时钟弹簧。更换后,气囊故障灯熄灭。

根据上述案例,请思考下列问题。
(1) 安全气囊是如何工作的?
(2) 气囊故障灯有什么作用?

8.1.1 安全气囊系统的类型

1. 安全气囊的类型

根据碰撞类型,安全气囊可以分为正面碰撞防护安全气囊和侧面碰撞防护安全气囊。

按照安装气囊的数量,可分为单气囊系统(只安装在驾驶员侧)和双气囊系统(驾驶员侧和副驾驶员侧各有一个)、六气囊系统(驾驶员侧和副驾驶员侧、4个车门各有一个)3 种。

按照安全气囊的触发机构分为 3 种形式:一是电子式的,它只用一个减速仪,一般安装在朝着车厢的前方;另一种是电气—机械式的,要求在车前方有多个传感器;第三种是机械式的,它包括一切必要的装置。

2. 安全气囊对人体进行保护的作用过程

汽车从正面撞车时,气囊系统被引爆的有效范围如图 8-1 所示。以汽车纵向轴线为基

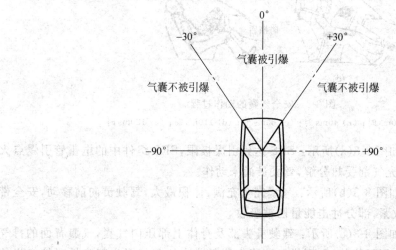

图 8-1 撞车时气囊系统的有效范围

准,从气囊转向盘的位置相对于汽车纵向轴线引出两条左右各成30°的直线。在汽车前方±30°的角度范围内撞车,并且撞车后汽车纵向减速度又达到某一值,正面气囊就会被引爆。

若是汽车从侧面撞车或绕纵向轴线侧翻,以及在正常或恶劣的行驶条件下,甚至是从后面撞车时,正面安全气囊系统都不会引爆。

假设汽车以50km/h的车速行驶,从正面与障碍物相撞,气囊引爆的时序如图8-2所示。

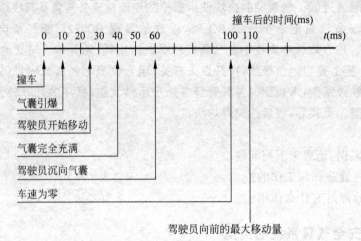

图8-2 气囊引爆时序图

从汽车发生碰撞的瞬间开始到气囊泄气收缩的整个过程仅为120ms,其引爆过程可以分为4个阶段,如图8-3所示。

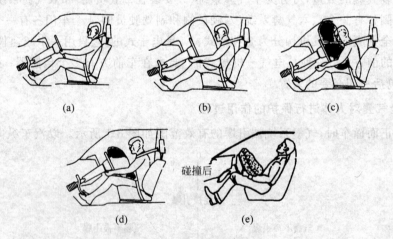

图8-3 安全气囊的动作过程
(a) 10ms时;(b) 40ms时;(c) 60ms时;(d) 110ms时;(e) 120ms时

碰撞约10ms后,如图8-3(a)所示:SRS达到引爆极限,SRS组件中的电雷管引爆点火剂并产生大量热量,使充气剂受热分解,驾驶员尚未动作。

碰撞约40ms后,如图8-3(b)所示:气囊完全充满,体积最大,驾驶员向前移动,安全带斜系在驾驶员身上并收紧,部分冲击能量已被吸收。

碰撞约60ms后,如图8-3(c)所示:驾驶员头部及身体上部压向气囊,气囊背面的排气孔在气体和人体压力作用下排气,利用排气节流作用吸收人体与气囊之间弹性碰撞产生的动能。

碰撞约110ms后,如图8-3(d)所示:大部分气体已从气囊逸出,驾驶员身体上部回到座椅靠背上,车辆前方恢复视野。

碰撞约120ms后,如图8-3(e)所示:碰撞危害解除,车速降低至零。

撞车时,气囊系统与仪表板上的一个指示灯接通。每次打开点火开关,安全气囊系统自动执行一个测试周期,同时指示灯亮大约10s。

通过各种试验和实际使用证明,装有安全气囊的汽车在发生碰撞事故时,乘员所受到的伤害程度大为减轻。有些车辆的安全气囊系统,还可在引爆安全气囊的同时,通过电子或机械式安全带收紧装置收紧安全带,这样能够有效地降低二次碰撞对驾驶员和乘员带来的伤害。

8.1.2 安全气囊系统的组成

安全气囊系统是一种被动安全措施,气囊紧紧地折叠后置于转向盘中间缓冲垫的下面。汽车安全气囊系统主要由传感器、电子控制系统、气囊组件等三部分组成,图8-4为典型的安全气囊系统组成。

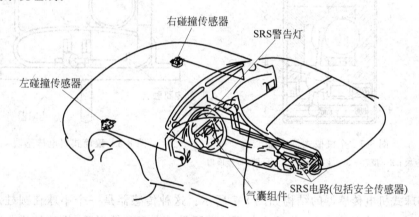

图8-4 安全气囊系统的组成

1. 传感器

汽车安全气囊用传感器用于检测、判断汽车发生事故后的撞击信号,以便及时启动安全气囊,并提供足够的电能或机械能点燃气体发生器。传感器按其功能分为碰撞传感器和安全传感器两大类。碰撞传感器按汽车上的安装位置又分为前方碰撞传感器和中央碰撞传感器两种。碰撞传感器负责检测碰撞的激烈程度,如果汽车以40km/h的车速撞到一辆正在停放的同样大小的汽车上,或以不低于22km/h的车速迎面撞到一个不可变形的固定障碍物上,碰撞传感器便会动作,接通搭铁回路。安全传感器,也称触发传感器,其闭合的减速度要稍小一些,起保险作用,防止因碰撞传感器短路而造成误膨开。

1)碰撞传感器

(1)全机械式传感器

全机械式传感器的结构如图8-5所示,该传感器遵循小球在圆柱形钢筒内运动的原理。小球在撞击加速度的作用下向前运动推动杠杆,杠杆的另一端受弹簧力支持,有一个

D形杆成90°连接在杠杆靠近弹簧端。当杠杆运动时,带动D形杆转动,使限制在D形杆下面的2个撞针射出,打到镶嵌在外壳上的点火帽上,将其点燃,引发气体发生器,其灵敏度取决于弹簧力、小球和钢筒之间的间隙。这种传感器在低速撞击以及粗糙路面撞击下能保证安全气囊不启动,可靠性极高;缺点是受单点传感的限制,对各部件精度要求高,且需耐磨。

（2）机电式传感器

应用最多的机电式传感器有两种。

① 滚筒式机电传感器的结构如图8-6所示。它主要由电路触点、加载弹簧滚筒、电阻器、壳体等组成。加载薄壁滚筒有一定质量,当发生碰撞所产生的冲击力达到一定程度时,在加速度的作用下,会引起滚筒沿着自己的轨迹展开并向前推动。当滚筒接触到其前部电路触点时,使连接SRS ECU的电路闭合接通。它是一种加速度传感器,只能测量到前后的运动力而不能检测到左右的移动力,并且对低速撞击和粗糙面过于敏感,所以被钢球式传感器取代。

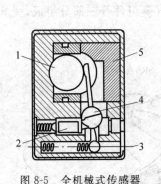
图8-5 全机械式传感器
1—感应块；2—撞针；3—偏置弹簧；4—D轴；5—顶盖

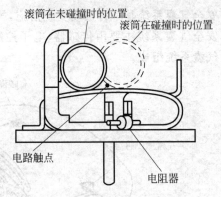
图8-6 滚筒式机电传感器

② 钢球式机电传感器的结构如图8-7所示。这种传感器是一个小球在圆柱形钢套内运动,小球被磁场力约束,其工作原理如图8-8所示。在正常情况下,钢球被磁力吸附在钢套的一端,当汽车以超过某特定的车速发生碰撞时,钢球将克服磁场力,向前运动,当接触到电触头时便将局部电路接通。碰撞后磁场力自动把钢球吸离电触头,回到原位。这种传感器既是加速度传感器,又是速度传感器。传感器的灵敏度由3个参数确定,即磁场力大小、钢球和圆柱形钢套之间的间隙以及钢球距电触头的距离。

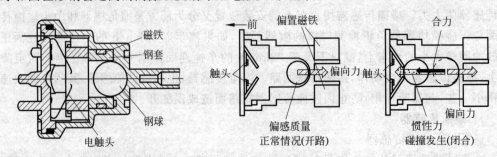

图8-7 钢球式机电传感器的结构　　图8-8 钢球式机电传感器的工作原理

2) 安全传感器

（1）压电式中央传感器

中央传感器是一个半导体压力传感器，具有稳定性好、应变灵敏系数大(100～150)及压敏电阻效应性好等特点，其结构如图8-9所示。

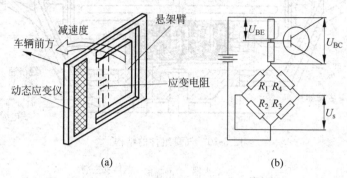

图 8-9　中央传感器的结构及电路原理

(a) 结构；(b) 电路原理

工作原理：其悬臂架压在半导体应变片的两端。当汽车发生碰撞时，半导体应变片在悬臂减速力作用下发生弯曲应变，受压后的电阻发生变化，电阻的变化引启动态应变仪输出电压的变化。汽车的速度越高，碰撞后产生的减速度力越大，则输出的电压也越大。

由于半导体压力传感器输出特性受温度影响较大，故应用晶体管的基极—发射极间电压 U_{BE} 的温度变化消除传感器输出特性的变化。所以，半导体压力传感器要求有稳压电源。中央传感器安装在中央控制器内，用来感测汽车高速冲撞的信号，并将其输入到电子控制器，引爆气囊电雷管，使气囊张开。

（2）水银式安全传感器

水银式安全传感器用来防止系统在非碰撞状况引起气囊的误动作。它装在电子控制器内，实际是一个水银常开开关。当发生碰撞时，足够大的减速度力将水银抛上，使安全传感器两触头（触点）闭合，将电雷管电路接通。它只有在车辆前方发生冲撞时才对减速度作出响应。否则，如果是冲撞以外的其他原因，即便使中央传感器和前方传感器有信号输出，如果此安全传感器无输出，则应判定车辆无冲撞，以防止不必要情况下安全气囊的展开。

2. 气囊组件

气囊组件主要由气体发生器、气囊、衬垫和固定部件等组成。驾驶员侧气囊组件位于转向盘中心处，其内部结构如图8-10所示。

（1）气体发生器

气体发生器是气囊组件中非常重要而又复杂的一部分。该装置最突出的特点是燃爆品，在极短的时间内可使环境发生剧烈变化。气体发生器通常分为燃料式和混合式两种。

燃料式气体发生器主要由外壳、引爆器（电雷管、点火器、引燃器）、增压充剂、气体发生剂、过滤器等组成，各部分结构如图8-11所示。

① 气体发生器外壳。一般采用铝合金或钢板冲压成型。目前铝合金外壳已逐步取代钢板外壳。铝合金外壳底部采用惰性气体焊接，出气口处用铝箔粘接封严。

② 引爆器（电雷管或称点火器）。引爆器由引爆筒总成和尼龙壳体组成。引爆筒又由

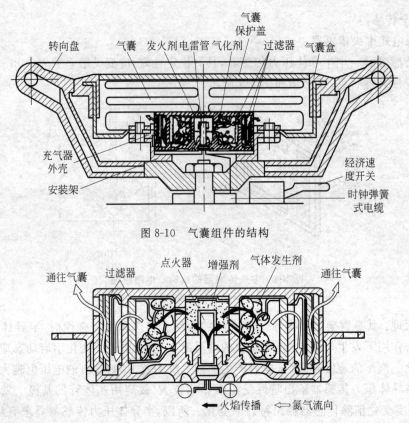

图 8-10 气囊组件的结构

图 8-11 燃料式气体发生器的结构

电热丝、药托、药筒等组成。在传感器动作时,引爆器响应来自电源的低电平信号使气囊点火系统触发。其作用过程是,引爆器引线端有电,电流通过电热丝,电热丝产生热量,引燃火药,生成的压力和热量冲破药筒将增压充剂引燃。

③ 增压充剂。增压充剂装于引爆器与气体发生剂之间。当引爆器引燃后,引燃增压充剂,冲撞或粉碎气体发生剂,促进气体发生剂的快速燃烧。

④ 气体发生剂。目前气体发生器使用的气体发生剂主要是叠氮化钠合剂,该合剂燃烧后产生氮气。为使叠氮化钠充分燃烧,需加入助燃剂。

⑤ 过滤器。过滤器具有两方面的作用,一是冷却生成的气体,二是滤出燃烧后产生的杂质。一般采用金属纤维毡加陶瓷纤维纸作过滤介质。

混合式气体发生器则是在储汽缸中有压缩气体和一小部分火药。工作时火药将储气缸阀门炸开,压缩气体冲出。由于瞬间储汽缸内没有热交换,储气缸内的温度将骤然下降,并引起气体压力下降。为了补偿失去的压力,利用燃烧的火药对冲出的气体加热,以使气囊内部有足够的工作压力。使用混合式气体发生器的气囊温度比使用固体燃料式气体发生器时的温度低,但是对于人体来说,气囊的温度还是比较高。

(2) 气囊

气囊折叠在气囊盒中,其材料为尼龙织物,内层涂聚氯丁二烯,能承接大于 2.5kN 的拉力。气囊衬垫也是一个关键零件,它具有保护气囊作用,又必须在气囊张开时易于碎裂而不影响气囊膨胀,而且碎裂时不会伤害驾乘人员,因此,采用轻度发泡的聚氨酯塑料薄板制成。

安全气囊按大小可分为保护整个上身的大型气囊和主要保护面部的小型护面气囊。由于欧洲普遍使用安全带,气囊只是补充性的保护装置,故欧洲气囊多为小型护面气囊。

(3) 衬垫

衬垫是气囊组件中的一个重要组成部分,由聚氨配制而成。在制造过程中使用了很薄的水基发泡剂,所以质量特别轻。平时它作为转向盘的上表面把气囊与外界隔离开,既起到了维护作用,也起到了装饰作用。

(4) 固定部件

气囊和气体发生器用安装板和固定环连在一起并予以密封。气囊总成用转向盘气囊饰盖封装。气囊充开时安装板承受气囊的反作用力。

3. 电子控制系统

安全气囊的电子控制装置主要由 SRS ECU、螺旋形电缆、配线、SRS 指示灯、SRS 电源等组成。

(1) SRS ECU(安全气囊 ECU)

SRS ECU 是安全气囊的控制中心,其功用是接收碰撞传感器及其他各传感器输入的信号,判断是否点火引爆气囊充气,并对系统故障进行自诊断。

安全气囊 ECU 由稳压电路、备用电源电路、SRS 侦测电路、点火控制引爆电路、安全传感器、故障自诊断电路等部分组成。图 8-12 为丰田车系安全气囊系统 ECU 的组成及连接电路。

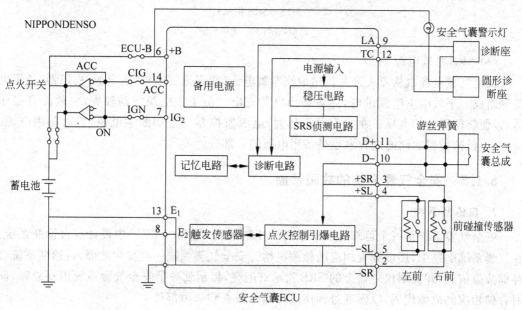

图 8-12 丰田车系安全气囊系统 ECU 电路图

(2) 螺旋形电缆

螺旋形电缆的功用是把电信号输送到安全气囊引爆器(装在转动的转向盘内)的接线上。

驾驶员侧气囊安装在转向盘上。它被安装在托盘内,托盘则通过螺栓固定在转向轴顶部,以顺逆两个方向的盘绕实现作旋转运动的一端与固定端的可靠连接。电缆内侧是固定端,用键与转向轴固定在一起,外侧是活动端,通过连接器与引爆器连在一起。

螺旋形电缆的电阻取决于其本身材料和长度。电缆材料为复合膜铜带,一面是铜,一面是聚酯薄膜。长度由转向盘最大转向圈数和转向轴安装毂的最小内径决定,一般电缆长约为 4.8m。转向轴处于中间位置,可分别向左右作 2.5 圈转动。由于与电缆连接的引燃器阻抗很小,故对电缆阻抗的偏差要严格控制,否则会影响 ECU 对引爆器故障的诊断。

螺旋形电缆与转向轴的安装位置关系对于能否保证安全气囊系统的性能有很大关系。若偏差过大,就会导致螺旋形电缆旋转过量而造成永久性的损伤。因偏差无法避免,所以在安装电缆时,在顺、逆两个方向都要留出半圈的余量。

(3) SRS 指示灯

SRS 指示灯装在仪表板上,有的用图形显示(图 8-13(a)),有的用字母显示(图 8-13(b))。SRS 指示灯可反映 SRS 系统的工作情况。一般把点火开关置于 ON 挡后,SRS 指示灯闪亮(或不间断亮),6~8s 后熄灭,说明 SRS 系统正常。如果 SRS 指示灯不亮,或不停地闪烁,或常亮,则说明 SRS 系统有故障。

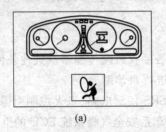 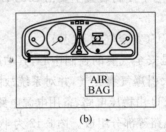

图 8-13 SRS 指示灯
(a) 图形显示;(b) 字母显示

(4) SRS 系统电源

安全气囊电源由从点火开关流出的汽车蓄电池(或交流发电机)主电源、稳压器、备用电源等组成。平时由主电源供电,并对备用电源充电。由于主电源波动较大,一般设有稳压器,以便获得稳定的电压。在主电源损坏时,电源监控器马上切断主电源,启动备用电源。同时,电源监控器的储能电容器也是备用电源的一部分。

8.1.3 安全气囊系统的故障诊断

1. 自诊断系统

安全气囊系统是一个可靠性要求极高的控制系统,在 SRS ECU 中设计有自诊断系统。在气囊系统电路中,还设计有相应的检测机构。安全气囊系统一旦发生故障,自诊断系统会存储故障信息,并控制仪表盘上的 SRS 指示灯闪亮,提示驾驶员安全气囊系统出现故障,同时存储相应的故障代码,以便通过调用故障码尽快查到故障部位。

1) 读取故障代码

丰田汽车安全气囊系统的故障代码,可用一根跨接线连接诊断连接器上的 TC、E_1 端子,通过仪表板上的 SRS 指示灯读取故障码。

(1) 检查 SRS 指示灯。将点火开关转到 ON 或 ACC 位置,如 SRS 指示灯亮 6s 后熄灭,说明 SRS 指示灯及其线路正常,可以读取故障代码。若 SRS 指示灯不亮,说明指示灯或其线路有故障,应检修后才能读取故障代码。

(2) 将点火开关转到 ON 或 ACC 位置,并等待 20s 以上。

（3）用跨接线将诊断连接器的 TC、E_1 端子短接。

（4）根据仪表板上的 SRS 指示灯闪烁情况读取故障代码，故障代码的闪烁规律如图 8-14 所示。

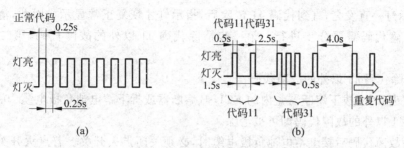

图 8-14 故障代码的闪烁规律
(a) 正常代码；(b) 故障代码

如果 SRS 指示灯显示表 8-1 中"正常"以外的代码，说明 SRS ECU 有故障。

表 8-1 安全气囊系统故障代码

故障代码	故 障 原 因	故 障 部 位	提示灯状态
正常	安全气囊系统正常	—	OFF
	安全气囊系统电源电压过低	① 蓄电池 ② SRS ECU	ON
11	① 气囊点火器线路搭铁 ② 前碰撞传感器线路搭铁	① 气囊组件 ② 螺旋弹簧 ③ 前碰撞传感器 ④ SRS ECU	ON
12	① SRS 点火器引线与电源线搭接 ② 前碰撞传感器引线与电源线搭接 ③ 前碰撞传感器引线断路 ④ 螺旋弹簧与电源线搭接	① 气囊组件 ② 螺旋弹簧 ③ 传感器线路 ④ SRS ECU	ON
13	SRS 点火器线路短路	① 气囊点火器 ② 螺旋弹簧 ③ SRS ECU	ON
14	SRS 点火器线路断路	① 气囊点火器 ② 螺旋弹簧 ③ SRS ECU	ON
15	前碰撞传感器线路断路	① 气囊系统线束 ② 前碰撞传感器 ③ SRS ECU	ON
22	SRS 提示灯线路断路	① 气囊系统线束 ② SRS 提示灯 ③ SRS ECU	ON
31	① SRS 备用电源失效 ② SRS ECU 故障	SRS ECU	ON
41	SRS ECU 曾记忆过故障代码	SRS ECU	ON

2）清除故障代码

安全气囊系统故障代码的清除方法与其他电控系统故障代码的清除方法有所不同。当故障代码 11~31 代表的故障被排除并清除故障代码之后，SRS 则将代码 41 存入存储器中，使 SRS 指示灯一直发亮，直到代码 41 清除后，指示灯才恢复正常显示。因此，清除安全气囊系统的故障代码需要分步进行。第一步清除代码 41 以外的故障代码，第二步清除代码 41。

(1) 清除代码 41 以外的故障代码

关闭点火开关，拔下熔断器盒内的 ECU-B 熔断器或拆下蓄电池负极电缆 10s 或更长时间后，代码 41 以外的故障代码即可被清除。

在清除故障代码后接上蓄电池负极电缆时，必须关闭点火开关。若点火开关处于接通状态，会导致诊断系统工作失常。

拆卸蓄电池负极电缆清除故障代码之前，应先将音响和防盗等系统的密码记录下来。否则，蓄电池负极电缆端子拆下后，音响和防盗等系统以及时钟存储的内容将会丢失。

(2) 清除代码 41

安全气囊系统的代码 41 必须采用特定程序才能清除。

① 取两根跨接线，将其分别与诊断连接器的 TC、AB 端子连接，接通点火开关并等待 6s 以上。

② 将连接 TC 端子的跨接线端子搭铁(1.0±0.5)s，然后离开搭铁部位，并在端子离开搭铁部位后 0.2s 内，将连接 AB 端子的跨接线端子搭铁(1.0±0.5)s。

③ 将 AB 端子离开搭铁部位之前 0.2s 内，将 TC 端子第二次搭铁(1.0±0.5)s。

④ 将 TC 端子第二次离开搭铁部位之后 0.2s 内，将 AB 端子第二次搭铁(1.0±0.5)s。

⑤ 将 AB 端子第二次离开搭铁部位之前 0.2s 内，将端子第三次搭铁。

⑥ 将 TC 端子第三次搭铁 0.2s 内，将 AB 端子离开搭铁部位，并将 TC 端子保持搭铁、AB 端子保持离开搭铁部位，直到数秒钟之后，SRS 指示灯以亮 64ms、灭 64ms 的闪烁周期闪烁时，代码 41 即被清除，此时再将 TC 端子离开搭铁部位。

上述方法在清除代码 41 的同时，其他故障代码也将立即被清除。因此，只有在调取故障代码、排除故障、清除代码 41 以外的故障代码，并再次读取故障代码，确认安全气囊系统故障已经全部排除之后，才能进行清除代码 41 的操作。

2. 安全气囊系统的故障检查

丰田车系安全气囊系统故障的诊断与检查方法基本相同。下面以凌志 LS400 型轿车故障代码 11 为例说明安全气囊系统故障的诊断与检查方法。

(1) 故障诊断

SRS 点火器电路由 SRS ECU 中的安全传感器、SRS 组件中的点火器、螺旋弹簧和前碰撞传感器组成，如图 8-15 所示。

输出故障代码 11 的原因如下。

① SRS 点火器引线搭铁。

② SRS 点火器失效。

③ 前碰撞传感器。

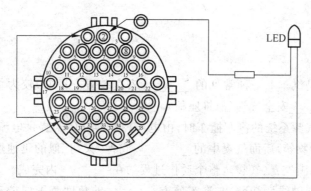

图 8-15　气囊点火电路

④ SBS ECU 至螺旋弹簧连接器之间的线束搭铁。

⑤ 螺旋弹簧搭铁。

⑥ SRS ECU 故障。

(2) 故障检查

① 检查准备。关闭点火开关,拆下蓄电池负极电缆,等待 20s 后,拆下 SRS 气囊组件。

② 检查前碰撞传感器电路。拔下 SRS ECU 线束插头,先检测线束插头上＋SR 与 －SR 端子、＋SL 与 －SL 端子之间的电阻,其值应为 755～885Ω。若阻值不符,说明端子 ＋SR、－SR、＋SL 或 －SL 至前碰撞传感器之间的线束搭铁或前碰撞传感器电路搭铁。

再检测 ＋SR、＋SL 端子与车身之间的电阻,其值应为无穷大。如阻值正常,说明线束良好,故障出在传感器,即前碰撞传感器需要更换;否则,说明端子 ＋SR 或 －SR 至前碰撞传感器之间的线束搭铁,需要修理或更换线束。

③ 检查前碰撞传感器。脱开前碰撞传感器线束连接器插头,用万用表检测传感器插头各端子之间的阻值,阻值应当符合表 8-2 中的规定。否则,更换传感器。

④ 检查 SRS 点火器线路和螺旋弹簧。拔下 SRS 组件与螺旋弹簧之间的连接器插头,用万用表检测螺旋弹簧一侧插头上端子 D＋、D－ 之间的电阻,其值应为无穷大。否则,将 SRS ECU 与螺旋弹簧之间的连接器拔出,再次检测螺旋弹簧一侧插头上端子 D＋、D－ 之间的电阻,其值应为零。否则,修理或更换螺旋弹簧。

表 8-2　前碰撞传感器的阻值

被测端子代号	阻值标准
＋S、＋A	755～885Ω
＋S、－S	∞
－S、－A	<1Ω

⑤ 通过读取故障代码检查 SRS ECU。先将 SRS ECU 线束插头插上,然后用导线将靠近 SRS 组件一端的螺旋弹簧插头端子 D＋、D－ 连接起来,再将蓄电池负极电缆接上。20s 以后,接通点火开关,用跨接线将诊断连接器上的端子 TC、E1 跨接,同时利用 SRS 指示灯读取故障代码。若无故障代码输出或不输出 11 号故障代码,说明 SRS ECU 正常;若输出 11 号故障代码,说明与 SRS ECU 装在一起的碰撞传感器有故障,需要更换 SRS ECU。当输出代码 11 以外的故障代码时,可按故障代码表示的故障进行检查。

【自我测试】

1. 填空题

（1）安全气囊是汽车上一种常见的_____安全装置。目前，较为普遍的是前排驾驶员安全气囊和_____安全气囊（前排座椅）。

（2）装有安全气囊系统的汽车撞车时，由电子控制器（ECU）提供电流，引爆安放在转向盘中央及仪表板（杂物箱）后面气囊中的_____，它像"火药"似的迅速燃烧而产生大量_____，在瞬间充满气囊（气袋），整个动作过程约在_____内完成。

（3）以汽车纵向轴线为基准，在汽车前方_____的角度范围内撞车，并且撞车后，汽车纵向减速度又达到某一值，_____气囊就会被引爆。

（4）汽车碰撞约_____后，SRS达到引爆极限，SRS组件中的_____引爆点火剂并产生大量热量，使充气剂受热分解，驾驶员尚未动作。

（5）汽车碰撞约_____后，气囊完全充满，体积最大，驾驶员向前移动，安全带斜系在驾驶员身上并收紧，部分冲击能量已被吸收。

（6）汽车碰撞约_____后，碰撞危害解除，车速降低至零。

（7）汽车安全气囊系统主要由传感器、电子控制系统、_____三部分组成。

（8）汽车安全气囊用传感器用于检测、判断汽车发生事故后的_____信号，以便及时启动安全气囊，并提供足够的_____或_____点燃气体发生器。

（9）安全气囊的电子控制装置主要由SRS ECU、_____、配线、SRS指示灯、SRS电源等组成。

2. 简答题

（1）安全气囊系统对人体进行保护的作用原理是什么？

（2）安全气囊用传感器的种类及工作原理是什么？

3. 论述题

论述如何清除安全气囊系统的故障码。

4. 思考题

安全气囊在强碰撞下不能够展开，可能是什么原因引起的？

学习单元8.2 电控安全带的检修

【学习目标】

1. 能通过与客户交流、查阅相关维修技术资料等方式获取车辆信息。
2. 掌握电控安全带的组成及工作原理。
3. 能根据故障现象制订正确的维修计划。
4. 能正确选择诊断设备对电控安全带的故障进行诊断。
5. 能正确记录、分析各种检测结果并做出故障判断。
6. 能按照正确操作规范进行电控安全带的更换。

7. 能根据环保要求,正确处理对环境和人体有害的废料及损坏的零部件。

【理论知识】

一般汽车安全带多采用惯性式收紧机构,即平时松放在驾驶员和副驾驶员身体和腿部,使驾乘人员感到舒适,也不妨碍驾乘人员身体的有限活动。同时,缓慢收紧或拉松安全带,可以进行束缚松紧度的调节。在汽车紧急制动或发生较猛烈的碰撞事故时,安全带才在惯性力作用下迅速收紧,使驾乘人员上半身紧靠在椅背上,防止或减少伤害。

故障现象:一辆上海大众帕萨特领驭 2.8L 轿车,用户反映仪表板上安全气囊报警灯常亮。

故障排除:连接故障诊断仪 VAS5051 进行检测,发现了"00654-驾驶员安全带张紧装置引爆装置 N153 电阻过大"的故障码。根据故障码的提示查阅电路图,发现 N153 就是后部安全带拉紧器引爆装置 N196,位于行李舱内左后轮罩上。一般出现这种问题的原因是该装置损坏,或者是线路或连接插头出现问题。为了验证该装置是否有问题,将 N153 的插头插到另一侧安全带拉紧器引爆装置 N154 上,再次查询故障码,发现故障码显示成了 N154 的故障码,说明该装置没有问题,故障应在线路或插头连接。为什么会出现该车的故障呢?该车的后安全带是由安全气囊控制单元进行控制的,由于插头虚接,导致接触电阻过大,从而使得控制单元记录了故障码。重新连接该插头并清除故障码,故障排除。

根据上述案例,请思考下列问题。
(1) 什么是安全带张紧装置?
(2) 电控安全带是如何工作的?

8.2.1 安全带的组成

安全带主要由织带、带扣锁、导向件、卷收器、调节件等组成。

1. 织带

织带是一种柔性带状物,其作用是约束乘员并将作用力传递到安全带固定点,由聚酯纤维编织而成。宽度一般在 40~50mm,厚度在 1.2mm 左右,织带应保证其作用压力在宽度方向尽量分布均匀,不会发生扭曲。

2. 带扣锁

带扣锁是既能把乘员约束在安全带内,又能快速释放的连接装置。带扣锁的释放按钮位置一般在锁体的顶面,锁体与固定点的连接可采用刚性和柔性两种方式。刚性连接一般用于前座,柔性连接可用于后座。锁舌与织带相连。带扣锁及连接除必须能够承受较大冲击外,还要求带扣锁结构合理,强度较高,开启性能稳定,在一定载荷下也能正常开启,开锁闭锁感觉明显,排除任何不能正常使用的可能性。在高档汽车的安全带锁体中的报警装置,带扣锁未锁好时将发出报警信号。

3. 导向件

导向件是用于改变织带方向的零件,便于卷收器的布置,使安全带可以紧贴身体,有效地约束乘员身体,提高佩带的舒适性。织带在通过导向件时会弯曲变形,产生滑动阻力,所以要求导向件表面光滑、摩擦因数小、圆弧面曲率适中。

4. 卷收器

卷收器是通过各类功能组件按需要组合而成的,主要有织带收卷机构、敏感机构、锁止机构。在高档安全带的卷收器中还带有预收紧机构,由敏感机构和回拉机构组成,由于其成本较高,一般只用于装有安全气囊的前排座椅。

8.2.2 安全带的控制过程

1. 安全带控制系统的组成

安全带控制系统是在安全气囊系统的基础上,增设防护传感器和左、右安全带收紧器。其中,前碰撞传感器、电控单元与安全气囊系统共用。安全带收紧器为座椅安全带控制系统的执行机构,防护传感器设在 ECU 内部,用于接通安全带收紧器的电源电路。图 8-16 为凌志 LS400 安全带控制系统的安装位置图。

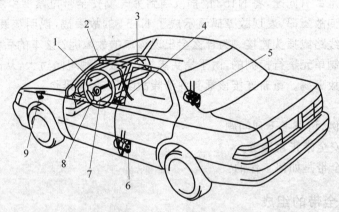

图 8-16 凌志 LS400 安全带控制系统的安装位置
1—SRS 指示灯;2—右前碰撞传感器;3—乘员席 SRS 气囊组件;4—SRS ECU;5—右座椅安全带收紧器;6—左座椅安全带收紧器;7—驾驶席 SRS 气囊组件;8—螺旋线束;9—左前碰撞传感器

安全带收紧器又称安全带紧急张紧收缩器,安装在前排座椅左、右两侧或前左、右车门立柱旁边。安全带收紧器由气体发生器、活塞、导管(汽缸)、钢丝绳和安全带收缩棘轮组成,结构如图 8-17 所示。

气体发生器的结构原理与安全气囊系统的气体发生器基本相同,也是由充气剂和点火器组成。

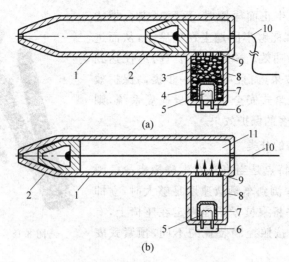

图 8-17 安全带收紧器结构原理
1—导管（汽缸）；2—活塞；3—充气剂；4—引爆炸药；5—电热丝；
6—线束插座；7、9—通气孔；8—气体发生器；10—钢丝绳；11—气体

活塞直径 20mm，安装在导管（汽缸）内，活塞上焊接有一根钢丝绳，钢丝绳的另一端固定在棘轮机构的一个棘爪上。

棘轮机构设在安全带伸缩卷筒的一端，由 3 个棘爪、一个外齿圈和时钟弹簧组成，外齿圈固定在安全带伸缩卷筒的转轴上，可与转轴一同转动，棘爪安放在外齿圈周围的圆形固定架内。当钢丝绳不动时，棘爪在时钟弹簧作用下处于松弛状态，外齿圈可随安全带卷筒沿顺时针或逆时针方向转动；当拉动钢丝绳时，拉力力矩克服时钟弹簧弹力力矩使棘爪抱紧在外齿圈上，并带动安全带伸缩卷筒转动，从而可使安全带收紧。

2. 安全带控制系统的控制过程

当汽车遭受碰撞且减速度达到前碰撞传感器和防护传感器设定域值时，安全带控制系统的防护传感器将安全带点火器的电源电路接通，前碰撞传感器信号输入 SRS ECU 后，SRS ECU 将立即发出控制指令接通安全带收紧点火器的电路，电热丝通电红热并引爆引药，引药释放大量热量使充气剂受热分解并释放出大量无毒氮气进入收紧器导管。活塞在膨胀气体的推力作用下带动钢丝绳迅速移动。与此同时，钢丝绳通过棘轮机构带动安全带卷筒转动将安全带收紧，并在碰撞后 8ms 内将安全带收紧 10~15cm，使驾驶员和乘员身体向前移动距离缩短，防止面部、胸部与方向盘、挡风玻璃或仪表台发生碰撞而受到伤害。

在电控单元 SRS ECU 向安全带收紧点火器发出点火指令的同时，还要给向气囊点火器发出点火指令，引燃气囊点火器。因为气囊要在碰撞约 40ms 后，才能充分充气到体积最大，所以在座椅安全带收紧后，驾驶席气囊和乘员席气囊才同时膨开，吸收碰撞产生的动能，从而达到保护驾驶员和乘员的目的。

*8.2.3 预紧式安全带

预紧式安全带是近年来发展的一种安全带，如图 8-18 所示。预紧式安全带不仅为乘员提供了最为可靠的安全保障，而且由于它确保了乘客正确的坐姿，也是安全气囊能否正常发

挥作用的关键。当发生正面碰撞时,预紧式安全带能够在瞬间收紧,使乘客能够牢固地坐在座席上,从而进一步提高了安全带的功效。采用预紧装置,不仅达到了使用简单、舒适的效果,而且可以进一步提高保护效果。如果同时使用预紧式安全带与安全气囊系统,则能够进一步提高对乘客的保护效果。

1. 预紧式安全带的分类

预紧式安全带的特点是当汽车发生碰撞事故的瞬间,安全带感应装置探测到车辆减速度足够大时,立即制动将安全带锁止并将乘员紧紧地固定在座椅上,有效保护乘员的安全。按照控制装置的不同,预紧式安全带分为以下两类。

图 8-18　预紧式安全带

一种是电子式控制装置,由电子控制单元(ECU)检测汽车加速度的变化,经过 ECU 处理后将信号发至卷收器的控制装置,激发预拉紧装置工作,这种预紧式安全带通常与辅助安全气囊组合使用。

另一种是机械式控制装置,由传感器检测汽车加速度的变化,控制装置激发预拉紧装置工作,这种预紧式安全带可以单独使用。

2. 预紧式安全带的组成

预紧式安全带主要由传感器、动力装置、安全带收紧结构、防逆转结构等组成。

(1) 传感器

传感器与 SRS 安全气囊系统共用。一旦检测到来自前方的冲击高于规定值时,预紧式安全带与 SRS 安全气囊系统会同时启动。

(2) 动力装置

动力装置由用于点火的加热器、点火剂、推动剂、活塞等组成。ECU 根据来自传感器的信号控制点火,利用产生的气压推动汽缸中的活塞,生成拉紧安全带的动力。对预拉紧装置中的推动剂添加了具有良好耐热性和耐久性的成分。

(3) 安全带收紧结构

安全带穿过固定齿轮和移动齿轮之间,一般使用时不会产生任何阻力。动力装置启动后产生的推力,通过滑轮转换成回转运动。另外,可动齿轮转动的同时夹住与固定齿轮之间的安全带,从而边转动边拉紧安全带。

(4) 防逆转结构

一旦收紧安全带,安全带的张力会使防反向转动齿轮咬合并保持咬合状态。为了确实防止反向转动,在齿轮的 4 个部位进行咬合。

3. 预紧式安全带的工作原理

车辆发生碰撞时,传感器一旦检测到前方碰撞高于规定值,电力信号即被传送到动力装置的电子点火器,完成预拉紧式安全带的启动。在乘客因碰撞向前方移动之前,预紧式安全带收紧并保持该状态,使乘客能够牢固地坐在座椅上。当安全带尚未松弛时,安全带预收紧约 50mm;若安全带有些松弛,安全带最大会收紧约 100mm。另外,安全带的拉紧负荷设置在不会伤害乘客的程度。其基本原理如下。

(1) 当事故发生时,安全带预收紧装置的作用过程是:首先由一个探头负责收集撞车信息,然后释放出电脉冲,该脉冲传递到气体发生器上,引爆气体。爆炸产生的气体在管道内迅速膨胀,压向所谓的球链,使球在管内往前窜,带动棘爪盘转。棘爪盘跟轴连为一体,安全带就绕在轴上,即瞬间实现了安全带的预收紧功能。安全带预收紧的全过程仅持续千分之几秒。

(2) 事故发生后,安全带的张紧力度需要马上降低,以减小乘员受力,这由安全带拉力限制器完成。在安全带装置上,有一个预收紧装置,底下卷绕着安全带。轴心里边是一根钢质扭转棒。当负荷达到预定情况时,扭转棒即开始扭曲,这样就在一定程度上放松了安全带,实现了安全带的拉力限制功能。

在安全带预收紧装置和安全带拉力限制器的共同作用下,安全带的保护能力几乎达到了理想状态。

4. 卷收器

卷收器是汽车安全带的核心组件,预紧式安全带中起主要作用的卷收器与普通安全带不同,除了普通卷收器的收放织带功能外,当车速发生急剧变化时,还能够在0.1s左右加强对乘员的约束力,因此它还有控制装置和预拉紧装置。

预紧式卷收器可以实现的功能包括:弹簧回收、车辆倾斜感应、车辆急加速急减速感应、织带加速度感应等。

(1) 弹簧回收功能

卷收器内部有一个回卷弹簧,能使绕在卷轴上的织带回收,这样就保证了织带始终贴着人体。

(2) 车辆倾斜感应

卷收器内部有一个感应器,能感应车辆的倾斜角度从而通过机械锁止机构把卷轴卡住,织带无法拉出。

(3) 车辆加速度感应

车辆加速度感应一般与倾斜感应共享一个感应器,能感应车辆的突然加速、减速,通过机械锁止机构把卷轴卡住,织带无法拉出。

(4) 织带加速度感应

撞车瞬间,由于惯性,人会往前移动使织带拉出,此时织带加速度感应装置接收到这种变化,将及时卡住卷轴,织带无法拉出。

(5) 限力装置 Load Limiter

碰撞一刹那能量相当大,这部分能量施加到人身上,若完全靠一根织带维护,此时胸部力和胸部变形(位移)相当大。限力装置能够在这段时间内,将这部分能量施加的时间延长,从而使受力峰值降低。

(6) 预紧回拉装置

预紧装置通过碰撞传感器在几毫秒内引爆气体发生器,并推动回拉装置回拉织带。此功能为不可重复使用,一次作用后,需要替换卷收器。

8.2.4 座椅安全带的检修

以本田飞度轿车座椅安全带的检修为例进行说明。

1. 前排座椅安全带的更换

检查前排座椅安全带是否损坏,必要时应予以更换。

(1) 前排座椅安全带

① 如果安装了座椅安全带张紧装置,则应断开蓄电池负极电缆,且至少等待 3min 后才可开始作业。

② 把前排座椅向前滑到底,拆下下部固定装置盖,然后拆下下部固定装置螺栓,如图 8-19 所示。

③ 拆卸中柱下部饰件。

④ 拆卸上部固定装置外罩,然后拆卸上部固定装置螺栓,如图 8-20 所示。

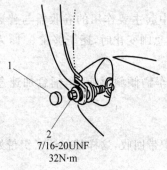 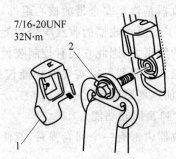

图 8-19 拆卸固定装置盖　　　　　图 8-20 拆卸上部固定装置外罩
1—下部固定装置盖;2—螺栓　　　1—上部固定装置外罩;2—螺栓

⑤ 断开座椅安全带张紧器装置插接器,拆卸上收紧器自攻装配螺钉和下收紧装置螺栓,然后拆卸前排座椅安全带和张紧器束,如图 8-21 所示。

⑥ 根据需要拆卸前排座椅安全带防护装置和中柱下饰件,拆卸肩部固定装置调节器,如图 8-22 所示。

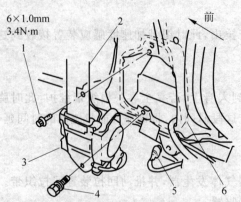 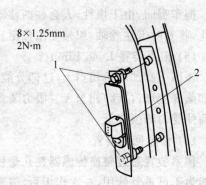

图 8-21 断开座椅安全带张紧器装置插接器　　　图 8-22 拆卸肩部固定装置调节器
1、4—螺栓;2—安全带;3—张紧器;　　　　　　1—螺栓;2—固定装置调节器
5—插接器;6—安全带保护装置

⑦ 按照与拆卸相反的顺序进行安装,安装时应注意以下事项:重新安装之前,给固定装置螺栓涂上液体螺纹密封胶;检查收紧器锁止机构的功能;给上、下固定装置螺栓装上垫圈、套环和衬套;如果安全带张紧装置已经展开,应更换一个全新的前排座椅安全带防护器;在安装固定装置螺栓前,确认安全带没有扭曲或打结;确保安全带张紧装置插接器插接正确;如果安装了座椅安全带张紧装置,重新将负极电缆连接在蓄电池上。

(2) 座椅安全带搭扣

① 拆卸前排座椅。

② 从座椅上拆卸中间罩。

③ 如果安装了座椅安全带搭扣开关装置,拆卸安全带开关插接器和线束夹。

④ 拆卸中间固定装置螺栓,然后拆卸安全带搭扣。

⑤ 如果安装了座椅安全带搭扣开关装置,从座椅导轨(非手动高度可调座椅)上的孔中拉出安全带搭扣开关线束。

⑥ 按照与拆卸相反的顺序安装安全带搭扣。

2. 后排座椅安全带的更换

(1) 后排座椅安全带

① 下沉式座椅:拆卸后门槛饰件,然后将后排座椅折叠。

② 固定式座椅:拆卸后排座椅软垫和后排座椅靠背。

③ 下沉式座椅:必要时拆除行李箱侧装饰面板的前部。

④ 拆卸中间固定装置螺栓。

⑤ 拆卸后架。

⑥ 拆卸收紧器自攻装置螺钉和收紧器螺栓,然后拆卸后排座椅安全带和收紧器,如图 8-23 所示。

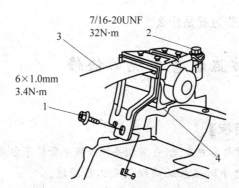

图 8-23 拆卸后排座椅安全带和收紧器
1—收紧器自攻螺钉;2—收紧器螺栓;3—后排座椅安全带;4—收紧器

⑦ 按照与拆卸相反的顺序进行安装。安装时,如果张紧装置自攻螺钉磨损,则使用专门定做的大号自攻装配螺钉。然后检查收紧机构的功能。在安装固定螺栓前,确认安全带没有扭曲或打结。

(2) 座椅安全带搭扣/中间座椅腰部安全带

① 下沉式座椅:将后排座椅安全带搭扣和后排中间腰部安全带从两个座椅软垫上的卡环中穿出,然后将两个座椅软垫抬起。

② 固定式座椅：拆卸座椅软垫。

③ 下沉式座椅：从后排座椅两个靠背的底部解开地毯后面的紧固件，通过地毯上面的狭缝将后排座椅安全带搭扣和后排中间座椅腰部安全带滑出来。

④ 下沉式座椅：在右侧将搭扣固定装置地毯拉起。

【自我测试】

1. 填空题

（1）安全带主要由织带、_____、导向件、_____、调节件等组成。

（2）安全带控制系统是在安全气囊系统的基础上，增设_____和左、右安全带收紧器。其中，_____、电控单元与安全气囊系统公用。

（3）安全带收紧器为座椅安全带控制系统的执行机构，防护传感器设在 ECU 内部，用于接通安全带_____的电源电路。

（4）安全带收紧器由_____、活塞、_____、钢丝绳和安全带收缩棘轮组成。

（5）当汽车遭受碰撞且减速度达到前碰撞传感器和防护传感器设定域值时，安全带控制系统的防护传感器将_____的电源电路接通，SRS ECU 将立即发出控制指令接通安全带_____的电路。

（6）预紧式安全带在碰撞后_____内将安全带收紧_____，使驾驶员和乘员身体向前移动距离缩短。

（7）预紧式安全带主要由传感器、动力装置、_____、_____等组成。

（8）当安全带尚未松弛时，安全带预收紧约_____ mm；若安全带有些松弛，安全带最大会收紧约_____ mm。另外，安全带的拉紧负荷设置在不会伤害乘客的程度。

2. 简答题

安全带控制系统的工作过程是什么？

学习单元 8.3　防盗报警系统的检修

【学习目标】

1. 能通过与客户交流、查阅相关维修技术资料等方式获取车辆信息。
2. 掌握电子防盗系统的组成及工作原理。
3. 能根据故障现象制订正确的维修计划。
4. 能正确选择诊断设备对电子防盗的故障进行诊断。
5. 能正确记录、分析各种检测结果并做出故障判断。
6. 能按照正确操作规范进行电子防盗系统的更换。
7. 能根据环保要求，正确处理对环境和人体有害的废料及损坏的零部件。

【理论知识】

为了防止车辆被盗，许多汽车公司开始将汽车防盗装置作为汽车的标准配置。防盗报警系统通常与汽车中控门锁系统配合工作,当汽车处于防盗报警功能状态时,若有人企图强行进入汽车或打开发动机罩、行李箱门时,防盗报警系统一方面发出报警,如灯光闪烁、喇叭鸣叫,另一方面阻止车辆运行,如切断点火电路、启动电路及供油电路等。

故障现象:上海大众 Polo 1.4L 轿车,加装带遥控的舒适系统 ECU,增加一把新的遥控钥匙,按照匹配程序 17-11-密码(05884)-10-21-钥匙数据(4)-06 正确地操作,但是始终无法匹配成功。

故障诊断:该车在匹配中使用 V. A. G1552,每当输入 17-11-05884 后,V. A. G1552 马上显示为"重新与仪表电脑连接",然后返回到地址词输入界面。

在确定密码正确无误的情况下,认为仪表内部数据有问题。正常维修程序为更换新的仪表,再查询新的密码重新匹配。但是该车如果不增加新的钥匙,其他 3 个非遥控钥匙仍旧可以正常使用,而且仪表显示和其他自诊断操作都正常。

于是重新给仪表内部数据写入正常的数据。拆下仪表中用来存储防盗数据的串行存储器 93C86 贴片元件,用通用编程器读出 93C86 中的数据并保存。将 93C86 中的数据全部删除,然后写入一组正常数据,再依据保存的原始仪表数据,找出记录仪表 VIN 和 ID 码以及仪表数据信息,对新的正常数据进行编程。

焊接好 93C86,装配好仪表,重新进行发动机和仪表 ECU 匹配,故障排除。

根据上述案例,请思考下列问题。
(1)遥控钥匙是如何工作的?
(2)遥控钥匙如何实现防盗功能?

8.3.1 电子防盗系统的分类

1. 电控式防盗系统

(1)按密码形式分类

电控式防盗系统根据密码发射方式的不同,主要分为定码防盗器和跳码防盗器两种类型。早期防盗器大多采用定码方式,由于其自身的缺点,现已逐渐被技术上较为先进、防盗效果较好的跳码防盗器所取代。

早期的遥控式汽车防盗器是主机与遥控器各有一组相同的密码,遥控器发射密码,主机接收密码,从而完成防盗器的各种功能。定码方式既不可靠又不安全。

跳码防盗器同移动电话的工作原理相同,遥控器与防盗主机系统之间除了要有相同的发射和接收频率外,还要有密码才能相互识别。

(2) 按防盗的结构分类

① 电子声光类：俗称"哇哇叫"，遇到非正常点火、开门、振动等情况，通过电子感应便会引起喇叭长鸣、车灯闪烁，起到阻吓作用。此类防盗器极易被断电和短路等技术破坏，也无法对车辆进行控制，报警信息传播范围有限，发出的噪声也存在扰民现象。

② 机电结合类：当遇到盗、劫时，汽车不仅可以发出声光报警信号，还能够自动锁住油路、电路、ECU。有的中高档轿车还使用电子钥匙，只有密码相符时才能启动发动机。此类防盗器技术较为先进，但也有的犯罪分子通过截获电子密码等方式实施盗窃。

③ 网络报警类：这是一种建立在以城市为中心的网络化产品，具有遇盗自动报警、跟踪定位、遥控停车等功能。

(3) 按防盗的功能分类

① 断油断电装置。这种装置是靠切断点火线路或者燃油供应系统而使汽车不能开动，是十分简单而有效的防盗设计方案。然而这种装置不能防止小偷打破车窗，同时也对整车拖走的偷盗方式束手无策。

断油断电的装置分为三种，分别是燃油切断装置、蓄电池接线柱切断装置及发动机点火切断装置。蓄电池接线柱切断装置安装在蓄电池旁，只要转动转钮，车上的电力系统便会被切断。此装置的使用、安装都十分方便。

② 无线电跟踪装置。这是一种目前最先进的产品。该装置是在车上安装一个小型的无线电发射器，一旦车辆被偷走，该装置能够协助警方探测出车辆的下落，很快地找回失窃车辆。

③ 遥控中央门锁。当遥控器发射正确信号时，中央门锁自动开启或关闭。

④ 车身防盗识别系统。该系统是利用特殊工艺在全车玻璃、前后大灯和轮圈等重要部件蚀刻车辆号码。车辆盗走后，则需要更换全车的重要组件。

2. 网络式防盗系统

汽车网络防盗系统是目前国际上比较流行而且比较先进实用的一种防盗方式，它是在充分总结了前几种防盗方式存在的人防与机防脱节、防盗方式单一、防盗不防劫的弊端之后而发展起来的一种新型的汽车防盗方式。

其主要有两种类型：一种是全球卫星定位、通过 GSM 进行无线传输的 GPS 防盗系统，俗称"天网"；另一种是以地面信标定位，通过有线和无线传输对汽车进行定位跟踪和防盗劫的 CAS 防盗系统，俗称"地网"，其代表产品是 110 护车神。

8.3.2 汽车防盗系统的基本组成

汽车防盗系统一般由报警调制/解除装置、传感器（或称为检测器）、防盗电控单元(ECU)、报警装置、防止汽车非法启动和移动的装置等组成，如图 8-24 所示。

1. 报警调制/解除装置

当所有的车门、发动机底部及行李仓关闭时，车主通过报警调制/解除装置使所有的车门进行锁止，汽车防盗报警系统进入预警状态。当汽车防盗报警系统启动时，设在车内可见位置的工作显示灯开始工作，以保证防盗报警系统正确无误地开始工作。

防盗报警系统进入戒备状态的方式，各种车型的基本条件都是：关闭点火开关，锁好所有

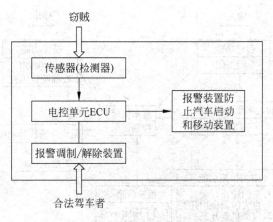

图 8-24 汽车防盗系统的基本组成

车门。当锁上驾驶员车门时,警戒灯点亮 30s,表示车辆处于戒备状态,随时可以起作用。若警戒灯不亮,则一定有某扇车门未关好。当被监控的开关被撬时,防盗报警系统启动,发出音响报警和灯光闪烁,待定时器到时后(30s 或 1min),音响和灯光平息,系统自动处于戒备状态。

2. 传感器(检测器)

(1) 传感器(检测器)的功用

当防盗报警系统工作时,传感器检测汽车有无异常情况发生。当汽车被移动或车门被打开时,传感器将检测到的信号传送给防盗电控单元 ECU,防盗电控单元 ECU 根据其内部存储的数据进行比较,判断汽车是否正在被盗。如汽车被盗,防盗电控单元 ECU 输出信号,控制报警装置发出声光报警信号,阻止汽车启动,切断燃油供给。

(2) 盗车检测方法

汽车是否被盗,传感器主要通过以下方式进行检测。

① 车门开启操作不正常:开锁式车门开启。

② 后备箱盖、油箱盖或发动机盖被非法打开。

③ 汽车非法移动而产生振动、车辆倾斜。

④ 窗玻璃被打破。

⑤ 采用超声波检测入侵车厢、音响装置、轮胎脱离车辆时的报警方法。

3. 防盗电控单元

(1) 防盗电控单元的功能

防盗电控单元(ECU)的功能如图 8-25 所示。防盗电控单元 ECU 接收各种传感器(防盗传感器、车速传感器、各门控开关以及电机的位置等)发送的信号,根据电控单元 ECU 存储的数据和编制的程序,通过数学计算和逻辑判断,确定车门是否锁定、车辆是否非法移动、被盗,以便控制各个执行器(门锁电机、发动机电控单元 ECU、启动继电器、喇叭、灯光等),从而使汽车处于报警状态。防盗电控单元 ECU 除控制功能外,有的还具有故障自诊断功能。

(2) 防盗电控单元 ECU 的组成

防盗电控单元 ECU 的基本构成如图 8-26 所示,其主要由输入回路、微型计算机、输出回路、A/D 转换器等组成。

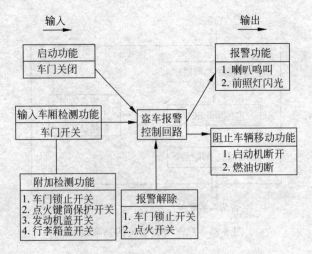

图 8-25　防盗电控单元(ECU)的功能

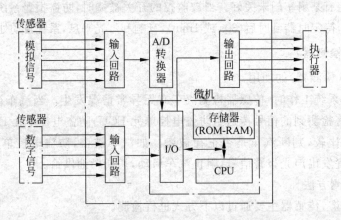

图 8-26　防盗电控单元 ECU 的基本构成

① 输入回路。从传感器来的信号,首先进入输入回路。在输入回路里,对传感器信号进行预处理,包括检波或滤波、限幅、波形变换等。如车速传感器输出信号,其幅值是随车速变化的。车速升高时,输出的电压幅值增大,车速降低时,输出的电压幅值减小。电压信号较弱,为了使信号能够输入微机并被采用,必须在输入回路中将其信号放大、整形。

② A/D 转换器(模拟/数字转换器)。在汽车电控系统中,传感器采集的信号有两种:一种是模拟信号,例如车速信号;另一种是数字信号,如车门开关的输入信号。信号形态不同,输入微机的处理方法也不同。

对于数字信号可直接输入微机,而对于连续变化的模拟信号,则必须经(A/D)转换器(模拟/数字转换器)转换成微机能够识别的数字信号后才能输入微机。

③ 微型计算机:微型计算机是防盗控制系统的神经中枢。它能根据需要,把各种传感器送来的信号用内存的程序和数据进行运算处理,并把运算结果(如报警信号)送往输出回路。

微机主要由中央处理器(CPU)、存储器、输入/输出口(I/O)等部分组成。

④ 输出回路。输出回路是微机与执行器之间的中继站,其功用是根据微机发出的指

令,控制执行器动作。由于微机输出的控制信号是数字量,电压一般为5V,不能直接驱动执行器,因此需要输出回路进行放大。如果执行器需要模拟量驱动,那么还需要经过数/模(D/A)转换器转换之后,才能控制执行器动作。

4. 报警装置

报警方法通常采用喇叭鸣叫和灯光闪亮的方式,也有采用专用喇叭与普通喇叭组合的报警方法。此外,还设有专用警笛或者向车主发射电波报警的方式。利用电波在电子地图上显示被盗车位置,并向警方报警的追踪装置也开始普及。

5. 防止汽车非法启动和移动的装置

如图8-27所示,作为阻止车辆启动的防盗措施,主要通过切断发动机的启动电路以及通过发动机电控单元间接切断燃油供应和切断点火系统电路实现防盗。另外也有防盗电控单元ECU直接切断启动电路、切断燃油供应和切断点火系统电路,以防止被盗车辆非法移动。

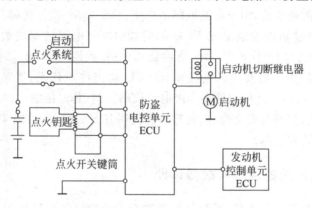

图8-27 防止汽车非法启动装置

防止汽车非法启动,除切断启动机继电器的电路外,还可通过点火钥匙来防止汽车被非法启动。防盗电控单元ECU通过点火钥匙验明身份,并输出许可信号,进行发动机启动。

点火钥匙主要有以下4种。

(1) 机械式

点火开关主要采用传统机械式锁止机构,当点火开关打开时,输出ON信号;当点火开关关闭时,输出OFF信号。机械锁一旦被破坏,其防盗功能便失去作用,因此其安全性较差。

(2) 遥控式

遥控式防止汽车非法启动和移动的装置具有使用方便和安全的特点。当利用遥控器进行锁定操作后,便可禁止发动机的启动;当解除锁定后发动机便可启动。这种方式方便,能够确保安全性,但是容易受到电波与红外线干扰。

(3) 电阻式

电阻式防止汽车非法启动和移动的装置在操纵点火开关时,通过触点读出镶在点火钥匙板内芯片的电阻值,并与预先设定的固定值比较,只有其电阻值相互吻合时,才能启动发动机。这种装置价格便宜,用户不需要特殊操作。但是,固定阻值一般只有十几种,安全性较差。

(4) 电子应答式

如图 8-28 所示为电子应答式防止汽车启动和移动的装置。

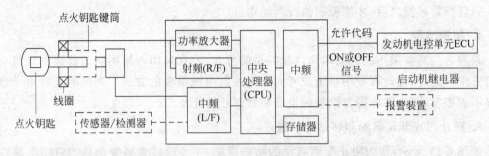

图 8-28　电子应答式防止汽车启动和移动的装置

当操纵点火钥匙时,防盗电控单元 ECU 通过装在点火钥匙键筒上的线圈供给电能。安装在点火钥匙内的响应器,由于供给电能的作用,自动输出"程控代码"。"程控代码"通过线圈接收信号,再通过防盗控制单元 ECU 的射频(R/F)电路转变成数字,被中央处理器 CPU 读取。被读取的"程控代码"与存储在存储器中的"程控代码"相互对比,当"程控代码"一致时,中央处理器 CPU 向发动机电控单元 ECU 输出许可代码,于是,发动机电控单元 ECU 和启动机开始启动。这种装置完全由电子代码控制,是非接触式,与报警装置的调制/解除状态无关,因此,具有高安全性、高可靠性和使用方便的优点。如果再增加检测器/传感器就可以具备报警防盗功能。

8.3.3　防盗系统的检修与故障诊断

下面以丰田大霸王汽车为例,说明汽车防盗系统的检修与故障诊断。丰田大霸王汽车防盗系统采用启动电路锁定技术,主要特点是工作可靠、灵敏度高、故障率低。该系统主要由防盗系统 ECU、防盗喇叭、防盗指示灯、车门锁手动开关、车门钥匙控制开关、门锁电动机等组成,其部件安装位置如图 8-29 所示。当有以下一种情况时,防盗系统将被启动:①车门被强制打开;②不是使用钥匙或遥控器打开车门锁;③不是使用钥匙或遥控器打开行李箱盖;④发动机盖被撬开;⑤蓄电池电缆被脱开又重新连接。

防盗系统启动时,报警器发出报警声约 30s,同时,它锁止所有的车门并防止启动机继电器工作。此时,即使点火开关在启动挡位置,启动机也不会工作。

1. 防盗系统的电路检查

(1) 指示灯电路检查

防盗指示灯的作用是反映防盗系统是否工作。装有防盗系统的汽车,既使驾驶员离开了汽车,防盗指示灯也会不停地闪烁,表示汽车防盗系统工作正常。如果防盗指示灯不亮,应进行以下检查:断开点火开关,拔出防盗系统 ECU 连接器,将欧姆表负极表笔接 ECU 配线侧连接器端子 A1,正极表笔接搭铁,检查端子 A1 和搭铁间是否导通。如果导通,更换 ECU 后再检查系统。如果不导通,说明指示灯电路断路。

(2) 前门锁开关电路检查

前门锁开关的作用是接收遥控器开/关门信号,控制前车门电动机工作,如果出现前门锁开关不能控制前门电动机工作的故障,应进行下列检查。

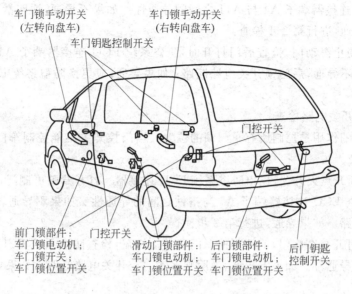
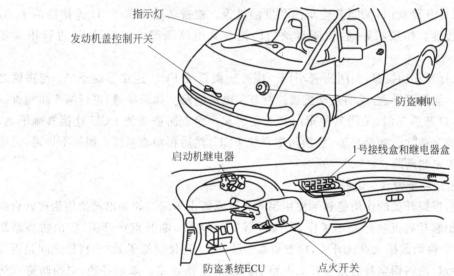

图 8-29　丰田大霸王汽车部件安装位置

第 1 步，断开点火开关，拔出防盗系统 ECU 连接器。在驾驶员侧门开启时，检查防盗系统 ECU 连接器端子 B10 与搭铁之间的导通性。如果不导通，说明驾驶员侧门锁开关电路断路。如果导通，进行第 2 步检查。

第 2 步，在乘客侧门开启时，检查防盗系统 ECU 连接器端子 B7 与搭铁之间的导通性。如果导通，更换防盗系统 ECU 后再检查系统。如果不导通，检查乘客侧门锁开关电路是否断路。

(3) 滑动门和后门锁位置开关电路检查

滑动门和后门锁位置开关的作用是控制滑动门和后门锁开或关。如果出现滑动门和后门锁不能开或关故障，应进行下列检查。

第 1 步，断开点火开关，拔出防盗 ECU 连接器，锁止后门，检查在滑动门关闭但未锁止时,防盗 ECU 连接器端子 A4 与 A11 之间的导通性。如果不导通,说明滑动门锁开关电路断路。如果导通,进行第 2 步检查。

第 2 步,锁止滑动门,检查后门打开时,防盗系统 ECU 连接器端子 A11 与搭铁之间的导通性。如果不导通,后门锁开关电路断路;如果导通,应更换防盗系统 ECU,然后再检查系统。

(4) 门控开关电路检查

门控开关的作用是控制所有车门锁的位置。当门控开关不能控制车门锁位置时,应进行下列检查。

第 1 步,断开点火开关,拔出防盗系统 ECU 连接器。打开驾驶员侧门,关闭其他车门和发动机盖,检查 ECU 连接器端子 A7 与搭铁之间的导通性。如果不导通,说明驾驶员侧门控开关电路断路。如果导通,进行第 2 步检查。

第 2 步,打开乘客侧门,关闭其他车门和发动机盖,检查防盗系统 ECU 连接器端子 A7 与搭铁之间的导通性。如果不导通,说明乘客侧门控开关电路断路。如果导通,进行第 3 步检查。

第 3 步,打开滑动门,关闭其他车门和发动机盖。检查防盗系统 ECU 连接器端子 A7 与搭铁的导通性。如果不导通,说明滑动门门控开关电路断路。如果导通,进行第 4 步检查。

第 4 步,打开发动机盖,关闭所有车门。检查防盗系统 ECU 连接器端子 A7 与搭铁之间的导通性。如果不导通,说明发动机盖控制开关电路断路。如果导通,进行第 5 步检查。

第 5 步,打开后车门,关闭其他车门和发动机盖。检查防盗系统 ECU 连接器端子 A7 与搭铁之间的导通性。如果导通,更换防盗系统 ECU,然后再检查系统;如果不导通,说明车门门控开关电路断路。

(5) 钥匙开启报警开关电路检查

钥匙开启报警开关的作用是显示使用钥匙开启或锁止车门。如果出现使用钥匙开启或锁止车门时钥匙开启报警开关不工作,则应进行下列检查。断开点火开关,拔出防盗系统 ECU 连接器。将钥匙插入点火开关,检查防盗系统 ECU 连接器端子 B6 与搭铁之间是否导通,如果不导通,说明钥匙开启报警开关电路断路或对搭铁短路。如果导通,更换防盗系统 ECU,然后再检查系统。

(6) 防盗喇叭电路检查

防盗喇叭的作用是发出报警声音,提示有人在接触汽车。如果发生非法操作时防盗喇叭不报警,则应进行下列检查。

第 1 步,断开点火开关,拔出喇叭连接器,检查喇叭是否正常。如果不正常则更换防盗喇叭;如果正常,进行第 2 步检查。

第 2 步,拔出防盗系统 ECU 连接器,检查防盗系统 ECU 连接器端子 A5 与搭铁之间是否有蓄电池电压。如果有,更换防盗系统 ECU,然后再检查系统。如果没有,说明喇叭电路断路或对搭铁短路。

2. 故障诊断

防盗系统故障诊断如表 8-3 所示。

表 8-3 防盗系统故障诊断

故障现象	可能原因
防盗系统不能设定	电源电路故障
虽然防盗系统正在工作,但指示灯不亮	指示灯电路故障
在前门被打开时,防盗系统不工作	①前车门锁开关电路故障;②前车门锁位置开关电路故障;③门控开关电路故障
当滑动车门或后车门被打开时,防盗系统不工作	①滑动车门和后车门位置开关电路故障;②门控开关电路故障
当发动机盖被打开时,防盗系统不工作	门控开关电路故障
当用钥匙打开前车门时,防盗系统不能被解除	前车门锁位置开关电路故障
当用钥匙打开后车门时,防盗系统不能被解除	后车门钥匙控制开关电路故障
当点火开关转至 ON 或 ACC 位置时,防盗系统不能被解除	①点火开关电路故障;②钥匙开启报警开关电路故障
虽然防盗系统正在工作,但启动机切断系统不工作	启动机切断系统电路故障
虽然防盗系统被解除,但启动机切断系统不能解除	启动机切断系统电路故障
虽然防盗系统正在工作,但喇叭不响	防盗系统电路故障
虽然防盗系统未设定,但喇叭会响	防盗喇叭电路故障
钥匙限制防护功能不起作用	①钥匙开启报警开关电路故障;②门锁开关电路故障;③门锁位置开关电路故障

【自我测试】

1. 填空题

(1) 汽车网络防盗系统主要有两种类型:一种是全球卫星定位、超过 GSM 进行无线传输的 GPS 防盗系统,俗称"_____";另一种是以地面信标定位,通过有线和无线传输对汽车进行定位跟踪和防盗劫的 CAS 防盗系统,俗称"_____"。

(2) 汽车防盗系统一般由_____、传感器(或称为检测器)、防盗电控单元(ECU)、_____、防止汽车启动和移动装置等组成。

(3) 当所有的车门、发动机底部及行李箱关闭时,车主通过_____使所有的车门进行锁止,汽车防盗报警系统进入_____状态。

(4) 防盗电控单元 ECU 接收各种传感器(_____、_____、各门控开关以及电机的位置等)发送的信号,根据电控单元 ECU 确定车门是否锁定、车辆是否非法移动、被盗。

(5) 防盗报警系统进入戒备状态的基本条件是_____点火开关,锁好所有车门。当锁上驾驶员车门时,警戒灯点亮_____s,表示车辆处于戒备状态,随时可以起作用。

2. 简答题

(1) 电子应答式防盗系统的工作原理是什么?

(2) 通过何种方式可以检测出车辆被盗?

3. 思考题

装有防盗点火系统的汽车,重新配置的钥匙能够启动汽车吗?为什么?

学习情境9

舒适性电子控制系统故障检修

学习单元9.1 巡航控制系统的检修

【学习目标】
1. 能通过与客户交流、查阅相关维修技术资料等方式获取车辆信息。
2. 掌握汽车巡航控制系统的组成及工作原理。
3. 能根据故障现象制订正确的维修计划。
4. 能正确选择诊断设备对汽车巡航控制系统的故障进行诊断。
5. 能正确记录、分析各种检测结果并做出故障判断。
6. 能按照正确操作规范进行汽车巡航控制系统的更换。
7. 能根据环保要求,正确处理对环境和人体有害的废料及损坏的零部件。

故障现象:某红旗世纪星轿车,踩制动踏板,定速巡航功能不能解除。
故障诊断:红旗世纪星的定速巡航系统正常工作时,若踩下制动踏板,此信号由制动开关传至定速巡航系统控制单元端子4,控制单元根据此信号解除定速。现在定速不能解除,分析制动信号没有传至控制单元。先踩下制动踏板,观察制动灯没亮,拆下制动开关的插接头,用导线短接,制动灯亮,说明制动开关存在故障。更换制动开关后再试车,可以进行定速巡航设定,并且踩制动踏板时定速巡航能够解除。

根据上述案例,请思考下列问题。
(1) 制动系统与巡航系统有何关系?
(2) 巡航系统具有什么功能?

9.1.1 汽车巡航控制系统(CCS)概述

汽车巡航控制系统 CCS(Cruise Control System)根据其特点又称恒速控制系统、稳速控制系统、巡行控制系统或车速自动控制系统等。其作用是按照驾驶所设定的速度,不踩加速踏板就可以使汽车自动地以固定的速度行驶。装有 CCS 装置的汽车在良好路面(尤其是高速公路)上长时间行驶时,打开该系统的自动操纵开关后,该系统能根据行车阻力自动增减节气门开度,使汽车行驶速度保持一定,省去了驾驶员频繁地踩加速踏板的动作。在行驶中,驾驶员只要掌握方向盘就可以轻松地进行驾驶。当路况变化时,驾驶员又能重新操纵汽车,如加减速、停靠等,从而使整个驾驶过程变得简便、轻松和舒适。

巡航控制系统具有如下优点。
(1) 保持汽车车速的稳定。无论由于风力和道路坡度变化引起汽车的行驶阻力如何变化,只要在发动机功率允许范围内,汽车的行驶速度便可保持不变。
(2) 提高汽车行驶的舒适性。汽车以定速行驶时,驾驶员的负担明显减轻(不需要频繁地踩加速踏板),使其可轻松地驾驶。
(3) 节省燃料,提高经济性和环保性。使用 CCS 装置后,可使汽车燃油的供给与发动机功率的配合处于最佳状态,有效地降低燃料消耗,减少有害气体的排放。

9.1.2 巡航控制系统(CCS)的组成及工作原理

一般汽车的巡航控制系统(CCS)主要由输入装置(如主控制开关、恒速/减速开关、恢复/加速开关、车速传感器)、电子控制单元 ECU、执行器三大部分组成。

巡航控制系统基本工作原理如图 9-1 所示,电子控制器 ECU 有两个输入信号:一个是驾驶员利用控制开关选定的指令车速信号;另一个是实际车速反馈信号。当测出的实际车速高于或低于驾驶员设定的车速时,电子控制器将这两种信号进行分析比较后,输出节气门控制信号,调节发动机节气门开度,以修正两输入车速信号的误差,从而使实际车速恢复到驾驶员设定的车速并保持恒定。

巡航控制系统包括机电式巡航控制系统和电子式巡航控制系统。

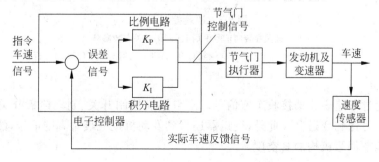

图 9-1 巡航控制系统工作原理

1. 机电式巡航控制系统

(1) 巡航控制系统的组成

图 9-2 为机电式巡航控制系统主要部件的安装位置,其主要由巡航控制开关、变送器、伺服机构、安全开关组成。

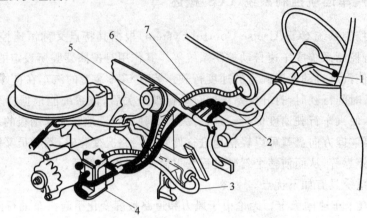

图 9-2 机电式巡航控制系统的部件

1—装在转向器信号手柄的巡航控制开关;2—电的释放开关;3—下面的软轴和套管总成;
4—变送器;5—伺服机构;6—真空释放阀;7—上面的软轴和套管总成

① 巡航控制开关

巡航控制开关即驾驶员指令开关,也称主控开关,安装在转向柱上,操纵非常方便。大多数巡航控制开关有 4 个挡位:即 ON(接通)、SET/ACC(设置/加速)、COAST(滑行)和(恢复)RESUME 4 组开关,如图 9-3 所示。

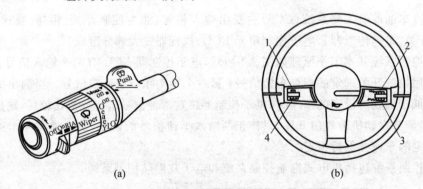

图 9-3 巡航控制开关

(a) 开关在转向信号手柄上;(b) 开关在转向盘上
1—SET(设定);2—RESUME(恢复);3—ACC(加速);4—COAST(滑行)

② 变送器

变送器通过车速表软轴接收车速信号。来自巡航控制开关、制动踏板开关或离合器踏板开关的电信号送到变送器。此外,变送器还得到发动机进气歧管真空信号,然后通过所得到的电信号调节伺服机构的真空度。

③ 伺服机构

伺服机构控制节气门开度。伺服机构用杆件、波登缆绳与节气门相连,如图 9-4 所示。

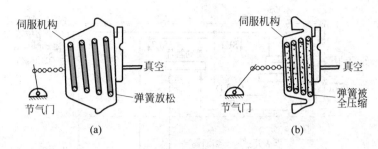

图 9-4 伺服机构
(a) 伺服机构剖视图;(b) 利用真空来压缩弹簧并将节气门打开

当真空传到伺服机构时,弹簧被压缩,节气门向增加发动机转速方向摆动;当伺服机构的真空被释放时,弹簧被释放,节气门向降低发动机转速方向摆动。

④ 安全开关

当踩制动踏板时,通过电的释放开关和真空释放开关解除巡航控制。这两个开关通常装在制动踏板支架上。

(2) 机电式巡航系统的工作原理

如图 9-5 所示,当巡航控制开关在平常位置时,蓄电池电流经巡航控制开关、电阻丝,流到变送器的"保持"端子。由于电流流过电阻丝产生电压降,保持端子处的电压太低,"真空电磁阀线圈"激励不够,真空阀不动作。

变送器内装有一个带操纵臂的摩擦离合器(由接至变速器输出轴的软轴带动旋转),在车速低于 48km/h 的条件下,摩擦离合器操纵臂不能将常开的"低速开关"闭合。当车速超过 48km/h 时,离合器操纵臂受力而将"低速开关"闭合,在这种条件下才能约定巡航控制。这时,只要按一下 SET 位置的按钮,电流便经变送器的"约定"端子、"低速开关"流到"真空电磁阀线圈"。由于此时电阻丝被旁路,便有足够的电压加至真空电磁阀线圈,线圈被激励,真空阀开启。当松开 SET 位置按钮时,电流虽然又回复到流过变送器的保持端子,但此电流足以保持真空阀在开启位置。

当真空电磁阀线圈被激励时,真空电磁阀开启,使发动机进气歧管的真空传到伺服机构和真空释放阀。"空气调整阀"是一个可变的量孔,它是调节系统真空度的调整机构。在车速较低时设定巡航控制的情况下,空气调整阀泄放部分真空,使驱动伺服机构真空源的真空度降低,伺服机构拉节气门的动作减慢些。在车速较高时设定巡航控制的情况下,真空被泄放得少些,使更高的真空度开启节气门,使伺服机构拉节气门的动作加快些。

如果在使用巡航控制的情况下踩制动踏板,则"电的释放开关"提供一条从电源经过"恢复电磁阀线圈"到搭铁的通路而将"电磁真空阀线圈"旁路。随着真空电磁阀线圈被解除激励,真空阀关闭,节气门恢复到由驾驶员操纵。与此同时,恢复电磁阀线圈使恢复电磁阀动作,从而将系统的真空泄放。踩下制动踏板时,真空释放阀也能将系统的真空泄放。

2. 电子式巡航控制系统

电子式巡航控制系统主要由巡航控制开关、车速传感器、电子控制器 ECU 和执行器组成。

1) 巡航控制开关

巡航控制开关有 3 个挡位、5 种控制功能:即设置/巡航(SET/COAST)、恢复/加速和取消(CANCEL)挡。当指令开关处于不同挡位时,电流由巡航控制 ECU 流出,经过不同阻

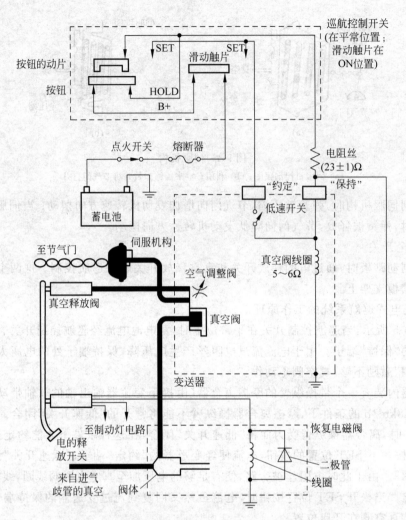

图 9-5 机电式巡航控制系统的电气和真空线路图

值的电阻后搭铁,从而给 ECU 提供不同的电压信号,ECU 根据接收的电压信号即可判断被操作开关的位置。

2) 车速传感器

车速传感器安装在变速器输出轴上,其结构和原理与发动机中的车速传感器相同。

3) 执行器

执行器也称伺服器,其作用是接收巡航控制 ECU 的控制指令信号,以电动或气动方式操纵节气门,改变节气门的开度,使车辆作加速、减速及定速行驶。执行器可分为真空式和电动式两种,目前比较普遍使用的是电机式执行器。

(1) 真空驱动型执行器

真空驱动型执行器可用于发动机进气歧管真空度控制,当进气歧管负压太低时,用真空泵提高负压进行控制。真空驱动型执行器的工作原理如图 9-6 所示。

执行器活塞连杆与节气门拉杆相连,当活塞连杆对节气门拉杆无作用时,弹簧力使节气门关闭。当节气门的输入信号 V_o 对电磁阀线圈通电时,压力控制阀阀芯克服阀弹簧力下

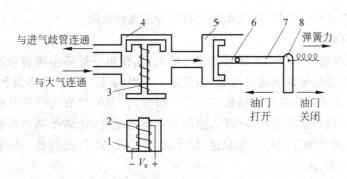

图 9-6 真空驱动型执行器的工作原理
1—电磁铁；2—电磁线圈；3—阀弹簧；4—压力控制阀；5—汽缸；6—活塞；7—连杆；8—节气门拉杆

移,执行器活塞汽缸与进气歧管连通。由于进气歧管内为真空,于是执行器汽缸压力迅速下降,执行器活塞带动节气门拉杆向左运动,从而使节气门平顺渐进地打开。活塞上的作用力随汽缸中平均压力的变化而变化,而汽缸中的平均压力则通过快速通断压力控制阀控制。执行器的输入信号是一个脉冲信号,当 V_e 为高电位时,电磁铁通电,当 V_e 为低电位时,电磁铁断电。因此汽缸中的平均压力即节气门开度与压力控制阀控制信号 V_e 的占空比成正比。

(2) 电机式执行器

如图 9-7 所示,电机式巡航控制执行器通常包括安全电磁离合器、调速伺服电动机和位置传感器 3 个部分。

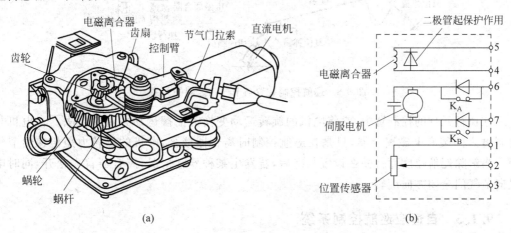

图 9-7 电机式巡航控制执行器
(a) 结构示意图；(b) 内部电路图

① 安全电磁离合器

安全电磁离合器起锁住或释放节气门控制拉线的作用。当车辆在平直道路上以超过 40km/h 的车速行驶,且驾驶员启动巡行按钮 SET(设置)时,安全电磁离合器则锁住钢绳使节气门保持一定的开度,车辆也就基本稳定在这个速度上行驶。若进行踩制动踏板、踩离合器踏板(手动变速器)、从 D 挡挂至 N 挡(自动变速器)、手制动(驻车制动)、巡航操纵杆移至解除(CANCEL)位置等任一项操作时,安全电磁离合器则释放节气门拉索,巡航装置与节气门分离,巡行系统停止工作,防止车辆失控而造成飞驰危险。

② 调速伺服电动机

调速伺服电动机一般使用永磁可逆式电动机,其作用是保持车辆的动态恒速。车辆在行驶时,都会不可避免地遇到各种情况,如道路不平坦、上坡、下坡、转弯及各种阻力,这些情况造成车速上下波动。为保证车速稳定在某一恒定值,必须对节气门开度进行小范围的调整,调速伺服电动机即随时驱动节气门,控制其开度的变化,达到车辆动态恒速的目的。调速伺服电动机还用于加速(ACC)和减速(如下坡滑行 COAST)的调整。伺服电动机的工作由巡行控制 ECU 控制。

③ 位置传感器

位置传感器用于检测调速伺服电动机控制油门的位置,即动态反映节气门的开度情况,它作为反馈信号输入巡航控制 ECU。通常情况下,加速踏板与节气门控制拉索进行机械性连结,与加速踏板动作相配合,由节气门臂转动控制节气门开与关,如图 9-8 所示。

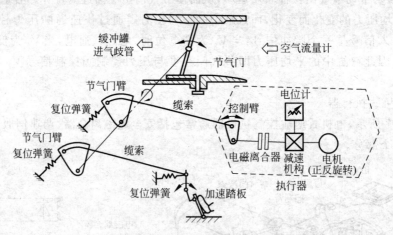

图 9-8 巡航控制装置与节气门之间的关系

在执行元件的控制臂中,它将电机的旋转运动变换为摇摆运动并传递出去。在电机与控制臂之间装有电磁离合器,只是在巡航控制时离合器接合,电机的旋转力矩传递给节气门。当解除巡航速度而行驶在设置状态后,若发生某种异常情况,离合器首先松开,同时电机向节气门全闭方向旋转。

*9.1.3 自适应巡航控制系统

自适应巡航控制系统(ACC)也称为智能巡航控制系统,是存在的巡航控制技术的延伸。它连接着监测汽车前后交通状况的前方障碍物侦测系统、巡航控制系统(节流阀)、制动系统,以及驾驶员输入的巡航控制的设定速度。自适应巡航控制系统(ACC)的主要目的是改善驾驶员的舒适度,减轻工作负荷。

智能巡航控制系统的应用,不仅能够解放右脚,让驾驶员从频繁的加、减速中解脱出来,大大减轻在高速公路上行驶的劳动强度,还能够自动控制车速,根据前车速度的变化自动加速、减速,使自己的车始终与前车保持相对安全的距离。

1. 自适应巡航控制系统的构成

自适应巡航控制系统主要由车距传感器(雷达)、轮速传感器、转向角传感器以及 ACC 控制单元等组成。车距传感器一般安装在散热器格栅内或前保险杠的内侧,如图 9-9 所示,它可以探测到汽车前方 200m 左右的距离;在前后车轮上装有轮速传感器(与 ABS 系统共用),可以感知车辆的行驶速度;转向角传感器用来判断车辆行驶的方向;ACC 控制单元采集各个传感器的信号并进行计算,以便可以适时地与发动机控制单元和制动防抱死控制单元交换数据。

2. 自适应巡航控制系统的工作原理

自适应巡航控制系统是一种智能化的自动控制系统,它是在早已存在的巡航控制技术的基础上发展而来的。在车辆行驶过程中,安装在车辆前部的车距传感器(雷达)持续扫描车辆前方道路,如图 9-10 所示,同时轮速传感器采集车速信号。当与前车之间的距离过小时,ACC 控制单元可以通过与制动防抱死系统、发动机控制系统协调动作,使车轮适当制动,并使发动机的输出功率下降,以使车辆与前方车辆始终保持安全距离。自适应巡航控制系统在控制车辆制动时,通常会将制动减速度限制在不影响舒适的程度,当需要更大的减速度时,ACC 控制单元会发出声光信号通知驾驶者主动采取制动操作。当与前车之间的距离增加到安全距离时,ACC 控制单元控制车辆按照设定的车速行驶。

图 9-9 宝马 E90 新 3 系轿车车距传感器

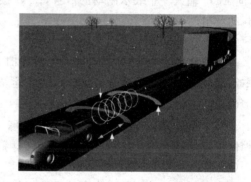
图 9-10 车距传感器持续扫描前方道路

虽然自适应巡航控制系统可以自动控制车速,但在任何时候驾驶者都可以主动进行加速或制动。当驾驶者在巡航控制状态下进行制动后,ACC 控制单元就会终止巡航控制;当驾驶者在巡航控制状态下进行加速,停止加速后,ACC 控制单元会按照原来设定的车速进行巡航控制。

9.1.4 汽车巡航控制系统的正确使用

现代汽车普遍采用电子控制式巡航控制系统,并用一个组合手柄开关进行控制。组合手柄开关一般都由 MAIN(主开关)、SET/COAST(设置/巡航)、RES/ACC(恢复/加速)和 CANCEL(取消)4 个功能开关组成。虽然各种车型巡航控制开关的操作方法或位置有所不同,但是,控制开关的功能基本相同。

下面以丰田系列汽车巡航控制开关的操作方法为例,说明巡航控制系统的使用方法。

1. 设定巡航车速

为了确保行车安全,巡航控制车速一般不低于 40km/h,也就是说,车速低于 40km/h 时巡航控制系统不会投入工作。设定巡航速度的控制如下。

(1) 按一下巡航开关操作手柄端部的主开关"MAIN"按钮,使巡航控制系统的电源电路和指示灯电路接通。与此同时,组合仪表盘上的巡航指示灯发亮。

(2) 将巡航开关操纵手柄向下拨动并保持在向下位置,使巡航速度设定 SET/COAST 开关接通。如果此时按住操纵手柄不动,汽车将不断加速。当车速达到驾驶员想要巡航行驶的车速时松开操纵手柄,手柄将自动复位,巡航控制系统就会使汽车以松开操纵手柄时的车速保持恒速行驶。在巡航行驶状态下,驾驶员不必踩踏加速踏板,巡航控制系统就会根据汽车行驶阻力的变化自动调节节气门开度,使汽车保持在设定的车速行驶。当需要超越前方车辆时,驾驶员可踩下加速踏板使汽车加速。超车完毕后再放松加速踏板,汽车将恢复到原来设定的巡航速度行驶。

2. 取消巡航功能

汽车以设定的巡航速度行驶过程中,如果遇到特殊情况可以解除巡航行驶状态。

(1) 制动灯开关

制动灯开关接通信号的功用是在驾驶员踩下制动踏板接通制动灯电路使其发亮的同时,向 ECU 输入一个表示制动的信号,ECU 接收到该信号后将立即解除巡航控制状态,以便制动器制动,车速降低。

(2) 驻车制动开关

汽车行驶过程中,当制动系统发生故障时,需要通过操纵驻车制动器降低车速。因此,驻车制动开关接通时的信号必须作为解除巡航控制的输入信号。

(3) 空挡启动开关

在汽车行驶过程中接通"空挡/N"位置时,说明驾驶员需要减速停车。因此,在装备巡航控制系统的汽车上,空挡启动开关向 ECU 输入一个电信号,解除巡航行驶状态。

(4) 离合器开关

离合器开关的功用是当汽车处于巡航状态行驶时,如果驾驶员踩踏离合器踏板,离合器开关触点闭合,并向 ECU 输入一个电信号(低电平或高电平信号),以便 ECU 解除巡航控制状态,同时也便于驾驶员变换变速器挡位。

3. 恢复巡航车速

汽车在以设定的巡航速度行驶的过程中,当驾驶员踩下加速踏板超车或踩下制动踏板制动或将自动变速器选挡手柄拨到前进挡的位置时,将导致车速升高或降低。如果此时想要恢复到原来设定的巡航车速,那么,将巡航开关操纵手柄向上抬起并保持在该位置使"恢复/加速"开关保持接通,汽车即可迅速加速或减速并恢复到原来设定的巡航车速行驶。但是,如果行驶车速已经低于 40km/h 或低于设定速度 16km/h 以上时,巡航控制系统将自动停止工作,巡航车速不能恢复。

9.1.5 汽车巡航控制系统故障诊断与检修

汽车电子控制巡航系统都具有故障自诊断功能。在进行故障自诊断测试时,首先应检查巡航指示灯(CRUISE 或 CRUISE MAIN)电路是否正常。巡航指示灯又称为巡航控制指示灯,设置在组合仪表盘上。

在汽车巡航行驶过程中,如果车速传感器或执行机构等部件发生故障,CCS ECU 就会自动解除巡航控制功能,并发出指令使巡航指示灯闪亮报警,提醒驾驶员巡航控制系统发生故障,应予以及时检修。与此同时,CCS ECU 还将故障内容编成代码存入随机存储器中,以便维修通过自诊断测试(读取故障代码)来了解故障类型,从而有的放矢地进行检修。

以丰田车系巡航系统自诊断系统为例说明故障自诊断的过程。

诊断插座是故障诊断通信接口 TDCL(Trouble Diagnostic Communication Link)的简称。丰田车系设有两个诊断插座,发动机舱与驾驶室各设置一个。发动机舱内的诊断插座又称为检查连接器,设在熔断器盒旁边,可用于读取与清除故障代码;驾驶室内的诊断插座设在仪表盘左下方或仪表台下面的工具箱内,用于数据传输。丰田车系采用的诊断插座有3种形式,如图 9-11 所示。诊断插座上设有防护盖,打开防护盖即可看到图 9-11 中所示端子排列情况。

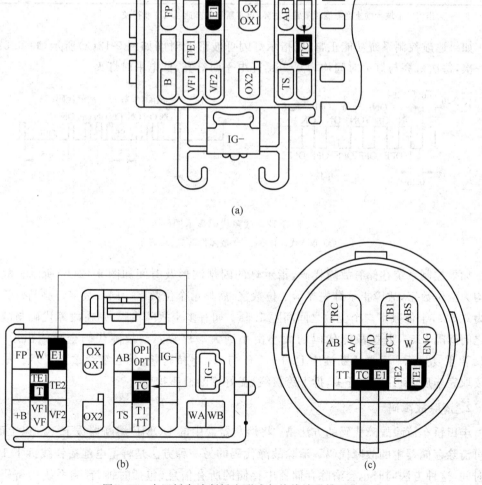

图 9-11 丰田轿车诊断插座形式与接线端子排列位置

1. 读取故障代码

读取丰田轿车巡航控制系统故障码的操作方法如下。

(1) 检查巡航指示灯电路。当点火开关、巡航主开关接通时，巡航指示灯发亮 3~5s 后应当自动熄灭。如果不亮或常亮不灭，说明巡航指示灯或其电路有故障，应予以检修后再进行诊断测试。

(2) 将点火开关转到 ON 位置，用跨接线连接诊断插座 (TDCL) 的端子 TC 与 E1 (图 9-11)。用巡航指示灯闪烁规律读取故障码，故障代码的含义如表 9-1 所示。

表 9-1 丰田凌志轿车巡航控制系统故障代码的含义

故障代码	故障内容
11	电动机电流过大或电路短路
12	电磁离合器或其线圈电路故障
13	电动机电路断路或电磁离合器线圈电路断路
21	车速传感器或其线路故障
23*	实际车速低于设定车速 16km/h 以上
31、32、34	巡航控制开关电路故障

注：* 为当汽车上坡行驶速度降低时不属于故障，可重新设定车速继续巡航行驶。

如果巡航控制系统功能正常，则指示灯闪烁波形及时间如图 9-12(a) 所示，每 0.52s 闪烁一次，每次灯亮与灯灭时间均为 0.26s，高电平时灯亮，低电平时灯灭。

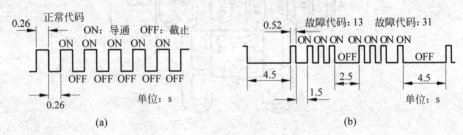

图 9-12 故障代码显示图
(a) 正常代码显示；(b) 故障代码 13、31 显示

如果控制系统存储有故障代码，指示灯的闪烁波形及时间如图 9-12(b) 所示。故障代码均为两位数字，故障指示灯先显示十位数字，后显示个位数字。同一数字灯亮与灯灭时间均为 0.52s，十位数字与个位数之间间隔 1.5s。如有多个故障代码，则在故障代码与故障代码之间间隔 2.5s，并按故障代码的大小由小到大顺序显示。故障代码全部输出后，间隔 4.5s 再重复显示。只要诊断插座上端子 TC 与 E1 保持跨接，就会继续重复显示。故障代码读取完毕后，断开点火开关，拆下跨接线，盖好诊断插座护盖。

2. 清除故障码

丰田轿车清除故障代码的方法是：将熔断器盒中的 DOME 熔断器拔下 10s 以上时间，即可清除存储器中的故障代码。清除故障代码的另一种方法是将蓄电池搭铁线拆下 10s 以上时间，这种方法同时也会清除存储器中存储的所有信息（包括时钟、音响系统的密码等），因此必须慎重使用。

【自我测试】

1. 填空题

（1）汽车巡航控制系统的作用是按照_____速度，不踩加速踏板就可以使汽车自动地以_____的速度行驶。

（2）装有巡航控制系统的汽车在良好路面上长时间行驶时，该系统将根据行车_____自动增减_____开度，使汽车行驶速度保持一定。

（3）一般汽车的巡航控制系统（CCS）主要由输入装置（如_____、_____、恢复/加速开关、车速传感器）、电子控制单元 ECU、执行器三大部分组成。

（4）巡航控制系统的电子控制器 ECU 有两个输入信号：一个是驾驶员利用控制开关选定的_____信号；另一个是_____反馈信号。

（5）机电式巡航控制系统主要由巡航控制开关、_____、_____、安全开关组成。

（6）变速器通过_____接收车速信号。来自巡航控制开关、_____或离合器踏板开关的电信号送到变速器。

2. 简答题

（1）巡航控制系统的基本工作原理是什么？
（2）机电式巡航控制的工作原理是什么？
（3）电子式巡航控制的工作原理是什么？

3. 论述题

（1）论述巡航控制系统的使用方法。
（2）论述如何读取巡航控制系统的故障代码。

4. 思考题

在什么条件下巡航控制系统可以工作？

学习单元9.2 中控门锁的检修

【学习目标】

1. 能通过与客户交流、查阅相关维修技术资料等方式获取车辆信息。
2. 中央门锁系统的组成及工作原理。
3. 能根据故障现象制订正确的维修计划。
4. 能正确选择诊断设备对中央门锁系统的故障进行诊断。
5. 能正确记录、分析各种检测结果并做出故障判断。
6. 能按照正确操作规范进行中央门锁系统的更换。
7. 能根据环保要求，正确处理对环境和人体有害的废料及损坏的零部件。

故障现象:某中华轿车中控门锁间歇性故障。

故障诊断:此故障发生没有规律。当时检查了中控门锁的各个部分没有任何问题,工作良好。故障不出现不容易查找到原因。将车停到车间外的待修区等待,在烈日的照射下故障很快出现了。无论怎么触发中控门锁,中控门锁就是不起作用。检查信号线路都正常,看来是中央控制模块有问题。为了证明是太阳照射造成模块电器性能不良,使中控门锁不工作,把车开到阴凉的地方,过了一段时间中控门锁又可以工作了。更换中央控制模块后故障完全排除。

根据上述案例,请思考下列问题。
(1)中控门锁控制系统损坏,车门还能打开吗?
(2)中央控制门锁有什么功能?

9.2.1 中央控制门锁系统的组成及功能

采用中央门锁系统的车辆,当驾驶员锁住驾驶员车门时,其他几个车门(包括后车门或行李箱门等)能同时自动锁住;当打开驾驶员车门时,其他几个车门能同时打开;乘客仍可用各车门的机械或弹簧锁开关车门。

1. 元件安装位置

中央门锁系统控制组件的安装位置如图9-13所示。

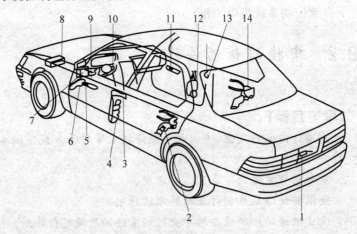

图9-13 中央门锁系统控制组件的安装位置

1—行李箱门控电磁阀;2—左后门锁电动机及位置开关;3—门锁控制开关;
4—左前门锁电动机、位置开关及门锁开关;5—左前门锁控制开关;6—No.1接线盒门控线路断路器;
7—防盗和门锁控制开关;8—No.2接线盒门控线路断路器;9—行李箱门控制开关;10—点火开关;
11—右前门锁控制开关;12—前门锁电动机、位置开关及门锁开关;
13—右前门钥匙开关;14—右后门锁电动机及位置开关

2. 元件功能

(1) 门锁控制开关

门锁控制开关装在前左门和右门的扶手上，为杠杆型开关，如图 9-14 所示。将开关推向前门是锁门，而推向后门是开门。

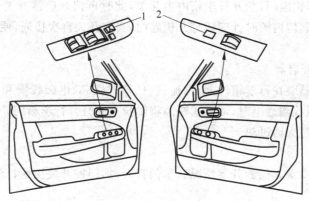

图 9-14 门锁控制开关
1—左门锁控制开关；2—右门锁控制开关

(2) 钥匙开锁报警开关

钥匙开锁报警开关探测点火钥匙是否插进钥匙门内，当钥匙在钥匙门内时，开关电路接通报警；当钥匙离开钥匙门时取消报警，如图 9-15 所示。

(3) 钥匙控制开关

钥匙控制开关装在每个前门的钥匙门上。当从外面用钥匙开门和关门时，钥匙控制开关便发出开门或锁门的信号给门锁控制 ECU。

(4) 门锁总成

门锁总成主要由门锁传动机构、门锁开关和门锁壳体等组成。

门锁传动机构由电动机、齿轮和位置开关等组成，如图 9-16 所示。当门锁电动机转动时，蜗杆带动齿轮转动，齿轮推动锁杆，车门被锁上或打开，然后齿轮在回位弹簧的作用下返回原位置，防止操纵门锁钮时电动机工作。位置开关在锁杆推向锁门位置时断开，推向开门位置时接通。

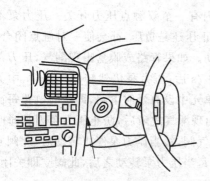

图 9-15 钥匙开锁报警开关

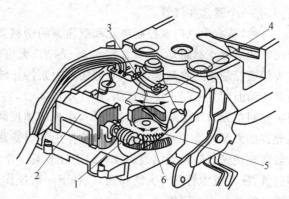

图 9-16 门锁传动机构
1—蜗杆；2—门锁电动机；3—位置开关；4—锁杆；
5—齿轮；6—回位弹簧

门锁开关用来检测车门的开闭情况。当车门关闭,门锁开关断开;车门开启,门锁开关接通。

(5) 行李箱门开启器开关

行李箱门开启器开关位于仪表板下面,拉动此开关便能打开行李箱门。钥匙门靠近行李箱门开启器,推压钥匙门,断开行李箱内主开关,此时再拉开启器开关也不能打开行李箱门。将钥匙插进钥匙门内顺时针旋转打开钥匙门,当主开关再次接通,便可用行李箱门开启器打开行李箱。

(6) 行李箱门开启器

行李箱门开启器装在行李箱门上,由轭铁、插棒式铁芯、电磁线圈和支架组成。轴连接行李箱门锁,当电磁线圈通电时,插棒式铁芯将轴拉入并打开行李箱门。线路短路器用以防止电磁线圈因电流过大而过热。

(7) 门控开关

门控开关用来探测车门的开闭情况。车门打开时,门控开关接通;车门关闭时,门控开关断开。

9.2.2 中央门锁控制系统的工作过程

1. 锁车时

当用钥匙或按下前门锁操纵杆(左、右均可)时,连接杆(图 9-17)被压下,前门锁执行元件中门锁开关的锁车触头Ⅱ闭合,中央门锁控制单元收到此信号后,立即控制双压泵运转,产生真空,各门锁的执行元件(膜盒)进入真空状态,膜片带动连接杆向下运动将车门锁住。

2. 开锁时

当用钥匙或拉出前门操纵杆(左、右均可)时,连接杆被拉起,前门锁执行元件中门锁开关的开锁触点Ⅰ闭合,中央门锁控制单元收到此信号后,立即控制双压泵向反方向运转,产生高压气体,各门锁的执行元件进入高压状态,膜片带动连接杆向上运动将车门打开。后门及行李箱的门锁执行元件没有门锁开关和电路接线,只有一个膜盒和气管。

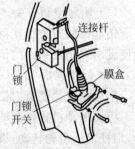

图 9-17 前门锁执行机构

另外,装有中央门锁控制单元和双压泵的塑料盒内有一个双触点压力开关。压力泵不转动时两对触点都断开,压力泵转动 3~7s 后,无论是正压还是负压,都会使一对触点闭合,中央门锁控制单元收到信号后,立即使压力泵停止转动。如果管路或膜盒出现漏气,压力泵虽然转动但建立不起正压或负压,触点不能闭合,经过 7s 后,压力泵仍然转动。这时,中央门锁控制单元对压力泵实行强制保护,中央门锁控制单元中设有延时电路,即延时电路每次只允许压力泵转动 30s 便自动停机,其作用是当管路出现漏气故障后,防止压力泵因长时间运转而被烧毁。塑料盒内的系统管路上还装有一个放气阀,每当压力泵停止转动后,此阀立即打开,使系统中管路与大气相通,以备下一次操作。每当压力泵转动之后,此阀立即关闭,使系统管路与大气隔绝。

9.2.3 中央门锁控制系统检修

1. 故障检查

中央门锁控制系统的故障检查如表 9-2 所示,可按表中的序号进行检查。

表 9-2 中央门锁控制系统的故障检查表

检查程序序号 故障征兆 \ 检查部位	1 ECU电源电路	2 执行机构电源电路	3 门锁电动机电路	4 行李箱门电磁阀	5 门锁控制开关电路	6 钥匙控制开关电路	7 钥匙开关报警开关电路	8 位置开关电路(前门)	9 行李箱开启开关电路	10 门锁开关电路	11 门控灯开关电路	12 门锁控制ECU
门锁控制系统不起作用	1	2	4	3								5
用门锁控制开关或钥匙控制开关,全部车门或有些门不能锁或不能打开			1									2
用门锁控制开关不能开门或锁门(用钥匙控制开关能开门或关门)					1							2
用钥匙控制开关不能锁门或开门(用门锁控制开关能开门或关门)						1						2
防止钥匙遗忘功能不能操作							1			3		4
行李箱门开启器功能不能操作				2					1			

2. 检查程序

(1) ECU 电源电路

ECU 电源电路给防盗门锁控制 ECU 提供电源,线束连接器与 ECU 连接器对应。

检查 DOME 熔丝。从接线盒内取出熔丝,用万用表检查熔丝的导通情况,若不导通,检查线束是否短路;若导通,检查 DOME 端子和 ECU 连接器端子 E(线束连接器端子 A6 和 B14)之间的电压,应为蓄电池电压,否则检查线束和 ECU 搭铁线是否断路。若正常,检查和修理 ECU 与蓄电池之间的线束;若断路,修理或更换线束或连接器。

(2) 执行机构电源电路

执行机构电源电路为驱动门锁的电动机和行李箱门开启电磁阀提供电源。

检查断路器时,从 No.1 接线盒内取出断路器,用万用表检查断路器的导通情况。若不导通,检查线束和接到线路断路器的组件是否短路。执行元件(门锁电动机和行李箱门开启电磁阀)的电源是通过 ECU(或继电器)提供的。因此,线束或执行元件内电路发生短路,线路断路器变成断路。还需检查电动机和电磁阀。若导通,检查 ECU(或继电器)线束连接器的搭铁电压,即线束连接器与 B14 之间的电压,应为蓄电池电压;否则检修 ECU(或继电器)和蓄电池之间的线束和连接器。

(3) 门锁电动机电路

门锁电动机电路根据 ECU(或继电器)的信号开、关门锁。

检查门锁电动机的动作声音。将门锁开关推向锁门或开门侧时,可听到门锁电动机的动作声音。若没有动作声音,检查门锁电动机。门锁电动机通过 ECU 内的两个继电器供电和搭铁构成回路。从电动机上拆下连接器,将电源正极接端子 5(前门)和 4(后门),负极接端子 2,此时门锁应处于锁止状态;将电源正极接端子 2,负极接端子 5 和 4,此时门锁应处于开启状态。检查短路时,应在 2s 之内完成。上述检查若发生不良情况,应更换电动机。若检查正常,再检查 ECU(继电器)和电动机之间线束和连接器,若不良则要修理、更换线束或连接器。

(4) 行李箱门开启电磁阀电路

行李箱门开启电磁阀电路的内部继电器通过端子 B5 将信号送给行李箱开启电磁阀而打开行李箱门。

检查行李箱门开启电磁阀。当电源正极接电磁阀连接器端子,负极接电磁阀壳体时,电磁阀应拉进去,否则更换开启电磁阀。

检查 ECU(继电器)和电磁阀之间线束和连接器,若不良,更换线束和连接器。

(5) 门锁控制开关电路

当门锁控制开关推向锁门一侧,开关的锁门端搭铁;当门锁开关推向开锁一侧,开锁端搭铁。

检查加在门锁控制开关连接器端子与壳体之间的电压。接通点火开关,当门锁控制开关推向锁门、开锁和中间位置时,驾驶和副驾驶侧开关与搭铁电压如表 9-3 所示。

表 9-3 门锁控制开关端子电压

开关位置	驾驶员侧		副驾驶员侧	
端子	2	1	3	1
锁门	0V	蓄电池电压	0V	蓄电池电压
开门	蓄电池电压	0V	蓄电池电压	0V
断开	蓄电池电压			

若测量电压不满足表 9-2 的要求,检查门锁控制开关。门锁控制开关推向锁门时,端子 2、8(驾驶员侧开关)及 3、2(副驾驶员侧开关)应导通;门锁控制开关推向开门时,端子 1、8(驾驶员侧开关)及 1、2(副驾驶员侧开关)应导通。否则,更换门锁控制开关。

检查 ECU(继电器)和门锁控制开关、开关与车身之间的线束和连接器。若良好,检查或更换 ECU(继电器);若不良,应修理或更换线束、连接器。

(6) 钥匙控制开关电路

钥匙控制开关装在门上钥匙门内,当钥匙转向锁门侧,开关的端子2搭铁;钥匙转向开锁侧,开关的端子1搭铁。

检查钥匙开关。当钥匙开关转向锁门侧,钥匙开关连接器端子2、3导通;钥匙开关转向开锁侧,开关的端子1、3导通。否则更换钥匙开关。

检查ECU和开关、开关和车身之间的线束和连接器。若不良,应修理或更换线束、连接器。

(7) 钥匙开锁报警开关电路

当点火钥匙插进钥匙门内时,钥匙开锁报警开关接通;而当点火钥匙离开钥匙门时,钥匙开锁报警开关断开;当钥匙开锁报警开关接通时,ECU启动防止钥匙遗忘功能。

检查钥匙开锁报警开关连接器端子9、10的导通情况。点火钥匙插入钥匙门时导通,拔出时断开。否则,更换钥匙开锁报警开关。

(8) 位置开关电路

位置开关装在门锁电动机总成里。当门锁钮在开锁位置时,位置开关接通;而门锁钮在锁门位置时,位置开关断开。ECU探测前门锁钮在该电路的状态,该电路具有防止钥匙遗忘功能。

检查位置开关。当门锁钮推向锁门侧时,端子1、4断开;当门锁钮推向开门侧时,端子1、4接通。否则,更换位置开关。

检查ECU(断电器)和位置开关、位置开关和车身之间的线束和连接器。若不良,应修理或更换线束、连接器。

(9) 行李箱门开启主开关和开启开关电路

行李箱门开启主开关被推进去时断开,当拉出来时接通。只有当主开关和开启开关一同接通时,ECU才能激励行李箱门开启电磁阀。

检查主开关时,钥匙推进去并转动,端子1、2接通。检查开启开关,端子2、B及1、L接通;开关断开时,端子2、B接通。若上述检查不满足要求,更换主开关或开启开关。

检查ECU(继电器)和主开关、开启开关和车身之间的线束和连接器。若不良,应修理或更换线束、连接器。

(10) 门锁开关电路

检查门锁开关。当前门打开时,门锁开关端子3、6导通;当车门关闭时,端子3、6断开。否则,更换门锁开关。

检查ECU和门锁开关、车身之间的线束和连接器。若不良,应修理或更换。

(11) 门控灯开关电路

当车门打开时,门控灯开关接通;当车门关闭时,门控灯开关断开。

检查门控灯的工作。当任一前门打开时,门控灯亮;当任一前门关闭时,门控灯熄灭。否则,检查和修理门控灯电路。

检查门锁控制继电器和门控灯开关之间的线束和连接器。若不良,应修理或更换线束、连接器。

(12) 检查和更换ECU

检查ECU搭铁线路。若搭铁线路有故障,应进行检修;若搭铁线路正常,故障可能出在 ECU。换新的 ECU 后进行检查：测量 ECU 搭铁端子与车身之间的电阻，应为 1Ω 或更小；检查 ECU 接线端子和线束侧搭铁端子，检查线束弯曲和连接器的接触情况。

【自我测试】

1. 论述题

论述中控门锁的故障检查程序。

2. 思考题

有哪些原因可能导致中控门锁系统不工作？为什么？

学习情境 10

仪表及通信控制系统故障检修

学习单元 10.1 仪表系统的检修

【学习目标】

1. 能通过与客户交流、查阅相关维修技术资料等方式获取车辆信息。
2. 掌握汽车电子仪表的组成及工作原理。
3. 能根据故障现象制订正确的维修计划。
4. 能正确选择诊断设备对汽车电子仪表的故障进行诊断。
5. 能正确记录、分析各种检测结果并做出故障判断。
6. 能按照正确操作规范进行汽车电子仪表的更换。
7. 能根据环保要求,正确处理对环境和人体有害的废料及损坏的零部件。

故障现象:一辆夏利轿车,行驶途中发动机冷却液温度表和燃油表突然停止工作。

故障诊断:该车仪表盘由车速表、发动机冷却液温度表、燃油表及指示灯组成,没有转速表。拆下仪表盘内的印刷电路板,发现有一处铜箔线被烧断。用数字万用表的二极管挡测量稳压集成电路模块 7808 的 3 个端子间的导通情况,发现端子1和端子2为导通状态,正常情况下任意两端子间应均不导通,这说明稳压集成电路模块 7808 已损坏。装上新的 7808 并焊接铜箔线烧断处后试车,故障排除。

根据上述案例,请思考下列问题。
(1) 冷却液温度表有什么作用?
(2) 燃油表有什么作用?
(3) 仪表系统的组成。

10.1.1 电子仪表概述

汽车仪表是驾驶员与汽车进行信息交流的重要接口和界面,对安全和经济行驶起着重要作用,同时可以美化汽车内部造型。因此汽车仪表要耐用、耐振、指示准确、读法方便,以及受温度、湿度的影响小,还要求轻巧、舒适、美观并具有较好的互换性。

1. 汽车电子仪表的种类

传统的汽车仪表对车速、发动机转速、燃油消耗等信息进行监测、传递和显示,基本采用机械式或电气机械式控制,通过指针和刻度盘实现模拟显示。这种仪表存在信息量少、准确率低、体积较大、可靠性较差及视觉特性差、易使驾驶员疲劳等缺点,难以满足人们对汽车舒适性和方便性等方面的要求。随着光学技术和电子技术,尤其是微型计算机技术的发展,汽车仪表正向全数字化和智能化方向发展。图 10-1 为一种简单的电子仪表系统框图,它采用微处理器采集处理不同的传感器信号,控制显示如车速、发动机转速、燃油消耗和行车里程等多种信息。

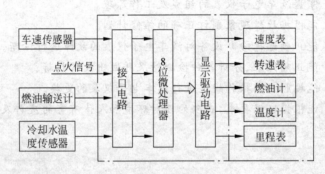

图 10-1 电子仪表系统框图

目前汽车上常使用的电子仪表有以下几种。

(1) 数字钟

数字钟可采用液晶显示和数码管发光显示,数码管显示更明亮清晰。数字钟在点火开关接通时显示,汽车关机后仍然用蓄电池提供微弱电流保证时钟工作。若是液晶显示式数字钟,使用纽扣电池就能保持数字钟长期工作。图 10-2 为汽车仪表盘上的数字钟。

(2) 仪表盘符号显示

用数字或符号显示被监控系统的工作状态,直观、醒目。目前汽车仪表盘上采用符号显示的设计较多,图 10-3 是一种指针和符号显示的电子组合仪表。

图 10-2 数字钟

图 10-3 电子组合仪表

(3) 电子式车速里程表

磁电脉冲式电子里程表从安装在传动部分的速度传感器取得转速信号,驱动脉冲电动机使累计仪工作,指示车速里程,图 10-4 是一种安装了电子式车速里程表的仪表盘。

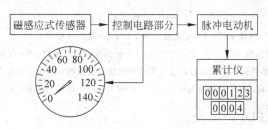

图 10-4 电子式车速里程表

(4) 发动机转速表

发动机在一定输出功率下,输出转矩与转速成反比关系,在合理匹配条件下换挡,可以保证汽车获得最佳动力性能和最佳经济性能。使用自动变速器的汽车,一般有监测发动机转速的指针式发动机转速表。如广州本田雅阁轿车,发动机电子式转速表的机芯采用十字绕线磁感应式,它将转速传感器送来的脉冲信号,转换成电流信号输入十字交叉线圈。电流信号变化使线圈的磁场强度变化,从而使磁钢在变化磁场中产生相应的偏转,带动指针也随之偏转。

(5) 组合仪表

图 10-5 是广州本田雅阁轿车的组合仪表盘,该组合仪表盘安装在驾驶员前方的仪表台上,显示汽车各重要部位的状态参数及汽车运行参数,同时对汽车操作状态进行辅助显示。

组合仪表盘用集成电路采集汽车每次行驶里程和累计里程,并通过液晶数字显示。每次行驶里程和累计里程两挡可自由切换,每次行驶里程公里数可方便归零。当汽车行驶时,如发动机、防抱死制动系统等出现故障,相应指示灯会点亮,还能闪烁表示故障代码,便于查找检修。仪表盘照明配光均匀,并可进行亮度调节。该组合仪表盘显示的信息内容比传统机械式仪表盘要丰富得多,从而提高了汽车行驶的安全性与可操作性。

2. 汽车电子显示装置

电子显示装置在驾驶员信息系统中担负着重要的角色,直接影响和制约驾驶员信息系统的应用和发展。目前,汽车上使用的显示装置主要有发光二极管显示装置(LED)、荧光显示器(VFD)和液晶显示器(LCD)等。

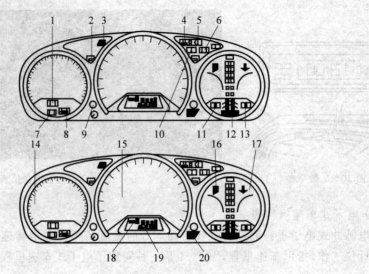

图 10-5 广州本田雅阁轿车组合仪表盘

1—故障指示灯；2—转向指示灯；3—巡航控制指示灯；4—辅助保护指示灯；5—防抱死制动指示灯；6—驻车制动和行车制动指示灯；7—充电指示灯；8—机油压力低指示灯；9—仪表盘显示亮度调节钮；10—远光指示灯；11—油箱燃油量不足指示灯；12—车门和制动灯监视器；13—安全带指示灯；14—发动机转速表；15—汽车速度表；16—燃油表；17—冷却液温度表；18—行程表；19—累计里程表；20—行车里程选择和复位按钮

(1) 发光二极管(LED)

发光二极管是显示装置中最简单的一种，体积小，结构简单，耐用，使用寿命长达 5 万个小时以上。

发光二极管的结构如图 10-6 所示，PN 结为特殊材料做成的。当 PN 结空穴从 P 区流向 N 区和电子从 N 区流向 P 区时，电子从导带跃迁到价带与空穴产生复合结外加正向电压，放出能量，从而发出一定波长的光。发光二极管的颜色有红、绿、黄、橙，可单独使用，也可用来组成数字或光条图。图 10-7 为发光二极管组成的数码显示器，图 10-8 为发光二极管组成的点阵显示器。发光二极管还常用做汽车仪表板上的警告指示灯，如燃油、制动液、风窗洗涤液等液面过低，制动蹄片过薄，制动灯、尾灯、前照灯等灯泡烧坏，这时警告指示灯就会亮。

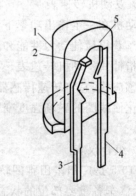

图 10-6 发光二极管的结构
1—外壳；2—二极管芯片；
3—阴极引线；4—阳极引线；5—导线

发光二极管的缺点：在环境暗的情况下，效果较好，在阳光直射下很难辨别；若要增大其亮度，则需要相当大的电流，功率消耗较大，因此使用受到限制。

(2) 真空荧光显示器(VFD)

真空荧光显示器是一种主动显示系统，使用寿命长，色谱宽，易于和控制电路连接，环境温度适应性强，可改变显示亮度，适用于显示数字、单词和柱状图表等，但其封装玻璃壳容易震碎。

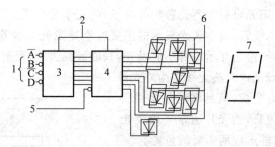

图 10-7　7 划发光二极管显示装置

1—二十进制编码输入；2—逻辑电路；3—译码器；4—恒流器；5—小数点；6—发光二极管；7—"8"字形

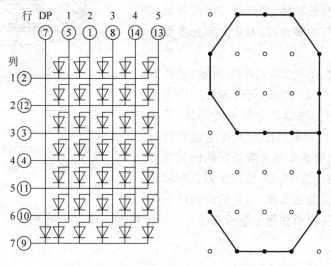

图 10-8　光点矩阵型发光二极管显示装置

真空荧光显示器由真空玻璃盒、热阴极、栅极和荧光屏组成，如图 10-9 所示。恒定电压作用于阴极（或灯丝）上，当被加热到 600℃ 左右，其表面释放出热电子，因栅网和阳极都有较高的正电位，因而使自由电子加速，通过栅网射向阳极。阳极上的荧光物质因电子冲击而受激发光。阳极由不同的笔画段组成，在数字电路的开关控制下可显示不同字母和数字。

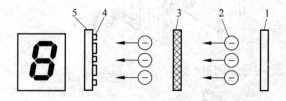

图 10-9　真空荧光显示器的结构

1—阴极（灯丝）；2—电子；3—加速栅极；4—阳极笔画段；5—玻璃面板

真空荧光显示器显示图形有两种方式，即 7 笔画段和 14 笔划段，14 笔画段能显示全部字母和数字。

（3）液晶显示器（LCD）

液晶是一种有机化合物，在一定温度范围内，既具有液体的流动性，又具有晶体的某些光学特性。液晶显示器是一种被动显示装置，具有显示面积大、耗能少、显示清晰、通过滤光镜可显示不同颜色、在阳光直射下不受影响等特点,应用十分广泛。

液晶显示与发光二极管、真空荧光显示的主要区别是发光二极管和真空荧光显示在电源的作用下自己能发光,液晶显示本身不能发光,只能起到吸收、反射或透光的作用,因此液晶显示装置需要日光或某种人造光线作为外光源。

液晶显示本身没有色彩,只是靠液晶元件后面的有色透光片形成色彩,透光片通常采用荧光液着色,当光线通过时能形成所需要的色彩。

液晶显示利用偏振光的特性成像。正常的光线包括多平面振动的波,如果让光通过一个有特殊性能的偏振滤波物体,则只有与滤波器轴同一平面的振动电波能够通过,其余大部分波受阻不能通过。

液晶显示器的结构如图 10-10 所示,液晶显示板的结构如图 10-11 所示,前玻璃板的内表面涂有几层金属,用于显露符号笔画的形状,后玻璃板上也涂有金属。金属层均为导电透明的材料,兼做电极。玻璃板中间夹着长杆状向列型分子组成的液晶,厚度为 $10\mu m$,四周密封。两块玻璃板的外侧为两块偏振滤波片,它们的轴成 90°,上面装有电源接头和通往每个笔画的接头。当低频电压作用于笔画段时,受激发而成为受光体或透光体。

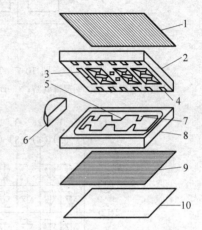

图 10-10 液晶显示器结构
1—前偏振片;2—前玻璃板;3—笔画电极;
4—接线端;5—背板;6—前端密封件;7—密封面;
8—玻璃背板;9—后偏振片;10—反射镜

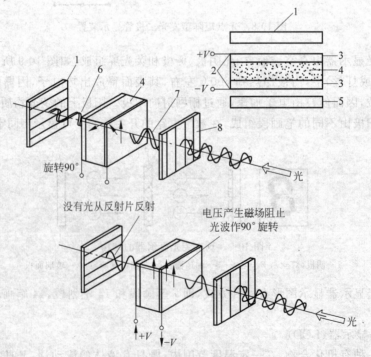

图 10-11 液晶显示板结构
1—反射偏振片;2—透明导体;3—玻璃基片;4—液晶;5—偏振片;6—前端密封件;7—旋转 90°的反射光;8—偏振片轴

3. 电子仪表板

电子仪表板应用数字显示、字母数字混合显示、曲线图和柱状图表等形式向驾驶员发出汽车各种工作状态的信号和故障警告信号。不论采用何种显示形式,其结构基本相同。

(1) 电子仪表板的多路复用传输

电子仪表板需要很多导电接头向光柱或光点供电。7笔画字形显示需要7个电接头形成一位数字,车速显示需要3位数,因此需要21个电接头和21根缆线,同时还需用一个搭铁接头。为降低成本、节省空间,电子仪表板采用了多路复用传输,即几个数字采用独立的搭铁接头。如图10-12所示,3位数字共用7位电接头。仪表板启动后,电流在各位数字间快速扫描,并通过独立的搭铁接头形成回路,虽然每次仅有一个数字发亮,但是每个笔画每秒都要开关数千次,并且人眼具有暂留图像的特点,因此看到的是连续发亮而不是闪烁的数字和图像。

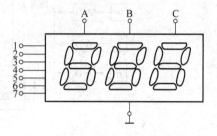

图 10-12　7笔画显示的多路复用传输

(2) 信息选送

汽车一旦启动,发动机转速、温度、燃油液位等多种信息同时传输给计算机进行处理。由于传输信息项目多,需要采用多路传输技术把各种不同信号分开,因此采用多路信号转换开关选择信号源。

安装在电子仪表板上的计算机在同一时刻能处理一项信息,而传输给它的信息量大且数目多。为解决这一问题,根据各项信息的快慢,如冷却水温度变化慢、发动机转速变化快的特点,计算出不同信息源开关接通的时间,即确定对某一信号源在一段时间内选送信息的次数,再根据项目数据的多少,编出相应的控制电路,以实现上述控制功能。图10-13为多路信号转换开关进行信息选送的示意图。

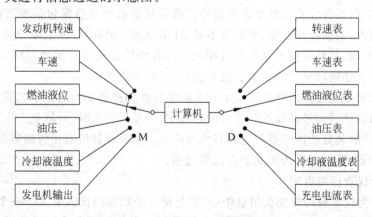

图 10-13　多路信号转换开关进行信息选送

(3) 显示系统结构

图 10-14 所示的是一个有6个仪表,包含3种显示方式,由一个计算机系统控制的显示系统。传感器信号经 A/D 转换成8位数码后,由信号转换开关输送给中央处理装置。显示系统由模拟显示、开关型警告灯和7笔画数字显示等不同方式组成。信号经过中央处理装

置处理后,再以 8 位数码式开关信号形式由信号分离开关输出,以启动相应的显示装置。

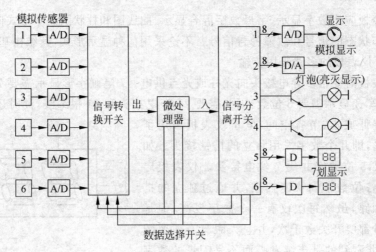

图 10-14　各种显示装置的多路传输系统

（4）行车微机系统

由于使用电子仪表系统和各种相关的传感器,因此可以比较方便地利用这些信号为行车微机系统提供信息输入。

行车微机系统显示日期和时间,还能计算平均车速、行车时间、燃油消耗量、瞬时耗油量和平均耗油量等。除里程表和时钟所需信号外,基本仪表系统中还要安装相应传感器,以满足行车微机系统的需要。

（5）语音合成器

除主仪表显示外,有的现代汽车为了在特殊紧急情况下向驾驶员发出警告,装有语音合成器,用来弥补视觉信号可能没有引起驾驶员注意的问题。这种系统由仪表显示板发出警告主信号,同时由语音合成器发出音响信号。视觉和音响信号通常包括发动机温度、油压、蓄电池充电状况、制动蹄片磨损、制动液不足、驻车制动未解除、灯泡故障、车门未关、大气温度、已到维护时间、各种液位不足等项目和内容。各种信息依据其重要程度分为几个等级,如"油压低"和其他同时显示的次要信息相比较,就属于优先项目。

语音合成器是通过采用计算机技术和声响装置的扬声器实现的。事先将所需的单元词或词组的语音转换成信号存储在计算机的芯片中,当发出警告时,计算机产生所需要的语言电信号,再由声响装置的扬声器把电波转换成声音。如果计算机有足够的容量,它可以存储几种不同的声音,还可以模仿男女语言以供选用。

（6）电子仪表板的组成

图 10-15 为仪表板的驾驶员信息中心,它包括 5 个独立的显示装置。一个是由 11 根绿色横条组成的模拟式燃油存量显示装置,四周是黄色多功能数字式显示装置。在这个装置中,左上角的显示器能显示润滑油压力和润滑油温度;右上角的显示器显示冷却液温度或系统电压。右下角的显示器显示瞬时或平均油耗;左下角的显示器显示累计行驶里程和本次出车已行驶里程,各个显示装置为白色和黄色图像,有蓝色边框。

驾驶员信息中心由装在中部的开关和警告灯控制器进行控制。控制器的中部是一个计量单位选择开关。四周是两个有 3 个位置的开关,中间位置为断开,上下两个位置显示两个

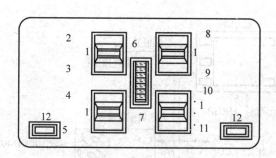

图 10-15 开关和警告灯控制器

1—开关；2—油压；3—润滑油温度；4—累计行程；5—本次行程；6—英制；7—公制；8—水温；
9—系统电压；10—瞬时耗油；11—平均耗油；12—重调

不同参量，可供驾驶员选择。

驾驶员信息中心的显示装置上装有一套警告灯系统。当润滑油压力、温度、水温或系统电压超出正常值时，该装置区内的警告灯点亮，以提醒驾驶员采取措施。如本区内的两个参数同时都超过正常值，则不论选择开关在何位置，则显示的数值每 5s 就变换一次，以引起注意。

当燃油存量低于存油显示装置下端的第三根横条时，就有一个浅黄色的警告灯发亮。此时左下方的显示装置，不论开关在何位置，都会自动改为显示从发出存油不足警告后已行驶的里程。这样驾驶员就可以计算出剩下的存油大约能够行驶多少里程。

*10.1.2 综合信息显示系统

随着汽车电子技术的飞速发展，汽车电子控制系统所用的传感器不断增多，汽车仪表的电子显示系统，从简单地显示传感器信息，发展成为可以对各种信息进行分析计算、加工处理的综合信息系统。

1. 综合信息系统原理

综合信息系统能够从大量的信息中选择驾驶员所需要的各种信息内容，包括电子行车地图、维修、后视镜等信息，还可以显示电视、广播、电话等信息。显示器通常采用阴极射线管显示器(CRT)，阴极射线管屏幕是触摸式的，通过触摸屏幕上的菜单便能变更显示的内容。阴极射线管显示器的优点在于可以彩色显示，响应速度快、对比度高以及工作测试范围宽，缺点是体积大、质量大、驱动方法复杂，且需要有较高的驱动电压。

2. 综合信息系统配置

图 10-16 所示为综合信息系统配置原理图，该综合信息显示系统的显示器可显示电子地图、燃料消耗和行程信息等综合信息。该综合信息显示系统的组成包括：用于管理和控制整个系统的"CRT ECU"；用于调用"CD ROM"数据并传送给 CRT ECU 的"CD ECU"；接收电视信号并与 CRT ECU 通信的"音频 ECU"；控制音响系统并与 CRT ECU 通信的"音频 ECU"；控制空调并与 CRT ECU 通信的"空调 ECU"；从 GPS 卫星接收无线电信号、计算汽车的当前位置并传送给 CRT ECU 的"GPS ECU"；控制蜂窝电话并与 CRT ECU 通信的"电话 ECU"。

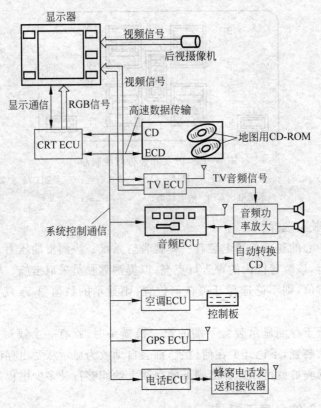

图 10-16　综合信息系统配置原理图

3. 综合信息显示系统所显示的信息种类

（1）地图信息

公路交通图可按不同的比例显示,与一般地图的区别在于它可以滚屏显示,使需要的内容可以被单独显示出来。另外,借助于导航系统,汽车的当前位置也可以显示在电子地图上,且导航系统可以直接在电子地图上标出汽车的当前位置。

（2）行车信息

从出发开始的行程计算行程时间和燃料消耗,并可根据燃料消耗率和存油量显示剩余燃料可以行走的里程。

（3）维修信息

显示如发动机换机油、更换轮胎以后所行驶的里程,供驾驶员确定下次维修时间与维修项目参考。

（4）日历信息

驾驶员的日历和日程表。

（5）空调信息

显示空调的操作模式和风扇的设置,通过触摸屏幕上的键盘可以操作空调系统。

（6）音响系统信息

显示音响系统的操作模式,通过触摸屏幕上的键盘可以控制音响系统及显示音响系统的音乐资料。

(7) 电视广播

接收电视、广播节目。

(8) 电话信息

显示诸如蜂窝电话号码信息,并可以通过触摸屏幕上的键盘实现拨号和挂机。

(9) 后视摄像机信息

在倒车时,显示从安装在车后部的镜头摄取的影像信息。

4. 触摸键盘

显示系统的触摸键盘通常是以模拟形式显示在屏幕上,用手指触摸键盘即可进行操作,从而简化选择信息的过程。通常采用红外触发开关检测屏幕是否被触摸,其原理如图 10-17 所示。

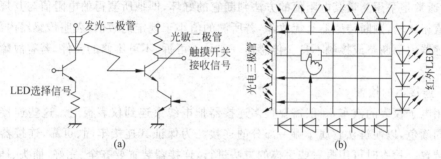

图 10-17 红外键盘触发开关
(a) 红外触发开关;(b) 红外触发开关配置

在显示器的两端都有一个发光二极管和光电三极管相对。在显示器键盘未被触摸时,发光二极管的光束到达光电三极管促使其导通。键盘被触摸时,发光二极管光波被截断,光电三极管立即截止。发光二极管和光电三极管的混合体安放在显示器的多个地方,如图 10-17(b) 所示。因此,屏幕上被触摸到的键盘位置由被关断的光电三极管所在位置测定。

10.1.3 汽车电子仪表显示系统故障诊断检修方法

1. 常用的检测方法

现代汽车的许多电子仪表板都是微机进行控制,同时具有自检功能。只要给出指令,电子仪表板的电子控制器便会对其主显示装置进行系统的检查,若出现故障,便以不同的方式警告驾驶员,显示系统出现故障,同时存储出现故障部位的故障码,以便维修时将故障码调出,指出故障部位。当确认仪表板有故障时,应进行检测。

(1) 用快速检测器进行检测

快速检测器能发出模拟各种传感器的信号,用它能够迅速测出故障的部位。如在使用测试器向仪表板输入信号时,仪表板能够正常显示,说明传感器或其电路有故障。若显示器仍不能显示,再将测试器直接接在仪表板的有关输入插座上,此时若显示器能正常显示,说明线束和连接器有故障,否则表明仪表板有故障。

(2) 用电路快速测试器进行检测

电路快速测试器能够模拟燃油的流量和车速传感器的信号,同样把测试器所发出的信号从不同部位输入,即可检验传感器、线束对号 ECU 和显示装置工作是否正常。

(3) 用液晶显示仪表测试器进行检测

用液晶显示仪表测试器进行测试时,直接在仪表板上,能为仪表板和信息中心提供参照输入信号,这就可检测出信息中心的工作状态。这种测试的目的是对仪表板有无故障做进一步的验证。

2. 常见故障的检测

现代汽车电子仪表显示系统的故障,一般都出在传感器、连接器、导线、个别仪表及显示器上。检修时应先将传感器电路断开或拆下,用检测设备对其逐个检查。

(1) 传感器的检测

首先将传感器的电路断开或拆下传感器,用仪器进行逐个检查。对各种电阻式传感器的检查,通常是采用测量其电阻值的方法判断它的好坏,即把所测得的电阻值与其规定的标准电阻值相比较,判断传感器有无故障,若所测的值小于规定的数值,表明传感器内部短路;否则传感器内部断路或接触不良。传感器一般是不可拆、不可维修的元件,若有故障只能更换新件。

(2) 连接器的检查

采用电子仪表的汽车,一般需要很多连接器把电线束连到仪表板上。这些连接器一般采用不同颜色,以便辨认它属于哪一部分的连接。为保证其连接牢固、可靠,连接器上都设有闭锁装置。检查时可用眼看或手摸的方法进行,连接器装置要齐全、完好,插头、插座应接触可靠、无锈蚀。仪表电路工作中用手触摸连接器,应没有明显的温度感觉。若温度过高,说明该连接器接触不良,应查明故障原因并予以排除。

(3) 个别仪表故障诊断

若电子仪表板上个别仪表发生故障,应检查与此仪表相关的各个部分。首先应检查各导线的连接情况,包括各连接器的接触状况,线路是否破损、搭铁、短路或断路等;然后用检测设备分别对该仪表及传感器进行检测,查明故障原因,予以修复,必要时更换新的元件。

(4) 显示器故障检修

一旦电子仪表板上的显示器部分笔画、线路出现故障,应将仪表板上显示器件调整到静态显示状态,仔细观察是否还有别的故障,就此时出现的故障,使用检测设备对与此相关的电路或装置进行认真检查。若仅有一两个笔画或线段不发亮或不显示,则说明逻辑电路板通过多路传输的脉冲信号正确,可能是显示装置的部分线段工作不正常,遇此情况应作进一步检查,属于接触不良的应加以紧固,确保其电路畅通;若是电子器件本身的问题,通常应更换显示器件或电路板。

3. 电器仪表故障的诊断方法

现代汽车上的电器仪表的作用越来越大,随之产生的故障也相应增多,现有如下几种诊断故障的简易方法。

(1) 拆线法

当汽车电器仪表读数异常,通过分析、推断可能是传感器内部或传感器与指示仪表间的导线存在搭铁故障时,常采用拆线法进行检查。即通过拆除有关接线柱上的导线,来判断故障的原因及部位。以电磁式燃油表为例,当传感器内部搭铁或浮子损坏,以及传感器与燃油表间的导线搭铁时,无论油箱内油量多少,接通点火开关后,燃油表指针总指向"0",此时可采用拆线法进行检查。首先,拆下传感器上的导线,若此时燃油表指针向"I"处移动,则为传感器内部搭铁或浮子损坏;若指针仍指向"0",则应拆下燃油表上的传感器接线柱导线,若仪表指针向"I"移动,为燃油表至传感器间的导线搭铁;若指针仍不动,则可能是燃油表内部损坏或其电源线断路。

(2) 搭铁法

当汽车电器仪表读数异常,通过分析、推断可能是传感器搭铁不良或损坏,以及传感器与指示仪表间的导线存在断路故障时,常采用搭铁法进行检查。通过导线将有关接线柱搭铁,可判断故障的原因及部位。

接通点火开关后,对于电磁式燃油表无论油箱存油多少,燃油表指针均指向"I";对于双金属片式燃油表,燃油表指针则均指向"0",以上情况均说明相应仪表传感器可能搭铁不良、损坏,或者是传感器与指示仪表间的导线存在断路故障,此时,可利用搭铁法进行检查。首先,将传感器与导线相连的接线柱搭铁,若指针转动,说明传感器损坏或搭铁不良;若指针不转动,可用导线将指示仪表上接传感器的线柱搭铁,若指针转动,则为传感器与指示仪表间的导线存在断路故障;若指针仍不转动,则说明指示仪表内部损坏或其电源线断路。

(3) 短接法

在其他电器仪表工作均正常、只有与稳压器相连的仪表(如燃油表、电磁式水温表等)不工作时,可利用短接法进行检查。用导线将稳压器的输入、输出端短接,这时与稳压器相连的仪表指针若立即偏转,则为稳压器内部存在故障。

(4) 对比法

电器仪表读数不准时,可采用对比法进行校验检查。在相同的工况条件下,比较被校验的仪表与标准仪表的读数,从而判断被校验仪表的技术状况。例如,检验汽车电流表时,可将被试电流表与标准电流表及可变电阻串联在一起。接通蓄电池电流,逐渐调小可变电阻,比较两个电流表的读数,若相差超过 20%,则电流表存在故障,应予以修复或更换。

【自我测试】

1. 简答题

(1) 汽车上常使用的电子仪表有哪些?
(2) 试述真空荧光显示器的工作原理。

2. 论述题

论述汽车电子仪表显示系统的检修注意事项。

学习单元 10.2 汽车导航系统的检修

【学习目标】

1. 能通过与客户交流、查阅相关维修技术资料等方式获取车辆信息。
2. 汽车导航系统的组成及工作原理。

3. 能根据故障现象制订正确的维修计划。
4. 能正确选择诊断设备对汽车导航系统的故障进行诊断。
5. 能正确记录、分析各种检测结果并做出故障判断。
6. 能按照正确操作规范进行汽车导航系统元件的更换。
7. 能根据环保要求,正确处理对环境和人体有害的废料及损坏的零部件。

故障现象:汽车正常导航过程中,电子地图突然不变化或出现一片空白。

故障诊断:检修说明这种情况是车速过高造成的。当车速超过一定范围时(例如 140km/h),有些导航仪显示屏显示信息会停滞不变,这种情况在早期的导航仪产品(包括一些原厂配置的导航仪)上比较常见。目前很多导航仪已经提高了处理信息的能力,这种情况就比较少见了。另外,如果将显示区域设置到没有道路的位置或显示比例尺设置过大,也会出现类似显示信息似乎不变化的情况。

根据上述案例,请思考下列问题。
(1) 电子地图有什么功能?
(2) 导航功能仅仅包括电子地图吗?

10.2.1 汽车导航系统概述

随着科学技术的发展,汽车导航系统快速发展。从功能上看,最早的导航系统只是具有简单的"示向"功能,即只能显示汽车航行的方向及到达目的地的距离,无任何"导向"功能,目前已发展到比较先进的具有汽车导航功能、防盗功能、调度功能、汽车主要工况的监测报警等功能的综合系统。从设备上看,原先只是仅由汽车行驶方向及距离传感器、CPU、CRT等组成,目前已发展成利用"3C 技术",即计算机、通信及控制技术结合的全球卫星定位系统,建立了具有行车导航、控制等功能的综合大系统,而且民用精度已达到米级。

1. 汽车导航系统的特点

(1) 实现实时位置测定

由于导航系统采用了检测精度高、工作稳定性较好的角速度传感器(陀螺传感器),能实现实时位置测定。

(2) 具有自动检索与图像放大等功能

装备 CD-ROM 只读存储器,采用声控导航,使系统具有自动检索、图像放大等功能。

(3) 自动修正车辆位置

采用全球定位系统(Global Position System,GPS)及先进的检测手段和传播技术,在导航系统中引入了具有自动修正车辆位置的地图匹配技术,并开发出与之相匹配的高精度位置检测软件。

(4) 是交通行业控制管理的重要组成部分

目前电子导航系统正在实现与地面交通管理网络的联机,电子导航系统是"汽车—道路—人—环境—交通管理"系统中的重要组成部分,加快了未来交通向智能化发展的速度。

2. 汽车导航系统的组成

汽车电子导航系统由 GPS 接收天线、GPS 接收机、计算机、液晶显示器、位置检测装置(绝对位置检测和相对位置检测)等组成,如图 10-18 所示。系统根据不同的位置进行分类检测,绝对位置的检测采用 GPS 全球定位系统,相对位置的检测采用方向传感器(如地磁传感器、光纤陀螺仪),并利用车轮转速传感器测量车辆行驶距离。

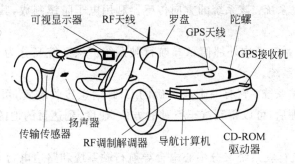

图 10-18 汽车导航系统的组成

3. 汽车导航系统的分类

(1) 汽车导航系统按功能可分为单一功能的导航系统和导航综合系统。汽车导航综合系统包括导航、监控、防盗、旅游、交通控制与调度等功能。

(2) 汽车导航系统按车辆的信息是否实时返回控制中心,可分为汽车开环导航系统和汽车闭环导航系统。

汽车开环导航系统是从控制中心或电台、卫星传感器等得到定位、方位、方向等信息,根据这些信息和电子地图可以定出起点到终点最短行驶距离,但汽车的信息不能返回控制中心。如果某一道路上出现塞车、交通事故,桥梁出现断裂等天灾人祸时,驾驶员不会知道,而汽车出现故障、被盗等问题时也无法和控制中心联系。

汽车闭环导向行驶系统不但有开环的所有导向等功能,而且驾驶员可以把行车实时信息不断向控制中心返回;根据中心掌握的交通及气候等综合信息及时通知汽车改道行驶,在最短时间到达目的地。在汽车出现大故障无法返回或遇到强盗等也可以报告控制中心,一方面告诉中心出现的问题,另一方面可随时报告自己的方位,以便营救。

(3) 按有无引导功能可分为有引导功能的导航系统和无引导功能的导航系统。

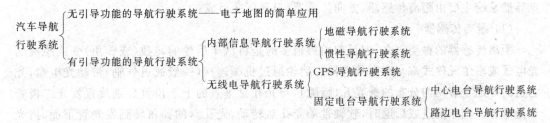

无引导功能的导航系统只是简单的电子地图。驾驶员可以从车上 CD-ROM 存储器中调出本国城镇的方位、主干道、高速公路、桥梁等交通信息,也可以通过键盘方便地找到要到达的目的地,以及要行驶路线的各种所需信息,帮助驾驶员选择行车路线,但无引导功能。

有引导功能的导航系统包括内部信息导航行驶系统和无线电导航行驶系统。

内部信息导航行驶系统是利用电子陀螺或地磁等方向传感器(测出汽车行驶的方向)、距离传感器等制成的汽车导航系统。其分为地磁导航行驶系统和惯性导航行驶系统。

① 地磁导航行驶系统(简称汽车导向行驶系统):利用地磁传感器可随时测出汽车的行驶方向,距离传感器测出距离,可以用 ECU 计算出汽车的行驶轨迹,到达目的地的方向、剩余距离等。

② 惯性导航行驶系统:该系统的方向传感器利用电子陀螺制成,其他设备及功能和地磁导航行驶系统一样。

无线电导航行驶系统又称外部信息导航行驶系统。该系统又分为 GPS 导航行驶系统和固定电台导航行驶系统。

① GPS 导航行驶系统:它有一个较灵敏的 GPS 信息接收装置,可接收到卫星发射自航信息,经过计算处理后,可以得到汽车行驶的方位、速度、到达目的地的直线距离和已经行驶的里程。

② 固定电台导航行驶系统又分中心电台导航行驶系统和路边电台导航行驶系统。

中心电台导航行驶系统一般是一个集导向、车辆监控、防盗、GPS 应用等综合系统,并且具有闭环导航系统的所有功能。一般以几十到几百公里为半径设一中心站。除接收 GPS 信息外,还收发各个车辆的导航、防盗等综合信息,可以把任一车辆的实时轨迹显示在显示器上。

路边电台导航行驶系统一般是集交通控制和导航于一体的综合系统。在高速公路的路边,每隔几百米到几公里设一个小功率电台,汽车上的小功率收发机可通过无线电波和交通控制中心每到一个电台交换一次信息,达到交通控制与导航的目的。

10.2.2 汽车电子导航系统的工作原理

电子导航系统包括内部信息导航系统和无线电导航系统。

1. 内部信息导航系统

任何汽车导航装置的基本功能都是把汽车的实时位置(一般用 X 及 Y 两个位置参数决定方位,或者以目的地为基准,用汽车即时位置与目的地的夹角表示)实时告诉驾驶员。汽车传感器主要检测距目的地的距离(运算时也要用到方向传感器),汽车要行驶的方向由方向传感器检测,这两个传感器的信号通过 ECU 的数据处理后显示在显示屏上,因此内部信息导航系统主要由距离传感器、方向传感器、显示屏等组成。

(1) 距离传感器

距离传感器的种类很多,但目前用得最多的是将汽车后轮的转数(或转角)变成距离的光电式或霍尔元件式汽车距离传感器。后轮通过机械连接(一般通过软轴)带动光电盘,光电盘的外圆上有均匀分布的透光孔(缝隙),与光孔盘垂直的上下位置分别放置发光二极管和光敏管。汽车前进或后退时,软轴带动光孔盘转动,光孔盘的孔每转到发光管下面时,光线通过孔便照到光敏管上,光敏管导通孔转过去后,光线被盘片挡住,光敏管截止,通过电子电路便产生一个电脉冲。光孔盘转一圈就产生 n 个脉冲(假设光孔盘有 n 个孔),因为后车轮和光孔盘机械连接,有一定的转速比(例如转速比为 M),后车轮每转一周则会产生 $M \times n$ 个电脉冲。轮的周长是一定的,每个脉冲所代表的距离则为:车轮周长/$(M \times n)$,所以 ECU 通过计数器检测到距离脉冲数,则可算出汽车所走的距离。

用舌簧管、霍尔元件、电磁线圈代替上述光电传感器,即可构成舌簧管开关式、霍尔及磁电式汽车距离传感器。

(2) 方向传感器

内部信息导航行驶系统包括地磁导航系统和惯性导航系统,分别使用地磁方位传感器和惯性车辆方位传感器。

① 地磁方位传感器

地磁方位传感器是一种以地磁为基准检测车辆方向的装置,又叫车辆方向传感器。因为地磁场很弱,容易受到外界磁场的干扰,克服干扰带来的误差是该类传感器的关键。按原理分为发电式车辆方位传感器和霍尔元件式方位传感器。以发电式车辆方位传感器为例介绍其工作原理。

发电式车辆方位传感器如图 10-19 所示,它是一个双线圈发电机型地磁矢量传感器。由于上、下线圈相位相反,故垂直方向的磁感应电动势互相抵消。若用电动机转动线圈和铁芯,地磁的水平分量使铁芯中的磁通密度产生变化,从而建立起磁场,如图 10-20 所示。在图 10-20(a)位置,磁场方向朝内;在(b)位置,磁场强度为零;在(c)位置,磁场方向朝外。因此,在地磁检测线圈中,产生一个正弦交变电压,其相位由地磁场的方位决定。另一方面由光电断续器发出相位固定的脉冲信号,根据这两个输出信号的相位差,可以检测出地磁的方向。

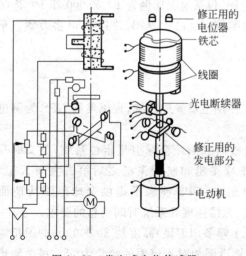

图 10-19 发电式方位传感器

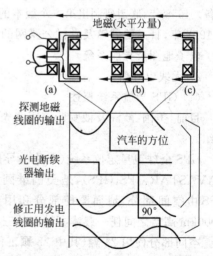

图 10-20 发电式方位传感器原理图

② 惯性车辆方位传感器

惯性车辆方位传感器实际上是一个电子陀螺,与目前世界上现有的 100 多种陀螺比较具有如下优点:可靠性与寿命比一般陀螺高 1~2 个数量级;响应时间短,为 50~90ms;过载能力强。

它的工作原理是利用氮气的惯性检测方向,而不是利用地磁。密封在容器内的氮气在压电振子循环泵的作用下,在容器内循环。当汽车直线行驶时,氮气使两根热线均匀冷却,故固定在汽车上的检测器的两热线冷却程度不等,结果产生温度差,并以电位差的形式表现。

2. 无线电导航系统

1) 电子地图

电子地图是现代汽车导航系统中的最基本的也是最重要的部件之一。以导航和监控为目的的数据地图系统是建立在微机基础上的一种新型地图,它通过微机进行信息管理和图形操作,在微机屏幕上以地理表面物体为背景,显示车辆实时位置(轨迹),为驾驶员提供导航和决策服务。各种比例尺的地图显示和车辆定位是电子地图的关键技术。

早在20世纪80年代,由于微机的软、硬件的快速发展,尤其是大容量的存储设备、图形图像技术的发展,美国等先进国家就开始将其应用于车辆导航、管理和安全保卫等领域的数字地图(简称DRM)的研制。经过近20年的努力,已发展成目前应用比较成熟、多学科结合的DRM应用系统,比较有代表性、先进性的有以下两种。

(1) Etak 导航电子地图

美国 Etak 公司先后研制了各个国家、地区的高精度的电子地图,包括美国、法国、德国等国家和我国香港地区的导航电子地图,其中美国3.0和3.4版本的电子地图覆盖了美国100多个主要城市和地区,其使用的地图比例为1∶24 000;版本4.0导航电子地图具有最佳路线寻找、地名匹配等功能。

(2) 日本导航电子地图

日本导航电子地图联盟由82个日本公司组成,这些公司生产经营电子地图、车辆导航设备。1988年,联盟研制出第一个版本的电子地图,包括地图比例为1∶50 000和1∶25 000。到1993年,日本的城镇及农村公路网的电子地图数据量已达2GB,并且有50多万辆汽车安装了电子地图及导航系统。

2) 无线电导航

(1) GPS 导航系统概述

目前,美国、欧洲及俄罗斯等国家先后建成使用卫星导航系统,现以美国GPS为例进行介绍。

GPS全球卫星定位系统(全称为导航卫星授时和测距全球卫星定位系统,英文缩写为NAVASTAR GPS,GPS),是美国继阿波罗登月飞船和航天飞机之后第二大航天工程。GPS由空间部分、地面监控部分和用户部分组成,GPS能满足提供全球范围从地面到9 000km高空之间任一载体高精度的三维位置、三维速度和系统时间信息的要求。

空间部分使用24颗(其中23颗工作卫星,1颗备用卫星)高度约20 000km的卫星组成卫星座,24颗卫星分布在6个等间隔轨道上,轨道圆相对赤道面的倾角为55°,每个轨道面上有4颗卫星,卫星轨道为圆形,运行周期约为11h。这样的卫星分布,可以保证全球任何地区、任何时刻有不少于4颗卫星以供观测。

地面控制部分由1个主控站、3个注入站和5个监测站组成。主控站位于Colorado Springs的联合空间执行中心,3个注入站分别设在大西洋、印度洋和太平洋的3个美国军事基地内,即大西洋的 Ascension 岛、印度洋的 Diego Garciia 岛和太平洋的 Kwajalein 岛,5 个监测站设在主控站和 3 个注入站以及 Hawaii 岛。GPS 的地面控制部分主要用来测量和计算每颗卫星的星历,编辑成电文发送给卫星,即卫星所提供的广播星历。

用户部分主要是 GPS 接收机,它接收卫星发射的信号(导航电文),根据导航电文提供卫星位置和时钟差改正信息计算用户的位置。用户接收机按使用环境可分为低动态用户接收机和高动态用户接收机,按所要求的精度可分为 C/A 接收机和双频精码(P 码)接收机。

(2) GPS 定位基本原理

GPS 定位原理是由陆地无线电二维定位原理发展并逐渐完善的。无线电二维导航定位的基本原理与测量学中的交会法十分相似。现以圆定位系统为例加以说明,如图 10-21 所示。

图中的 A 和 B 分别为位于某地的无线电发射台,它们的坐标均为已知值。待定点 P 即为需要确定的车辆位置。用户用专用的无线电接收机按被动式测距方式测定了至 A 点的距离 r_a 和至 B 点的距离 r_b。于是能根据以 A 为圆心以 r_a 为半径的定位圆和以 B 为圆心以 r_b 为半径的定位圆,确定两圆的交点为待定点 P 的位置。当然两圆相交一般有两个交点,但根据待定点的大概位置通常是不难加以判断和取舍的。而且为了提高精度和可靠性,实际上使用的已知信号发射台也不止两个,一般是从 3 个或 3 个以上已知点确定交会的 P 点,在这种情况下便不再存在多值性问题。从图 10-21 固定位系统的直角三角形 APC 可列出方程:

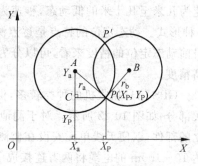

图 10-21 圆定位系统

$$(X_P - x_a)^2 + (Y_P - Y_a)^2 = r_a^2$$

同理可列出:

$$(X_P - x_b)^2 + (Y_P - Y_b)^2 = r_b^2$$

在这两个方程中,r_a 及 r_b(可用无线电装置测出)、X_a、Y_a、X_b、Y_b 分别为 A 和 B 两个电台的坐标,都是已知的,则可联立两个方程式求出汽车的坐标 X_P 及 Y_P。

上面讨论的是二维定位的情况,即只需要确定待定点的平面位置情况。在某些情况下还需要进行三维定位,即需要同时确定点的平面位置和高程。三维定位的原理和二维定位相同,只是因为增加了一个自由度因而需要增加一个约束条件。在三维定位中至某点的距离为定值的点的轨迹为一个球面,所以至少需要测定至 3 个已知点的距离,才能以这 3 个已知点为球心,以这 3 个距离为半径作出 3 个定位球,从而确定待定点在空间的三维位置。

(3) GPS 信号接收机

GPS 卫星发送的导航定位信号,是一种可供无数用户共享的信息资源。当 GPS 工作卫星星座于 1993 年建成后,陆地、海洋和空间的广大用户,都可以在任何时候用 GPS 信号进行导航定位测量。为此,需要一种能够接收、跟踪、变换和测量 GPS 信号的卫星接收设备,称为 GPS 信号接收机。随着使用目的的不同,用户要求的 GPS 信号接收机也各有差异。根据定位过程中接收机天线是处于固定位置还是运动状态,定位方法可分为静态定位和动态定位。

静态定位。用户天线在跟踪 GPS 卫星的过程中固定不变,接收机高精度地测量 GPS

信号的传播时间,联同 GPS 卫星在轨道的已知位置,从而算得固定不动的用户天线三维坐标;后者可以是一个固定点,也可以是若干点位构成的 GPS 网。静态定位的特点是多余观测量大、可靠性强、定位精度高。

动态定位。所谓"动态定位",就是载体上的用户天线跟踪 GPS 卫星的过程中相对地球而运动,接收机用 GPS 信号实时地测得运动载体的状态参数。它是用 GPS 信号接收机测定一个物体的运动轨迹。GPS 信号接收机所位于的运动物体叫做载体,它包括陆地车辆、河海船舰、空中飞机、空中飞行器等。按照这些载体运行速度的快慢,又将动态定位分成秒速为几米至几十米的低动态,秒速为一百米至几百米的中等动态和秒速为几千米的高动态 3 种形式。动态定位的特点是逐点测定运动载体的状态参数,多余观测量少,精度较低。从目前动态定位的精度来看,可以分为 20m 左右的低精度、5m 左右的中等精度、0.5m 左右的高精度。

GPS 信号接收机的种类较多,但从仪器结构分析,则可概括为天线单元和接收单元两大部分,如图 10-22 所示。对于测地型接收机而言,一般将图示的两个单元分别装成两个独立的部件,以便天线单元安设在监测站之上,接收单元置于监测站附近的适当地方,使用长达 10~100m 的电缆将两者连接成一个整机。

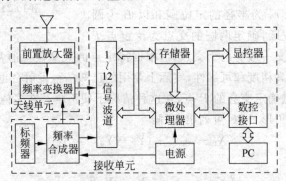

图 10-22 GPS 信号接收机的基本结构

天线单元。天线单元由接收天线和前量放大器两个部件组成,也有文献将天线单元称为接收前端。GPS 信号接收机一般采用全向振子天线、小型螺旋天线和微带天线。

接收单元。图 10-22 绘出了接收单元的主要部件。

① 信号波道。信号波道是接收单元的核心部分,它不是一种简单的信号通道,而是一种软硬件相结合的有机体,故以"波道"之称,予以区别。随着接收机的类型不同,它所具有的波道数目为 1~12 个不等。

② 存储器。为了差分导航和检测相对定位后数据,许多接收机能够将定位现场所采集的伪距、载波相位测量和人工测量的数据,以及所解译的 GPS 卫星星历,都存储在机内存储器中。

③ 计算与显控。图 10-22 的显控器,通常包括一个视屏显示窗和一个控制键盘,它们均安装在接收单元的面板上。在作业过程中,使用者通过键盘按键的控制,可以从视屏显示窗上读取所要求的数据和信息。这些数据和信息是由微处理机及其相应软件提供的。接收机内的处理软件是实现 GPS 定位数据采集和波道自校检测自动化的重要组成部分,它主要用作信号捕获、环路跟踪和点位计算。在机内软件的协同下,微处理机主要完成下述计算和

处理。

当接收机接通电源后，立即命令各个波道进行自检，适时地在视屏显示窗内展示各自的自检结果，并测定、校正和存储各个波道的时延值。

根据跟踪环路所输出的数据码，解译出 GPS 卫星星历，联同所测得的 GPS 信号到达接收天线的传播时间，计算出测试站的三维位置，并按照预置的位置数据更新率，不断更新（计算）点位坐标。

④ 电源。GPS 信号接收一般用蓄电池作电源，一般采用机内和机外两种直流电源。采用 12V 机内镉镍电池，或者 12V 外接蓄电池。设置机内电池的目的是，使在更换外接电池时不中断连续观测。当机外电池下降到 11.5V 时，便自动接通机内电池，后者的容量为 6.7Ah，可供 3～4h 的观测之用；当机内电池低于 10V 时，若没有连接上新的机外电池，接收机便自动关机，停止工作，以免缩短使用寿命。在用机外电池的观测过程中，机内电池能够自动地被充电。

综上所述，接收机的主要任务是：当 GPS 卫星在用户视界升起时，接收机能够捕获到按一定卫星高度截止角所选择的待测卫星，并能够跟踪这些卫星的运行；对所接收到的 GPS 信号，具有变换、放大和处理的功能，以便测量出 GPS 信号从卫星到接收天线的传播时间，解译出 GPS 卫星所发送的导航电文，实时地计算出监测站的三维位置，甚至三维速度和时间。

10.2.3　导航系统的检修

以宝来轿车导航系统为例进行说明。宝来轿车的导航系统配备有 RDS 无线电接收器、127mm/5in 彩色液晶显示屏、带有 GPS 卫星接收器及导航系统的 CD-ROM 驱动器，还带有高质量 RDS 轿车收音机。所以，该系统不但具有卫星导航功能，还兼备收音机的功能。

导航收音机系统装备有电子防盗系统，如果电子防盗保护装置被激活，当收音机和点火开关打开时，发光二极管闪亮；当导航系统接通后，发光二极管熄灭，表明系统已准备好，可以使用。

1. 导航系统的故障诊断

导航系统的故障诊断可以采用 V.A.G1551、V.A.G1552 进行。将检测仪器的插接头接到汽车的自诊断接口上，检查电路保险丝和供电电压正常后打开点火开关，按"1"键选择"快速数据传递"模式后，输入导航地址码"37"，可对导航系统进行故障诊断和读取故障代码。宝来轿车导航系统的故障代码与含义如表 10-1 所示。

2. 导航系统的检修

查出导航系统的故障代码后，按表 10-1 所列出的故障原因与排除方法进行检修。

在拆装导航系统时应采用厂家提供的专用脱扣工具。

将专用工具插入上下 4 个角的狭缝内（注意方向），直到工具被卡住，拉动专用工具上的圆环，将收音机/导航系统从仪表板中拉出，断开连接，取出部件。按动侧面的锁止片，向外将专用工具拉出。

安装时，先连接插头，然后将收音机/导航系统直推入组合仪表板，直到定位于装配框架内。

表 10-1 宝来轿车导航系统的故障代码及含义

故障码	故障现象	故障原因	故障排除
00668	① 接线柱 30 电压信号太弱; ② 导航功能不全	① 蓄电池电压低于 9.5V; ② 蓄电池不能充电; ③ 蓄电池损坏; ④ 交流发电机损坏	① 检查蓄电池; ② 必要时充电; ③ 检查交流发电机
00854	① 组合仪表上收音机频率显示输出无法通信; ② 在收音机/导航系统和组合仪表之间没有数据传递	① 导线断路; ② 收音机导航系统损坏; ③ 组合仪表损坏	① 按电路检查导线; ② 组合仪表自诊断; ③ 更换组合仪表; ④ 更换导航系统
00862	① 导航天线(GPS)R50/R52 断路/短路/对地短路; ② 导航功能不正常	① 导线断路; ② 导航天线(GPS)损坏	① 按电路检查导线; ② 检查导航天线; ③ 更换导航系统
00867	① 连接 ABS 控制单元无信号; ② 导航功能不正常	① 导线断路; ② ABS 传感器损坏; ③ ABS 控制单元损坏	① 进行车轮脉冲数/轮胎自适应; ② 进行 ABS 处诊断; ③ 按电路检查导线
01311	① 数据总线信息无信号; ② 音响系统(DSP)功能不正常	① 导线断路; ② 收音机/导航系统损坏; ③ 音响系统(DSP)损坏	按电路检查导线
65535	① 控制单元损坏; ② 收音机/导航系统功能不正常	收音机/导航系统损坏	更换收音机/导航系统

【自我测试】

1. 填空题

（1）汽车电子导航系统目前已发展成利用"3C 技术"，即＿＿＿＿、＿＿＿＿及控制技术结合的全球卫星定位系统，建立了具有行车导航、控制等功能的综合大系统。

（2）汽车电子导航系统由＿＿＿＿、＿＿＿＿、计算机、液晶显示器、位置检测装置（绝对位置检测和相对位置检测）等组成。

（3）汽车电子导航系统根据不同的位置进行分类检测，绝对位置的检测采用＿＿＿＿，相对位置的检测采用＿＿＿＿，并利用车轮转速传感器测量车辆行驶距离。

（4）无引导功能的导航系统只是简单的＿＿＿＿。驾驶员可以从车上 CD-ROM 存储器中调出本国城镇的方位、主干道、高速公路、桥梁等交通信息，但＿＿＿＿引导功能。

（5）有引导功能的导航系统包括＿＿＿＿导航行驶系统和＿＿＿＿导航系统。

（6）内部信息导航行驶系统是利用＿＿＿＿或地磁等方向传感器（测出汽车行驶的方向）、距离传感器等制成的汽车导航系统，其分为＿＿＿＿和惯性导航系统。

2. 简答题

简述汽车导航系统的分类。

3. 论述题

论述 GPS 定位的基本原理。

学习单元 10.3　车载局域网的检修

【学习目标】

1. 能通过与客户交流、查阅相关维修技术资料等方式获取车辆信息。
2. 掌握汽车 CAN 总线的工作原理。
3. 能根据故障现象制订正确的维修计划。
4. 能正确选择诊断设备对 CAN 故障进行诊断。
5. 能正确记录、分析各种检测结果并做出故障判断。
6. 能根据环保要求，正确处理对环境和人体有害的废料及损坏的零部件。

故障现象：一辆 2011 款 GL8 车(装配 LFW 发动机和 MH8 自动变速器)，累计行驶约 30 000km，出现安全气囊故障灯常亮，后电动门无法开启的故障。

故障诊断：接车后首先验证故障现象。启动发动机，仪表盘上的安全气囊故障灯一直点亮，操作后电动门，没有任何反应。连接 GDS2 读取故障代码，调取的故障代码有：U0151—与安全气囊控制模块失去通信；LI0204—与右后车门开关控制面板失去通信；L10210—与后部座椅加热模块失去通信；U0254—与遥控启动模块失去通信；U0208—与座椅存储器控制模块失去通信等。根据这些故障代码的提示，可以看出是网络通信出现了问题。

依据电路图对线路进行测量，诊断连接器 DLC84 的端子 1 与连接器 X201 的端子 53 间的电阻是 0.4Ω，正常，但是连接器 X201 的端子 53 与安全气囊控制模块导线连接器 X1 的端子 15、加热座椅控制模块导线连接器 X3 的端子 11、后门控制模块导线连接器 X1 的端子 7 之间的电阻都很大。它们共用一个星形连接器 SP5060，怀疑这个星形连接器出现问题，掀开地板胶检查该星形连接器，发现已进水腐蚀。更换后，故障消除。

根据上述案例，请思考下列问题。
(1) 安全气囊与 CAN 总线有什么关联？
(2) CAN 总线与汽车上的哪些电控系统相联系？

10.3.1 CAN 总线的概述

在现代轿车设计中，CAN 已经成为必须采用的装置，奔驰、宝马、大众、沃尔沃及雷诺汽车都将 CAN 作为电子控制器联网的手段。由于我国中高级轿车主要以欧洲车型为主，因此欧洲车型应用最广泛的 CAN 技术，也将是国产轿车引进的技术项目。

1. CAN 总线的形成

(1) 汽车常规布线法的缺陷

随着现代科技的飞速发展，汽车装备日趋完善，车用电气设备越来越多，从发动机控制到传动系统控制，从行驶、制动、转向系统控制到安全保证系统及仪表报警系统，从电源管理到为提高舒适性而做的各种努力，使汽车电气系统形成一个复杂的大系统，并且都集中在驾驶室控制。如果按照常规点到点间的布线法，则整个汽车的布线将十分复杂，显得很凌乱。尤其是在高档客车中，传统布线不仅增加了布线的复杂程度，而且布线所需的铜线也将成倍增加。

据统计，一辆采用传统布线方法的高档汽车中，其电线长度可达 2km，电气节点多达 1 500 个。而且，该数字大约每 10 年增长 1 倍，从而加剧了粗大的线束与汽车有限的可用空间之间的矛盾。

一般情况下，线束都装在看不到的地方(如纵梁下)，一旦线束出了问题，不仅查找相当麻烦，而且维修也很困难。另外，每个车型的线束都不一样，每种车都要单独设计，从而增加了设计和试制的难度。有时需替代某个落后的电器配件，要增加几根线，因无法加到原线束中，只能从外面加线，从而使线路更凌乱。所以，无论从材料成本还是从工作效率看，传统布线法都将不适应汽车的发展，将电子技术用于汽车布线的多路总线传访技术将能够很好地解决上述矛盾。

(2) 数据总线技术的产生

什么是数据总线呢？所谓数据总线，就是指在一条数据线上传递的信号可以被多个系统共享，从而最大限度地提高系统整体效率，充分利用有限的资源。例如，常见的计算机键盘有 104 位键，可以发出 100 多种不同的指令，但键盘与主机之间的数据连接线却只有 7 根，键盘正是依靠这 7 根数据连接线上不同的电平组合(编码信号)来传递信号的。如果把这种方式应用在汽车电气系统上，就可以大大简化目前的汽车电路，通过不同的编码信号表示不同的开关动作，信号解码后，根据指令接通或断开对应的用电设备(前照灯、刮水器、电动座椅等)。这样，就能将过去一线一用的专线制改为一线多用制，大大减少汽车上电线的数量，缩小线束的直径。当然，数据总线还将使计算机技术融入整个汽车系统之中，加速汽车智能化的发展。

20 世纪 90 年代以来，汽车上的电控装置越来越多，例如电子燃油喷射装置、防抱死制动装置(ABS)、安全气囊装置、电动门窗装置、主动悬架等。随着集成电路和单片机在汽车上的广泛应用，汽车上的电子控制器的数量越来越多。因此，一种新的概念——汽车电子控制区域网络 CAN 的概念应运而生。为使不同厂家生产的部件能在同一辆汽车上协调工作，必须制定标准。按照 ISO 有关标准，CAN 的拓扑结构为总线式，因此称为 CAN 总线。

2. CAN 总线的分类

目前,汽车上的网络连接方式主要采用两根 CAN 总线,一根是用于驱动系统的高速 CAN 总线,速率达到 500Kbps,另一根是用于车身系统的低速 CAN 总线,速率是 100Kbps。

驱动系统用 CAN 总线主要连接对象是发动机 ECU、ASR 及 ABS ECU、SRS ECU、组合仪表等。它们的基本特征相同,都是控制与汽车行驶直接相关的系统。

车身系统用 CAN 总线主要连接对象是 4 门以上的集控锁、电动门窗、后视镜和厢内照明灯等。有些先进的轿车除了上述两根 CAN 总线外,还有第三根 CAN 总线,它主要负责卫星导航智能通信系统。

目前,驱动系统用 CAN 总线和车身系统用 CAN 总线这两根总线之间是独立的,彼此之间没有关系。今后工程技术人员将逐步克服技术障碍,设置"网关",在各根 CAN 总线之间搭桥实现资源共享,将各个数据总线上的信号反馈到仪表板总成的显示屏上。驾驶员只要看看显示屏,就可以知道各个电控装置是否正常工作。

10.3.2 车载局域网的分类与标准

1. 车载局域网的构成

汽车车载局域网(LAN)的构成如图 10-23 所示,汽车电子控制器局域网(CAN)等通信协议的开发,使多个车载局域网通过网关进行数据通信成为现实。

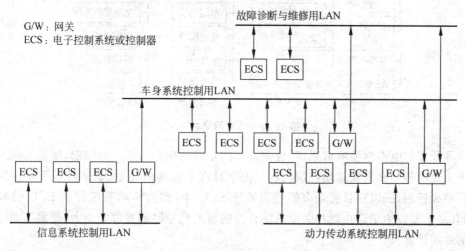

图 10-23 汽车车载局域网(LAN)的构成简图

2. 车载局域网的分类

汽车车载局域网仍然处于研究发展阶段,尚无统一的分类方法。按用途不同,目前应用的车载局域网大致可分为动力传动系统局域网、车身系统局域网、安全系统局域网和信息系统局域网四大类,其通信速率、基本组成和通信协议如图 10-24 所示,车载网络的应用如图 10-25 所示。

(1)动力传动系统

动力传动系统网络用高速网络连接发动机及传动系统的控制模块,实现汽车各种行驶功能。动力传动系统的控制模块相对较集中,对节点的数量是有限制的。

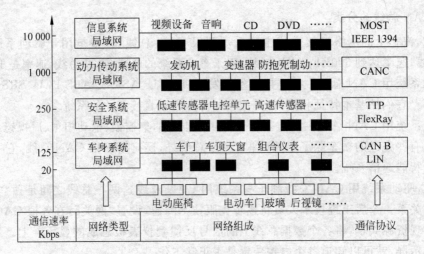

图 10-24　车载局域网的分类简图

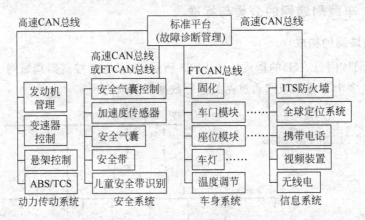

图 10-25　车载网络的应用

最早开发的电控汽油喷射系统,首先进行的是燃油喷射与点火的控制,随后又加入了满足环保法规的控制和自我诊断控制内容。由于对汽车燃油消耗量、驱动转矩及低污染排放要进行精确控制,所以在目前众多的控制系统 ECU 中,动力传动系统控制 ECU 的规模最大,而且最重要。为了防止对相关项目综合控制而造成控制装置过于庞大,开发了动力系统控制的专用计算机。

动力传动系统 CPU 与相关模块组合的微机,在 80MHz 频率工作的 32 位 CPU 主板上安装了单精度浮点运算组件(FPU),以提高控制性能。LMB 的大容量存储器、多功能定时器和多通道 A/D 转换器,实现了对大型动力传动系统进行综合控制的功能。其数字检验接口的最高传输速度为 16Mbps。

(2) 车身系统

车身系统的控制模块相对分散,网络线束长,信息传输容易受到干扰,防干扰的措施是尽可能降低通信速度。车身系统中因有人机接口作用的模块和较多节点,所以,与通信速度相比,更重要的是降低成本,通常采用直连总线及辅助总线。

(3) 安全系统

安全系统是指根据碰撞传感器等信息令安全气囊充气膨胀产生被动安全保护,故节点数急剧增加。网络系统要求是通信速度快,通信可靠性高,成本尽量低。安全气囊与电动助力转向控制用微机内设有两套控制三相电动机的定时器,且可以自动形成滞后时间。

(4) 信息娱乐系统

仪表盘控制微机选择16位CPU,其耗电少且速度高。CPU内有可直接驱动仪表指示部分的驱动器与液晶显示(LCD)控制器,根据系统规模安装有64KB存储器或256KB存储器。网络系统要求是容量大和通信速度非常高,线束可在光纤和铜线间做出选择。

面向21世纪的控制系统,高速车身系统及主干网络等需要不同的网络并存,且相互容易挂接或断开。即插即用型是将各个局域网与总线相连,根据汽车平台选择并建立所需要的网络。

3. 车载局域网标准与网络产品

作为网络必须按照规定的协议进行通信才能实现网络预期的功能。因此,通信协议(或通信标准)是构成汽车车载局域网的重要内容。

目前,各公司推出的汽车局域网种类很多,不同网络侧重的功能各有不同。为了方便网络研究与设计应用,汽车工程师学会(SAE)的车辆网络委员会将汽车数据传输网划分为A、B、C三类。

(1) A类网络:面向传感器与执行器控制的低速网络,数据传输速率一般小于10Kbps,主要用于电动门窗、座椅调节、灯光照明灯等的控制。

(2) B类网络:面向独立模块间信息共享的中速网络,数据传输速率一般为10~100Kbps,主要用于车辆信息系统、故障诊断、仪表显示等控制。

(3) C类网络:面向高速、实时控制的多路传输网,最高数据传输速率可达1Mbps,主要用于发动机控制、防抱死控制、牵引力控制、悬架控制等,以进一步减少车身线束。

10.3.3 车载局域网及其通信协议的特点

汽车车载局域网种类很多,目前应用最多的主要有控制器局域网(CAN)、车身控制系统局部互联网(LIN)和多媒体定向系统传输网(MOST)3种。

1. 控制器局域网与CAN协议的特点

(1) 控制器局域网的构成

汽车控制器局域网是指分布在汽车上的多个控制器(即电控单元ECU)在物理上相互连接,并按照网络协议相互进行通信,以共享硬件、软件和信息等资源为目的的控制器系统。

控制器局域网又称为控制器通信网,目前已经广泛应用于汽车、船舶、机器人、机械制造、医疗器械以及工业自动化等领域。

汽车控制器局域网由中央控制电子组件(CEM)、控制器局域网总线(CAN总线)和若干电子控制器(ECU)构成,其中CEM由微处理器、CAN控制器和CAN收发器构成。图10-26所示为动力传动系统和车身系统部分电控单元组成的控制器局域网示意图。

(2) 控制器局域网总线的结构特点

控制器局域网总线通常简称为CAN总线。随着电子控制系统控制功能和监测功能的

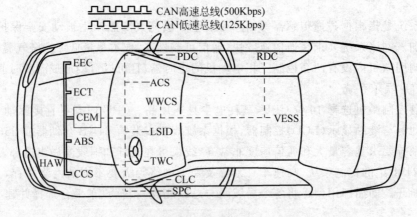

图 10-26 控制器局域网的基本结构

EEC—发动机电子控制系统电控单元；ECT—电子控制自动变速器控制单元；CEM—中央控制电子组件；ABS—防抱死制动电控单元；CCS—巡航控制电控单元；SPC—座椅位置调节电控单元；CLC—中央门锁电控单元；HAW—前照灯控制单元；TWC—车顶天窗控制电控单元；LSID—维修周期显示系统；WWCS—刮水器控制电控单元；ACS—自动空调电控单元；PDC—乘员门锁控制电控单元；RDC—后门控制电控单元；VESS—车辆保安电控单元

广泛应用，必然要求系统连接或分布更多的传感器和控制信号。因此，简化物理布线（电器线路分布）、提高数据传输速率就成为电子控制系统设计研究的重要课题。简化电器线路的方案有许多种，其中采用"CAN 总线"是比较理想的一种，目前已经广泛应用于汽车领域。

CAN 总线由物理层和数据链路层构成。其中，数据链路层定义了不同的信息类型、总线访问的仲裁规则、错误检测与处理的方式。所有的错误检测与处理、信息的传输与接收等都是通过 CAN 控制器硬件完成，因此仅需极少的软件开发。CAN 总线具有以下特点。

① CAN 总线是一种共享信息的通信总线，即总线上所有的节点都可发送和接收传输的信息。

② CAN 总线采用 2 线差分传输数据，支持的通信速率高达 2Mbps。在 1Mbps 速率下，CAN 总线通信距离接近 30m；在 10Kbps 速率下，CAN 总线通信距离可达 6 000m。因此，CAN 总线既可用于动力及传动系统网络的连接，也可用于车身控制系统网络的连接。

（3）控制器局域网的连接

CAN 总线与 CPU 之间的接口电路通常包括 CAN 控制器和 CAN 收发器，连接关系如图 10-27 所示。动力与传动系统的控制器采用 C 类高速 CAN 总线连接，数据传输速率为 500Kbps，以便实现高速实时控制。车身控制系统的控制器采用低数据传输速率的 B 类 CAN 总线连接，数据传输速率为 125Kbps。各电控单元之间依据 CAN 通信协议相互进行通信，从而完成各种数据的交换。在中央控制电子组件（CEM）中，CAN 控制器具有双通道（CRXO、CTXO 通道，CRXI、CTXI 通道）的 CAN 接口。经过 CAN 总线与 CAN 收发器分别与高速（500Kbps）CAN 总线和低速（125Kbps）CAN 总线连接。各电控单元通过 CAN 总线与 CAN 收发器相连而相互交换数据。

在汽车内部网络中，CAN 总线是由两根线 CAN H 或 CAN L 构成。在某些高档轿车的控制器局域网中设有第 3 条 CAN 总线，用于卫星导航系统和智能通信系统。

CAN 控制器根据两根总线的电位差判定总线的电平。总线电平分为显性电平与隐性电平两种，二者必居其一。与总线相连的所有节点都可以发送信息，发送信息的节点通过改

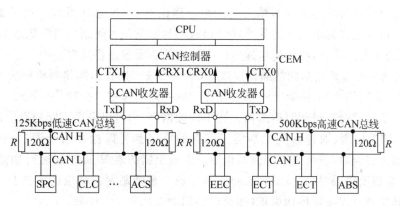

图 10-27 控制器局域网的连接关系

变所连总线的电平就可将信息发送到接收节点。在两个以上节点同时开始发送信息的情况下具有优先顺序最高信息的节点获得发送权,其他所有节点转为信息接收状态。

(4) 控制器局域网协议的特点

控制器局域网具有以下特点。

① 多主发送信息,即当总线空闲时,所有节点都可发送信息。CAN 通信协议规定:所有信息应以规定的格式发出。在总线空闲时,与总线相连的所有节点都可以发出新的信息。

② 总线仲裁决定发出信息的优先顺序。在两个以上节点试图同时发出信息的情况下,利用标志符(以下简称 ID)决定优先顺序,以 Byte(比特)为单位对各信息的 ID 进行仲裁,仲裁获胜(被判断为优先顺序最高)的节点继续发送信息,仲裁失败的节点立即停止发送并转为接收状态。

CAN 总线采用非归零(NRZ)编码,所有节点以"线与"方式连接于总线,即如果有一个节点向总线传输逻辑 0,此时无论有多少个节点在发送逻辑 1,总线都将呈现逻辑 0 状态。CAN 网络的所有节点可能试图同时发送信息,但其简单的仲裁规则能确保仅有一个节点控制总线并发送信息。CAN 收发器能够监测自身的输出。逻辑高状态由上拉电阻驱动,因此低有效输出状态(0)对总线仲裁起着决定性的作用。

为了近似于实时处理,必须快速传输数据,这就不仅需要高达 1Mbps 的数据传输物理总线,而且需要快速的总线分配能力,以满足多个节点试图同时传输信息的要求。通过网络交换信息而采取实时处理的紧急状况是有差别的,快速变化的变量(如发动机转速、负荷等)与变化相对缓慢的变量(如发动机温度)相比,必然要求频繁、快速地发送数据。信息标志符可以规定优先级,最紧急的信息可以优先传输。在系统设计期间,设定信息的优先级以二进制数表示,但不允许动态更改。二进制数较小的标志符具有较高的优先级,使信息可近似于实时传输。

解决总线访问冲突是通过仲裁每个标识位,即每个节点都逐位监测总线电平。按照"线与"机制,即显性状态(逻辑 0)能够改写隐性状态(逻辑 1)。当某个节点失去总线分配竞争时,则表现为隐性发送和显性观测状态。所有退出竞争的节点成为那些最高优先级信息的接收器,并且不再试图发送自己的信息,直至总线再次空闲。

③ 系统扩展灵活。由于与总线相连的节点没有节点地址信息,因此在向总线追加节点时,无需更改与总线相连的其他节点的软件与硬件,为网络系统的扩展提供了条件。

CAN 总线可以同时连接许多单元的网络。理论上 CAN 总线可以连接的节点数是无限的,但实际可以连接的单元数将受总线延迟时间与电负荷的限制。当降低通信速度时,可以连接较多的单元。反之,提高通信速度时可连接的单元数量将减少。

④ 不同网络可以采用不同的通信速度。CAN 协议可以根据网络规模的大小设定通信速度。但在一个网络内部,所有节点都必须设定同一通信速度。否则,通信速度不同的节点连到一起时,节点就会出错而阻碍通信。在不同的网络上,可以采用不同的通信速度。

⑤ 具有错误检测、通告和还原功能。所有的节点都可以检测出错误(即错误检测功能)。当检测出错误时,该节点立即向其他节点发送出错的通知(即错误通行功能);当发送信息的节点检测出错误时,其发送状态将强制结束。被强制发信结束的节点会再反复传送信息,直至其信息可以正常传达为止(即错误还原功能)。

⑥ 错误的界定与处理。CAN 总线上出现的错误分为:总线上的数据临时产生的错误(来自外部的干扰等)与总线上的数据连续产生的错误(节点内部错误、驱动产生故障以及总线断路、搭铁等引起的故障等)。CAN 控制器具备判别错误种类的功能,当总线上的数据连续产生错误时,会将产生错误的节点从总线上切除。

CAN 控制器内设有出错计数器,根据出错是本地的还是全局的,计数器决定加 1 还是加 8。每当收到信息时,出错计数器就会增加或减少。如果每次收到的信息是正确的,则计数器减 1;如果信息出现本地错误,则计数器加 8;如果信息出现整个网络错误,则计数器加 1。因此,通过查询出错计数器值就可知道网络的通信质量。

2. 车身控制局部互联网与 LIN 协议的特点

车载局部互联网 LIN 协议是为了降低车载局域网成本,由欧洲汽车制造商与半导体厂商组成的协会(称为 LIN 协会)于 1999 年提出的串行通信协议。LIN 为单线总线,2003 年开始投入使用,主要用于开关与操作系统,如图 10-28 所示。

图 10-28 车载局部互联网的应用

(1) LIN 总线与 CAN 总线的关系

虽然 CAN 总线作为控制局域网的标准总线已经成为主流,但是低速 CAN 总线用于车身控制网络成本太高,这是因为车身控制网络底层设备多为低速电机和开关器件,对实时性控制要求不高,但节点数目多且布置分散,对成本比较敏感,所以低速 CAN 总线未能在车身控制网络中得到广泛应用。

LIN 总线是一种新型的低成本汽车车身总线,可以弥补低速 CAN 总线成本高的不足。LIN 总线的目标定位是作为 CAN 的辅助总线,用于车身控制网络的低端场合,实现汽车车身网络的层次化,以降低汽车网络的复杂程度,保持最低成本。

LIN 总线主要应用于汽车车身中的联合控制单元,如车门模块、座椅模块、空调模块、组合仪表盘模块、车灯模块等。每个模块内部各节点间通过 LIN 总线构成一个低端通信网,完成对外围设备的控制,如图 10-29 所示。各个模块又作为一个节点,通过网关(智能服务器)连接到低速 CAN 总线上,构成上层主干网,使整个车身电子系统构成一个基于 LIN 总线的层次化网络,实现分布式多路传输,使网络连接的优点得到充分发挥。由于目前尚未建立汽车车身低端多路通信的汽车标准,因此 LIN 正试图发展成为低成本低端串行通信网络的行业标准。

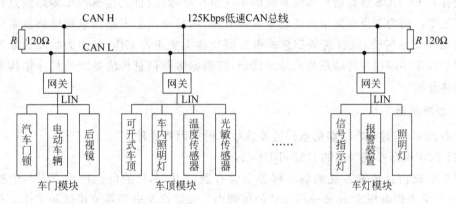

图 10-29 基于车载互联网 LIN 总线的车身网络框图

(2) LIN 协议的特点

局部互联网 LIN 协议作为车身低端网络协议具有以下两个显著优点。

① 节约材料、降低成本。与低速 CAN 协议相比,数据传输线从 2 根减少到 1 根,可节省大量导线。副节点的振荡器由石英或陶瓷振荡器改为电阻式振荡器;收发器由差动放大式改为比较式;通信软件减少,网络成本大幅度降低,仅为采用低速 CAN 总线网络的一半。

② 网络扩展方便。在 LIN 中,无需改变任何副节点的软件或硬件就可直接添加节点。

3. 多媒体定向系统传输网与 MOST 协议的特点

多媒体定向系统传输网是将音响装置、车载电视、全球定位系统及车载电话等设备相互连接组成的局域网。在 BMW AG 新推出的 BMW 7 系列轿车上设置了 70 多个电控单元,利用了 8 种网络分别按这些电控单元的作用连接起来,其中连接多媒体装置的网络就选用了 MOST。

MOST 协议是采用塑料光缆通信的网络协议。在 MOST 协议中,不仅对通信协议给出了定义,而且提出了分散系统的构筑入法、遥控操作与集中管理方案等。采用 MOST 协议进行通信,不仅可以实现各种设备的集中控制,而且可以减轻系统开发人员的负担、减轻连接各部件线束的质量和降低噪声。MOST 协议具有以下特点。

(1) 可以传输3种数据,MOST协议利用一个低价的光纤网络,传输以下3种数据:同步数据——实时传送音频信号、视频信号等流动型数据;非同步数据——传送访问网络及访问数据库等的数据包;控制数据——传送控制信息以及控制整个网络的数据。

(2) 抗干扰能力强。MOST协议采用光纤传输信息,因此网络不会受到电磁辐射干扰和搭铁的影响。

(3) 连接多媒体设备多。MOST协议采用一根光纤传输信息,最多可以同时传送15个频道CD质量的非压缩音频数据。在一个局域网上,最多可以连接64个节点(装置)。

MOST协议是21世纪车载多媒体设备不可缺少的高速网络协议。除BMW 7系列轿车和Daimier Chrysle公司的E系列轿车已采用MOST协议之外,奥迪公司的A8、沃尔沃公司的XC90轿车也即将采用MOST协议。

10.3.4 汽车数据总线的故障诊断

装有CAN-BUS多路信息传输系统的车辆出现故障,应首先检测汽车多路信息传输系统是否正常。因为如果多路信息传输系统有故障,则整个汽车多路信息传输信息系统中的有些信息将无法传输,接收这些信息的电控模块将无法正常工作,从而为故障诊断带来困难。对于汽车多路信息传输系统故障的维修,应根据多路信息传输系统的具体结构和控制线路具体分析。

1. 故障类型

一般说来,引起汽车多路信息传输系统故障的原因有3种。

(1) 汽车电源系统引起的CAN-BUS故障

汽车多路信息传输系统的核心部分是含有通信IC芯片的电控模块ECM,电控模块ECM的正常工作电压在10.5~15.0V的范围内。如果汽车电源系统提供的工作电压低于该值,会造成一些对工作电压的电控ECM出现短暂停止工作,从而使整个汽车多路信息传输系统出现短暂的无法通信。这种现象就如同用微机故障诊断仪在未启动发动机时就已经设定好要检测的传感界面,当发动机启动时,微机故障诊断仪又回到初始界面。

(2) 汽车多路信息传输系统的节点故障

节点是汽车多路信息传输系统中的电控模块,因此节点故障就是电控模块ECM的故障。它包括软件故障即传输协议或软件程序有缺陷或冲突,从而使汽车多路信息传输系统通信出现混乱或无法工作,这种故障一般成批出现,且无法维修。硬件故障一般由于通信芯片或集成电路故障,造成汽车多路信息传输系统无法正常工作。对于采用低版本信息传输协议,即点到点信息传输协议的汽车多路信息传输系统,如果有节点故障,将出现整个汽车多路信息传输系统无法工作。

(3) 汽车多路信息传输系统的链路故障

当汽车多路信息传输系统的链路(或通信线路)出现故障时,如通信线路的短路、断路以及线路物理性质引起的通信信号衰减或失真,都会引起多个电控单元无法工作或电控系统错误动作使多路信息传输系统无法工作。

判断是否为链路故障时,一般采用示波器或汽车专用光纤诊断仪观察通信数据信号是否与标准通信数据信号相符。

2. 故障诊断步骤

对于多路信息传输系统的故障诊断，一般采用以下步骤进行。

(1) 了解该车型多路信息传输系统的特点，包括以下几方面。

① 传输介质：如双绞线、网轴电缆、光纤。

② 区域网形式：如 CAN 网、LAN 网。

③ 网络通信协议的类型：如 CAN 协议、ABUS 协议、VAN 协议、PALMENT 协议、CCD 协议等。

(2) 了解汽车多路信息传输系统的各种功能。如有无唤醒功能、休眠功能等。

(3) 检测汽车电源系统是否存在故障。如交流发电机的输出波形是否正常（若不正常将导致信号干扰等故障）等。

(4) 检查汽车多路信息传输系统的链路是否存在故障，采用替换法或采用跨线法进行检测。

(5) 检查节点。如果是节点故障，只能采用替换法进行检测。

3. CAN 总线的检测方法

(1) CAN 总线用在国产轿车的车型

CAN 双线式数据总线系统是一个有两条线的总线系统，通过这两条数据总线，数据便可以按顺序传到与系统相连的控制单元。这些控制单元就是通过 CAN 总线彼此相通的（即通过 CAN 总线传递数据）。CAN 双线式系统目前已经广泛应用在电控汽车上，国产一汽宝来（BORA）、一汽奥迪 A6、上海帕萨特 B5 和波罗（POLO）轿车上均不同程度地采用了 CAN 双线式数据总线系统。

(2) 检测控制单元的功能故障

在检查数据总线系统前，必须保证所有与数据总线相连的控制单元无功能故障。功能故障指示不会直接影响数据总线系统，但会影响某一系统的功能流程故障。例如，传感器损坏，其结果就是传感器信号不能通过数据总线传递。这种功能故障对数据总线系统有间接影响，会影响需要该传感器信号的控制单元的通信。如存在功能故障，先排除该故障，记下该故障并消除所有控制单元的故障代码。

(3) 检测 CAN 总线的故障

① 两个控制单元组成的双线式数据总线系统的检测

检测时，关闭点火开关，断开两个控制单元，如图 10-30 所示。检查数据总线是否断路、短路或对正极/地短路。如果数据总线无故障，更换较易拆下的一个控制单元试一试。如果数据总线系统仍不能正常工作，更换另一个控制单元。

② 3 个或更多控制单元组成的双线式数据总线系统的检测

检测时，先读出控制单元内的故障代码，如图 10-31 所示。如果控制单元 1 与控制单元 2 和控制单元 3 之间无通信。关闭点火开关，断开与总线相连的控制单元，检查数据总线是否断路。如果总线无故障，更换控制单元 1，如果所有控制单元均不能发送和接收信号（存储为"硬件故障"），则关闭点火开关，断开与数据总线相连的控制单元，检测数据总线是否短路，是否对正极/地短路。

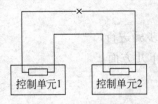
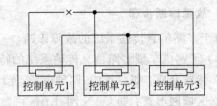

图10-30 两控制单元的双线式数据总线系统　　图10-31 三控制单元的双线式数据总线系统

对于大众车系,其检查方法是:断开所有通过 CAN 数据总线传递数据的控制单元,关闭点火开关,接上其中一个控制单元。连接 V.A.G1551 或 V.A.G1552,打开点火开关,清除控制单元的故障代码。用功能 06 结束输出,关闭后再打开点火开关,打开点火开关 10s 后用故障仪阅读控制单元故障存储器内的信息。如显示"硬件损坏",则更换已连接上的控制单元;如未显示"硬件损坏",连接下一个控制单元,重复上述过程。

【自我测试】

1. 填空题

(1) 目前,汽车上的网络连接方式主要采用_____根 CAN 总线,一根是用于驱动系统的_____ CAN 总线,速率达到 500Kbps,另一根是用于车身系统的_____ CAN 总线,速率是 100Kbps。

(2) 驱动系统用 CAN 总线的主要连接对象是_____、_____、SRS ECU、组合仪表等。

(3) 车身系统用 CAN 总线的主要连接对象是 4 门以上的集控锁、_____、_____和厢内照明灯等。有些先进的轿车除还有第三根 CAN 总线,它主要负责卫星导航智能通信系统。

(4) 目前,驱动系统用 CAN 总线和车身系统用 CAN 总线这两根总线之间是_____的。

(5) A 类网络:面向传感器与执行器控制的_____速网络,数据传输速率一般小于 10Kbps,主要用于电动门窗、_____、_____等的控制。

(6) B 类网络:面向独立模块间信息共享的_____速网络,数据传输速率一般为 10~100Kbps,主要用于车辆信息系统、_____、_____等的控制。

(7) C 类网络:面向_____、实时控制的多路传输网,最高数据传输速率可达 1Mbps,主要用于发动机控制、_____、牵引力控制、_____等,以进一步减少车身线束。

2. 简答题

车载局域网的分类有哪些?

3. 论述题

试述 CAN 总线的检测方法。

4. 思考题

若 CAN 总线有节点出现故障,汽车能否运行?为什么?

附 录

【任务工单 1-1】

任务名称	传感器故障检测	学时	2	班级	
学生姓名		学生学号		任务成绩	
实训设备		实训场地		日期	
客户任务	以本节的情境描述的诊断实例为基础,检测冷却液温度传感器。 故障现象:一辆奥迪 A6 轿车,冷车启动困难,热车时怠速、加速工况均正常。读取故障码,无故障码显示				
任务目的	掌握温度传感器的结构及其工作原理,熟练排除温度传感器的故障				

一、资讯

1. 根据下图说明冷却液温度传感器的结构及其工作原理。

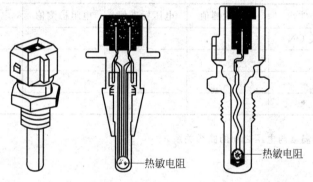

2. 根据下图说明冷却液温度传感器的各端子的功能。

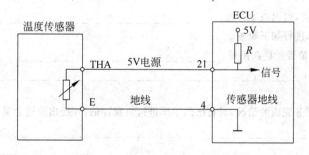

二、决策与计划

(一)决策

1. 根据故障现象,初步确定故障发生在_____系统。
2. 分析可能的故障原因有哪些。

(二) 计划
制订详细的诊断计划,确定所需要的检测仪器、工具,并对小组成员进行合理分工。
1. 诊断计划

2. 需要的检测仪器、工具

3. 小组成员分工

三、实施(参考本节的情境描述)
1. 将发动机运行,观察发动机的状况:_____
2. 检测。
(1) 对于负温度系数的冷却液温度传感器,电压值与电阻值应随水温的升高而下降。
(2) 读取冷却液温度传感器值。

测量条件	电压检测值	电压标准值	电阻检测值	电阻标准值
点火开关ON				
20°				
60°				
80°				

(3) 绘制传感器温度与电压之间的曲线关系。

(4) 通过上述检查,得出以下结论:_____
(5) 故障排除后,进行如下检查。
发动机冷车启动是否还存在困难:_____
发动机运行状态:_____

四、评估
1. 请根据自己任务完成的情况,对自己的工作进行自我评估,并提出改进意见。
_____
_____
2. 教师对学生工作情况进行评估,并进行点评。

五、整理与清扫
1. 检查实训设备是否干净整洁,护套是否取下,工具是否整理。
2. 清扫维修工位。

【任务工单 1-2】

任务名称	执行器故障检测	学时	2	班级	
学生姓名		学生学号		任务成绩	
实训设备		实训场地		日期	
客户任务	以本节的情境描述诊断实例为基础,检测电动燃油泵。 故障现象:某车冷车能够启动,但行驶无力,甚至行驶途中熄火。熄火后再次启动,行驶仍无力				
任务目的	掌握电控燃油泵的结构及其工作原理,熟练排除电控燃油泵的故障				

一、资讯

1. 根据下图数字说明电控燃油泵的结构及其工作原理。

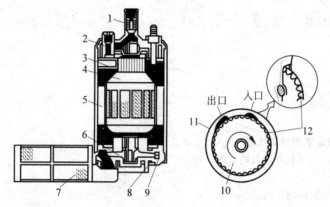

2. 根据下图说明电控燃油泵的控制电路。

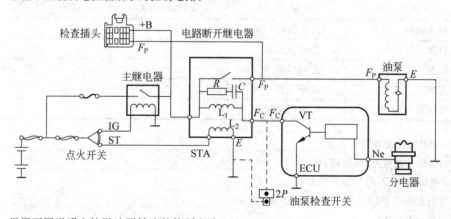

3. 根据下图说明电控燃油泵转速的控制电路。

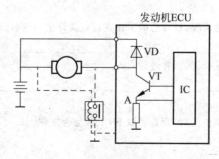

二、决策与计划

(一)决策

1. 根据故障现象,初步确定故障发生在_____系统。
2. 分析可能的故障原因有哪些。

(二)计划

制订详细的诊断计划,确定所需要的检测仪器、工具,并对小组成员进行合理分工。

1. 诊断计划

2. 需要的检测仪器、工具

3. 小组成员分工

三、实施(参考本节的情境描述)

1. 将发动机运行,观察发动机的状况:_____
2. 检测。

(1) 读取不同工况的油压值。

发动机工况	测量条件	测量油压值/kPa	标准油压值/kPa
静止油压	点火钥匙 ON		
启动工况油压	发动机启动		
工况油压	发动机怠速		
正常运行工况油压	部分负荷		
系统最高油压	夹住回油管		

(2) 拆检电动燃油泵的发现:_____
(3) 通过上述检查,得出结论:_____
(4) 故障排除后,进行如下检查。
冷车行驶是否仍然无力,甚至行驶途中熄火:_____
发动机运行状态:_____

四、评估

1. 请根据自己任务完成的情况,对自己的工作进行自我评估,并提出改进意见。
_____
2. 教师对学生工作情况进行评估,并进行点评。
_____

五、整理与清扫

1. 检查实训设备是否干净整洁,护套是否取下,工具是否整理。
2. 清扫维修工位。

【任务工单 2-1】

任务名称	点火系统故障检测	学时	2	班级	
学生姓名		学生学号		任务成绩	
实训设备		实训场地		日期	
客户任务	以本节的情境描述诊断实例为基础,检测点火控制系统。 故障现象:一辆海南马自达轿车,发动机无法启动,有时启动后立刻熄火				
任务目的	掌握点火系统的组成及其工作原理,熟练排除点火控制系统的故障				

一、资讯

根据下图说明无分电器同时点火方式的电控点火系统的组成及其工作原理。

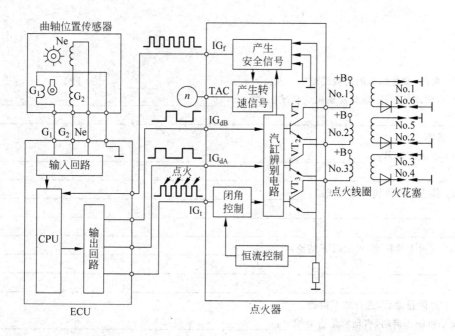

二、决策与计划

(一)决策

1. 根据故障现象,初步确定故障发生在_____系统。
2. 分析可能的故障原因有哪些。

(二) 计划

制订详细的诊断计划,确定所需要的检测仪器、工具,并对小组成员进行合理分工。

1. 诊断计划

2. 需要的检测仪器、工具

3. 小组成员分工

三、实施(参考本节的情境描述)

1. 将发动机运行,观察发动机的状况:

2. 检测。

(1) 调取故障码:

(2) 检查点火模块和相关线路:

(3) 通过上述检查,得出以下结论:

(4) 故障排除后,进行如下检查。

发动机能否启动,启动后是否会熄火:

发动机运行状态:

四、评估

1. 请根据自己任务完成的情况,对自己的工作进行自我评估,并提出改进意见。

2. 教师对学生工作情况进行评估,并进行点评。

五、整理与清扫

1. 检查实训设备是否干净整洁,护套是否取下,工具是否整理。

2. 清扫维修工位。

【任务工单 3-1】

任务名称	电控柴油机故障检测	学时	2	班级	
学生姓名		学生学号		任务成绩	
实训设备		实训场地		日期	
客户任务	以本节的情境描述诊断实例为基础,检测电控柴油机故障。 故障现象:一辆上柴 SC8DK230 客车,装配 Denso 电控高压共轨柴油机。该车在行驶中出现发动机偶尔自动熄火现象,且熄火后再次启动困难				
任务目的	掌握电控柴油机共轨系统的组成及其工作原理,熟练排除共轨系统的故障				

一、资讯

1. 根据下图说明用 EGR 阀开度反馈控制 EGR 系统的组成及工作原理。

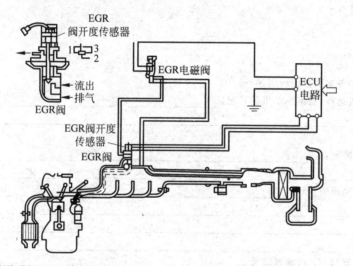

2. 根据下图说明用 EGR 率反馈控制 EGR 系统的组成及工作原理。

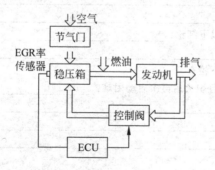

二、决策与计划

(一)决策

1. 根据故障现象,初步确定故障发生在_____系统。
2. 分析可能的故障原因有哪些。

(二) 计划

制订详细的诊断计划,确定所需要的检测仪器、工具,并对小组成员进行合理分工。

1. 诊断计划

2. 需要的检测仪器、工具

3. 小组成员分工

三、实施(参考本节的情境描述)

1. 将发动机运行,观察发动机的状况:_____
_____

2. 检测。
(1) 调取故障码:_____
_____

(2) 监测发动机数据流:_____
_____
_____

(3) G 传感器与 NE 传感器信号:_____
_____

(4) 通过上述检查,得出以下结论:_____
_____

(5) 故障排除后,进行如下检查。
发动机是否会自动熄火,且熄火后再次启动困难:_____

发动机运行状态:_____
_____

四、评估

1. 请根据自己任务完成的情况,对自己的工作进行自我评估,并提出改进意见。
_____
_____

2. 教师对学生工作情况进行评估,并进行点评。
_____

五、整理与清扫

1. 检查实训设备是否干净整洁,护套是否取下,工具是否整理。
2. 清扫维修工位。

【任务工单 4-1】

任务名称	液力变矩器故障检修	学时	4	班级	
学生姓名		学生学号		任务成绩	
实训设备		实训场地		日期	
客户任务	以本节的情境描述诊断实例为基础,检测液力变矩器。 故障现象：一辆捷达 AT 轿车,行驶里程为 5.1 万公里。车主反映该车起步困难,发动机加速不良,而且燃油消耗较大				
任务目的	掌握液力变矩器的结构及其工作原理,熟练排除液力变矩器的故障				

一、资讯

1. 根据下图说明液力变矩器的结构及其工作原理。

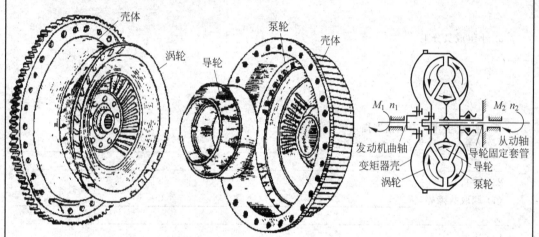

2. 根据下图说明液力变矩器的锁止原理及锁止条件。

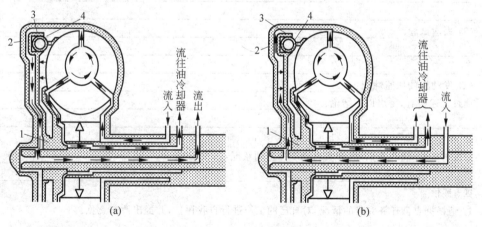

二、决策与计划

（一）决策

1. 根据故障现象,初步确定故障发生在_____系统。
2. 分析可能的故障原因有哪些。

(二) 计划

制订详细的诊断计划,确定所需要的检测仪器、工具,并对小组成员进行合理分工。

1. 诊断计划

2. 需要的检测仪器、工具

3. 小组成员分工

三、实施(参考本节的情境描述)

1. 启动汽车,观察自动变速器的状况:＿＿＿＿＿＿＿＿＿＿＿＿＿＿＿＿＿＿＿
＿＿＿＿＿＿＿＿＿＿＿＿＿＿＿＿＿＿＿＿＿＿＿＿＿＿＿＿＿＿＿＿＿＿＿＿＿

2. 检测。

(1) 调取故障码:＿＿＿＿＿＿＿＿＿＿＿＿＿＿＿＿＿＿＿＿＿＿＿＿＿＿＿
＿＿＿＿＿＿＿＿＿＿＿＿＿＿＿＿＿＿＿＿＿＿＿＿＿＿＿＿＿＿＿＿＿＿＿＿＿

(2) 路试:＿＿＿＿＿＿＿＿＿＿＿＿＿＿＿＿＿＿＿＿＿＿＿＿＿＿＿＿＿＿＿
＿＿＿＿＿＿＿＿＿＿＿＿＿＿＿＿＿＿＿＿＿＿＿＿＿＿＿＿＿＿＿＿＿＿＿＿＿

(3) 失速试验:＿＿＿＿＿＿＿＿＿＿＿＿＿＿＿＿＿＿＿＿＿＿＿＿＿＿＿＿＿
＿＿＿＿＿＿＿＿＿＿＿＿＿＿＿＿＿＿＿＿＿＿＿＿＿＿＿＿＿＿＿＿＿＿＿＿＿

(4) 发动机的加速性能:＿＿＿＿＿＿＿＿＿＿＿＿＿＿＿＿＿＿＿＿＿＿＿＿
通过上述检查,得出以下结论:＿＿＿＿＿＿＿＿＿＿＿＿＿＿＿＿＿＿＿＿＿＿

3. 检查。

故障排除后,将汽车启动,观察自动变速器的状况:＿＿＿＿＿＿＿＿＿＿＿＿

四、评估

1. 请根据自己任务完成的情况,对自己的工作进行自我评估,并提出改进意见。
＿＿＿＿＿＿＿＿＿＿＿＿＿＿＿＿＿＿＿＿＿＿＿＿＿＿＿＿＿＿＿＿＿＿＿＿＿

2. 教师对学生工作情况进行评估,并进行点评。
＿＿＿＿＿＿＿＿＿＿＿＿＿＿＿＿＿＿＿＿＿＿＿＿＿＿＿＿＿＿＿＿＿＿＿＿＿

五、整理与清扫

1. 检查实训设备是否干净整洁,工具是否整理。
2. 清扫维修工位。

【任务工单 4-2】

任务名称	换挡执行机构故障检修	学时	4	班级	
学生姓名		学生学号		任务成绩	
实训设备		实训场地		日期	
客户任务	以本节的情境描述诊断实例为基础,检测换挡执行机构。 故障现象:一辆丰田越野车,换挡杆 P→D 及 N→D 时变速器冲击严重,其他工况良好				
任务目的	掌握换挡执行机构的结构及其工作原理,熟练排除换挡执行机构的故障				

一、资讯

1. 根据下图说明换挡执行机构的结构。

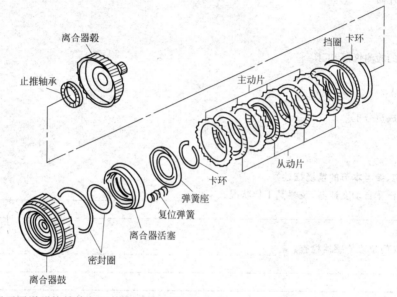

2. 根据下图说明换挡执行机构的工作原理。

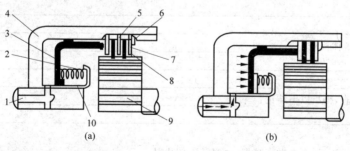

3. 根据下图说明安全阀的作用。

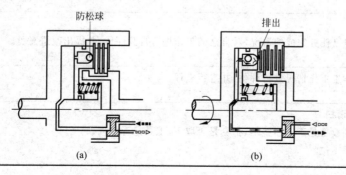

二、决策与计划

（一）决策

1. 根据故障现象，初步确定故障发生在_____系统。
2. 分析可能的故障原因有哪些。

（二）计划

制订详细的诊断计划，确定所需要的检测仪器、工具，并对小组成员进行合理分工。

1. 诊断计划

2. 需要的检测仪器、工具

3. 小组成员分工

三、实施（参考本节的情境描述）

1. 运行汽车自动变速器，观察其工作状况：_____

2. 检测。

（1）节气门位置传感器检查：_____

（2）液压油路检查：_____

（3）变速器解体检查：_____

通过上述检查，得出以下结论：_____

3. 检查。

故障排除后，运行汽车自动变速器，观察其工作状况：_____

四、评估

1. 请根据自己任务完成的情况，对自己的工作进行自我评估，并提出改进意见。

2. 教师对学生工作情况进行评估，并进行点评。

五、整理与清扫

1. 检查实训设备是否干净整洁，护套是否取下，工具是否整理。
2. 清扫维修工位。

【任务工单 4-3】

任务名称	电子控制系统故障检修	学时	4	班级	
学生姓名		学生学号		任务成绩	
实训设备		实训场地		日期	
客户任务	以本节的情境描述诊断实例为基础,检测电子控制系统。 故障现象:一辆装配 A340E 自动变速器的乘用车,行驶里程为 120 000km。该车在行驶过程中仪表盘上的 O/D OFF 指示灯常亮,换挡冲击较大				
任务目的	掌握电子控制系统的组成及其工作原理,熟练排除电子控制系统的故障				

一、资讯

1. 根据下图说明电子控制系统的组成及工作过程。

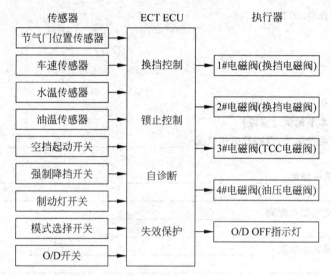

2. 根据下图说明换挡电磁阀的工作过程。

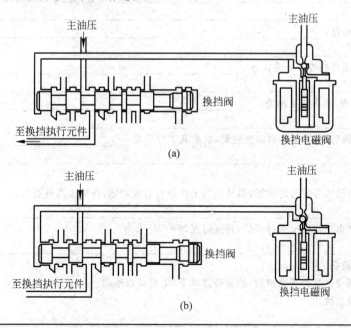

二、决策与计划

(一)决策

1. 根据故障现象,初步确定故障发生在_____系统。
2. 分析可能的故障原因有哪些。

(二)计划

制订详细的诊断计划,确定所需要的检测仪器、工具,并对小组成员进行合理分工。

1. 诊断计划

2. 需要的检测仪器、工具

3. 小组成员分工

三、实施(参考本节的情境描述)

1. 运行汽车自动变速器,观察其工作状况:_____
2. 检测。

(1) 调取发动机故障码:_____

(2) 调取自动变速器故障码:_____

(3) 自动变速器常规检查:_____

(4) 路试:_____

(5) 电磁阀检查:_____

(6) 自动变速器的控制线路检查:_____

通过上述检查,得出以下结论:_____

(7) 故障排除后,运行汽车自动变速器,观察其工作状况:_____

四、评估

1. 请根据自己任务完成的情况,对自己的工作进行自我评估,并提出改进意见。

2. 教师对学生工作情况进行评估,并进行点评。

五、整理与清扫

1. 检查实训设备是否干净整洁,护套是否取下,工具是否整理。
2. 清扫维修工位。

【任务工单 5-1】

任务名称	电控防抱死制动系统故障检修	学时	4	班级	
学生姓名		学生学号		任务成绩	
实训设备		实训场地		日期	
客户任务	以本节的情境描述诊断实例为基础,检测电控防抱死制动系统。 故障现象:一辆 2006 款东风悦达起亚赛拉图车,配备 ABS 液压泵,ABS 报警灯报警				
任务目的	掌握电控防抱死制动系统的组成及其工作原理,熟练排除电控防抱死制动系统的故障				

一、资讯

1. 根据下图说明电控防抱死制动系统的组成及工作过程。

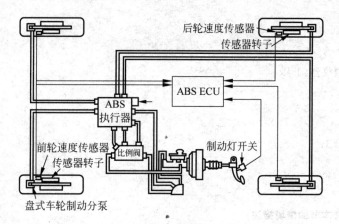

2. 根据下图说明循环式制动压力调节器的组成及工作过程。

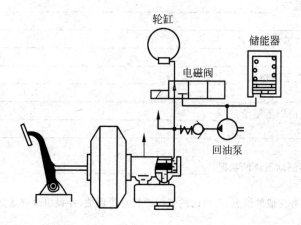

二、决策与计划

(一) 决策

1. 根据故障现象,初步确定故障发生在_____系统。
2. 分析可能的故障原因有哪些。

(二) 计划

制订详细的诊断计划,确定所需要的检测仪器、工具,并对小组成员进行合理分工。

1. 诊断计划

2. 需要的检测仪器、工具

3. 小组成员分工

三、实施(参考本节的情境描述)

1. 观察 ABS 制动系统的状况：_____
2. 检测。
   (1) 调取故障码：_____
   (2) 车速传感器故障的检查：_____
   (3) ECU 的故障检查：_____
   _____
   (4) ABS 压力调节器的检查：_____
   _____
   (5) ABS 控制继电器的检查：_____
   _____
   通过上述检查,得出以下结论：_____
   _____
3. 检查。
   故障排除后,观察制动系统的状况：_____

四、评估

1. 请根据自己任务完成的情况,对自己的工作进行自我评估,并提出改进意见。
   _____
2. 教师对学生工作情况进行评估,并进行点评。
   _____

五、整理与清扫

1. 检查实训设备是否干净整洁,护套是否取下,工具是否整理。
2. 清扫维修工位。

【任务工单6-1】

任务名称	电子控制悬架系统故障检修	学时	4	班级	
学生姓名		学生学号		任务成绩	
实训设备		实训场地		日期	
客户任务	以本节的情境描述诊断实例为基础,检测电子控制悬架系统。 故障现象:一辆 LandRover(路虎)越野车,在行驶过程中悬架指示灯突然熄灭,以超过 50km/h 的速度行驶时,车身上下颠簸很严重				
任务目的	掌握电子控制悬架系统的组成及其工作原理,熟练排除电子控制悬架系统的故障				

一、资讯

1. 根据下图说明减振器的阻尼是如何调节的。

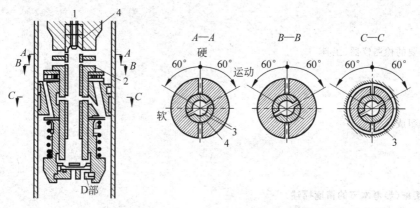

2. 根据下图说明空气弹簧的刚度是如何调节的。

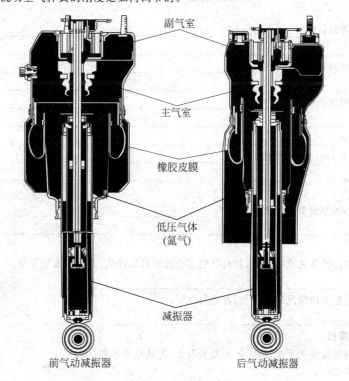

二、决策与计划

（一）决策

1. 根据故障现象，初步确定故障发生在_____系统。
2. 分析可能的故障原因有哪些。

（二）计划

制订详细的诊断计划，确定所需要的检测仪器、工具，并对小组成员进行合理分工。

1. 诊断计划

2. 需要的检测仪器、工具

3. 小组成员分工

三、实施（参考本节的情境描述）

1. 观察悬架系统的工作状况：_____
2. 检测。
   (1) 调取故障码：_____
   _____
   (2) 汽车高度调整功能的检查：_____
   _____
   (3) 空气压缩机系统检测：_____
   _____
   (4) 漏气检查：_____
   通过上述检查，得出以下结论：_____
   _____
3. 检查。
   故障排除后，观察悬架系统的状况：_____
   _____

四、评估

1. 请根据自己任务完成的情况，对自己的工作进行自我评估，并提出改进意见。

2. 教师对学生工作情况进行评估，并进行点评。

五、整理与清扫

1. 检查实训设备是否干净整洁，护套是否取下，工具是否整理。
2. 清扫维修工位。

【任务工单 7-1】

任务名称	电动式动力转向系统故障检修	学时	4	班级	
学生姓名		学生学号		任务成绩	
实训设备		实训场地		日期	
客户任务	以本节的情境描述诊断实例为基础,检测电动式动力转向系统。 故障现象：一汽丰田锐志电动助力转向突然失效,转向盘没有助力				
任务目的	掌握电动式动力转向系统的组成及其工作原理,熟练排除电动式动力转向系统的故障				

一、资讯

根据下图说明电动式动力转向系统的组成及其工作原理。

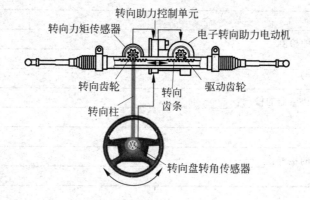

二、决策与计划

（一）决策

1. 根据故障现象,初步确定故障发生在_____系统。
2. 分析可能的故障原因有哪些。

（二）计划

制订详细的诊断计划,确定所需要的检测仪器、工具,并对小组成员进行合理分工。

1. 诊断计划

2. 需要的检测仪器、工具

3. 小组成员分工

三、实施(参考本节的情境描述)

1. 将汽车转向运行,观察转向的状况:_____
_____
_____

2. 检测。

(1) 调取故障码:_____
_____
_____

(2) 制动器排气:_____
_____
_____

(3) 扭矩传感器的检测:_____
_____
_____

(4) 方向盘角度传感器的检测:_____
_____
_____

(5) 轮速传感器的检查:_____
_____
_____

(6) ESP 开关的检查:_____
_____
_____

通过上述检查,得出以下结论:_____
_____
_____

3. 检查。

故障排除后,将汽车转向运行,观察转向的状况:_____
_____
_____

四、评估

1. 请根据自己任务完成的情况,对自己的工作进行自我评估,并提出改进意见。
_____
_____

2. 教师对学生工作情况进行评估,并进行点评。
_____
_____

五、整理与清扫

1. 检查实训设备是否干净整洁,护套是否取下,工具是否整理。
2. 清扫维修工位。

参 考 文 献

[1] 张蕾.汽车电子控制技术[M].北京：清华大学出版社,2009.
[2] 秦明华.汽车电器与电子技术[M].北京：北京理工大学出版社,2003.
[3] 舒华,姚国平.汽车电器与电子技术[M].北京：人民交通出版社,2004.
[4] 冯渊.汽车电子控制技术[M].北京：机械工业出版社,2001.
[5] 吴际璋,王林超,苏霆.本田飞度车电控无级自动变速器原理与检测(一)[J].汽车维护与修理,2006(5)：3-6.
[6] 吴际璋,王林超,苏霆.本田飞度车电控无级自动变速器原理与检测(二)[J].汽车维护与修理,2006(6)：3-5.
[7] 曾显恒,何丽.电子控制技术在汽车底盘中的应用[J].商品储运与养护,2007(6)：97-99.
[8] 解福泉.丰田汽车电子控制动力转向系统的使用与检修[J].汽车电器,2006(9)：41-42.
[9] 赵力庚,姜丁,朱先民,等.汽车底盘电子控制系统的发展[J].汽车电器,2003(2)：1-3.
[10] 解福泉.凌志LS400汽车电控悬架的使用与检修[J].公路与汽运,2005(6)：19-21.
[11] 孙家豪.红旗轿车中央门锁控制系统工作原理与检修[J].汽车电器,2007(7)：40-41.
[12] 曾银丰.汽车电子制动系统-电子稳定程序ESP[J].汽车电器,2008(4)：42-48.
[13] 孟刚.自动变速器的应用与型号含义[J].工业科技,2006(1)：29-30.
[14] 曹利民.自动变速器动力传递路线分析(二十三)[J].汽车维修与保养,2008(2)：38-39.
[15] 侯波.车辆稳定性(VSC)控制系统及其检修(一)[J].汽车维护与修理,2003(3)：34-36.
[16] 赵锦强.桑塔纳2000GSi轿车防盗系统的故障诊断[J].汽车电器,2008(9)：54-56.
[17] 祁翠琴,朱晓红.天籁轿车导航系统的工作原理及故障诊断[J].汽车电器,2007(2)：40-43.
[18] 毛彩云,吴暮春,王海林.汽车防盗系统的发展[J].汽车维修,2003(3)：41-43.
[19] 赵建斌,李俊林.POLO电控液压助力转向系统分析与诊断[J].汽车电器,2007(9)：41-45.
[20] 成洁.车辆半主动悬架系统及其控制技术[J].城市车辆,2008(7)：57-59.
[21] 吴成位.电子控制悬架系统的原理与检修[J].公路与汽运,2008(4)：23-27.
[22] 桂鹏程,过学迅,程飞.汽车底盘最新技术的发展现状[J].上海汽车,2007(11)：36-39.